Le CHARTIER

Guide d'harmonisation des vins et des mets

500 VINS À ACHETER LES YEUX FERMÉS

LES ÉDITIONS **LA PRESSE**

Catalogage avant publication de Bibliothèque et Archives nationales du Québec et Bibliothèque et Archives Canada

Chartier, François

Le Chartier : 500 vins à acheter les yeux fermés : Guide d'harmonisation des vins et des mets

Comprend un index.

ISBN 978-2-89705-105-1

1. Vin. 2. Vin - Dégustation. 3. Vin - Service. 4. Accord des vins et des mets. I. Titre.

TP548.2.C423 2012 641.2'2 C2012-942167-7

L'éditeur bénéficie du soutien de la Société de développement des entreprises culturelles du Québec (SODEC) pour son programme d'édition et pour ses activités de promotion.

L'éditeur remercie le gouvernement du Québec de l'aide financière accordée à l'édition de cet ouvrage par l'entremise du Programme d'impôt pour l'édition de livres, administré par la SODEC.

Nous reconnaissons l'aide financière du gouvernement du Canada par l'entremise du Fonds du livre du Canada (FLC).

Directrice de l'édition :
Martine Pelletier

Design graphique :
Philippe Tardif

Graphisme et mise en page :
Pascal Simard

Révision linguistique et collaboration :
Nicole Henri

Correction d'épreuves :
Nicole Henri

Lecture d'épreuves :
Yves Bellefleur
Sylvie Latour

Recherche et support rédactionnel :
Carole Salicco

Gestion de la base de données :
Annie Pelletier

Attaché de presse et agent de François Chartier :
Alain Labonté Communications
alain@alainlabonte.ca

Dépôt légal – 4e trimestre 2012
ISBN 978-2-89705-105-1
Imprimé et relié au Canada
Impression : Interglobe

LES ÉDITIONS **LA PRESSE**
Présidente
Caroline Jamet

7, rue Saint-Jacques
Montréal (Québec) H2Y 1K9

♥ À Carole,
Sans qui ce livre, tout comme les vingt-trois précédents, n'aurait jamais pu voir le jour...

TABLE DES MATIÈRES

500 VINS À ACHETER LES YEUX FERMÉS

INTRO-
DUCTION
LE CHARTIER

Après 17 ans de succès du best-seller des guides des vins *La Sélection Chartier*, j'ai décidé qu'il était temps de mettre à profit mes vingt-quatre années d'expérience professionnelle et les 60 000 vins que j'ai dégustés depuis. C'est ainsi que je vous offre une refonte en profondeur: nouveau titre, nouvelle présentation, nouvelle formule simplifiée et nouvelle approche plus complète et pratique que jamais.

Un Chartier «nouveau» et intemporel. Tout simplement, *Le Chartier!*

J'ai décidé de sélectionner **500 vins «à acheter les yeux fermés».** Que des vins au sommet de leur catégorie, qui ont fait leurs preuves depuis plus de dix-sept ans de *Sélection*, coup de cœur après coup de cœur, et qui sont devenus les valeurs sûres des quinze dernières années, tout comme ils seront assurément les classiques des millésimes à venir.

Après des dégustations intensives quotidiennes, j'ai donc mis en lumière ce que je considère comme les nouveaux classiques de la SAQ réunis en un seul et unique guide intemporel, qui vous servira tant pour vos achats actuels qu'au cours des prochaines années.

Fini les dépenses et les recherches annuelles pour un guide: avec *Le Chartier*, vous avez en main votre «sommelier personnel», et ce pour quelques années! Si vous avez besoin d'un seul guide, c'est *Le Chartier* qu'il vous faut!

Cette nouvelle «bible Chartier» offrira à vos papilles une plus grande «zone de confort» pour vos achats de vins, dans les mois et les années suivant sa parution. S'y ajoutent bien sûr mes harmonies vins et mets toujours aussi précises, vous permettant ainsi un choix judicieux de vins et d'harmonies à table, tout comme des idées de recettes.

J'ai aussi ajouté à de nombreux vins le sceau **J'aime** afin de désigner ceux qui m'ont procuré le plus d'émotion et de satisfaction lors de mes séances de dégustation et d'essais harmoniques à table – même si les 500 de ce guide, je vous le répète, sont tous, sans exception, des coups de cœur, qui ont fait leur preuve depuis des années, donc des crus d'une régularité sans faille.

Vous serez aussi en première ligne quant aux résultats de mes recherches scientifiques en «harmonies et sommellerie aromatiques», ici simplifiées et plus pratiques que jamais. Mon travail de recherche harmonique étant en constante évolution, je vous livre, au fil des commentaires de multiples vins, une partie de mes nouvelles pistes aromatiques sur les aliments, acquises depuis la parution en 2009 du tome I de *Papilles et Molécules*, plaçant ce guide des vins et d'harmonisation avec les mets à l'avant-garde de la création en cuisine, tout comme en matière d'harmonies vins et mets.

Je vous propose plus de **3500 harmonies vins et mets**, réparties entre les 500 vins commentés et les propositions du chapitre «Aide-Mémoire Vins et Mets», toutes en lien avec mes 800 recettes émanant de la collection en quatre saisons ***Papilles pour tous!***, mes 90 recettes du livre ***Les Recettes de Papilles et Molécules*** et mes 80 de l'ouvrage ***À table avec François Chartier***, sans oublier les nombreuses recettes que j'ai mises en ligne sur mon site Internet **www.papillesetmolecules.com**. Plus de 1000 recettes façon Chartier harmonisées avec de nouveaux vins. Difficile d'être plus pratique et plus *Chartier* que cela!

Question d'aller encore plus loin en matière d'harmonies vins et mets, et d'être encore plus pratique et accessible, je vous ai préparé deux chapitres de consultation rapide pour trouver l'harmonie en un coup d'œil:

Premièrement, le chapitre **«GRAPHIQUES AROMATIQUES DE CHARTIER»** DES PRINCIPAUX CÉPAGES ET DE LEURS ALIMENTS COMPLÉMENTAIRES POUR RÉUSSIR VOS HARMONIES. L'idée est de résumer, en un coup d'œil, les aliments partageant le même profil aromatique que chaque cépage, afin de vous permettre de renforcer la synergie aromatique qui conduit à l'harmonie entre les vins et les mets, et d'aussi créer une plus forte synergie entre les aliments de votre recette!

Deuxièmement, le chapitre **«AIDE-MÉMOIRE VINS ET METS» DES PRINCIPAUX CÉPAGES** ET DE LEURS HARMONIES AVEC LES RECETTES DE CHARTIER. Sous forme d'un carnet de notes classées par cépages, je vous présente mon «Aide-mémoire Vins et Mets» des principaux cépages et de leurs harmonies avec les 1000 recettes que j'ai publiées à ce jour dans mes six ouvrages consacrés à la cuisine, ainsi que sur mon site Internet **www.papillesetmolecules.com**. Ce précieux aide-mémoire vous permettra, en un seul coup d'œil, de repérer rapidement de multiples idées harmoniques et de nombreuses recettes à envisager avec le ou les vins que vous vous apprêtez à servir à table.

Ma démarche vins et mets

Comme vous le savez sûrement, j'approfondis les harmonies vins et mets depuis 1989. Au fil de mes expérimentations, j'ai découvert, à la fin des années quatre-vingt-dix, que certains ingrédients, que j'ai nommés «*ingrédients de liaison*» – voir le livre *À table avec François Chartier*, publié en 2005 – étaient les catalyseurs les plus importants de la réussite de l'harmonie vins et mets.

Depuis 2002 – année marquant un tournant important dans mon travail, avec l'instigation de mon principe scientifique «d'harmonies et de sommellerie aromatiques» –, j'ai élevé mes expérimentations au rang de recherches scientifiques, dans le dessein de cartographier les composés aromatiques (les molécules aromatiques à la base des arômes et des saveurs) des vins et des aliments.

Grâce à une meilleure compréhension des aliments, je m'assure que tous les ingrédients qui entrent dans les nombreuses harmonies que je vous propose sont «véritablement» en accord avec les 500 vins «à acheter bon an mal an les yeux fermés».

Aucun guide des vins, et ce, tant au Québec qu'à l'étranger, ne peut se targuer de proposer des harmonies aussi justes et précises, confirmées tant par la science que par l'analyse sensorielle, tout en étant accessibles à tout un chacun. Mes recherches aromatiques sont plus que jamais au service des plaisirs simples de la table.

Musique écoutée pendant la rédaction...

Enfin, question de terminer sur une autre tonalité... l'ayant fait, pour la première fois, dans le livre *À table avec François Chartier*, puis, à la suite des réactions favorables des lecteurs, dans les six dernières éditions de *La Sélection Chartier*, tout comme sur mon site Internet (**www.francoischartier.ca**), je vous offre une fois de plus les musiques qui ont meublé mes lecteurs CD, iPod et iPad pendant mes heures de recherche, de dégustation, d'essais harmoniques, d'évasion et de rédaction de ce *Chartier* «nouveau».

Je vous présente ainsi le **Top 15 des pièces musicales** que j'ai écoutées le plus souvent pendant ces mois de douce folie aromatique... Il accompagne le **Top 15 des CD entiers** qui ont tourné en boucle.

Sur ce, merci d'être encore au rendez-vous. Bons vins, bonnes cuisines aromatiques et bonne musique!

À très bientôt,

François CHARTIER

COMMENT UTILISER
LE CHARTIER

Comme je l'ai fait dans mes seize éditions de *La Sélection Chartier*, la dernière ayant été publiée à l'automne 2011, les vins sont notés dans l'absolu, par rapport à tous les vins du monde et non par rapport à leurs pairs dans la même catégorie.

Le SYSTÈME DE NOTATION attribue donc à chaque vin un maximum de cinq étoiles et de symboles du dollar représentant respectivement son appréciation et son coût.

Ainsi, un vin à 10 $, aussi agréable soit-il, peut difficilement se voir décerner une note de quatre étoiles (dans l'absolu, donc par rapport à tous les vins du monde...), ce qui ne l'empêche pas, bien au contraire, d'être un excellent rapport qualité-prix !

Grâce à ce système, le lecteur peut connaître instantanément la qualité et le prix des vins présentés.

Ainsi, le vin blanc **Domaine du Tariquet Classic** (2011) Côtes de Gascogne, Famille Grassa, France, vendu 11,25 $, est noté ★★ $. Ces deux étoiles et ce signe de dollar indiquent un très bon achat, donc un excellent rapport qualité-prix, puisque le nombre d'étoiles attribuées est supérieur au nombre de symboles du dollar. **Deux étoiles pour un vin de 11 $, c'est toute une aubaine !**

Lorsqu'un vin comme **Il Brecciarolo** (2009) Rosso Piceno Superiore, Velenosi, Italie, vendu 13,30 $, est noté ★★☆?☆ $, cela signifie qu'il méritait, au moment où je l'ai dégusté, 2 étoiles et demie sur cinq, avec une demi-étoile à venir si son évolution en bouteilles se passe comme je le crois. Après quelques mois de bouteilles, voire plus, ce vin devrait donc mériter trois étoiles. Sans compter qu'il représente tout un rapport qualité-prix...

Recettes des mets proposés en harmonie avec les vins

(***) Ces trois astérisques entre parenthèses, placées après une suggestion de mets, tant avec les vins que dans le chapitre « Aide-mémoire vins et mets », servent à identifier les mets faisant l'objet d'une recette dans les nouveaux livres de la collection en quatre saisons ***Papilles pour tous! Cuisine aromatique d'automne***, ***Papilles pour tous! Cuisine aromatique d'hiver***, ***Papilles pour tous! Cuisine aromatique du printemps*** et ***Papilles pour tous! Cuisine aromatique d'été*** (collection toujours offerte en librairie, publiée entre l'automne 2011 et l'été 2012).

(**) Ces deux astérisques entre parenthèses servent à identifier les mets, tant avec les vins que dans le chapitre «Aide-mémoire vins et mets», faisant l'objet d'une recette dans le livre ***Les recettes de Papilles et Molécules*** (paru en juin 2010 et toujours offert en librairie).

(*) Une astérisque entre parenthèses sert à identifier les mets, tant avec les vins que dans le chapitre «Aide-mémoire vins et mets», faisant l'objet d'une recette du livre de cuisine pour amateurs de vin ***À table avec François Chartier*** (paru en 2006, et toujours offert en librairie).

(voir recette sur *papillesetmolecules.com*) Cette mention entre parenthèses, placée après une suggestion de mets, tant avec les vins que dans le chapitre «Aide-mémoire vins et mets», sert à identifier les mets faisant l'objet d'une recette à la section Cuisine (Recettes_Mc²) de mon site Internet **www.papillesetmolecules.com.**

Disponibilité des produits

Pour vous aider dans votre recherche de produits, et pour vous avertir des nouveaux arrivages des vins commentés dans *Le Chartier*, je vous invite à vous abonner «gratuitement», comme je le propose depuis l'édition 2008 de *La Sélection Chartier* sur le site **www.francoischartier.ca** (section Livres, puis *Le Chartier*), à mon service de ***Mises à jour Internet du* Chartier** et de **La Sélection Chartier**. Vous pourrez ainsi recevoir par courriel des mises à jour annonçant l'arrivée tout comme le retour de mes coups de cœur. Profitez de votre visite sur mon site pour vous abonner à mon Infolettre ☺.

N'oubliez pas que ces 500 vins ont fait leurs preuves, millésime après millésime, beau temps mauvais temps. Peu importe le millésime, ce sont des vins à acheter les yeux fermés, maintenant, l'an prochain ou dans trois ans... ce qui explique les millésimes mis entre parenthèses à côté de chaque nom de vin – il représente le millésime dégusté et commenté dans ce guide, seulement à titre indicatif, car ces 500 vins se situent au sommet de leur catégorie. Peu importe le millésime, ils méritent d'être achetés année après année, millésime après millésime.

Ne vous découragez pas si vous ne trouvez pas le vin que vous cherchez à une succursale de la SAQ, car il est peut-être disponible dans une autre, ou temporairement manquant. Avant de partir faire vos achats, n'oubliez pas de consulter le site Internet de la SAQ ou utilisez son service téléphonique pour obtenir des renseignements sur la disponibilité des produits. En utilisant le **code du vin**, vous faciliterez votre recherche. Aussi, notez que les vins affichant la mention **S***, en rouge, sont des produits de spécialité en vente continue selon la politique d'achat de la SAQ, et sont donc présents tout au long de l'année, comme les produits courants, affichés avec un **C**, aussi en rouge, avec des ruptures de stock beaucoup plus courtes qu'autrefois.

Le système de notation

Château Puy-Landry (2011)

CÔTES-DE-CASTILLON, RÉGIS ET SÉBASTIEN MORO, FRANCE

14,15 $	SAQ S*	852129	★★☆?☆ $$	Modéré+	Bio

MILLÉSIMES

(2011) Vous remarquerez que les millésimes (l'année du vin) sont placés entre parenthèses. N'oubliez pas que ces 500 vins ont fait leurs preuves, millésime après millésime, beau temps mauvais temps. Ce sont des vins à acheter les yeux fermés, peu importe le millésime, et ce, maintenant, l'an prochain ou dans trois ans... ce qui explique les millésimes mis entre parenthèses à côté de chaque nom de vin – il représente le millésime dégusté et commenté dans ce guide, mais seulement à titre indicatif, comme ces 500 vins se montrent au sommet de leur catégorie bon an mal an, peu importe le millésime, ils méritent d'être achetés année après année, millésime après millésime.

NOTATION DU VIN

Les vins sont notés dans l'absolu par rapport à tous les vins du monde.

★★★★★	Vin exceptionnel
★★★★	Vin excellent
★★★	Très bon vin
★★	Bon vin
☆	Cette demi-étoile permet de nuancer les appréciations.
?	Ce vin pourrait mériter une demie ou une étoile supplémentaire dans quelques années.

ÉCHELLE DE PRIX

$	Jusqu'à 10 $
$	Jusqu'à 14 $
$$	Jusqu'à 20 $
$$	Jusqu'à 24 $
$$$	Jusqu'à 28 $
$$$	Jusqu'à 36 $
$$$$	Jusqu'à 48 $
$$$$	Jusqu'à 70 $
$$$$$	Jusqu'à 110 $
$$$$$	Plus de 110 $

★★ $
Un nombre d'étoiles supérieur au nombre de symboles du dollar indique un excellent rapport qualité-prix.

★★ $$
Un nombre d'étoiles égal au nombre de symboles du dollar signifie que le vin vaut son prix.

★ $$
Un nombre d'étoiles inférieur au nombre de symboles du dollar signifie que le vin est cher, très cher ou même franchement surévalué.

PUISSANCE DU VIN

Léger	Vin souple et coulant, pour ne pas dire aérien, laissant une impression de légèreté en bouche.
Léger+	Vin à la structure presque modérée, tout en étant passablement léger.
Modéré	Vin ample, sans être corsé, avec une certaine présence et, chez les vins rouges, passablement tannique.
Modéré+	Vin avec plus de tonus que le précédent.
Corsé	Vin riche, avec du corps, étoffé, d'une assez bonne présence en alcool et, chez les vins rouges, dotés d'une bonne quantité de tanins.
Corsé+	Vin viril, presque puissant, tout en étant plus étoffé que le précédent.
Puissant	Vin au corps à la fois dense et très généreux, aux saveurs pénétrantes et, quant aux vins rouges, aux tanins puissants.

Paté chinois revu et magnifié « pour vin rouge » (***) Placées après une suggestion de mets, tant avec les vins que dans le chapitre « Aide-Mémoire Vins et Mets », ces trois astérisques entre parenthèses servent à identifier les mets faisant l'objet d'une recette dans la collection en quatre livres ***Papilles pour tous!***. Les deux astérisques (**) indiquent les mets faisant l'objet d'une recette dans le livre ***Les recettes de Papilles et Molécules***. Et un astérisque (*) indique les mets faisant l'objet d'une recette du livre de cuisine pour amateurs de vin ***À table avec François Chartier***. Cette mention **(voir recette sur *papillesetmolecules.com*)** sert à identifier les mets faisant l'objet d'une recette à la section Cuisine (Recettes_Mc²) de mon site Internet **www.papillesetmolecules.com**.

J'aime ♥	Désigne les vins qui m'ont procuré le plus d'émotion et de satisfaction lors des séances de dégustation et d'essais harmoniques à table – même si les 500 de ce guide sont tous, sans exception, des coups de cœur, qui ont fait leurs preuves depuis des années, donc « à acheter les yeux fermés » ☺.
Bio	Indique que le vin est issu de raisins de culture biologique et/ou de culture biodynamique.
Servir dans les trois années suivant le millésime...	Indique que le vin est à boire dans les trois années suivant l'année (le millésime) indiquée sur l'étiquette.

DISTRIBUTION SAQ

C	Désigne un produit « courant », offert en tout temps dans la plupart des succursales de la SAQ.
S	Désigne un produit de « spécialité », en vente dans certaines succursales Classique et dans les succursales Sélection.
S*	Désigne un produit de « spécialité en achats continus », en vente dans certaines succursales Classique et dans les succursales Sélection, et qui, contrairement aux autres spécialités, est présent plus régulièrement, avec des ruptures de stocks généralement moins longues.
12345678	Le code du produit, de six à huit chiffres, facilitera vos recherches, tant dans les différentes succursales que sur le site Internet *www.saq.com*.

Sites Internet et médias sociaux de l'auteur

www.francoischartier.ca
www.papillesetmolecules.com
www.tastebudsandmolecules.com

Suivez-moi sur
@PapillesetM

Suivez-moi sur
www.facebook.com/PapillesetMolecules
www.facebook.com/TastebudsandMolecules

TENDANCES, NOUVELLES HARMONIES ET ACTUALITÉS:

restez connectés
à l'univers de Chartier

@PapillesetM

PapillesetMolecules
TastebudsandMolecules

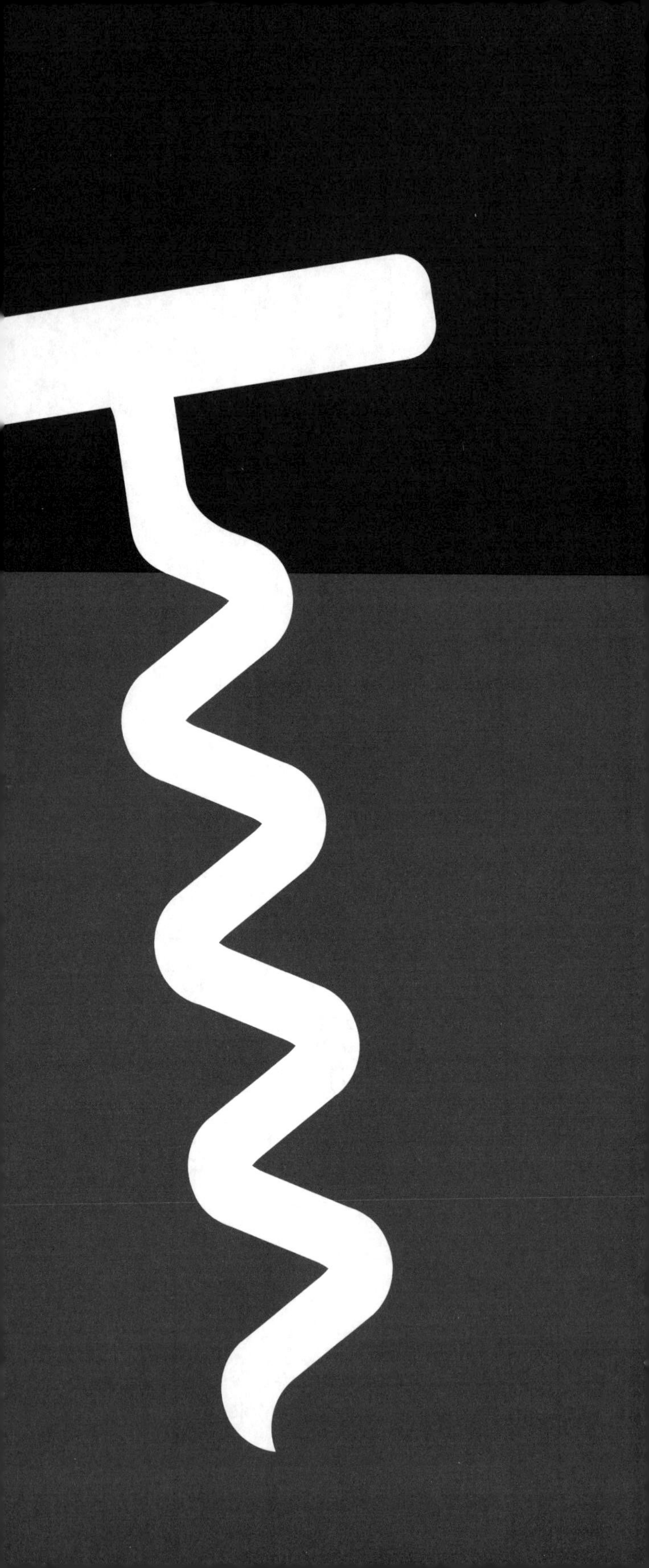

Vins de la
VIEILLE EUROPE

VINS BLANCS

de la vieille Europe

Domaine du Tariquet Classic (2011)

J'aime

CÔTES DE GASCOGNE, FAMILLE GRASSA, FRANCE

11,25 $	**SAQ C**	521518	★★ $	**Léger+**

Difficile de trouver plus aromatique et plus engageant en matière de blanc sec français offert sous la barre des douze dollars. D'autant plus que le millésime actuellement en marché célèbre avec éclat les 100 ans de cette maison familiale du Sud-Ouest, dont l'ensemble de la gamme, tant chez les vins que les armagnacs et autres flocs de Gascogne méritent de figurer dans ma liste « à acheter bon an mal an les yeux fermés ». Donc, un blanc sec des plus aromatiques, exhalant des tonalités de menthe fraîche et de pamplemousse rose, se montrant éclatant en bouche, ainsi que vivifiant, aux saveurs croquantes comme jamais et très fraîches de pomme verte et de lime, au corps longiligne, pour ne pas dire aérien, mais aussi satiné, terminant sur une étonnamment longue finale. Il fait fureur à table avec nos recettes dominées par la papaye, le chou-fleur, les câpres, le pamplemousse rose, le concombre, le radis, la pomme verte, le paprika, la courgette, la crevette, la tomate, la menthe, le basilic et le céleri-rave, tous sur le même mode aromatique que cette aubaine d'entre les aubaines ☺. **Cépages:** ugni blanc, colombard, sauvignon blanc, gros-manseng. **Alc./**11,5 %. **tariquet.com**

Servir dans les deux années suivant le millésime, à 12 °C

Bruschettas en mode anisé (***), salade de pâtes estivale aux crevettes (***), soupe froide de concombre à la coriandre (***), salade de radis, pamplemousse rose et pomme verte (***), moules marinière « à ma façon » (*), rouleaux de printemps en mode anisé (***) ou pain à la courgette à la coriandre (***).

Pyrène (2011)

J'aime

CÔTES DE GASCOGNE, LIONEL OSMIN, FRANCE

12,15 $	**SAQ C**	11253564	★★ $	**Modéré+**	**Bio**

Ce blanc sec des plus originaux, débarqué à la SAQ en 2011 avec fracas, avait été classé à la sixième position du « TOP 30 BAS

PRIX» de la précédente *Sélection*. Toujours aussi engageant et abordable dans ce nouveau millésime, il compte maintenant parmi mes classiques «à acheter les yeux fermés». Vous y retrouverez à tout coup un vin blanc sec aromatique, vivace, croquant et invitant. Le nez, à nouveau d'une fraîcheur unique, s'exprime avec des tonalités d'agrumes et de fruits exotiques, avec une arrière-scène anisée. La bouche suit avec autant d'aplomb et d'éclat, pour son rang bien sûr, déroulant ses saveurs longuement (papaye, citron, menthe, pomme verte). Vraiment le vin le plus singulier et sympathique pour le ballon de blanc quotidien à peu de frais. D'ailleurs, si vous succombez à son charme, découvrez toute la gamme signée Lionel Osmin, vous serez conquis. **Cépages:** colombard, gros-manseng, sauvignon blanc. **Alc./**12,5%. **osmin.fr**

Servir dans les deux années suivant le millésime, à 12°C

Ceviche de morue au citron vert et fenouil frais (***), fenouil mariné au vinaigre (***), tapas de fromage en crottes_Mc^2 à l'huile de basilic et morceaux de pommes rouges fraîches (***), sandwich vietnamien Banh-mi au porc en mode anisé (***), soupe froide de fenouil, menthe, citron vert et wasabi (***), salade de chou et vinaigrette à la papaye (***), poisson frit et mayonnaise au wasabi et au citron vert (***).

Genolí (2011)

RIOJA, VIÑA IJALBA, ESPAGNE

12,40$ **SAQ S** 883033 ★★☆ **$** **Modéré** **Bio**

Plus croquant et abordable que jamais, voilà l'une des aubaines les plus régulières chez les blancs d'Espagne. Ce blanc sec de la péninsule Ibérique se montre donc, comme à son habitude, d'une simplicité accrocheuse. C'est presque comme une limonade, sans l'acidité du citron, bien sûr (!), tant sa fraîcheur et son fruité sont engageants et désaltérants. Une certaine suavité s'en dégage, même une certaine richesse de texture dans sa légèreté (...), tout en étant vivifiant, texturé, élancé et expressif. Singulier et hors sentiers battus. **Cépage:** viura. **Alc./**12%. **ijalba.com**

Servir dans les deux années suivant le millésime, à 12°C

Mousse de saumon fumé, trempette de légumes tzatziki à la menthe fraîche, moules marinière «à ma façon» (*), pizza au fromage de chèvre et basilic ou filet de turbot poêlé et jus aux pommes vertes et cerfeuil.

Coroa d'Ouro (2011)

DOURO, MANOEL D. POÇAS JUNIOR, PORTUGAL

12,85$** **SAQ S☆** 412338 ★★?☆ **$ **Modéré**

Une xième aubaine portugaise – il faut savoir que le Portugal, qui fut longtemps le secret le mieux gardé de la vieille Europe, élabore aujourd'hui de multiples crus modernes et singuliers d'un rapport qualité-prix d'exception –, aux parfums d'une fraîcheur exemplaire, rappelant le muscat avec ses notes de melon et de fleurs jaunes, à la bouche à la fois croquante de vérité, suave et satinée, égrainant des saveurs gourmandes de fruits exotiques, de melon de miel et de banane. **Cépages:** malvasia fina, codega, rabigato, viosinho, moscatel. **Alc./**13%. **pocas.pt**

Servir dans les trois années suivant le millésime, à 12 °C

Tapas de fromage en crottes_Mc² à l'huile de gingembre et litchis (***), trempette de tofu, curcuma et gingembre (***), brochettes de poulet au gingembre (***), bruschettas en mode gingembre (***) ou feuilletés au gruyère et au gingembre (***).

Château Calabre (2011)

J'aime

MONTRAVEL, PUY-SERVAIN, FRANCE

13 $	SAQ S*	10258638	★★☆ $	Modéré

Ce château présente depuis quelques millésimes un blanc sec des plus que réussis, ce qui fait de lui, comme je vous le signalais l'année dernière, l'une des plus satisfaisantes aubaines en matière de blanc du Sud-Ouest, incluant les bordeaux, chez les vins sous la barre des seize dollars. Car ici, c'est un assemblage à la bordelaise dont on parle, dominé par l'aromatique et anisé sauvignon blanc, s'exprimant par des tonalités subtiles de pomme verte et de pamplemousse. Donc, plus que jamais un vin sec, droit, mais aussi doté d'une certaine texture satinée, aux saveurs qui ont de l'éclat, spécialement pour son rang. Gazon fraîchement coupé et anis ajoutent au plaisir de cette trouvaille chez les blancs de France offerts à prix doux. Ne reste plus qu'à lui cuisiner nos recettes de Papilles, où dominent plus particulièrement: menthe, coriandre fraîche, persil, olive verte, carotte, betterave jaune, panais, céleri-rave, topinambour, pamplemousse rose ou crevette, tous sur la même ligne aromatique que les parfums de ce cru. **Cépages:** 50 % sauvignon blanc, 40 % sémillon blanc, 10 % muscadelle. **Alc./**12,5 %. **puyservain.com**

Servir dans les trois années suivant le millésime, à 12 °C

Brandade de morue salée en mode anisé (***), céleri rémoulade en mode anisé et au « goût de froid » (***), salade de crevettes froides, vinaigrette au jus de pamplemousse rose (***), salade de carottes à la menthe (***), rouleaux de printemps aux crevettes et à la menthe fraîche, ceviche de crevettes à la coriandre fraîche ou pâtes au saumon fumé en sauce légèrement crémée et parfumée à l'aneth (*).

Sauvignon Blanc Le Jaja de Jau (2011)

J'aime

CÔTES DE GASCOGNE, CHÂTEAU DE JAU, FRANCE

13,05 $	SAQ C	11459693	★★ $	Modéré

Tout comme la cuvée Syrah du même nom **(12,30 $; 11073361)**, Le Jaja de Jau est un excellent rapport qualité-prix pour quiconque recherche un abordable blanc non dénué d'expressivité. Difficile d'ailleurs d'être plus représentatif du sauvignon blanc, avec ses parfums toujours aussi anisés et mentholés, ainsi que sa vivacité qui fouette les papilles avec éclat, sans trop. Gazon fraîchement coupé, pomme verte et pamplemousse ferment la marche en bouche. Rien de mieux pour se rafraîchir les papilles, tout en ayant quelque chose à se mettre sous la dent pour créer de belles envolées harmoniques à table, plus particulièrement avec les recettes dominées par les ingrédients suivants: menthe, basilic, persil, cerfeuil, carotte, betterave jaune, panais, céleri-rave, topinambour, pomme, truite saumonée, crevette, pamplemousse rose ou paprika. **Cépage:** sauvignon blanc. **Alc./**12 %. **chateaudejau.com**

Servir dans les deux années suivant le millésime, à 12 °C

Céleri rémoulade en mode anisé et au « goût de froid » (***), brandade de morue salée en mode anisé (***), salade de crevettes froides, vinaigrette au jus de pamplemousse rose (***), sandwich pita au thon (***) ou tapas de fromage en crottes_Mc² à l'huile de basilic et morceaux de pommes rouges fraîches (***).

Borsao Macabeo (2011) J'aime

CAMPO DE BORJA, BODEGAS BORSAO, ESPAGNE

13,45 $ **SAQ S*** 10856161 ★★☆ $ **Modéré**

Coup de cœur des précédentes éditions de *La Sélection*, et ce, depuis son arrivée au Québec, avec le millésime 2006, ce blanc espagnol ne cesse d'être l'un des meilleurs achats chez les blancs hispaniques offerts sous la barre des quinze dollars. Il récidive à nouveau avec ce nouveau millésime 2011 au nez toujours aussi expressif et engageant (amande, fleurs blanches, pomme Golden), à la bouche à la fois aérienne et texturée, fraîche et patinée, aux saveurs gourmandes, non sans fraîcheur. Il faut dire que ce maccabeo est élaboré sous la houlette des fameuses Bodegas Borsao, qui connaissent un succès retentissant au Québec avec toute leur gamme de vins rouges. Ceci explique cela. Alors, comme je vous le dis depuis quelques années déjà, quel que soit le millésime disponible lorsque vous lirez ces lignes, vous pouvez acheter ce blanc les yeux fermés☺. **Cépage:** maccabeo. **Alc./**13 %. **bodegasborsao.com**

Servir dans les trois années suivant le millésime, à 14 °C

Rôti de porc farci aux abricots (***), feuilletés aux champignons, au scotch et à la noix de coco (***), *lobster rolls* umami (***), brochettes de poulet au miel et pâte de curry (***), *pulled pork* à la noix de coco (***), lapin à la crème moutardée (*), mignon de porc mangue-curry (*), vol-au-vent de fruits de mer.

Chaminé Branco (2011) J'aime

VINHO REGIONAL ALENTEJANO,
CORTES DE CIMA, PORTUGAL

13,65 $ **SAQ S*** 11156238 ★★☆ $ **Modéré**

Un original assemblage de cépages autochtones, auquel s'ajoute moins de 20 % de sauvignon blanc. Vous vous sustenterez plus que jamais d'un blanc des plus aromatiques et invitant, non sans finesse, aux saveurs qui, comme toujours pour ce cru, giclent au palais, sur des tonalités d'agrumes (pamplemousse rose et lime) et de fleurs, façon sauvignon blanc, à l'acidité et à la minéralité saisissantes de fraîcheur, laissant la bouche sapide et l'estomac digeste. Réalisez vos harmonies à table avec soit les aliments sur la piste de la papaye (aliment complémentaire au sauvignon blanc et à ce style de vin), comme ma recette de crème froide de chou-fleur à la papaye, câpres et wasabi (***), soit les aliments de la famille des anisés, c'est-à-dire avec les recettes dominées par la menthe, le basilic, la coriandre fraîche, le céleri, le persil ou les légumes-racines. **Cépages:** 27 % antão vaz, 25 % viognier, 25 % verdelho, 23 % sauvignon blanc. **Alc./**12,5 %. **cortesdecima.com**

Servir dans les deux années suivant le millésime, à 12 °C

Crème froide de chou-fleur à la papaye, câpres et wasabi (***), salade de chou-fleur et vinaigrette à la papaye, aux câpres et au wasabi (***), salade de betteraves jaunes à l'huile parfumée au basilic, huîtres fraîches à l'émulsion de lime et coriandre fraîche ou poisson simplement poêlé accompagné d'un céleri rémoulade.

Sauvignon Domaine du Tariquet (2011)

VIN DE PAYS DES CÔTES DE GASCOGNE, FAMILLE GRASSA, FRANCE

13,80$	**SAQ S***	484139	★★☆ **$**	**Modéré**

Comme pour tous ses autres vins (commentés dans ce guide), Yves Grassa a su pour une ixième fois consécutive accoucher d'un sauvignon on ne peut plus classique du cépage, prenant même des allures de sancerre – qui, je vous le rappelle, sont vendus beaucoup plus cher que ce dernier... Donc, un blanc sec très aromatique, aux notes justes et précises de papaye, de groseille blanche et d'asperge, à la bouche étonnamment ample et texturée pour son rang, non sans fraîcheur et persistance, égrainant des saveurs de fruits de la passion et de menthe. Il faut dire qu'il connaît la chanson et que tous ses vins sont à recommander, bon an mal an, «presque les yeux fermés». C'est le temps de cuisiner nos recettes de la collection en quatre saisons *Papilles pour tous!*, plus particulièrement celles autour de la papaye, du chou-fleur, des câpres, du basilic, de la coriandre fraîche, du céleri-rave, du wasabi ou de l'asperge verte. **Cépage:** sauvignon blanc. **Alc./**12,5%. **tariquet.com**

Servir dans les trois années suivant le millésime, à 12°C

Crème froide de chou-fleur à la papaye, câpres et wasabi (***), salade de chou-fleur et vinaigrette à la papaye, aux câpres et au wasabi (***), émulsion d'asperges vertes aux crevettes_Mc² (**), huîtres frites à la coriandre et wasabi (**), minibrochettes de crevettes au basilic ou truite et purée de céleri-rave.

Les Fumées Blanches (2011) J'aime

VIN DE PAYS DES CÔTES DE GASCOGNE, FRANÇOIS LURTON, FRANCE

14,25$	**SAQ C**	643700	★★ **$**	**Léger+**

Plus que jamais un très aromatique, anisé, mentholé et vivace sauvignon, à la fois aérien, satiné et vibrant, élaboré avec brio par François Lurton, dont tous les vins, soit dit en passant, devraient faire partie de votre liste de crus «à acheter bon an mal an les yeux fermés». Ce coup de cœur de nombreuses précédentes *Sélection Chartier* est maintenant aussi disponible en très pratique **format «vinier» de 3 litres (49,75$; 3l; 11714181),** faisant de lui, plus que jamais, que ce soit en bouteille ou en vinier, le «ballon» de blanc de tous les jours. Et si vous servez des recettes où dominent la tomate fraîche, le basilic frais, l'asperge verte, la mozzarella, le pamplemousse rose, les crevettes, le fenouil, le fromage en crottes, le céleri-rave, les câpres, le wasabi ou la papaye, notez que ces derniers sont à ranger parmi les ingrédients complémentaires ayant un pouvoir de synergie harmonique avec le sauvignon –, c'est donc du sauvignon blanc qu'il vous faut! **Cépage:** sauvignon blanc. **Alc./**12%. **francoislurton.com**

Servir dans les deux années suivant le millésime, à 12°C

Salade de chou-fleur et vinaigrette à la papaye, aux câpres et au wasabi (***), fenouil mariné au vinaigre (***), tapas de fromage en crottes_Mc² à l'huile de basilic et morceaux de pommes rouges fraîches (***), salade de carottes à la menthe (***), céleri rémoulade en mode anisé et au « goût de froid » (***), salade de crevettes froides, vinaigrette au jus de pamplemousse rose (***) ou filet de saumon au four en mode anisé (***).

Les Jardins de Meyrac (2011) J'aime

VIN DE PAYS D'OC, CHÂTEAU CAPENDU, FRANCE

14,70$ **SAQ C** 637850 ★★?☆ $$ **Modéré**

D'une régularité sans faille pour ce blanc sec qui, millésime après millésime, présente un vin d'un très bon rapport qualité-prix, devenant un *must* quand vient le temps de dénicher un blanc vivifiant et digeste. Vous y retrouvez donc une fois de plus un Meyrac des plus aromatiques et fins, aux notes de pomme, d'agrumes, de vanille et d'amande, d'une agréable acidité vivifiante, lui donnant son habituel élan, sans nuire à sa texture toujours aussi satinée et ample. Termine sur une longue finale croquante et zestée pour un vin de soif certes, mais qui a quelque chose à dire, et ce, sans demander le ciel, et donc à prix doux... **Cépages:** chardonnay, sauvignon. **Alc./**12,5%. **chateau-capendu.com**

Servir dans les trois années suivant le millésime, à 12 °C

Olives vertes marinées au zeste d'orange et graines de coriandre (***), bruschettas en mode anisé (***), huîtres crues en version anisée (**), ceviche de morue au citron vert et fenouil frais (***), salade de fenouil (***) ou saumon mariné à l'aneth (*).

Riesling Selbach (2011) J'aime

MOSEL-SAAR-RUWER, J. & H. SELBACH, ALLEMAGNE

14,70$ **SAQ S** 11034741 ★★★ $$ **Modéré**

Comme je vous le dis depuis maintenant cinq ans, il est plutôt difficile de dénicher un riesling de cette qualité chez les crus germaniques et français offerts sous la barre des quinze dollars. Et plus que jamais, avec ce 2011, il atteint un sommet inégalé jusqu'ici. Vous serez conquis par ce vin sec, on ne peut plus aromatique, aux éclatantes notes d'épinette, de sauge et d'agrumes, à la bouche vive, droite, mais aussi presque texturée pour le style, verticale et saisissante, aux saveurs longues et digestes. À boire jusqu'à plus soif. Si vous aimez ce style comme je l'aime, alors découvrez aussi le très raffiné et floral **Riesling Selbach-Oster Zeltinger Himmelreich Kabinett Halbtrocken 2011 (16,75$; 927962)**. **Cépage:** riesling. **Alc./**10,5%. **selbach-oster.de**

Servir dans les trois années suivant le millésime, à 12 °C

Olives vertes marinées au gin Hendrick's, cardamome verte et thé vert (***), grosses crevettes grillées au romarin et cardamome (***), fromage de chèvre cendré à l'huile d'olive et romarin (**), calmars en tempura d'amandes, fleur de sel au cèdre, mousse de riz en paella (**) ou filet de truite en gravlax nordique, granité de gingembre et de pamplemousse (**).

Viña Esmeralda (2011)

CATALUNYA, MIGUEL TORRES, ESPAGNE

15,05 $	**SAQ S** 10357329	★★☆ **$$**	**Modéré**

Comme toujours avec cette cuvée à base de muscat, 85 % moscatel (muscat d'Alexandrie) et 15 % gewurztraminer pour être plus précis, ce vin est l'apéritif sur mesure. Vous y dénicherez un blanc floral au possible, presque sec, tout en ayant une très légère pointe de sucre résiduel qui titille le bout de la langue avec bonheur, sans apporter aucune lourdeur, d'une fraîcheur parfaite et d'une digestibilité festive. Réservez-lui, entre autres, une salade de fromage de chèvre cendré à l'huile d'olive poivrée, des canapés de minibrochettes de poulet à la salsa d'ananas au poivre cubèbe ou une fricassée de poulet aux fraises et au gingembre parfumée au poivre sancho. **Cépages:** 85 % moscatel (muscat d'Alexandrie), 15 % gewurztraminer. **Alc./**11,5 %.**torres.es**

Servir dans les deux années suivant le millésime, à 14 °C

Tapas de fromage en crottes_Mc² à l'huile de gingembre et litchis (***), trempette de tofu, curcuma et gingembre (***), pain à la courgette au gingembre (***), potage de courge Butternut au gingembre et curcuma (***) ou fromage de chèvre cendré à l'huile d'olive et romarin (**), brochettes de poulet au gingembre (***).

Verdejo Prado Rey (2010)

J'aime ♥

RUEDA, BODEGAS PRADO REY, ESPAGNE

15,15 $	**SAQ S** 10856371	★★☆?☆ **$$**	**Modéré**

Commenté en primeur dans *La Sélection 2011*, avec son éclatant millésime 2009, ce blanc sec espagnol se positionne à nouveau comme l'une des valeurs sûres en matière de verdejo – cépage au profil aromatique le plus proche du sauvignon blanc, soit dit en passant. Vous serez charmé plus que jamais par ce blanc sec qui s'exprime, comme à son habitude, par des notes aromatiques aux tonalités anisées, jouant dans l'univers de la menthe et du fenouil, ainsi que des touches de pamplemousse rose et de pomme verte. En bouche, il se montre tout aussi croquant et vivifiant que dans les deux précédents millésimes, tout en étant doté d'un certain satiné de texture. Une belle découverte à effectuer, qui vous changera du sauvignon blanc, si vous êtes amateur de ce cépage d'une grande polyvalence en matière d'harmonies avec les mets. Basilic, cerfeuil, coriandre fraîche, estragon, menthe fraîche, fenouil et tous les légumes-racines sont les ingrédients complémentaires aux vins de sauvignon blanc, tout comme de verdejo. **Cépage:** verdejo. **Alc./**12,5 %. **pradorey.com**

Servir dans les quatre années suivant le millésime, à 12 °C

Ceviche de morue au citron vert et coriandre fraîche, céleri rémoulade en mode anisé à l'estragon (***), brandade de morue salée en mode anisé (***), rouleaux de printemps à la menthe (***), ceviche d'huîtres au wasabi et à la coriandre fraîche, « émulsion d'asperges vertes aux crevettes_Mc² » (**), escargots à la crème de persil ou huîtres crues en version anisée (**).

Nages Réserve blanc (2010)

COSTIÈRES DE NÎMES, R. GRASSIER, FRANCE

15,30$	**SAQ C**	427609	★★☆	$$	**Modéré**

Un assemblage rhodanien, à 60% de grenache blanc et 40% de roussanne, deux cépages qui créent la synergie aromatique recherchée tant avec le homard qu'avec les aliments riches en saveur umami (crabe, parmesan âgé, gruyère âgé, champignons séchés, algue kombu, miso, pois vert...) et les ingrédients marqués par son profil lactones (l'abricot, le miel, le curcuma, le curry, la noix de coco et la viande de porc). Aromatique, fine, florale et fruitée, aux notes de fleur d'oranger et d'abricot, cette cuvée se montre d'une bouche coulante, satinée et engageante – surtout après un coup de carafe et si servie à 14°C. Demeure plus que jamais très agréable et à la hauteur de sa réputation. Je vous le redis, surtout ne pas servir froid afin qu'il s'exprime pleinement, tant au nez qu'en bouche – le froid anesthésie l'impact de l'umami du vin, tout comme sa synergie aromatique avec les aliments. **Cépages:** 60% grenache blanc, 40% roussanne. **Alc./**14%. **michelgassier.com**

Servir dans les quatre années suivant le millésime, à 14°C

Lobster rolls umami (***), soupe au miso à l'huile de sésame grillé et au riz sauvage (***), rôti de porc farci aux abricots (***), dumplings au crabe en mode umami (***), brochettes de pétoncles grillés et couscous de noix du Brésil (***), escalopes de porc à la salsa de pêche et curcuma, rôti de porc farci aux abricots (***) ou curry de porc à la noix de coco (voir Curry de poulet à la noix de coco) (*).

San Vincenzo Anselmi (2011) J'aime

VENETO, AZIENDA AGRICOLA ROBERTO ANSELMI, ITALIE

15,55$	**SAQ C**	585422	★★★	$$	**Modéré+**

Assurément l'un des vins blancs qui a reçu le plus de coups de cœur au fil des dix-sept éditions de *La Sélection Chartier*, faisant de lui un *must*. Comme à son habitude, Roberto Anselmi, maintenant aidé de sa fille, présente un San Vincenzo (2011) des plus réussis et volant au-dessus de la mêlée des vins de cette région, dont nombreux sont offerts à un prix plus élevé que celui-ci. Malgré que le San Vincenzo ne soit que la cuvée de base du domaine, ce vin est vraiment un modèle d'équilibre et de haute définition. Un élevage de six mois en cuves inox, sur lies et avec bâtonnages, permet d'en complexifier le bouquet et la texture. Difficile de faire mieux à un prix aussi doux. On y retrouve à nouveau cette pureté aromatique, cette fraîcheur et cette ampleur satinée qui signent cette cuvée depuis de nombreux millésimes. Le nez se montre plus anisé que jamais, avec des touches de menthe fraîche, de groseille et de buis, façon sauvignon blanc, tandis que la bouche se montre d'une patine unique. Sapide et digeste au possible, mais non dénué de corps, ce qui lui vaut une place plus que méritée dans ma liste de vins «à acheter bon an mal an les yeux fermés». **Cépages:** 80% garganega, 15% chardonnay, 5% trebbiano di soave. **Alc./**13%. **anselmi.eu**

Servir dans les quatre années suivant le millésime, à 12°C

Velouté froid de betteraves jaunes à la menthe et cumin (***), pesto d'épinards aux graines de citrouille (***), soupe froide de fenouil, basilic, citron vert et wasabi (***), spaghettis au thon «en

conserve», câpres et menthe (***), tapenade d'olives vertes au fenouil (***), tartare de tomates au pimentón, crevettes de Matane et jus de pamplemousse rose (***) ou huîtres frites à la coriandre et wasabi (**).

Viognier Domaine Cazal-Viel (2011)

J'aime

VIN DE PAYS D'OC, HENRI MIQUEL, FRANCE

16,05 $	**SAQ S***	895946	★★★ $$	**Corsé**

Il y a belle lurette que ce viognier est le *benchmark* sur mesure pour faire vos gammes aromatiques avec ce cépage qui offre des vins plus que parfumés, aux saveurs soutenues rappelant l'abricot, la pêche, les fleurs jaunes, le cantaloup, comme c'est le cas pour ce plus expressif et engageant que jamais 2011. En bouche, il se montre presque plein, rond et caressant, comme il se doit avec les vins de viognier, qui ont des allures de vin... rouge! Ainsi, comme je vous le dis depuis des lustres, les amateurs de vin rouge devraient se laisser prendre au jeu du viognier tant les vins de ce cépage semblent posséder leur structure pleine et généreuse, tanins en moins. **Cépage:** viognier. **Alc./**13,5%. **laurent-miquel.com**

Servir dans les trois années suivant le millésime, à 14 °C

Brochettes de portobellos laquées au sirop d'érable et au miso (***), mignon de porc mangue-curry (*), curry de crevettes (***), rôti de porc farci aux abricots (***), polenta au gorgonzola version «umami» (***), fettucine alla morosana (cantaloup, huile d'olive, prosciutto et parmigiano reggiano) (*) ou fromages (chaource, migneron de Charlevoix ou jeune maroilles).

Cuvée des Conti «Tour des Gendres» (2011)

J'aime

BERGERAC, FAMILLE DE CONTI, CHÂTEAU TOUR DES GENDRES, FRANCE

16,10 $	**SAQ S***	858324	★★★ $$	**Modéré**	**Bio**

Que dire de plus sur cette superbe cuvée que j'ai encensée à de multiples reprises depuis une dizaine d'années tant les réussites se sont succédé d'un millésime à l'autre, comme c'est encore le cas avec ce 2011 – et assurément les prochaines vendanges à venir! Cette grande Cuvée des Conti, vinifiée avec maestria par Luc de Conti, dynamo de l'appellation, est à ranger parmi les références les plus abordables de la France des terroirs. Remarquable nez raffiné, d'une grande subtilité d'approche aromatique, épuré et mûr à souhait, exhalant des parfums délicats de pamplemousse, de menthe et de lime, la bouche à la fois satinée et très fraîche, ample et presque tendue, d'une harmonie d'ensemble rarissime chez les vins de ce prix. Je vous le redis, «J'AIME» vraiment ☺. **Cépages:** 70% sémillon, 20% sauvignon blanc, 10% muscadelle. **Alc./**13,5%. **chateautourdesgendres.com**

Servir dans les quatre années suivant le millésime, à 14 °C

Crème de petits pois menthe/persil (***), guacamole à la menthe fraîche, citron vert et wasabi (***), tapas de fromage en crottes_ Mc² à l'huile de basilic et morceaux de pommes rouges fraîches (***), salade de farfalle aux crevettes, tomates fraîches et melon d'eau grillé, vinaigrette de pamplemousse rose (***), salade de tomates fraîches et asperges au basilic frais, rouleaux de printemps en mode anisé (***) ou sandwich vietnamien Banh-mi au porc en mode anisé (***).

Sauvignon Blanc La Grande Cuvée Dourthe (2011)

BORDEAUX, VINS ET VIGNOBLES DOURTHE, FRANCE

16,20 $	**SAQ C** 231654	★★☆ $$	**Modéré**

Millésime après millésime, et ce, bon an mal an, ce sauvignon bordelais se montre toujours au sommet de sa catégorie. Plus aromatique que jamais, s'exprimant par des tonalités de pomme et d'agrumes, à la bouche à la fois revitalisante et satinée, égrainant de longues et expressives saveurs de pamplemousse rose et de gazon fraîchement coupé, rappelant littéralement les composés volatils au profil gazon/asperge/artichaut des huiles d'olive espagnoles. Cuisinez-lui des plats où dominent les ingrédients de liaison à ses arômes, tels l'asperge verte, le basilic, la menthe, le fenouil, la carotte, le céleri-rave, le panais, l'avocat, la crevette, la pomme, le citron vert, le pamplemousse rose ou le paprika. **Cépage:** sauvignon blanc. **Alc./**12 %. **dourthe.com**

Servir dans les trois années suivant le millésime, à 12 °C

Trempette de tofu, aneth et citron vert (***), tapas de fromage en crottes_Mc² à l'huile de basilic et morceaux de pommes rouges fraîches (***), salade de pâtes estivale aux crevettes (***), salade de carottes à la menthe (***), sandwich vietnamien Banh-mi au porc en mode anisé (***) ou crevettes pochées au paprika et pamplemousse rose (***).

Sauvignon Blanc Attitude (2011)

J'aime

VIN DE PAYS DU VAL DE LOIRE, PASCAL JOLIVET, FRANCE

16,25 $	**SAQ S**☆ 11463828	★★★ $$	**Modéré+**

Comme à son habitude, l'allumé et talentueux Pascal Jolivet présente différentes cuvées de sauvignon blanc (voir son Sancerre et son Pouilly Fumé), toutes réussies avec maestria. Pour preuve, ce désormais classique des aubaines françaises, à la fois raffiné et percutant de saveurs, à la texture ample, fraîche et prenante pour le style et pour le prix demandé. Papaye, lime, pomme et menthe fraîche signent le bouquet aromatique qui perdure longuement en fin de bouche. Vraiment du beau jus sans se ruiner. Cuisinez-le en l'harmonisant avec des plats marqués par les aliments complémentaires à la menthe et au sauvignon, comme le basilic, la coriandre fraîche, le cerfeuil, l'aneth, le fenouil, la chicorée, l'asperge verte, l'avocat, le wasabi, la crevette, le pamplemousse rose, la carotte, la betterave jaune, le panais, la pomme de terre, le concombre ou le céleri-rave. **Cépage:** sauvignon. **Alc./**12,5 %. **pascal-jolivet.com**

Servir dans les trois années suivant le millésime, à 12 °C

Crème froide de chou-fleur à la papaye, câpres et wasabi (***), granité au guacamole d'avocat (***), rouleaux de printemps en mode anisé (***), grosses crevettes grillées au pamplemousse rose et paprika (***), salade de farfalle aux crevettes, tomates fraîches et melon d'eau grillé, vinaigrette de pamplemousse rose (***).

Pinot Gris Réserve Pierre Sparr (2011)

J'aime

ALSACE, PIERRE SPARR ET SES FILS, FRANCE

16,30$ **SAQ S*** 966564 ★★☆?☆ $$ **Corsé**

J'ai toujours eu un faible pour ce gourmand pinot gris, mais là, son prix ayant été revu à la baisse de cinq dollars, il devient un véritable coup de cœur «à acheter bon an mal an les yeux fermés»! Vous vous délecterez d'un blanc au nez certes subtil et discret, mais à la bouche quasi explosive, prenante, généreuse, texturée et fraîche, que très légèrement marquée par une présence de sucres résiduels, qui apport un charme immédiat, aux longues saveurs de miel, de fleurs blanches et de pomme-poire. Du sérieux, bâti pour de belles envolées harmoniques à table. **Cépage:** pinot gris. **Alc./**13%. **alsace-wines.com**

Servir dans les trois années suivant le millésime, à 14°C

Tapas de fromage en crottes_Mc² à l'huile de safran et morceaux de pommes jaunes fraîches (***), fettucine alla morosana (cantaloup, huile d'olive, prosciutto et parmigiano reggiano) (*), fromages Migneron de Charlevoix ou Saint-Honoré, rôti de palette au rhum brun, au gingembre et aux oignons caramélisés (***) ou carré de porcelet de la Ferme Gaspor au safran, carottes, pommes Golden et melon d'eau (**).

Les Jardins de Bouscassé (2009)

J'aime

PACHERENC-DU-VIC-BILH SEC, CHÂTEAU BOUSCASSÉ, ALAIN BRUMONT, FRANCE

16,35$ **SAQ S** 11179392 ★★★?☆ $$ **Modéré+**

Avec la patte de Brumont, l'homme derrière les grands madirans de Bouscassé et de Montus, les vins de ce domaine ne peuvent qu'être au sommet de l'appellation, ce que ce blanc atteint millésime après millésime, et ce, pour une bouchée de pain! En plus, il origine de l'éclectique cépage petit courbu, qui offre une singularité à mille lieues des sempiternels chardonnays de ce monde... Vous serez conquis comme je le suis par ce nez exubérant et exotique, rappelant la papaye, le fruit de la passion et la lime. La bouche suit avec aplomb, offrant fraîcheur, ampleur et densité, ce qui est rare chez les blancs de ce prix. Si vous désirez monter d'un cran en densité et en complexité, alors offrez-vous le superbe blanc Montus 2009 (aussi commenté). **Cépages:** petit courbu, petit-manseng. **Alc./**12,5%. **brumont.fr**

Servir dans les six années suivant le millésime, à 14°C

Crème froide de chou-fleur à la papaye, câpres et wasabi (***), salade de chou-fleur et vinaigrette à la papaye, aux câpres et au wasabi (***) ou sandwich vietnamien Banh-mi au porc en mode anisé (***).

Muga Blanco (2011) — J'aime

RIOJA, BODEGAS MUGA, ESPAGNE

16,50$ | **SAQ S** 860189 | ★★★ $$ | **Modéré+**

Un blanc sec à base de viura, ayant été élevé en fût de chêne neuf français, dont trois mois sur lies fines, représentant l'un de mes blancs favoris chez les crus de cette couleur et de ce prix provenant de la Rioja. Il embaume l'amande fraîche, tout en étant que très légèrement boisé, et se montre à la fois vivifiant et patiné. Il faut dire que cette excellente *bodega* présente, comme à son habitude, l'un des meilleurs vins blancs de la Rioja, d'allure bourguignonne tout en demeurant très espagnol, les deux pieds dans le terroir. Vous y dénicherez comme toujours un vin passablement aromatique (anis vert, amande, fleurs blanches, pomme), à la bouche d'ampleur moyenne, mais aussi fraîche qu'une pomme McIntosh (!). Vin bien ficelé, tout en fraîcheur et anisé à souhait. L'élevage et la vinification des vins blancs espagnols s'étant raffinés au cours des dix-sept années de *La Sélection Chartier*, profitez-en plus que jamais. **Cépages:** 90% viura, 10% malvasia. **Alc./**13,5%. **bodegasmuga.com**

Servir dans les quatre années suivant le millésime, à 14°C

Gaspacho blanc façon «Ajo blanco» (***), curry de crevettes (au lait de coco et à l'ananas) (***), brochettes de portobellos laquées au sirop d'érable et au miso (***), dumplings au porc en mode umami (***), feuilletés aux champignons, au scotch et à la noix de coco (***) ou rôti de porc farci aux abricots (***).

Domaine des Aubuisières «Cuvée de Silex» (2011)

VOUVRAY, BERNARD FOUQUET, FRANCE

16,60$ | **SAQ S**☆ 858886 | ★★☆?☆ $$ | **Modéré+**

Depuis le millésime 2001, cette cuvée s'est positionnée à plusieurs reprises comme l'un des bons achats de *La Sélection Chartier* en matière de blanc de Loire. Ce qu'elle poursuit plus que jamais dans ce millésime 2011. Vous y retrouverez le plaisir d'un vin subtilement parfumé, sans esbroufe, à la texture suave et enveloppante, qui lui procure sont habituel charme fou. Un vin certes presque droit et minéralisant, mais aussi soyeux, ample et prenant, aux persistantes saveurs de pomme et de houblon. J'aime, c'est tout☺. **Cépage:** chenin blanc. **Alc./**13%. **vouvrayfouquet.com**

Servir dans les cinq années suivant le millésime, à 14°C

Filet de saumon au four en mode anisé (***), lait de pommes de terre, garniture verte (***), salade de radis, pamplemousse rose et pomme verte (***), tapas de fromage en crottes_Mc² à l'huile de basilic et morceaux de pommes rouges fraîches (***) ou fettucine alla morosana «à ma façon» (*).

Pyrène «Chambre d'Amour» (2011)

CÔTES DE GASCOGNE, LIONEL OSMIN, FRANCE

16,65$ | **SAQ S** 11661648 | ★★★ $ | **Modéré+**

Toute la gamme Pyrène, en blanc comme en rouge, signée Lionel Osmin mérite le détour, ce que ce nouveau blanc demi-sec confirme avec éclat, fraîcheur, texture et charme immédiat. D'où sa place méritée dans cette édition des meilleurs crus «à acheter bon an mal an les yeux fermés». Fruit de la passion, de pêche blanche et pamplemousse rose s'entremêlent dans une très longue et zestée fin de bouche. Un vin de plaisirs harmoniques, qui crée de vibrantes synergies aromatiques à table avec les recettes dominées par le safran, la menthe fraîche, le melon d'eau, la tomate, le sésame grillé, les crevettes et bien sûr le fruit de la passion et le pamplemousse rose. Sans oublier qu'il vibrera des deux côtés de la frontière du sucré et du salé. **Cépages:** gros-manseng, sauvignon blanc. **Alc./**10,5 %. **osmin.fr**

Servir dans les cinq années suivant le millésime, à 12 °C

Brochettes de bambou imbibées au jus de pamplemousse rose et au safran «pour grillades de crevettes, homard ou pieuvre» (***), carré de porcelet de la Ferme Gaspor au safran, carottes, pommes Golden et melon d'eau (**), beurre de safran (***) pour brochettes de crevettes, compote de pommes Délicieuse jaunes au safran «cuite au micro-ondes», gâteau à l'orange et safran (***) ou «after 8_Mc²»: version originale à la menthe (**).

La Segreta Bianco (2011)

SICILIA, PLANETA, ITALIE

16,95 $	**SAQ S** 741264	★★ $$	**Léger+**

Ce savant assemblage non boisé de grecanico, de fiano, de chardonnay et de viognier se montre toujours aussi vivifiant et aromatique, fin et digeste, même plus minéralisant que jamais. Lime, abricot sec et amande fraîche donnent le ton à cette festive et croquante Segreta, encore meilleure que l'année dernière. Il faut dire que ce blanc sec, pour ceux qui ne le savent pas encore, est signé par l'une des meilleures maisons du Midi de la péninsule italienne, dont l'ensemble de la gamme est à ranger parmi les vins à acheter les yeux fermés tant la régularité a été au rendez-vous ces dix dernières années. Difficile de trouver mieux pour les salades et les soupes estivales où entrent le concombre frais, la coriandre et le yogourt, mais aussi le basilic, la menthe, le fenouil frais, la lime, le thé Earl Grey, les crevettes et les poissons blancs. **Cépages:** 50 % grecanico, 30 % chardonnay, 10 % viognier, 10 % fiano. **Alc./**12,5 %. **planeta.it**

Servir dans les deux années suivant le millésime, à 12 °C

Salade de fenouil (***), salade de concombre, crème et menthe fraîche (***), dumplings aux crevettes à la coriandre fraîche (***), pain à la courgette à la coriandre (***), guacamole à la menthe fraîche, citron vert et wasabi (***), soupe froide de concombre à la coriandre (***) ou grosses crevettes grillées au thé Earl Grey (***).

Côté Tariquet (2011) — J'aime

CÔTES DE GASCOGNE, FAMILLE GRASSA, FRANCE

17,05 $	**SAQ S*** 561316	★★★ $$	**Modéré+**

Difficile d'être plus régulière que cette cuvée devenue un incontournable «à acheter les yeux fermés» des crus du Sud-Ouest, et même du Midi, offerts sous la barre des vingt dollars – comme toutes les autres cuvées de ce domaine, soit dit en passant. Yves Grassa, à la tête de la plus grosse propriété familiale de France, installée à Eauze, en plein cœur de l'Armagnac, avec plus de 800 hectares de vignobles, dont 65 pour la production d'Armagnac, propose, pour les 100 ans du domaine, un nouveau millésime plus exotique et plus débordant de saveurs que jamais, qui gicle littéralement au palais! Tout y est. Nez passablement riche et complexe. Bouche presque sucrée (sans sucre), juteuse et ample – j'ai l'impression de me répéter (!) tant le style est bien assis depuis quelques millésimes –, avec texture, fraîcheur et amplitude, égrainant de longues saveurs de papaye, de mangue et de melon. Difficile de ne pas y succomber à nouveau tant le charme juvénile opère. **Cépages:** 50% chardonnay, 50% sauvignon. **Alc./**11,5%. **tariquet.com**

Servir dans les trois années suivant le millésime, à 14°C

Rôti de porc farci aux abricots et pêches jaunes (***), mignon de porc mangue-curry (*), salsa de mangues et de betteraves jaunes grillées au basilic thaï (***), brochettes de poulet au curry (***) ou curry de crevettes (***).

Pino & Toi (2011)

VENETO, MACULAN, ITALIE

17,05$	**SAQ S**	10218935	★★☆?☆	**$**$	**Modéré**

Comme à son habitude depuis de nombreuses vendanges consécutives, cet assemblage de pinot blanc et de tocai friulano est charmeur au possible, exhalant des notes d'abricot, de pêche, de fleurs jaunes et de melon de miel, à la bouche satinée, coulante et épurée de tout artifice, tout en sachant à nouveau être fraîche et festive. Un vin de soif, sapide et digeste, qui ravira les amants de la pureté, mais décevra les aficionados du gras et de l'opulence – à moins qu'ils apprennent qu'il y a un moment pour chaque style de vin☺. Quoi qu'il en soit, sachez que la signature Maculan, une grande habituée des dix-sept ans de *La Sélection*, en est une à compter parmi vos achats «à acheter bon an mal an les yeux fermés», et ce, pour tous les vins de ce domaine, qu'ils soient blancs ou rouges, et même liquoreux. **Cépages:** pinot blanc, tocai friulano. **Alc./**12,5%. **maculan.net**

Servir dans les trois années suivant le millésime, à 12°C

Chips de jambon serrano, pommade de nectar d'abricot, chapelure d'oreilles de crisse (**), salade d'asperges aux crevettes et vinaigrette à la chicorée (***), salade de pâtes au saumon fumé et pamplemousse rose (***) ou salade de pommes de terre, concombre, coriandre et poivron vert (***).

Château Saint-Martin de la Garrigue «Bronzinelle» (2010)

J'aime

COTEAUX-DU-LANGUEDOC, CHÂTEAU SAINT-MARTIN DE LA GARRIGUE, FRANCE

17,15$	**SAQ S**☆	875328	★★★	**$**$	**Modéré+**

D'un domaine qui se passe de présentation au Québec tant ses rouges sont à ranger depuis longtemps parmi les choix préférés des amateurs de crus languedociens offrant un rapport qualité-prix d'exception. Son blanc, à la fois minéral et digeste, n'y fait pas exception, et ce, depuis de nombreux millésimes. On y retrouve un très frais, subtil et élégant profil aromatique, comme par le passé, mais toujours aussi appuyé d'une certaine richesse, comme c'était le cas en 2009, exhalant des effluves jouant dans l'univers crémeux et fruité des lactones (pêche, noix de coco). Donc, sur mesure pour les plats dominés par le porc, l'abricot, la pêche, la noix de coco, la pacane, l'érable ou le scotch, tous partageant le même profil aromatique «lactones» que ce vin. Sec, ample, texturé et très long, tout en étant minéralisant et anisé à souhait. Fidèle, n'hésitez pas à le suivre dans les prochains millésimes, le présent étant garant du futur chez les meilleurs domaines! **Cépages:** roussanne, grenache blanc et marsanne + picpoul, terret (vieilles vignes). **Alc./**13,5%. **stmartingarrigue.com**

Servir dans les quatre années suivant le millésime, à 14 °C

Rôti de porc farci aux abricots et sauce au scotch et lait de coco (***), escalopes de porc à la salsa fruitée, mignon de porc mangue-curry (*), petit poussin laqué (**) ou pétoncles poêlés, couscous de noix du Brésil à l'orange sanguine, lait de coco au gingembre (**).

Gran Viña Sol (2011) — J'aime

PENEDÈS, MIGUEL TORRES, ESPAGNE

17,25 $	**SAQ S**	064774	★★★ $$	**Modéré+**

Chapeau à la famille Torres pour ce chardonnay qui, depuis 20 ans, s'est positionné, millésime après millésime, comme le plus avantageux des blancs espagnols offerts sous la barre des vingt dollars. Et avec ce nouveau millésime, il n'a jamais été aussi complet, prenant et généreux. Comme je vous l'ai déjà mentionné par le passé, on se rapproche d'un excellent cru bourguignon de Saint-Aubin ou de Montagny. Quelle amplitude et quelle belle matière! Un vin qui a du gras, sans aucune lourdeur, laissant en fin de bouche de persistantes tonalités de crème fraîche, de vanille, d'amande, de poire et de pomme Golden, le tout vivifié par une juste et précise acidité naturelle. Enfin, c'est connu, la meilleure façon de révéler la vraie nature du crabe est de le cuire vapeur, puis de le servir nature. Si le crabe que vous avez choisi est de noble origine, bien sûr. L'harmonie sur mesure est obtenue avec des vins à base de chardonnay, vinifiés et élevés en barriques de chêne, sur lie. Sans oublier que le chardonnay élevé en barriques de chêne est sur le même mode aromatique que la viande de porc, le lait de coco, l'abricot, la pêche, les pacanes, le scotch et le vieux rhum brun. **Cépages:** 85% chardonnay, 15% parellada. **Alc./**13,5%.

Servir dans les cinq années suivant le millésime, à 14 °C

Dumplings au crabe en mode umami (***), crabe à carapace molle en tempura, risotto aux champignons (*), *lobster rolls* «full umami» (***), rôti d'épaule de porc au scotch, champignons et nectar d'abricot (***) ou crabe des neiges, ketchup aux pois verts, épinards fanés à l'huile d'olive, caviar de mulet et mousse de bière noire (**).

Gentil Hugel (2011)

ALSACE, HUGEL ET FILS, FRANCE

17,45 $	**SAQ C**	367284	★★☆ $$	**Modéré**

Ce Gentil se montre tout aussi raffiné et épuré que lors de la précédente vendange, confirmant sa grande régularité un millésime sur l'autre, et ce, depuis plus d'une dizaine de millésimes. Fraîcheur, digestibilité, plaisir à boire, le tout marqué par des notes délicates d'agrumes et de fruits exotiques, mais rien de trop, plutôt juste et précis, digeste et festif. Il faut savoir – quoique c'est un fait très connu au Québec – que les vins de la maison Hugel sont tous, sans exception, à ranger dans votre liste d'achats « à effectuer bon an mal an les yeux fermés ». Si ce n'est déjà fait, alors que votre cuisine nécessite un riesling ou un gewurztraminer, cherchez ceux d'Hugel (tous deux aussi commentés dans ce guide). **Cépages:** gewurztraminer, pinot gris, riesling, muscat, sylvaner. **Alc./**12,5 %. **hugel.com**

Servir dans les trois années suivant le millésime, à 12 °C

Trempette de tofu, curcuma et gingembre (***), bruschettas en mode gingembre (***), soupe froide de concombre au gingembre (***), graines de citrouille grillées au sel et curcuma (***), cocktail Campari « solide » (***), sablés au parmesan, graines de coriandre et curcuma (***) ou linguine aux crevettes au cari et à l'orange.

Guigal Côtes-du-Rhône blanc (2011) — J'aime

CÔTES-DU-RHÔNE, E. GUIGAL, FRANCE

17,55 $	**SAQ C**	290296	★★★ $$	**Corsé**

S'il y a un nom qui rime avec qualité dans le Rhône, c'est bien celui de la famille Guigal. En près de vingt-cinq ans, je n'ai jamais été déçu par un vin signé par les Guigal. Bien au contraire! C'est dire comment vous pouvez ici plus que jamais « acheter les yeux fermés »... Pour ce qui est de ce blanc, qui ne fait pas exception à la règle « Guigal », notez qu'il est de nos jours très fréquent de retrouver le viognier en assemblage dans les vins blancs d'appellation Côtes-du-Rhône. Depuis 2002, Guigal n'y fait pas exception, utilisant un minimum de 50 % de viognier (75 % en 2002), contrairement aux 25 % avant 2002. Ce qui résulte en un CDR blanc plus aromatique que jamais (banane, abricot, cantaloup et aubépine) et texturé à souhait, marqué par un moelleux dominant, mais en harmonie avec une acidité juste fraîche. Difficile de trouver mieux chez les blancs de cette appellation offerts sous la barre des vingt-cinq dollars. Réservez-lui des plats dominés par le porc, l'abricot, la pêche, la noix de coco, le curry, l'érable, les champignons, le miso, la pacane, les fromages ou le scotch, qui sont tous des ingrédients complémentaires à son profil aromatique. **Cépages:** 55 % viognier, 20 % roussanne, 10 % marsanne, 10 % clairette, 5 % bourboulenc. **Alc./**13,5 %. **guigal.com**

Servir dans les quatre années suivant le millésime, à 14 °C

Brochettes de poulet au miel et pâte de curry (***), *pulled pork* à la noix de coco (***), rôti de palette au rhum brun, au gingembre et aux oignons caramélisés (***), brochettes de portobellos laquées au sirop d'érable et au miso (***) ou mignon de porc mangue-curry (*). Fromages québécois: Duo du paradis ou Mi-Carême de l'Île-aux-Grues.

Domaine Millet (2010) — J'aime

PETIT-CHABLIS, MILLET PÈRE & FILS, FRANCE

18,05 $	**SAQ S**	10516473	★★★ $$	**Modéré**

Une réussite, millésime après millésime, qui'il ne faut pas laisser filer. Ce trop rarissime, du moins sur notre marché, vin d'appellation Petit-Chablis – lors de son introduction, dans le millésime 2005 (commenté dans *La Sélection 2009*), il était le seul offert à la SAQ – mérite d'être découvert et, surtout, que vous ne vous laissiez pas intimider par le mot «petit» devant chablis... Vous y retrouverez un blanc sec au nez toujours aussi anisé, rappelant même certains sauvignons blancs de la Loire, mais doté de son habituelle suavité, typiquement chardonnay bourguignon, laquelle est harmonisée par une acidité minéralisante à souhait, on ne peut plus chablisienne. À la fois droit et texturé, expressif et digeste. Ne le servez pas trop froid, ainsi vous serez à même d'apprécier sa texture et ses parfums fruités, floraux et anisés. Cuisinez-lui des recettes où dominent les ingrédients complémentaires à la menthe, de la famille des anisés (tels que décrits dans le livre *Papilles et Molécules*), comme le sont le basilic, le cerfeuil, l'estragon, le fenouil, la coriandre fraîche, le shiso, la carotte, la betterave jaune, le panais et le céleri-rave. Ainsi, l'harmonie n'en sera que meilleure. **Cépage:** chardonnay. **Alc./**12 %. **chablis-millet.com**

Servir dans les quatre années suivant le millésime, à 14 °C

Bruschettas en mode anisé (***), dumplings aux crevettes à la coriandre fraîche (***), salade de fenouil (***), soupe froide de fenouil, menthe, citron vert et wasabi (***), escargots à la crème de persil, fettucine au saumon fumé à l'aneth ou truite saumonée à l'huile de basilic.

Riesling Hugel (2011)

J'aime

ALSACE, HUGEL ET FILS, FRANCE

18,05 $	**SAQ C**	042101	★★★ $$	**Modéré**

Ce riesling sec, d'une grande régularité, millésime après millésime, se montre pour une ixième fois on ne peut plus réussi dans le millésime 2011. Très aromatique, rafraîchissant et expressif, sur des notes de pomme verte et d'agrumes, doté d'une acidité à la fois vivifiante et désaltérante à souhait. Comme à son habitude, très sec, droit et croquant de vérité, non sans ampleur et présence. Ici, pas de poudre de perlimpinpin (entendre pas de sucre) pour camoufler l'origine et le climat de l'année. Vivacité d'esprit et véracité de propos dans la définition, pour son rang bien sûr. Un modèle «à acheter bon an mal an les yeux fermés», mais les papilles allumées☺. **Cépage:** riesling. **Alc./**12,5 %. **hugel.com**

Servir dans les cinq années suivant le millésime, à 12 °C

Bruschettas en mode romarin (***), salade de crevettes froides, vinaigrette au jus de pamplemousse rose (***), salade de pâtes au saumon fumé et pamplemousse rose (***), salade de radis à la coriandre fraîche (***), grosses palourdes «Cherry-stone» au beurre de cèdre (***) ou pattes de pieuvre rôties, compote de tomates au thé noir, pamplemousse rose, lavande et safran du Maroc (**).

Riesling Réserve Léon Beyer (2011)

ALSACE, LÉON BEYER, FRANCE

18,15 $	**SAQ C**	081471	★★★ $$	**Modéré+**

Un incontournable chez les rieslings secs alsaciens, disponibles dans l'ensemble du réseau des succursales de la SAQ, et ce, douze mois par année. Comme pour tous les vins signés Beyer, il trône parmi les meilleures cuvées de son rang. Raffinement aromatique, charme gustatif, saveurs soutenues de pamplemousse rose, de citronnelle et d'épinette, acidité vibrante, corps tendu, et même compact, ainsi que persistance étonnante pour son prix. Donc, difficile de trouver mieux à ce prix. À table, pour créer de la synergie, réservez-lui nos recettes dominées par le safran, la lavande, les champignons de Paris, la pomme verte, la coriandre fraîche, le romarin, la cardamome, le pamplemousse rose, la citronnelle, la tomate, le paprika fumé, les huîtres, la pieuvre, le saumon, la truite saumonée et certains fromages (pâte ferme et chèvre). Tous sont sur la même piste aromatique que les vins de riesling. **Cépage:** riesling. **Alc./**12%. **leonbeyer.fr**

Servir dans les cinq années suivant le millésime, à 12°C

Taboulé à la coriandre fraîche (***), champignons de Paris et sauce bonne femme à la lavande (***), tapas de fromage en crottes_Mc²à l'huile de coriandre fraîche et morceaux de pommes vertes fraîches (***), tartare d'huîtres à la coriandre fraîche, trempette au saumon fumé ou fromage de chèvre mariné à l'huile (***).

Les Fiefs d'Aupenac «blanc» (2011)

J'aime

SAINT-CHINIAN «ROQUEBRUN», CAVE DE ROQUEBRUN, FRANCE

18,90$	**SAQ C**	10559174	★★★ $$	**Corsé**

Il y a déjà plusieurs années que ce blanc sec est une référence, et même un incontournable pour tous les amateurs de... vins rouges! C'est qu'il y a, comme par les millésimes passés, de la matière et du gras dans ce blanc dense et généreux – surtout si vous avez la bonne idée de ne pas le servir froid, mais juste frais –, à la bouche pleine et sphérique, non sans fraîcheur, à l'acidité juste dosée et aux saveurs expressives et longues. Pour l'apprécier à sa juste valeur, il vous faudra le passer en carafe et, comme je disais précédemment (deux fois valent mieux qu'une!), le servir à température plus élevée que d'habitude, afin que la chaleur dilate sa texture, lui donnant l'expansion qu'il cache sous son manteau lorsque le froid est à la température de service choisie... Noisette, amande grillée, miel, abricot et noix de coco signent le cocktail de saveurs de ce cru composé de roussanne et de grenache blanc. **Cépages:** 80% roussanne, 20% grenache blanc. **Alc./**13,5%. **cave-roquebrun.fr**

Servir dans les cinq années suivant le millésime, à 14°C et oxygéné en carafe 30 minutes

***Pulled pork* à la noix de coco (***), curry de poulet à la noix de coco (*), mignon de porc mangue-curry (*) ou rôti d'épaule de porc au scotch, champignons, noix de coco et huile de noisette (***).**

Naia (2010)

RUEDA, BODEGAS NAIA, ESPAGNE

19,45$	**SAQ S**	11465153	★★★ $$	**Modéré**

Dégusté à plusieurs reprises au cours des dernières années, dans plusieurs bars à tapas de Barcelone, lors de mes sessions de travail dans l'atelier du restaurant elBulli, ce blanc de cépage verdejo a enfin fait son entrée à la SAQ. Avec ce deuxième millésime consécutif, le premier ayant été souligné dans *La Sélec-*

tion 2012, vous dénicherez un vin sec au profil toujours aussi classique de ce cépage espagnol, qui a des airs de sauvignon blanc, s'exprimant par des notes très fraîches de pamplemousse rose, de papaye, de basilic, de gazon fraîchement coupé et de menthe, à la bouche tout aussi vivifiante, mais avec du corps. À la fois digeste et nourrissant, ayant déjà l'écho des herbes utilisées dans notre recette de mélange d'herbes salées «du bas de la ville»... Parfait pour les plats dominés par le chou-fleur, la papaye, la câpre, le fromage cheddar, les pommes, l'avocat, la menthe, la coriandre fraîche et le wasabi, tous des ingrédients sur le même mode aromatique que ce cépage. **Cépage:** verdejo. **Alc./**13 %. **bodegasnaia.com**

Servir dans les quatre années suivant le millésime, à 12 °C

Tapas de fromage en crottes_Mc² à l'huile de basilic et morceaux de pommes rouges fraîches (***), herbes salées «du bas de la ville» (***), pour poisson et viande blanche grillés, salade de radis, pamplemousse rose et pomme verte (***), guacamole à la menthe fraîche, citron vert et wasabi (***), crème froide de chou-fleur à la papaye, câpres et wasabi (***).

Legado del Conde (2010)

RÍAS BAIXAS, MORGADIO LEGADO DEL CONDE, ESPAGNE

19,50 $	**SAQ S** 11155403	★★★ **$$**	**Modéré+**	

Un excellent blanc sec espagnol à base de l'original albariño, le cépage dégageant le plus haut taux de composés volatils de la famille des terpènes – des parfums zestés floraux/fruités et d'hydrocarbure/pin/épinette, de même type que ceux du riesling –, arômes qui signent aussi le profil du pamplemousse et de la cardamome. Ce cru offre un nez alternant entre les notes fruitées (agrumes, poire, pomme) et celles d'hydrocarbure (épinette), rappelant vaguement le riesling, tout comme la cardamome – riesling et cardamome sont intimement liés aromatiquement parlant –, très jeune, avec une certaine minéralité, à l'acidité vivifiante, presque bridée par une texture satinée. Explose littéralement dans la rencontre avec la recette de «gaspacho/shooter» de concombre au gin Hendrick's, tout comme s'il est servi à table, après avoir dégusté cette même recette en shooter au bar...☺. **Cépage:** albariño. **Alc./**12,5 %. **morgadio.com**

Servir dans les cinq années suivant le millésime, à 12 °C

Brochettes de kefta d'agneau au romarin et cardamome (***), «gaspacho/shooter» de concombre au gin Hendrick's (***), grosses crevettes grillées au romarin et cardamome (***), huile de cardamome (***) pour légumes sautés ou huile de paprika doux et zestes de pamplemousse rose (***) pour poisson grillé.

Château Coupe Roses (2011) **J'aime**

MINERVOIS, FRANÇOISE FRISSANT-LE CALVEZ, FRANCE

19,75 $	**SAQ S** 894519	★★★ $$	**Corsé**	**Bio**

Coup de cœur d'entre tous mes coups de cœur du Midi, en matière de blanc à prix doux, ce cru est à ranger au sommet de la liste des blancs les plus réussis, millésime après millésime, depuis plus de dix ans. D'un domaine phare de l'appellation, les vins blancs et rouges de ce château se sont taillé une belle réputation au Québec au fil des dix-sept ans de *La Sélection*

Chartier, ce qui leur a valu une belle place dans la liste des coups de cœur des dernières éditions. Coupe Roses élabore un blanc sec, 100 % roussanne, aromatique comme pas un, d'une rare suavité pour le style, ample et complexe, à l'image des très engageants et pénétrants trois millésimes précédents. Les saveurs sont expressives et d'une grande allonge, rappelant le curry, le miel, la pêche blanche et l'abricot. Un grand cru de table, à servir plus frais que froid, en carafe, avec des plats pouvant être dominés par les aliments complémentaires à ses parfums de la famille des lactones, comme le sont la viande de porc, la noix de coco, la pacane, l'abricot, la pêche, le miel et le scotch. **Cépage:** roussanne. **Alc./**13,5 %. **coupe-roses.com**

Servir dans les quatre années suivant le millésime, à 14 °C et oxygéné en carafe 15 minutes

Beurre de champignons séchés et noix de coco (***), curry de crevettes (***), camembert chaud au sirop d'érable (***), burger de saumon (***) ou brochettes de filet de porc mariné au scotch et champignons portobellos sur brochettes parfumées au lait de coco (***).

Gewurztraminer Hugel (2011) J'aime

ALSACE, HUGEL ET FILS, FRANCE

20,25 $	**SAQ S***	329235	★★★ $$	**Corsé**

Difficile d'être plus *benchmark* que cet excellent « gewurz », demeurant au sommet de sa catégorie depuis plusieurs millésimes. Aromatique, passablement riche, plein, ample et d'un bon volume de bouche, sans trop, non sans fraîcheur, ce « gewurz » sec poursuit la grande suite de millésimes réussis coup sur coup. Son profil aromatique est à la fois fruité (melon, litchi) et floral (rose blanche), et avec une certaine retenue pour le cépage, ce qui lui procure une évidente distinction. Assurément un blanc sec vinifié avec brio, comme c'est le cas d'ailleurs de tous les vins signés par la grande famille Hugel. Le vin sur mesure pour cuisiner avec ses aliments complémentaires, qui partagent le même profil aromatique – tel que détaillé au chapitre « Gewurztraminer/Litchi » du livre *Papilles et Molécules* –, comme le sont, entre autres, l'ananas, la fraise, la cannelle, l'eau de rose, la lavande, la noix de coco, la citronnelle, l'eucalyptus, le romarin et le géranium. **Cépage:** gewurztraminer. **Alc./**14 %. **hugel.com**

Servir dans les cinq années suivant le millésime, à 14 °C

Soupe froide de concombre au gingembre (***), trempette de tofu, curcuma et gingembre (***), grosses crevettes grillées au gingembre et litchi (***), brochettes de kefta d'agneau au gingembre (***), suprêmes de poulet au beurre de gingembre, rose et lime, brochettes de crevettes à la noix de coco à la brésilienne, curry de poulet à la noix de coco (*) ou soupe de poulet à la citronnelle et à la noix de coco.

Clos de la Chaise Dieu (2010) J'aime

BOURGOGNE-HAUTES-CÔTES-DE-BEAUNE, PHILIPPE-LE-HARDI, FRANCE

20,40$	**SAQ S*** 869784	★★★ $$	**Modéré+**	

Les trois derniers millésimes de ce cru, dont ce 2010, se sont montrés légèrement moins boisés que par le passé, ce qui en fait maintenant un très harmonieux et engageant chardonnay bourguignon. Nez aromatique, passablement riche, aux notes de pomme Golden et d'amande grillée, à la bouche à la fois fraîche et texturée, d'une bonne ampleur pour son rang. **Cépage:** chardonnay. **Alc.**/13%. **chateau-de-santenay.com**

Servir dans les quatre années suivant le millésime, à 14°C

Carré de porcelet de la Ferme Gaspor au safran, carottes, pommes Golden et melon d'eau (**), gratin de pommes de terre comme un dauphinois à la muscade (***) ou compote de pommes Délicieuse jaunes au safran «cuite au micro-ondes» (***).

Expression d'Orthogneiss (2009) J'aime

MUSCADET DE SÈVRE-ET-MAINE «SUR LIE», DOMAINE DE L'ÉCU, GUY BOSSARD, FRANCE

20,40$	**SAQ S** 10919141	★★★☆ $$	**Modéré+**	**Bio**

Si vous ne voulez retenir qu'un seul nom dans les vins «à acheter les yeux fermés» dans le Muscadet, retenez celui de Guy Bossard, qui est l'homme ès terroirs de l'appellation. Sa pratique de la biodynamie lui permet d'exprimer les différentes origines des terroirs tout en magnifiant comme nul autre le cépage melon de Bourgogne. Si vous êtes de ceux qui croient encore, à tort, que le muscadet est un vin simple, alors vous devez faire vos gammes avec les vins de ce viticulteur inspiré, en commençant par cette cuvée Orthogneiss, qui, comme les autres cuvées du domaine, exhale un profil d'une grande minéralité, non sans un fruité d'une étonnante profondeur (poire, anis), tandis que la bouche suit avec une texture tout aussi tendue par le minéral, mais harmonisée par un fruité presque dense, et aussi des plus purs et précis. Haute définition, pour un vin qui évoluera mirifiquement. **Cépage:** melon de bourgogne. **Alc.**/12%. **domaine-ecu.com**

Servir dans les dix années suivant le millésime, à 14°C

Huîtres frites à la coriandre et wasabi (**), lait d'asperges blanches aux crevettes et xérès fino (***), crème de rutabaga à la menthe (***) ou filet de saumon au four en mode anisé (***).

Domaine Pellé «Morogues» (2011) J'aime

MENETOU-SALON, DOMAINE HENRY PELLÉ, FRANCE

20,50$	**SAQ S** 852434	★★★?☆ $$	**Modéré**	

Coup de cœur à plusieurs reprises dans les précédentes éditions de ce guide, donc sur plusieurs millésimes, peu importe les conditions climatiques, ce domaine parvient à présenter bon an mal an l'archétype du sauvignon blanc loirien. C'est-à-dire un blanc sec et minéralisant, au nez très aromatique, fin et détaillé, s'exprimant, comme dans ce 2011, par des notes anisées de menthe, de pomme verte et de lime, à la bouche vive et vibrante, rafraîchissante, satinée et d'une grande allonge, égrainant des tonalités classiques de groseille blanche et de pamplemousse rose. Si vous servez vos tomates fraîches avec le classique basilic frais, tout comme avec des asperges, de la mozzarella, une émulsion d'huile d'olive et de jus de pamplemousse rose, des crevettes ou de la papaye, qui sont tous des aliments complémentaires à ce cépage, c'est plus que jamais ce menetou-salon qu'il vous faut! **Cépage:** sauvignon blanc. **Alc./**13 %. **domainepelle.com**

Servir dans les quatre années suivant le millésime, à 12 °C

Tapas de fromage en crottes_Mc^2 à l'huile de basilic et morceaux de pommes rouges fraîches (***), dumplings aux crevettes, pimentón et tomate (***), tapenade d'olives vertes au fenouil (***), soupe froide de fenouil, menthe, citron vert et wasabi (***), salade de tomates fraîches et asperges au basilic frais, assiette de tomates fraîches et mozzarella à l'émulsion d'huile d'olive et de jus de pamplemousse rose ou crevettes sautées à la papaye et basilic ou salade de chou-fleur et vinaigrette à la papaye, aux câpres et au wasabi (***).

Champs Royaux (2011) — J'aime

CHABLIS, WILLIAM FÈVRE, FRANCE

20,85 $ | **SAQ C** 276436 | ★★★ **$$** | **Modéré+**

Difficile de trouver un chablis village ayant été aussi régulier, bon an mal an, et ce, depuis les deux dernières décennies. Un chardonnay pur et précis, sec, croquant et droit, sans esbroufe ni boisé inutile, qui sait être à la fois aérien, subtil, épuré, minéral et satiné, ainsi que dense et nourri, avec ampleur et présence. Rares sont les blancs de ce prix à se montrer aussi distingués et complexes. À servir impérativement à 14 °C si vous voulez vraiment saisir l'ensemble de son bouquet complexe (pomme, fleur, anis) et sa texture. **Cépage:** chardonnay. **Alc./**12,5 %. **williamfevre.fr**

Servir dans les cinq années suivant le millésime, à 14 °C

Tapas de fromage en crottes_Mc^2 à l'huile de basilic et morceaux de pommes rouges fraîches (***), salade de radis en mode anisé (***), soupe froide de fenouil, céleri, persil, citron vert et wasabi (***), trempette de yogourt à la coriandre, pomme Granny Smith et huile d'olive (***) ou « saumon fumé sans fumée_Mc^2 »: au thé noir fumé lapsang souchong (**).

Cuvée Marie (2010) — J'aime

JURANÇON SEC, CHARLES HOURS, FRANCE

20,85 $ | **SAQ S*** 896704 | ★★★☆ **$$** | **Corsé**

Ayant reçu des coups de cœur à moult reprises au fil des millésimes, grâce à un phrasé unique, à la fois tendu et enveloppant, minéralisant et pénétrant, ce jurançon de référence mériterait pratiquement l'Ordre national du Québec tant sa régularité au fil des dix-sept ans de *La Sélection Chartier* a été exemplaire. Il signe et persiste une fois de plus avec ce profondément aromatique et raffiné 2010, subtilement boisé, avec une pointe d'évolution qui lui procure une singularité invitante, à la bouche certes tendue comme un arc prêt à tirer sa flèche dans le temps, mais aussi plus que jamais texturée et pleine, dotée d'une allonge de grand vin, égrainant des tonalités de fruits secs grillés, de miel, de curry et de pêche. À la manière Facebook: J'aime! **Cépages:** 90% gros-manseng, 10% petit courbu. **Alc./**13,5%. **uroulat.com**

Servir dans les huit années suivant le millésime, à 14 °C

Carré de porc glacé aux fraises, poivre du Sichuan, galanga et miel (**), chutney d'ananas au curcuma, gingembre et vinaigre de xérès (**), œufs au sirop d'érable, à la sauce soya et au curry (***) ou pommade de pommes au curry et à l'érable (***) accompagnée de fromages (comté 12 mois d'affinage, Gré des champs ou saint-marcelin).

La Sereine (2009) — J'aime

CHABLIS, LA CHABLISIENNE, FRANCE

21,10$ **SAQ C** 565598 ★★★ **$$** **Modéré+**

Depuis le millésime 2006, cette cave nous a présenté une suite de chablis tous aussi épurés les uns que les autres, tout comme celui-ci, élégant et frais, avec une minéralité affirmée et des notes anisées et fruitées, à l'acidité croquante, mais juste dosée, au corps à la fois satiné et tendu. Pomme poire et fenouil signent une longue fin de bouche vivifiante. Digeste et nourrissant, résultant en du très beau chablis, à bon prix, et disponible dans l'ensemble du réseau de la SAQ. Réservez-lui des recettes où dominent des aliments complémentaires à son profil aromatique, comme c'est le cas du fenouil, du basilic, de l'aneth, de la coriandre fraîche, de l'estragon, du wasabi, de la pomme verte, du topinambour, du panais, du céleri-rave, de la carotte et de la betterave jaune, pour ne nommer que ceux-là. **Cépage:** chardonnay. **Alc./**12,5%. **chablisienne.com**

Servir dans les six années suivant le millésime, à 12 °C

Salade de fenouil (***), lait de topinambour à l'anis étoilé (***), soupe froide de fenouil, basilic, citron vert et wasabi (***), huîtres frites à la coriandre et wasabi (**), saumon mariné à l'aneth (*), saumon confit et sauté de fenouil et pommes vertes ou crevettes caramélisées, écume de carotte, pomme McIntosh et graines de cumin, purée de carottes à l'huile de crustacés et pimentón fumé (**).

Barranc dels Closos «blanc» (2010) — J'aime

PRIORAT, MAS IGNEUS, ESPAGNE

21,35$ **SAQ S** 10857729 ★★★☆ **$$** **Corsé** **Bio**

Les chardonnays du Nouveau Monde, élevés sur lie en barriques, sont à privilégier avec les plats marqués par l'érable. Mais de multiples autres blancs abondent dans le même sens aromatique, comme c'est le cas de celui-ci. Depuis le millésime 2006, ce puissant blanc sec a été l'un de mes coups de cœur favoris chez les puissants blancs du Midi. Ce qui joue en sa faveur, c'est que, malgré cette concentration, il sait aussi se montrer minéral et élancé. Vous y dénicherez donc un blanc sec à la fois riche et raffiné, harmonieux et frais, au volume substantiel, quasi crémeux, et aux saveurs tout aussi expressives (aubépine, miel, crème fraîche, amande grillée) que dans les millésimes l'ayant précédé, et plus texturé que jamais. Du très beau grenache blanc, qui sied parfaitement aux plats riches en saveur umami, tout comme à ceux dominés par le curry. **Cépages:** 50% grenache blanc, 30% maccabeo, 17% pedro ximénez, 3% muscat. **Alc./**13,5%. **masigneus.com**

Servir dans les cinq années suivant le millésime, à 14 °C et oxygéné en carafe 30 minutes

Œufs au sirop d'érable, au vinaigre balsamique et au curry (***), polenta au gorgonzola version «umami» (***), pommade de pommes au curry et à l'érable (***), dumplings au porc en mode umami (***), *lobster rolls* «full umami» (***), brochettes de portobellos laquées au sirop d'érable et au miso (***) ou tatin de pommes au curry, noix de macadamia salées au sirop d'érable, tranche de foie gras de canard poêlé (**).

Château Villa Bel-Air (2010) J'aime

GRAVES, J. M. CAZES, FRANCE

22,15$ **SAQ S** 11341679 ★★★?☆ **$$** **Corsé**

À nouveau une superbe réussite pour ce château, d'une régularité sans faille depuis plusieurs vendanges, appartenant depuis 1990 à Jean-Michel Cazes, aussi propriétaire, entre autres, du célèbre Château Lynch-Bages. Il en résulte un assemblage toujours aussi aromatique et passablement riche, non sans fraîcheur, dominé au nez par des notes de miel, de pamplemousse et de menthe, à la bouche à la fois pleine et très fraîche, texturée et tendue, aux saveurs expressives d'une grande allonge, laissant des traces de mangue et de vanille. Du très beau bordeaux blanc, offert à prix doux. **Cépages:** 65% sauvignon blanc, 35% sémillon. **Alc./**13%. **villabelair.com**

Servir dans les cinq années suivant le millésime, à 14 °C

Salsa de mangues et de betteraves jaunes grillées au basilic thaï (***), velouté froid de betteraves jaunes à la menthe et cumin (***), sandwich vietnamien Banh-mi au porc en mode anisé (***), carré de porcelet de la Ferme Gaspor au safran, carottes, pommes Golden et melon d'eau (**) ou ketchup de betteraves jaunes (***).

Domaine de Mouscaillo (2008) J'aime

LIMOUX, MARIE-CLAIRE FORT, FRANCE

22,20$ **SAQ C** 10897851 ★★★?☆ **$$** **Corsé**

Ce chardonnay de Limoux mérite plus que jamais votre attention, tant la qualité, la minéralité et l'expressivité du lieu sont au rendez-vous. Le nez s'exprime avec justesse et éclat par des tonalités fraîches d'amande, de poire et de verveine. La bouche, qui suit et confirme son statut de nouvelle vedette chez les chardonnays du Sud, se montre à la fois vive et ample, pleine et compacte, minéralisante et tendue. Donc, à nouveau un millésime d'équilibre entre la matière et la fraîcheur. Vous en serez averti – alors, ne manquez pas les prochains millésimes... **Cépages:** 99% chardonnay, 1% mauzac. **Alc./**13,5%. **mouscaillo.com**

Servir dans les sept années suivant le millésime, à 14 °C

Salade de saumon fumé, fèves de soya germées, amandes grillées et vinaigrette de pamplemousse rose à l'huile de sésame grillé (***), calmars en tempura d'amandes, fleur de sel au cèdre, mousse de riz en paella (**), fricassée de poulet aux champignons ou saumon infusé au saké et aux champignons shiitakes. Fromages: azeitão, comté Fort des Rousses (12 mois) d'affinage ou Victor et Berthold.

Terras Gauda (2010)

RÍAS BAIXAS, BODEGAS TERRAS GAUDA, ESPAGNE

22,25 $ **SAQ S** 10858351 ★★★?☆ **$$** **Modéré+**

Cette référence de Galice se montre une fois de plus, comme elle l'a fait avec brio et sans interruption depuis le millésime 2007, toujours aussi pure, nette et précise, d'une fraîcheur exemplaire, d'une minéralité encore plus affirmée, surtout au niveau aromatique, et d'un corps à la fois nourri et aérien, tout en demeurant élancé. Houblon, camomille, tilleul et poire donnent le ton, tant au nez qu'en bouche, à ce vin digeste et singulier, à mille lieues des trop souvent communs chardonnays hors Bourgogne. **Cépages:** albariño (majoritaire), caiño branco, loureira. **Alc./**12,5 %. **terrasgauda.com**

Servir dans les cinq années suivant le millésime, à 14 °C

Olives vertes marinées au gin Hendrick's, cardamome verte et thé vert (***), tapas de fromage en crottes_Mc² à l'huile de coriandre fraîche et morceaux de pommes vertes fraîches (***), crevettes rôties et carottes glacées à l'huile de crustacés (***) ou calmars en tempura d'amandes, fleur de sel au cèdre, mousse de riz en paella (**).

Chardonnay L'Altro (2011)

PIEMONTE, PIO CESARE, ITALIE

22,55 $ **SAQ S** 968982 ★★★?☆ **$$** **Modéré+**

Reconnue pour ses grands barolos et barbarescos, cette maison piémontaise m'a toujours inspiré aussi avec ce blanc d'une pureté cristalline, aux saveurs subtiles, doté d'une fraîcheur et d'une retenue on ne peut plus européennes, laissant dégager des notes de fleurs blanches, de poire et d'anis. Vraiment beau, pour amateur inconditionnel de chardonnays bourguignons, sans esbroufe ni boisé dominant. **Cépage:** chardonnay. **Alc./**13 %. **piocesare.it**

Servir dans les quatre années suivant le millésime, à 14 °C

Crème de rutabaga aux graines de fenouil (***), soupe au miso à l'huile de sésame grillé et au riz sauvage (***), gravlax de saumon (*), farfalles aux champignons séchés et jambon séché (***), *lobster rolls* umami (***), crabe à carapace molle en tempura, risotto aux champignons (*) ou saumon sauce chardonnay.

Montus Blanc (2009) **J'aime**

PACHERENC-DU-VIC-BILH SEC, MONTUS-BOUSCASSÉ, FRANCE

22,90 $ **SAQ S** 11017625 ★★★☆ **$$** **Corsé**

Brumont élabore des rouges au sommet de l'appellation Madiran – voir mes commentaires sur les rouges Château Montus et Bouscassé, ainsi que sur le Château Laroche-Brumont –, tout comme de grands blancs secs, dont ce toujours aussi pénétrant et texturé Montus, d'une folle complexité aromatique (érable, curry, amande, miel) et d'une présence prenante en bouche, à la prise de bois quasi parfaite et au grand potentiel d'évolution en bouteilles. Pour preuve, un 1999 dégusté en mars 2011 qui se montrait d'une vibrante complexité, spécialement à table avec des plats dominés par soit le curry, soit la noix de coco, soit la noisette, soit l'érable. **Cépages:** petit courbu et petit-manseng. **Alc.**/14,5%. **brumont.fr**

Servir dans les dix années suivant le millésime, à 14 °C et oxygéné en carafe 30 minutes

Soupe à la citrouille et curry (***), rôti d'épaule de porc au scotch, champignons, noix de coco et huile de noisette (***) ou tatin de pommes au curry, noix de macadamia salées au sirop d'érable, tranche de foie gras de canard poêlé (**).

Nora (2010)

RÍAS BAIXAS, BODEGAS VIÑA NORA, ESPAGNE

23,10 $	**SAQ S** 11639580	★★★ **$$**		**Modéré+**

Superbe nez exotique, enjôleur au possible, d'une étonnante intensité, exhalant des notes de fruits de la passion, de papaye et de pêche, sur un arrière-plan de gazon fraîchement coupé, donc très frais, à la bouche étonnamment ample, ronde, texturée et très fraîche, aux saveurs percutantes, tout aussi exotique qu'au nez, restant très longuement en fin de bouche, sans aucune lourdeur. Une ixième référence de Galice qui démontre une fois de plus, si besoin est, la noblesse de ce cépage singulier, qui résulte en des vins à mille lieues des trop souvent communs chardonnays hors Bourgogne. **Cépage:** albariño. **Alc.**/13%. **vinanora.com**

Servir dans les quatre années suivant le millésime, à 14 °C

Crème froide de chou-fleur à la papaye, câpres et wasabi (***), crevettes pochées au paprika et pamplemousse rose ou calmars en tempura d'amandes, fleur de sel au cèdre, mousse de riz en paella (**).

Vincent Carême «Le Sec» (2010)

VOUVRAY, DOMAINE VINCENT CARÊME, FRANCE

23,45 $	**SAQ S** 11633612	★★★?☆ **$$**	**Corsé**

Difficile d'être plus vivifiant, élancé, dense et digeste que ce prenant et éclatant vouvray sec, provenant de l'une des étoiles montantes de l'appellation – d'où sa présence dans cette ultime *Sélection* de vins «à acheter les yeux fermés». Fenouil, camomille, jacinthe, poire et grande minéralité donnent la réplique tant au nez qu'en bouche, où une certaine densité de sève apporte relief à cette texture verticale. **Cépage:** chenin blanc. **Alc.**/14%.

Servir dans les cinq années suivant le millésime, à 14 °C

Olives vertes marinées au gin Hendrick's, cardamome verte et thé vert (***), soupe froide de fenouil, basilic, citron vert et wasabi (***), soupe au «lait de lentilles» au cerfeuil (***), ceviche de morue au citron vert et fenouil frais (***) ou crème de rutabaga aux graines de fenouil (***).

La Vigne de la Reine (2010)

CHABLIS, CHÂTEAU DE MALIGNY, JEAN DURUP PÈRE & FILS, FRANCE

23,50 $	**SAQ S*** 560763	★★★ $$	**Modéré**	

Comme toujours pour les crus signés par le Château de Maligny, la pureté et la fraîcheur sont de mise, mais avec une dimension plus marquée que par les millésimes passés, spécialement pour ce cru. Un chablis on ne peut plus classique, sans boisé ni surmaturité, très frais, mais aussi satiné et texturé pour le style, au corps qui sait à la fois se montrer aérien et plein, ample et détendu, et aux longues saveurs minéralisantes et expressives (fleurs blanches, miel et mie de pain). Presque de l'eau de roche, comme se doit d'être un chablis qui respecte son origine. Donc, vous avez compris, difficile d'être plus chablis que ça! **Cépage:** chardonnay. **Alc./**12,5 %. **durup-chablis.com**

Servir dans les quatre années suivant le millésime, à 12 °C

Gratin de pommes de terre comme un dauphinois à la muscade (***), röstis de pommes de terre (***), saumon mariné « gravlax » au goût de froid (***), sandwich vietnamien Banh-mi au porc en mode anisé (***), salade de fenouil grillé et fromage de chèvre chaud ou saumon au cerfeuil et au citron.

Pinot Bianco Haberle (2010)

SÜDTIROLER-ALTO ADIGE, ALOIS LAGEDER, ITALIE

23,70 $	**SAQ S** 898395	★★★ $$	**Modéré**	**Bio**

Ce pinot bianco Haberle, vinifié avec maestria par l'allumé Alois Lageder, l'un des vignerons les plus éclairés du Haut Adige, est une fois de plus à ranger parmi mes préférés de l'Italie, en matière de pinot bianco, pour ne pas dire mon préféré! Il se montre subtilement aromatique, distingué, pur et précis, d'une fraîcheur de bouche invitante au possible, mais avec aussi du satiné dans la texture, une certaine ampleur et des saveurs longues et croquantes (pomme, anis, fleurs). **Cépage:** pinot bianco. **Alc./**13 %. **aloislageder.eu**

Servir dans les quatre années suivant le millésime, à 14 °C

Salade de chou-fleur et vinaigrette à la papaye, aux câpres et au wasabi (***), salade de farfalle aux crevettes, tomates fraîches et melon d'eau grillé, vinaigrette de pamplemousse rose (***), crème froide de chou-fleur à la papaye, câpres et wasabi (***) ou ceviche de morue au citron vert et persil plat (***).

Langlois-Château « Vieilles Vignes du Domaine » (2007)

SAUMUR, LANGLOIS-CHÂTEAU, FRANCE

23,80 $	**SAQ S** 856674	★★★?☆ $$	**Corsé**	

Un chenin toujours aussi complexe et concentré, au nez riche et puissant, aux arômes d'anis, d'agrumes, de miel, de cire d'abeille et de tilleul, à la bouche à la fois tendue et large, dotée d'une superbe texture moelleuse, aux saveurs d'une grande allonge. En passant, ce type de chenin blanc est parmi les rares vins à s'unir à la perfection au concombre, sans créer de faux goûts métalliques en fin de bouche. **Cépage:** chenin blanc (vignes de plus de 35 ans). **Alc./**14 %. **langlois-chateau.fr**

Servir dans les huit années suivant le millésime, à 14 °C

Soupe froide de concombre et poivrons verts à la coriandre (***), salade de concombre, crème et menthe fraîche (***), salade de pommes de terre, concombre et coriandre fraîche (***), papillotes de truite ou de saumon à l'orange (***) ou filet de saumon bénédictin (*).

Capitel Foscarino (2011)

J'aime

VENETO, ROBERTO ANSELMI, ITALIE

24,40 $	**SAQ S** 928218	★★★☆ **$$**	**Modéré+**

Superbe nez ultra-raffiné, exhalant des tonalités de melon miel et d'amande, à la bouche à la fois texturée, pleine, satinée, ample et prenante, mais avec un profil aérien comme seul Roberto Anselmi en connaît le secret. Une très longue fin de bouche laisse apparaître des notes d'agrumes et de mie de pain. La grande classe! Coup de cœur sur plusieurs millésimes au fil des dix-sept ans de *La Sélection*, tout comme pour sa cuvée de base San Vincenzo (aussi commentée), le Foscarino de Roberto Anselmi est à ranger parmi les blancs secs « à acheter les yeux fermés », bon an mal an, tant la qualité est d'une régularité sans faille. Comme pour tous les vins signés par cette maison vénitienne, ce qui est le cas de la tout aussi invitante et réussie cuvée **Capitel Croce 2010 (22,90 $; 928200)**, à la fois plus subtilement aromatique (poire, vanille, crème fraîche) et plus texturée que cette dernière. Servez-le à table avec les aliments de même profil aromatique que le melon miel dont font partie, entre autres, le miel, le tilleul, le gingembre, le fenouil, le laurier, la lavande, la réglisse et les agrumes – cette signature aromatique est dominée par un composé aromatique, donc par une molécule du nom de ho-triénol, que l'on trouve aussi dans ces aliments. **Cépage:** garganega. **Alc./**13,5 %. **anselmi.eu**

Servir dans les six années suivant le millésime, à 14 °C

Osso buco de veau, gremolata à l'orange et pistils de lavande (***), suprêmes de poulet au tilleul, pétoncles à l'émulsion d'huile d'olive et au jus de limette, dos de morue poché au lait de coco à la rose, gingembre mariné et pois craquants (**) ou pattes de pieuvre rôties, compote de tomates au thé noir, pamplemousse rose, lavande et safran du Maroc (**).

Château Puech-Haut « Prestige » Blanc (2010)

J'aime

COTEAUX-DU-LANGUEDOC SAINT-DRÉZÉRY, GÉRARD BRU, FRANCE

24,70 $	**SAQ S** 11729585	★★★☆ **$$**	**Corsé**

Tout comme le Puech-Haut « Prestige » 2009 en rouge (aussi commenté), ce blanc se montre tout à fait réussi pour son rang, richement aromatique, plein, sphérique et même très frais pour l'ampleur généreuse que la bouche déploie. Aubépine, noix de coco, pêche, vanille et amande grillée donnent le ton. Très belle matière raffinée, tout en étant pleine. Il faut savoir que ce cru est élaboré sous la houlette du célèbre œnologue Philippe Cambie, nommé par ses pairs l'œnologue-consultant de l'année en 2011. Ah oui, j'oubliais, ce vin s'est classé 10e au top 100 de *La Sélection 2012*. Ceci explique cela☺. Vous en voulez plus?

Alors surprenez vos amis de dégustation avec le stupéfiant, généreux et puissant rouge **Tête de Bélier 2007 (38 $; 11605152)**, du même château. **Cépages:** 40 % roussanne, 40 % marsanne, 20 % carignan blanc. **Alc./**14 %. **puech-haut.com**

Servir dans les six années suivant le millésime, à 14 °C et oxygéné en carafe 15 minutes

Rôti de porc farci aux abricots et pêches jaunes (***), mozzarella gratinée « comme une pizza », viande des Grisons et piment d'Espelette (***) ou pétoncles rôtis fortement, shiitakes poêlés, copeaux de parmigiano reggiano et écume de bouillon de kombu (**).

Plácet « Valtomelloso » (2009) J'aime

RIOJA, PALACIOS REMONDO, ESPAGNE

25,05 $ **SAQ S** 11318170 ★★★?☆ **$$** **Corsé**

Présenté en primeur, avant sa mise en marché, dans l'émission *Papilles*, en février 2012, voici le retour d'une des plus grandes pointures espagnoles chez les blancs. Un vin sec d'une grande subtilité aromatique et d'un raffinement rarissime sous ce climat chaud. Il s'exprime par des tonalités de fruits blancs (pomme et poire), de fleurs et d'amandes, à la bouche à la fois fraîche et expressive, longiligne, mais ayant gagné en amplitude et en texture moelleuse depuis sa mise en bouteilles (dernière dégustation du 2009 en août 2012), aux longues saveurs pures et précises. Goyave, miel, noix de coco, crème pâtissière et amande grillée donnent le ton. À base de viura, en très petits rendements, et de maccabeo, qui est le chardonnay du Sud selon Àlvaro Palacios. Fermentation en barriques ovales, durant neuf mois, avec élevage sur lies. Enfin, les peaux du marc sont remises dans les fûts pour trois mois, pour une fermentation à très basse température. C'est le seul vin levuré parmi tous ses vins. **Cépages:** viura, maccabeo. **Alc./**13,5 %.

Servir dans les sept années suivant le millésime, à 14 °C et oxygéné en carafe 30 minutes

Morceau de flanc de porc poché, vinaigrette de boudin à la noix de coco et *crumble* de boudin noir (**), épices à steak « d'après cuisson » à la noix de coco grillée et au poivre maniguette (***) pour grillades de porc ou pommade de pommes au curry et à l'érable (***) sur brochettes de porc ou de pétoncles.

Château de Chamirey « blanc » (2009)

MERCUREY, MARQUIS DE JOUENNES D'HERVILLE, FRANCE

25,45 $ **SAQ S*** 179556 ★★★?☆ **$$** **Corsé**

Tout comme le rouge du même nom (aussi commenté), ce chardonnay est un grand classique bourguignon, salué dans de multiples éditions de *La Sélection Chartier*, se montrant au sommet de sa forme avec ce 2009. Nez passablement riche et détaillé, au boisé certes présent, mais au fruité dominant, à la bouche pleine, presque sphérique pour l'appellation, à l'acidité discrète, mais juste dosée, aux saveurs très longues, jouant dans l'univers de la noix de coco, de la poire chaude et de la vanille fraîche. Le charme opère. Et n'oubliez pas de faire la paire avec son frangin rouge☺. **Cépage:** chardonnay. **Alc./**13,5 %. **chamirey.com**

Servir dans les six années suivant le millésime, à 14 °C

Farfalles aux champignons séchés (***), feuilletés aux champignons, au rhum brun et à la noix de coco (***), curry de poulet à la noix de coco (*), *pulled pork* à la noix de coco et au Spiced Rhum El Dorado (***) ou épices à steak « d'après cuisson » à la noix de coco grillée et au poivre maniguette (***) pour viande rouge grillée.

Pascal Jolivet Pouilly-Fumé (2011) J'aime

POUILLY-FUMÉ, PASCAL JOLIVET, FRANCE

25,55 $ **SAQ S*** 10272616 ★★★?☆ **$$** **Corsé**

Comme à son habitude, l'allumé et talentueux Pascal Jolivet présente un pouilly réussi avec brio. Ce qui est aussi le cas avec son **Sancerre (24,10 $; 528687)** et son sauvignon blanc **Attitude (16,25 $; 11463828)**. Il en résulte un pouilly au nez classique de l'appellation, c'est-à-dire marqué par de subtils effluves de groseille, de citron vert et de pomme verte. La bouche se montre, quant à elle, d'une acidité vive, à la texture dense et satinée, aux saveurs d'une allonge persistante, d'un bon volume pour le style, laissant des traces anisées de menthe fraîche et de lime. Cuisinez-le en l'harmonisant avec des plats marqués par les aliments complémentaires à la menthe et au sauvignon, comme le basilic, la coriandre fraîche, le cerfeuil, l'aneth, le fenouil, la chicorée, l'asperge verte, l'avocat, le wasabi, la crevette, le pamplemousse rose, la carotte, la betterave jaune, le panais, la pomme de terre, le concombre ou le céleri-rave. **Cépage:** sauvignon. **Alc./**12,5 %. **pascal-jolivet.com**

Servir dans les cinq années suivant le millésime, à 12 °C

Guacamole à la menthe fraîche, citron vert et wasabi (***), salade d'asperges aux crevettes et vinaigrette à la chicorée (***), salade de pommes de terre, concombre, coriandre et asperges vertes (***), spaghettis au thon « en conserve », câpres et basilic (***) ou brochettes de crevettes au paprika sur brochettes de bambou parfumées au pamplemousse rose (***).

La Moussière (2011) J'aime

SANCERRE, ALPHONSE MELLOT, FRANCE

25,85 $ **SAQ S*** 033480 ★★★☆ **$$** **Modéré+** **Bio**

S'il y a un vin au fil des dix-sept ans de *La Sélection* qui s'est hissé plus souvent que les autres dans la liste des coups de cœur annuelle, alors, si vous êtes un lecteur assidu, vous savez que c'est bien la cuvée La Moussière des sympathiques et dynamiques « Alphonse ». Alphonse père et Alphonse fils élaborent depuis des lustres un sancerre *benchmark* qui, depuis un peu plus d'une dizaine de millésimes, a atteint un niveau de définition et d'expressivité rarement vu à ce prix. Du fruit à revendre, de l'expressivité, de l'élégance non dénuée de fraîcheur et de persistance. Vraiment un très beau Sancerre, marqué par son habituelle minéralité électrisante, avec un fruité toujours aussi engageant qu'il serait difficile de ne pas y succomber. Une fois de plus, chapeau bas, chers Alphonse, le père comme le fils. **Cépage:** sauvignon blanc. **Alc./**13 %. **mellot.com**

Servir dans les six années suivant le millésime, à 12 °C

Burgers de morue à la coriandre fraîche (***), salade de crevettes froides, vinaigrette au jus de pamplemousse rose (***), huîtres crues en version anisée (**), homard frit au pimentón doux fumé, compote de poivrons jaunes au concentré de jus d'orange (**) ou blanc de volaille cuit au babeurre, émulsion d'asperges vertes aux crevettes_Mc², feuilles de choux de Bruxelles, vinaigrette acide à la chicorée (**).

Chardonnay Les Compères (2010)

J'aime

CÔTES-DU-JURA, PHILIPPE BOUVRET & JEAN-FRANÇOIS GANEVAT, FRANCE

26,05 $ **SAQ S** 11544003 ★★★?☆ **$$** **Modéré+** **Bio**

Difficile d'être plus classiquement jurassien que ce chardonnay signé par l'une des maisons de référence de la région. Le nez embaume les noix fraîches, le beurre frais et la poire, tandis que la bouche se montre à la fois ample et minéralisante, presque pleine et un brin élancée, comme retenue par une certaine sécheresse minérale typique des vins voisinant, dans la même cave, les vins de voile que sont les puissamment aromatiques vins jaunes d'Arbois et de Château-Chalon. J'adore ce style! Voilà, le mot est lancé... Eh oui! Le talent évident des deux zigotos derrière sa création mérite d'être souligné, tout comme le fait qu'il émane du Jura et que le Jura est injustement le parent pauvre de la France viticole... sans compter que ce style de vin fait merveille à table avec de multiples recettes, dont celles dominées par l'érable, le curry, la sauce soya, les fromages ou les champignons. **Cépage:** chardonnay. **Alc./**12,5 %.

Servir dans les sept années suivant le millésime, à 14 °C

Pommade de pommes au curry et à l'érable (***) accompagnée de fromages âgés à pâte ferme, boulettes de jambon cuites au sirop d'érable (***), brochettes de portobellos laquées au sirop d'érable et au miso (***), brochettes de poulet au curry (***) ou côtes levées de porc au caramel de curry, miel de sarrasin et sauce soya (***).

Les Baronnes (2011)

SANCERRE, DOMAINE HENRI BOURGEOIS, FRANCE

26,55 $** **SAQ S**☆ 303511 ★★★?☆ **$$ **Modéré**

Coup de cœur de quelques précédentes éditions de *La Sélection*, voici plus que jamais un ixième sauvignon blanc signé avec brio par la famille Bourgeois. Et la beauté de la chose, il se montre plus minéralisant et fumé que jamais! Du fruit (pomme, lime, papaye), de l'éclat, de la fraîcheur, de la texture, quasi satinée, de la vitalité, de la minéralité et de la persistance, avec une finale à la fois anisée et gazon fraîchement coupé, pour un prix plus que correct. Et si vous voulez monter d'un cran ou deux, tapez-vous l'excellent, vibrant, tellurique (!), complexe et pénétrant **Le MD de Bourgeois 2010 (38 $; 967778)**, du grand sauvignon. **Cépage:** sauvignon blanc. **Alc./**13 %. **henribourgeois.com**

Servir dans les cinq années suivant le millésime, à 12 °C

Soupe froide de fenouil, menthe, citron vert et wasabi (***), brandade de morue salée en mode anisé (***), salade de chou-fleur et vinaigrette à la papaye, aux câpres et au wasabi (***), salade de cœurs d'artichauts au citron et à la menthe (***), salade de pâtes au saumon fumé et pamplemousse rose (***).

Les Vénérables Vieilles Vignes (2007)

CHABLIS, LA CHABLISIENNE, FRANCE

27,25$ **SAQ S** 11094639 ★★★?☆ **$$** **Corsé**

Coup de cœur de l'édition 2010, avec son très beau 2005, cette cave performante, qui avait récidivé avec un 2006 encore plus harmonieux, et coup de cœur de l'édition 2011, complète un tour du chapeau avec ce puissamment aromatique et tendu 2007. Vous pourrez donc «miser les yeux fermés» sur le prochain 2008, et encore plus sur le 2009. Quoi qu'il en soit, ce 2007 exhale d'invitants parfums d'acacia, d'amande, de noisette et de pomme, qui se donnent la réplique avec éloquence dans un ensemble à la fois vivifiant et nourri, minéralisant et prenant. Grande allonge et harmonie suprême. Plus que jamais sérieux, ajoutant aux différentes cuvées de cette excellente cave qui, depuis 2009, fait un retour en force à la SAQ avec des chablis à ranger dans votre liste d'incontournables, bon an mal an. **Cépage:** chardonnay. **Alc./**12,5%. **chablisienne.com**

Servir dans les sept années suivant le millésime, à 14°C

Tartinade de crevettes au sésame grillé pour canapés (***), velouté froid de betteraves jaunes à la menthe et cumin (***), salade de saumon fumé, fèves de soya germées, amandes grillées et vinaigrette de pamplemousse rose à l'huile de sésame grillé (***) ou crevettes caramélisées, écume de carotte, pomme McIntosh et graines de cumin, purée de carottes à l'huile de crustacés et pimentón fumé (**).

Pinot Gris «Barriques» Ostertag (2010)

J'aime

ALSACE, DOMAINE ANDRÉ OSTERTAG, FRANCE

28$ **SAQ S** 866681 ★★★☆ **$$$** **Modéré+** **Bio**

Si vous êtes parmi les lecteurs assidus de *La Sélection*, vous savez déjà que tous les vins signés André Ostertag sont «à acheter les yeux fermés» tant la haute définition, l'expressivité et la vérité sont au rendez-vous. Pour ce qui est de ce pinot gris, sachez que depuis 1983, André Ostertag vinifie ses trois pinots – le blanc, le gris et le noir – en barriques bourguignonnes, ce qui démarque, entre autres, cette cuvée de celles des autres vignerons alsaciens qui ne séjournent habituellement pas dans des barriques de ce type. Mais ici, pas de chêne neuf. Il en résulte un cru au nez mûr et presque confit, sans trop, dégageant des tonalités de pomme poire, de pamplemousse rose et de miel, suivi d'une bouche d'une grande harmonie et persistante à souhait, à la fois gourmande et texturée, pleine et fraîche, aux saveurs pénétrantes, marquées par des notes crémeuses et mellifères. **Cépage:** pinot gris. **Alc./**14%.

Servir dans les six années suivant le millésime, à 14°C

Salade de riz sauvage aux champignons (***), brochettes de pétoncles grillés et couscous de noix du Brésil (***), flanc de porc «façon bacon» fumé au bois de pommier, mélasse, sauce soya, rhum et clou de girofle (**) ou crabe des neiges, ketchup aux pois verts, épinards fanés à l'huile d'olive, caviar de mulet et mousse de bière noire (**).

Domaine Valette Vieilles Vignes (2009)

J'aime

MÂCON-CHAINTRÉ, DOMAINE VALETTE, FRANCE

28,05 $ **SAQ S** 10224526 ★★★?☆ **$$$** **Corsé** **Bio**

Ce domaine phare du Mâconnais élabore un mâcon, tout comme un remarquable pouilly-fuissé, qui se montre toujours pénétrant, complexe et d'une singularité unique. Le profil aromatique des vins que Valette signe m'interpelle et m'inspire au plus haut point – dommage que leurs vins soient disponibles en si petite quantité... Quoi qu'il en soit, réjouissons-nous de les avoir à la SAQ, dont ce Chaintré au nez détaillé, riche et prenant, exhalant des tonalités de pomme-poire, de curry et d'érable, à la bouche présentant un corps à la fois dense et élancé, plein et vivifiant, où les saveurs un tantinet oxydatives apportent une singularité unique à ce cru. Je l'avoue une fois de plus, « J'AIME » ce style de blanc hors sentiers battus, doté d'une grande vibration aromatique, permettant de belles envolées harmoniques à table. Réservez-lui, entre autres, les plats dominés par le curry, l'érable ou la sauce soya, tous trois sur la même modalité aromatique que ce blanc. **Cépage:** chardonnay. **Alc./**13,4 %.

Servir dans les sept années suivant le millésime, à 14 °C et oxygéné en carafe 5 minutes

Graines de citrouille grillées à l'érable et au curry (***), brochettes de poulet au curry (***), côtes levées de porc au caramel de curry, miel de sarrasin et sauce soya (***), salade de riz sauvage aux champignons (***), œufs au sirop d'érable, à la sauce soya et au curry (***), burgers de saumon (***), poulet au curry (***) ou rôti de porc farci aux abricots et sauce au scotch et lait de coco (***).

Domaine Vacheron (2011)

J'aime

SANCERRE, VACHERON & FILS, FRANCE

28,75 $ **SAQ S** 10523892 ★★★☆ **$$$** **Modéré+** **Bio**

Ce sancerre est une fois de plus une grande réussite, d'une subtilité aromatique unique, non sans richesse, au corps bridé, comme à son habitude, par une fraîcheur électrique et complexifiée par des saveurs détaillées (anis vert, menthe, pamplemousse rose, craie, amande grillée, etc.). Ne pas servir trop frais afin de bien profiter de ses parfums et de sa texture satinée. Pour les plats dominés par la truffe – comme dans les assemblages asperge/truffe, bonite séchée/truffe, maïs/truffe –, il faut opter pour un sauvignon blanc de grand terroir, minéral à souhait, ainsi que d'une présence de bouche imposante, comme le vin de ce domaine phare. Même sans truffe, une salade d'asperges rehaussée de flocons de bonite séchée sera en osmose avec ce cru unique. **Cépage:** sauvignon blanc. **Alc./**12,5 %.

Servir dans les sept années suivant le millésime, à 14 °C

Salade d'asperges rehaussée de flocons de bonite séchée (ou de copeaux de truffe) ou pizza à la japonaise « okonomiyaki » (***).

Montmains Vieilles Vignes (2009)

CHABLIS 1er CRU, DOMAINE DES MALANDES, FRANCE

28,90$ **SAQ S** 11094760 ★★★☆ **$$** **Modéré+**

Lyne Marchives n'a presque plus besoin de présentation au Québec tant ses vins ont gagné le cœur des amateurs de «vrais» chablis, ce que ce premier cru confirme avec brio, et ce, bon an mal an. Il y a presque vingt ans que je déguste les vins de ce domaine et ce cru s'est toujours positionné comme l'une des valeurs sûres. Il en résulte à nouveau un blanc sec d'un nez ultra-raffiné, sans esbroufe ni boisé inutile, à la bouche satinée et ample, texturée et élancée, fraîche et persistante, aux fines saveurs de poire, d'amande et de fleurs blanches, tout en étant dotée d'une arrière-scène subtilement minérale. Le meilleur des deux mondes – entre la minéralité vivace et verticale d'autres chablis et l'amplitude crémeuse et boisée de certains autres crus. **Cépage:** chardonnay. **Alc./**12,5%. **domainedesmalandes.com**

Servir dans les six années suivant le millésime, à 14 °C

Salade de saumon fumé, fèves de soya germées, amandes grillées et vinaigrette de pamplemousse rose à l'huile de sésame grillé (***), saumon mariné «gravlax» en mode anisé (***) ou crevettes rôties et carottes glacées à l'huile de crustacés (***).

Coudoulet de Beaucastel (2010) J'aime

CÔTES-DU-RHÔNE, VIGNOBLES PIERRE PERRIN, FRANCE

30,25$** **SAQ S**☆ 449983 ★★★☆ **$$$ **Modéré+**

Assurément l'un des plus avantageux blancs rhodaniens chez les grandes pointures offertes sous la barre des cinquante dollars, sans compter qu'il est d'une régularité sans faille depuis plus de dix millésimes. Donc, vous y retrouverez un sensuel et prenant Coudoulet blanc, au nez tout aussi subtil et discret que dans les deux derniers millésimes, à la bouche d'une grande suavité, satinée, texturée et harmonieuse au possible, aux saveurs pures et précises, sans esbroufe, comme toujours, à l'acidité fraîche et juste dosée, lui donnant de l'élan et de la fraîcheur. Abricot, pêche, tilleul et miel se donnent la réplique avec noble retenue. Une belle bouteille pour s'amuser à table avec les aliments complémentaires à ses parfums: porc, crabe des neiges, noix de pétoncle, abricot, pêche, lait de coco, pacane, érable, miso, champignons et scotch. **Cépages:** viognier, marsanne, clairette, bourboulenc. **Alc./**13%. **beaucastel.com**

Servir dans les sept années suivant le millésime, à 14 °C et oxygéné en carafe 15 minutes

Brochettes de portobellos laquées au sirop d'érable et au miso (***), dumplings au porc en mode umami (***), feuilletés aux champignons, au scotch et à la noix de coco (***), polenta au gorgonzola version «umami» (***), rôti de porc farci aux abricots (***) ou pétoncles poêlés, couscous de noix du Brésil à l'orange sanguine, lait de coco au gingembre (**).

Moulin des Dames (2009) J'aime

BERGERAC, FAMILLE DE CONTI, FRANCE

32,25 $ **SAQ S*** 701896 ★★★☆ **$$$** **Corsé** **Bio**

Richesse, race, haute définition, retenue européenne, texture patinée, matière compacte, persistance imposante et saveurs complexes, jouant dans la sphère aromatique du miel, de la crème fraîche, de l'amande, de l'abricot et des agrumes. Et quelle belle matière engageante au possible ! Donc, une ixième grande pointure vinifiée avec maestria par Luc de Conti, dynamo de l'appellation, qui est l'homme derrière le très abordable succès des dix dernières années qu'est la Cuvée des Conti (aussi commentée). **Cépages :** 25 % sémillon, 75 % sauvignon blanc. **Alc./**14,5 %. **chateautourdesgendres.com**

Servir dans les sept années suivant le millésime, à 14 °C et oxygéné en carafe 15 minutes

Brochettes de filet de porc et champignons portobellos sur brochettes parfumées au lait de coco (***), crevettes caramélisées, écume de carotte, pomme McIntosh et graines de cumin, purée de carottes à l'huile de crustacés et pimentón fumé (**), queue de langouste grillée, cubes de gelées de xérès, de café ou de livèche, trait d'amlou et côtes de céleri à la vapeur (**) ou dos de morue poché au lait de coco à la rose, gingembre mariné et pois craquants (**).

Château de Maligny « L'Homme Mort » (2009)

CHABLIS 1er CRU, J. DURUP PÈRE ET FILS, FRANCE

34,75 $ **SAQ S** 872986 ★★★☆ **$$$** **Modéré+**

Un 2009 des plus expressifs et jouissifs, avec un fruité mûr et précis, comme toujours pour ce cru vinifié avec brio, à la bouche presque texturée, tout en demeurant aérienne et minérale grâce à une électrisante acidité sous-jacente. Déjà beau mais ira loin. Confirme son rang pour un ixième millésime consécutif. **Cépage :** chardonnay. **Alc./**12,5 %. **durup-chablis.com**

Servir dans les sept années suivant le millésime, à 14 °C

Saumon mariné à l'aneth (*), ceviche de morue au citron vert et fenouil frais (***) ou grosses crevettes grillées au pamplemousse rose et paprika (***).

Riesling Les Écaillers Beyer (2005)

ALSACE, LÉON BEYER, FRANCE

35,25 $ **SAQ S** 974667 ★★★☆ **$$$** **Corsé**

La famille Beyer présente comme à son habitude un riesling d'une complexité et d'une typicité tout à fait uniques, pour ne pas dire singulières, le positionnant depuis belle lurette dans ma liste de rieslings favoris. Ici, comme dans tous les millésimes récents de cette cuvée, point de mollesse, point de surmaturité. Que de l'éclat et du fruit, avec des notes terpéniques classiques rappelant le citron, le pin et le romarin, avec des pointes de pêche blanche et de citronnelle. En bouche, vous vous délecterez d'un vin toujours aussi sec – c'est disons la « marque de commerce » chez les Beyer –, élancé, vibrant et minéralisant, presque tranchant, mais avec vinosité, texture et persistance.

Déjà bon, mais sera plus texturé et plus complexe après deux ou trois ans en cave après l'achat, donc osez quelques flacons au cellier. Il faut savoir que cette cuvée provient d'une sélection de grands terroirs, en grande partie issus du domaine familiale, et pour la plupart classés en grands crus. Ceci explique cela. **Cépage:** riesling. **Alc./**12,5 %. **leonbeyer.fr**

Servir dans les douze années suivant le millésime, à 12 °C

Grosses crevettes grillées au romarin et cardamome (***), épaule d'agneau confite au romarin et au riesling (***), filet de truite en gravlax nordique, granité de gingembre et de pamplemousse (**), gigot d'agneau, cuisson lente, au romarin, casserole de panais à la cardamome (**) ou pattes de pieuvre rôties, compote de tomates au thé noir, pamplemousse rose, lavande et safran du Maroc (**).

Riesling Heissenberg (2009) J'aime

ALSACE, DOMAINE ANDRÉ OSTERTAG, FRANCE

35,75 $ **SAQ S** 739813 ★★★☆?☆ **$$$ Corsé** **Bio**

Après un 2007 vaporeux et ample, à l'acidité discrète, puis un 2008 archétype du riesling sec alsacien, droit et viril, élancé et épuré, ce 2009 se montre hors-normes, singulier au possible, d'une vibration aromatique unique. Agrumes, fleurs, houblon et camomille en composent le bouquet, tandis que la bouche se montre étonnamment texturée pour le cépage, ample et presque dense, mais avec fraîcheur et profondeur, ainsi que présence et persistance. Un vin d'esprit et de corps, qui porte à réfléchir, comme tous les crus magnifiés par André Ostertag, viticulteur réfléchi. Vous avez compris que le signature Ostertag en est une de grande qualité, donc ce riesling est « à acheter bon an mal an les yeux fermés »... mais avec les cils olfactifs et les papilles alertes☺. **Cépage:** riesling. **Alc./**14 %. **domaine-ostertag.fr**

Servir dans les huit années suivant le millésime, à 14 °C

Calmars en tempura d'amandes, fleur de sel au cèdre, mousse de riz en paella (**) ou filet d'escolar poêlé, anguille « unagi » BBQ, crème de céleri-rave aux graines de cerfeuil, feuilles et huile de menthe fraîche (**).

Château de Maligny « Fourchaume » (2010) J'aime

CHABLIS 1er CRU, CA'DEL SOLO, FRANCE

36 $ **SAQ S** 480145 ★★★☆ **$$$ Modéré+**

Un Fourchaume, aussi disponible en **format 375 ml (19,95 $; 894709)**, tout aussi nourri et expressif que dans les précédents millésimes, dont plusieurs ont été commentés dans la *Sélection*. J'aime beaucoup son style qui alterne entre la patine texturée et la fraîcheur aérienne, la plénitude des saveurs et la minéralité qui le tend en fin de bouche. Le meilleur des deux mondes, tout en restant bel et bien les deux pieds dans le sol fossilisé de ce remarquable premier cru. Déjà beau, mais ira loin, alors osez la cave! Si vous aimez, découvrez leur tout aussi minéral et droit **Montée de Tonnerre 2010 (36 $; 895110)**, mais en plus ample et large. **Cépage:** chardonnay. **Alc./**12,5 %. **durup-chablis.com**

Servir dans les huit années suivant le millésime, à 14 °C et oxygéné en carafe 15 minutes

Salade de pommes de terre, concombre, coriandre et asperges vertes (***), crème de rutabaga à l'estragon (***), gnocchis de patates douces à l'huile de sésame grillé (***), huîtres crues en version anisée (**) ou saumon au cerfeuil et au citron.

Pinot Gris Fronholz (2010)

ALSACE, DOMAINE ANDRÉ OSTERTAG, FRANCE

41,50 $	**SAQ S**	924977	★★★☆?☆	$$$$	**Corsé**	**Bio**

Un grand pinot gris, né de la culture biodynamique – André Ostertag réfléchit en biodynamie afin, entre autres, de permettre à la vigne de renforcer son système immunitaire et ainsi de résister mieux et plus longtemps aux envahisseurs que sont les maladies – qui se montrait, en août 2012, retenu au nez, mais richement expressif en bouche, dense, plein et très long. Un vin généreux, sans vraiment être généreux, c'est-à-dire sans être marqué par l'alcool. Saveurs amples et prenantes, rappelant la pêche et le pamplemousse. Un vin sec, hors-norme comme toujours pour ce cru, pour défricheur de terroirs et pour ceux en quête de vérité. **Cépage:** pinot gris. **Alc./**14 %. **domaine-ostertag.fr**

Servir dans les huit années suivant le millésime, à 14 °C et oxygéné en carafe 30 minutes

Pain au safran accompagné de terrine de foie gras de canard au torchon (*) ou homard « Hommage à la route des épices » (*).

Riesling Muenchberg (2009) J'aime

ALSACE GRAND CRU, DOMAINE ANDRÉ OSTERTAG, FRANCE

47,75 $	**SAQ S**	739821	★★★☆?☆	$$$$	**Corsé**	**Bio**

Nez plus sur le fruit jaune, passablement mûr, que sur les habituelles tonalités minérales et terpéniques, signatures de ce cru unique. Donc, le climat et la prime jeunesse de ce 2009 dominent actuellement l'ensemble aromatique, ce que le temps transformera afin de laisser place à la subtile minéralité sous-jacente que l'on y perçoit. Même l'acidité se fait très discrète, dominée par une texture ample et pleine. Une fois de plus, ce remarquable cru d'André Ostertag me secoue comme pas un. Toujours aussi profond, noble dans sa matière et juste dans son propos. Après plusieurs années de biodynamie dans les vignes, les vins de ce vigneron attentif ont gagné en complexité et en profondeur de goût, et savent transcender le millésime comme nul autre. **Cépage:** riesling. **Alc./**14 %. **domaine-ostertag.fr**

Servir dans les dix années suivant le millésime, à 14 °C

« Vraie crème de champignons_Mc² »: lait de champignons de Paris et mousse de lavande) (**) ou pattes de pieuvre rôties, compote de tomates au thé noir, pamplemousse rose, lavande et safran du Maroc (**).

Pierre Gaillard « Condrieu » (2011) J'aime ♥

CONDRIEU, DELAS, FRANCE

52,50 $ **SAQ S** 861641 ★★★★ **$$$**$ **Corsé+**

Un viognier on ne peut plus classique de l'appellation Condrieu, c'est-à-dire à la robe jaune soutenue, au nez hyper aromatique et charmeur, tout en étant très riche et profond, laissant apparaître des tonalités d'abricot, de fleur d'oranger, de lavande, de tilleul, de houblon et de miel, pour ne pas dire « full floral ! », à la bouche mielleuse, satinée, séveuse et d'une grande allonge, à l'acidité discrète et au corps plus dense que large, terminant sa course sur des notes florales et fruitées (pêche, abricot). Comme toujours pour Gaillard, un cru réussi avec maestria. **Cépage :** viognier. **Alc./**14 %. **delas.com**

Servir dans les cinq années suivant le millésime, à 14 °C et oxygéné en carafe 30 minutes

Dos de morue poché au lait de coco à la rose, gingembre mariné et pois craquants (**).

VINS ROUGES
de la vieille Europe

Terre à Terre (2011) — J'aime

CORBIÈRES, JEAN-NOËL BOUSQUET, FRANCE

9,10 $	**SAQ C**	11374391	★★☆ $	**Modéré+**

Comme tous les crus signés Jean-Noël Bousquet, ce Terre à Terre représente millésime après millésime un remarquable rapport qualité-prix. Laissez-vous prendre par ce corbières, dominé par la syrah, au fruité toujours aussi débordant pour son rang, à la bouche ample et ronde, fraîche et longue, aux tanins soyeux et aux saveurs gourmandes de fruits rouges, d'olive noire et d'épices douces, avec une pointe de garrigue (herbes séchées). Donc, une superbe aubaine de plus à se mettre sous la dent, et à servir avec des plats où trônent l'agneau, le thym, l'olive noire, l'anis étoilé, les épices marocaines ou le nori, tous sur le même mode aromatique que la syrah. **Cépages:** 60 % syrah, 20 % carignan, 20 % grenache. **Alc./**13,5 %. **chateaugrandmoulin.com**

Servir dans les quatre années suivant le millésime, à 16 °C

Crème de rutabaga à l'anis étoilé (***), pâtes aux olives noires (***), harira marocaine au thym (***), cuisses de poulet braisées au vin rouge pour syrah/shiraz (***), sushis en bonbons de purée de framboises (***) ou tartinade de « pommade d'olives noires à l'eau de poivre » (***) ou lasagne aux saucisses italiennes épicées.

Tocado (2011) — J'aime

CAMPO DE BORJA, BODEGAS BORSAO, ESPAGNE

9,25 $	**SAQ C**	10845701	★★ $	**Modéré**

Coup de cœur bon an mal an, et ce, depuis son introduction au Québec, avec son millésime 2006, où *La Sélection Chartier* 2008 avait été le premier et le seul guide des vins québécois à le commenter en primeur, le Tocado récidive une fois de plus avec un rouge toujours aussi gorgé de fruits, sentant bon le raisin fraîchement pressé, avec une petite note charmeuse de girofle. Et pour moins de dix dollars, quelle bouche ! Un vin de plaisir, qui a de la texture et de la présence, non dénué de fraîcheur, aux tanins dodus, à l'acidité discrète et au corps voluptueux. Tout ça pour une bouchée de pain. Il n'y a vraiment plus aucune raison d'aller au dépanneur ou à l'épicerie... **Cépages:** 90 % garnacha, 5 % tempranillo, 5 % cabernet sauvignon. **Alc./**13,5 %. **bodegasborsao.com**

Servir dans les deux années suivant le millésime, à 17 °C

Pesto de tomates séchées (***) pour bruschettas ou pâtes, poivrons rouges farcis à la viande (***), tourtière classique à la cannelle et clou de girofle (***), chili de « TofuNati » (***), chili de Cincinnati (***) ou filet de porc en souvlaki (***).

Castillo de Monséran « Garnacha » (2011) — J'aime

CARIÑENA, BODEGAS SAN VALERO, ESPAGNE

9,35 $ | **SAQ C** 624296 | ★★?☆ $ | **Modéré**

Depuis une dizaine d'années déjà que ce rouge espagnol me jette par terre pour son rapport qualité-prix... Quasi impossible de trouver mieux sous la barre des dix dollars. Et ce 2011, gorgé de framboise, poursuit plus que jamais la suite de millésimes réussis avec brio par cette cave, plaçant ce rouge dans le haut de ma liste des aubaines « à acheter bon an mal an les yeux fermés ». Son profil oscille comme à son habitude entre celui des gourmands rouges du Nouveau Monde et des saisissantes fraîcheurs rouges européennes. Donc, un espagnol toujours aussi parfumé, marqué par des tonalités de violette, de framboise et d'épices douces, à la bouche ronde et dodue, pour ne pas dire juteuse. Du fruit à revendre et des tanins plus ronds et plus souples que jamais. Que demander de plus à ce prix? **Cépage:** garnacha. **Alc./**12,5 %. **sanvalero.com**

Servir dans les deux années suivant le millésime, à 16 °C

Chips au « sable » d'olives noires et poivre (***), chili de « TofuNati » (***), chili de Cincinnati (***), pesto de tomates séchées (***) pour bruschettas ou pâtes, mozzarella gratinée « comme une pizza », viande des Grisons et piment d'Espelette (***) ou salade de framboises à l'eau de rose et julienne d'algue nori (voir recette sur **papillesetmolecules.com**).

Prado Rey « Roble » (2010)

RIBERA DEL DUERO, REAL SITIO DE VENTOSILLA, ESPAGNE

11,40 $ 500 ml | **SAQ C** 928762 | ★★☆?☆ **$$** | **Modéré+**

Rares sont les vins d'appellation Ribera del Duero offerts à un prix aussi doux, et en plus en 500 ml. Alors, autant en profiter, d'autant que la qualité est ici au rendez-vous vendange après vendange. Donc, un 2010 fort coloré, engageant comme à son habitude, mûr à point, boisé avec retenue, plein, sans trop, texturé, savoureux et persistant. Café, mûre, cassis et épices douces participent au cocktail de saveurs. Les tanins sont certes présents, mais bien travaillés par des vinifications soignées et un élevage adapté à cette matière gourmande. Il faut savoir que cette cuvée est devenue, bon an mal an, au fil des dix-sept ans de *La Sélection*, un incontournable chez les rouges hispaniques offerts sous la barre des vingt dollars. **Cépages:** 95 % tempranillo, 3 % cabernet sauvignon, 2 % merlot. **Alc./**14 %. **pradorey.com**

Servir dans les six années suivant le millésime, à 17 °C et oxygéné fortement en carafe 15 minutes

Lasagne de chili de Cincinnati (***), brochettes de bambou imbibées à l'anis étoilé «pour cubes de bœuf» (***), frites au four assaisonnées à l'estragon «pour amateur de vin rouge» (***), filets de bœuf au café noir (*), purée de poivrons rouges rôtis à l'huile de sésame grillé (voir recette sur **papillesetmolecules.com**) pour hamburgers d'agneau.

Animus (2009) — J'aime

DOURO, VINCENTE LEITE DE FARIA, PORTUGAL

12,30$	SAQ C	11133239	★★ $	Modéré+

Troisième vendange de suite à être réussi pour ce sympathique rouge portugais, au profil plus international que jamais, donc gorgé de fruits et de torréfaction. Cet Animus, disponible chez les produits courants, provient de la grande région du Douro, où, soit dit en passant, naissent aussi les portos. Tout y est une fois de plus, pour un beau tour du chapeau qualitatif. Couleur soutenue, parfums expressifs, texture ample, quasi sensuelle, mais non sans fermeté portugaise, et bonne persistance des saveurs pour son rang, égrainant des notes de cassis, de café et de girofle. **Cépages:** touriga franca, tinto roriz, touriga nacional. **Alc.**/13,5 %. **vlfvinhos.com**

Servir dans les quatre années suivant le millésime, à 17 °C

Soupe de betteraves rouges au cacao et au cumin (***), rôti de palette «comme un chili de Cincinnati» (***), pâté chinois revu et magnifié «pour vin rouge» (***), tourtière classique à la cannelle et clou de girofle (***) ou «purée_Mc²» pour amateur de vin au céleri-rave et clou de girofle (voir recette sur **papillesetmolecules.com**).

Canforrales Tempranillo (2011) — J'aime

LA MANCHA, BODEGAS CAMPOS REALES, ESPAGNE

12,40$	SAQ C	10327373	★★☆ $	Modéré+

Coup de cœur depuis de nombreux millésimes déjà, ce tempranillo ne m'a jamais paru aussi raffiné, aromatiquement parlant, et aussi texturé quant à sa présence en bouche. Le nez est ultra-raffiné, pour son rang, exhalant des arômes enchanteurs de prune, de violette, de purée de framboises et d'anis étoilé. L'attaque est, comme d'habitude, éclatante et expressive, giclant de tous ses fruits, aux tanins ronds, à l'acidité discrète et aux saveurs longues et subtilement florales et épicées. Ce qui lui permet une fois de plus de confirmer son statut de rouge «à acheter bon an mal an les yeux fermés». **Cépage:** cencibel (tempranillo). **Alc.**/14 %. **bodegascamposreales.com**

Servir dans les quatre années suivant le millésime, à 17 °C

Confipote de prunes à l'anis étoilé (voir recette sur **papillesetmolecules.com**) accompagné de fromages à pâte ferme, pesto de tomates séchées (***) pour bruschettas ou pâtes, feuilles de vigne farcies_Mc²: riz sauvage soufflé, bacon de sanglier, sirop de riz brun/café (**), mozzarella gratinée comme une pizza et sel au clou de girofle (***), légumes d'automne rôtis au four pour vins boisés (***), salade de pâtes aux légumes grillés (***) ou brochettes de bœuf et poivrons verts et rouges marinés à l'huile de sésame (***).

Lavradores de Feitoria (2010) J'aime

DOURO, LAVRADORES DE FEITORIA, PORTUGAL

12,50$	**SAQ S** 11076764	★★☆ **$**	**Modéré+**

Difficile de dénicher un rouge du Douro aussi complet et aussi juteux, velouté, texturé, prenant et satisfaisant à ce prix. Tout y est. Couleur soutenue. Nez très aromatique, passablement riche et détaillé. Bouche généreuse, ronde et sensuelle, aux tanins dodus et à l'acidité discrète. Prune, cerise noire et cacao s'éternisent en finale. Vraiment inspirant et inspiré pour son rang. Comme la cannelle, l'anis étoilé, le poivre, le gingembre, le basilic thaï, le thé, la mozzarella cuite et le clou de girofle sont à ranger parmi les aliments complémentaires à la prune, sa signature aromatique, sélectionnez des recettes où ces aliments dominent. Il faut savoir qu'il émane d'un projet, lancé en 1999, regroupant 15 viticulteurs parmi les meilleurs du Douro et du Portugal, dont Dirk Niepoort, qui se répartissent 18 domaines de plus de 600 hectares. **Cépages:** tinta roriz, touriga franca, touriga nacional, tinta barroca. **Alc./**13%. **lavradoresdefeitoria.pt**

Servir dans les quatre années suivant le millésime, à 17°C

Confipote de prunes à l'anis étoilé (voir recette sur **papillesetmolecules.com**), rôti de palette «comme un chili de Cincinnati» (***), mozzarella gratinée «comme une pizza» et sel au clou de girofle (***) ou sauté de bœuf au gingembre et betteraves rouges sautées à la poêle à l'émulsion «Mister Maillard» (voir «Mister Maillard» sur **papillesetmolecules.com**).

Sirius (2009) J'aime

BORDEAUX, MAISON SICHEL, FRANCE

12,55$	**SAQ C** 223537	★★☆?☆ **$**	**Modéré+**

J'ai dégusté ce vin pour la première fois lors de son introduction au Québec en 1989, pendant mon cours de sommellerie à l'École Hôtelière des Laurentides... Depuis, il a été d'une régularité sans faille, se montrant même remarquablement réussi dans certains millésimes, comme c'est le cas de ce 2009. Donc, vous avez compris pourquoi il fait partie de ma liste de vins «à acheter les yeux fermés bon an mal an». D'autant plus qu'il est offert maintenant à deux dollars de moins qu'en 2008. Difficile de trouver une aussi invitante aubaine chez les vins d'appellation Bordeaux offerts à la SAQ en produit courant. Il a tout pour plaire. Couleur soutenue. Nez engageant au possible, pour son rang, étonnamment mûr et complexe. Bouche plus juteuse et pulpeuse que jamais, mais retenue par un beau grain de tanins fins, donc qui ne se montre pas lourde ni molle, aux saveurs débordantes et expressives, rappelant la framboise, la cerise noire, le poivron et de café. **Cépages:** 55% merlot, 45% cabernet sauvignon. **Alc./**13,5%. **sichel.fr**

Servir dans les cinq années suivant le millésime, à 17°C

Sablés au parmesan et café (***), tataki de bœuf et «pâte concentrée de poivrons rouges à l'huile de sésame grillé» (voir recette de pâte de poivrons sur **papillesetmolecules.com**), viande grillée avec « épices à steak réinventées pour donner de la longueur aux vins (***), salade de riz sauvage et champignons (***) ou carré de porc et jus au café expresso (voir Carré d'agneau et jus au café expresso) (*).

Laguna de la Nava Reserva (2007)

VALDEPEÑAS, BODEGAS NAVARRO LÓPEZ, ESPAGNE

12,65 $ **SAQ S*** 902973 ★★☆ $ **Modéré**

Beau rouge espagnol, fidèle à lui-même, d'approche certes commerciale, mais toujours aussi charmeur, millésime après millésime, se montrant à la fois rond et engageant pour son rang. Un rouge aromatique, au fruité mûr, à la bouche passablement texturée, aux tanins tendres, à l'acidité discrète et aux saveurs assez longues, laissant deviner des notes de confiture de fraises, de figue et de café. Difficile de ne pas succomber au charme velouté si vous appréciez les vins gourmands et un brin boisés, offerts à prix plus que doux. **Cépage:** tempranillo. **Alc./**13 %. **bodegas-navarro-lopez.com**

Servir dans les sept années suivant le millésime, à 16 °C

Pesto de tomates séchées (***) pour bruschettas ou pâtes, pizza au pesto de tomates séchées et à l'*outside cut* de bœuf grillé (***), rôti de palette « comme un chili de Cincinnati » (***) ou viande grillée avec « épices à steak réinventées pour vin rouge élevé en barrique » (***).

Vinha do Monte (2010) **J'aime**

VINHO REGIONAL ALENTEJANO, SOGRAPE VINHOS, PORTUGAL

12,95 $ **SAQ C** 501486 ★★☆ $ **Corsé**

À nouveau l'un des bons achats chez les rouges de la vieille Europe, offerts sous la barre des treize dollars, par surcroît à base de cépages autochtones, donc singulier et unique comparativement aux cabernets et merlots qui inondent le marché mondial... Quoi qu'il en soit, vous y dénicherez un rouge coloré, aromatique, fin, gourmand, texturé, presque juteux, mais avec fraîcheur, aux saveurs expressives, jouant dans l'univers aromatique des épices douces (muscade, poivre), des fruits rouges mûrs (cerise, grenade) et de la torréfaction. Ce cru a été d'une stupéfiante régularité, millésime après millésime, et ce, depuis quinze ans. Donc, soyez en paix dans les prochaines années lorsque vous tendrez le bras vers cette bouteille dans les allées de votre SAQ☺. À table, réservez-lui les recettes où dominent la betterave rouge, le clou de girofle, les viandes grillées, le quatre-épices ou le poivron rouge, tous sur la même piste aromatique que ce cru. **Cépages:** aragonez, alicante bouschet. **Alc./**14 %. **sograpevinhos.eu**

Servir dans les cinq années suivant le millésime, à 17 °C

Ketchup de betteraves rouges (***) rôti de palette « comme un chili de Cincinnati » (***), viande grillée avec « épices à steak réinventées pour donner de la longueur aux vins » (***), brochettes de bœuf au quatre-épices (***), saucisses grillées (chipolatas) ou boudin noir grillé avec sauté de poivrons rouges épicés.

Casale Vecchio (2011) J'aime

MONTEPULCIANO D'ABRUZZO, FARNESE VINI, ITALIE

13 $ **SAQ C** 10921276 ★★☆?☆ $$ **Corsé**

Depuis son arrivée au Québec, à l'automne 2008, cette nouvelle bombe de fruit italienne, qui a été soulignée à quelques reprises dans les dernières éditions de *La Sélection Chartier*, a réussi à allonger une suite de millésimes plus réussis les uns que les autres. Et ce 2011 confirme avec éclat l'excellence de son rapport qualité-prix, assurément l'un des meilleurs de toute la péninsule. Tout y est. De la couleur. Du nez, qui explose littéralement du verre, exhalant des tonalités à la fois fruitées, cacaotées et florales. Une bouche juteuse, aux tanins présents, qui ont du grain, mais dont la texture ample et enveloppante calme l'ardeur juvénile et laisse place aux saveurs gourmandes et débordantes. À la façon anglo-saxonne je dirais *a juicy fruit big wine!*. Rares sont les italiens offerts sous la barre des quinze dollars à se montrer aussi pleins, généreux et complexes. **Cépage:** montepulciano. **Alc./**13 %. **zaccagnini.it**

Servir dans les cinq années suivant le millésime, à 17 °C

Mozzarella gratinée « comme une pizza », viande des Grisons et piment d'Espelette (***), rôti de palette « comme un chili de Cincinnati » (***), osso buco de veau, sauce liée au chocolat et gremolata à l'orange et graines de coriandre (***) ou rôti d'épaule de porc au Spiced Rhum El Dorado, champignons, noix de coco et huile de noisette (***).

Château La Mothe du Barry (2010) J'aime

BORDEAUX SUPÉRIEUR, JOËL DUFFAU, FRANCE

13,05 $ **SAQ S*** 10865307 ★★☆?☆ $ **Modéré+**

Il y a cinq ou six millésimes consécutifs déjà que ce plus qu'abordable cru, offert en spécialité, concurrence avec brio les bordeaux offerts chez les produits courants. Soyez vigilant lorsque vous tombez sur quelques flacons en succursales, ayez un panier à portée de main! Pourquoi? Il a tout pour vous charmer. Couleur soutenue. Nez très aromatique, à la fois fin et complexe, presque riche et mûr. Bouche gourmande, ample, texturée, pleine, juste fraîche et persistante comme rarement le sont les bordeaux de ce prix. Café, cacao, poivron, framboise et mûre donnent le ton à cette véritable aubaine. La troisième étoile y était presque... **Cépage:** merlot. **Alc./**14 %. **vignoblesjoelduffau.fr**

Servir dans les quatre années suivant le millésime, à 17 °C

Salade de riz sauvage aux champignons (***), cubes de bœuf en sauce (***), pâte concentrée de poivrons rouges rôtis à l'huile de sésame grillé (voir recette sur **papillesetmolecules.com**), confipote de prunes à l'anis étoilé (voir recette sur **papillesetmolecules.com**) ou sauté de bœuf au gingembre et betteraves rouges sautées à la poêle à l'émulsion « Mister Maillard » (voir « Mister Maillard » sur **papillesetmolecules.com**).

Laderas de El Sequé (2011) J'aime

ALICANTE, BODEGAS Y VINEDOS EL SEQUÉ, ESPAGNE

13,25 $	SAQ S☆	10359201	★★★ $$	Modéré+

Pour en avoir fait à quelques reprises un coup de cœur de *La Sélection Chartier* depuis presque dix ans, ce remarquable rapport qualité-prix d'Alicante se montre toujours aussi engageant, complet, passablement riche, généreux, non sans fraîcheur, et d'une bonne allonge, spécialement pour le prix demandé, dévoilant des tonalités de fraise, de prune et de cassis. Le plus beau, c'est qu'avec le temps, après une ou deux années de bouteille en cave, ce rouge élevé en fûts de chêne français gagne en définition et en expressivité. Sachez que ce domaine, appartenant à la célébrissime maison Artadi, est l'un des spécialistes du cépage monastrell, qui compose ce cru à 70 % (complété par un assemblage de syrah et de cabernet sauvignon). Comme la cannelle, l'anis étoilé, le poivre, le gingembre, le basilic thaï, le thé, la mozzarella cuite et le clou de girofle sont à ranger parmi les aliments complémentaires à la prune, sa signature aromatique, sélectionnez, après l'avoir oxygéné en carafe 15 minutes, des recettes où ces aliments dominent. **Cépages :** 70 % monastrell, 30 % cabernet et syrah. **Alc./**14 %. **artadi.com**

🍷 Servir dans les quatre années suivant le millésime, à 17 °C

🍴 Confipote de prunes à l'anis étoilé (voir recette sur **papilleset molecules.com**), rôti de palette «comme un chili de Cincinnati » (***), mozzarella gratinée «comme une pizza» et sel au clou de girofle (***) ou sauté de bœuf au gingembre et betteraves rouges sautées à la poêle à l'émulsion «Mister Maillard» (voir « Mister Maillard » sur **papillesetmolecules.com**).

Riparosso (2010) J'aime

MONTEPULCIANO D'ABRUZZO,
AZIENDA DINO ILLUMINATI, ITALIE

13,25 $	SAQ C	10669787	★★☆ $	Modéré+

Le vin de pizza par excellence ! Certes, mais aussi il offre élégance aromatique, raffinement de texture, fruité expressif et plaisir à boire jusqu'à plus soif, mais avec intelligence. Du sérieux à prix d'ami. Prune et violette donnent le ton. Dégusté à l'aveugle, après avoir goûté des vins vendus du double au triple du prix, ce montepulciano restait en selle avec panache☺. Vous en serez averti... «à acheter bon an mal an les yeux fermés». **Cépage :** montepulciano. **Alc./**13,5 %. **illuminativini.it**

🍷 Servir dans les cinq années suivant le millésime, à 17 °C

🍴 Pesto de tomates séchées (***) pour bruschettas, focaccia ou pâtes, pizza au pesto de tomates séchées et à l'*outside cut* de bœuf grillé (***), mozzarella gratinée «comme une pizza», viande des Grisons et piment d'Espelette (***), veau marengo, poulet cacciatore ou fettucine all'amatriciana «à ma façon» (*).

Il Brecciarolo (2009)

ROSSO PICENO SUPERIORE, VELENOSI, ITALIE

13,30$ **SAQ S*** 10542647 ★★☆?☆ **$** **Modéré+**

Cet abordable rouge des Marches, à base de montepulciano et de sangiovese, signé par l'une des grandes maisons de cette région, s'exprime encore une fois, tout comme il l'a fait avec brio au cours des derniers millésimes, par un profil enjôleur et débordant de fruits, à la fois frais et digeste, coulant et soyeux, au corps modéré, mais, comme à son habitude, aux saveurs qui giclent au palais et persistent en fin de bouche, en jouant dans l'univers aromatique des fruits (prune), des fleurs et des épices douces. Donc, vous avez compris, du sérieux à prix d'ami. Réservez-lui des plats dominés par des ingrédients de la même famille aromatique que la prune, l'une de ses signatures aromatiques, comme, entre autres, la cannelle, l'anis étoilé, le poivre, le gingembre, le basilic thaï, le thé, la mozzarella cuite et le clou de girofle. **Cépages:** sangiovese, montepulciano. **Alc./**13,5%. **velenosivini.com**

Servir dans les quatre années suivant le millésime, à 17°C

Tarte de pommes de terre cuites au thé Pu-erh et fromage Saint Nectaire (***), betteraves rouges marinées à la crème de cassis et vinaigre de vin rouge (***), chili de Cincinnati (***) ou mozzarella gratinée «comme une pizza», viande des Grisons et piment d'Espelette (***).

Caldas (2010) **J'aime**

DOURO, DOMINGOS ALVES DE SOUSA, PORTUGAL

13,45$ **SAQ S*** 10865227 ★★☆?☆ **$$** **Modéré+**

L'un des rouges à prix doux ayant reçu le plus souvent un coup de cœur au fil des dix-sept ans de *Sélection*, cette cuvée portugaise, de l'un des vinificateurs les plus attentionnés du Douro, se montre plus que jamais au sommet des crus à moins de seize dollars et «à acheter bon an mal an les yeux fermés». Difficile de trouver mieux à ce prix au Portugal. Aromatique et complexe comme jamais, même passablement riche et détaillé pour son rang, exhalant de riches effluves de cerise noire, de prune, de girofle, de chanvre et de chêne, à la bouche étonnamment ample et pleine, aux tanins dodus et enrobés, au corps généreux et aux saveurs longues et précises. Un vin complet, d'une certaine profondeur, à un prix imbattable. **Cépages:** 30% tinta roriz, 40% tinta barroca, 30% touriga nacional. **Alc./**13,5%. **alvesdesousa.com**

Servir dans les cinq années suivant le millésime, à 17°C

Burgers d'agneau (***), brochettes de bœuf au quatre-épices (***), goulash de bœuf parfumé au girofle et sésame grillé (***), fettucine all'amatriciana «à ma façon» (*) ou fromage Gruyère Réserve très vieux accompagné de «confipote de prunes à l'anis étoilé» (voir confipote sur **papillesetmolecules.com**).

Château Eugénie « Tradition » (2009) J'aime

CAHORS, CHÂTEAU EUGÉNIE, FRANCE

13,55 $	SAQ S*	721282	★★☆ $$	Corsé

Comme toujours avec cette cuvée classique, vous y retrouverez un cahors à la fois pulpeux et serré, texturé et sans esbroufe, au fruité expressif, sans boisé inutile. Les tanins sont parfaitement enveloppés, tout en laissant transparaître un léger grain de jeunesse. L'acidité est discrète. Le corps voluptueux, pour le style, et les saveurs persistantes, qui rappellent la prune, la cerise noire et la réglisse. Sérieux, sans se prendre au sérieux, pour amateur de vrais cahors, mais à prix plus que doux. J'AIME! **Cépages:** 80 % malbec, 20 % merlot. **Alc./**13,5 %. **chateaueugenie.com**

Servir dans les sept années suivant le millésime, à 17 °C

Crème de rutabaga à l'anis étoilé (***), chili de Cincinnati (***), légumes d'automne rôtis au four pour vins boisés (***), filets de bœuf au café noir (*), ketchup de betteraves rouges (***), goulash de bœuf au piment chipotle fumé (***) ou brochettes de bambou imbibées à l'anis étoilé « pour cubes de bœuf » (***).

Luzon (2009) J'aime

JUMILLA, BODEGAS LUZÓN, ESPAGNE

13,65 $	SAQ C	10858158	★★★ $	Corsé

Depuis le premier millésime lancé au Québec, le 2006, au printemps 2008, ce cru de Jumilla a été salué par un coup de cœur, et ce, à chaque reprise, dans *La Sélection*. Il se montre, comme à son habitude, l'un des meilleurs rapports qualité-prix espagnols chez les rouges offerts sous la barre des vingt dollars. Il faut dire qu'il est élaboré par un domaine étroitement lié à la famille Gil – des fameux vins des *bodegas* El Nido et Juan Gil – qui a produit pendant longtemps des vins pour d'autres marques, comme le tout aussi abordable Taja, disponible au Québec. Vous vous sustenterez donc d'un vin toujours gorgé de soleil, mais non sans fraîcheur, aux parfums de poivre, de girofle et de fruits noirs, à la bouche voluptueuse et généreuse, pour ne pas dire débordante de saveurs, mais aussi d'une harmonie d'ensemble rarissime chez ce style de cru solaire. Les tanins sont à la fois présents et dodus, l'acidité juste dosée et les saveurs longues et gourmandes, laissant des traces de fruits noirs, d'épices douces et de cacao. Difficile de trouver plus gourmand et plus nourrissant à ce prix. Notez que grâce à ses 14 % d'alcool et à ses tanins mûrs, c'est le rouge parfait pour soutenir la capsaïcine des piments forts (pour plus de détails sur l'harmonie avec la cuisine rehaussée de piments forts, voir le chapitre « Capsaïcine : la molécule feu des piments », dans le tome I du livre *Papilles et Molécules*). Sans compter qu'il résonne fortement avec le clou de girofle et ses ingrédients complémentaires. **Cépages:** 65 % monastrell, 35 % syrah. **Alc./**14 %.**bodegasluzon.com**

Servir dans les quatre années suivant le millésime, à 17 °C

Brochettes de porc à la mexicaine (***), chili de Cincinnati (***), brochettes de bœuf au quatre-épices (***), brochettes de kefta d'agneau à l'olive noire et poivre (***), harira marocaine au thym (***), pizza « full eugénol » (***) ou viande grillée avec « épices à steak réinventer pour donner de la longueur aux vins » (***).

Ètim Negre (2009) J'aime

MONTSANT, AGRICOLA FALSET-MARÇÀ, ESPAGNE

13,90 $ **SAQ S** 10898601 ★★☆?☆ $ **Modéré+**

Difficile de dénicher un rouge de qualité à un prix aussi doux provenant du Montsant, appellation ceinturant celle de Priorat, située au sud de Barcelone. Régulièrement une belle affaire, comme c'est à nouveau le cas en 2009, même supérieur au précédent millésime (!), avec un vin débordant de fruits et d'épices, au boisé juste dosé, à la texture généreuse, ample et dodue, aux courbes quasi sensuelles et aux tanins ronds, mais non sans grains. Un troisième millésime consécutif réussi avec brio pour ce cru. Vous pouvez avoir confiance pour les prochains millésimes ☺. **Cépages:** 60% grenache, 30% samsó, 10% syrah. **Alc./**14%. **etim.cat**

Servir dans les six années suivant le millésime, à 17 °C

Lait de topinambour à l'anis étoilé (***), brochettes de bambou imbibées à l'anis étoilé « pour cubes de bœuf » (***), pâtes au « pesto de tomates séchées » (***) ou calmars farcis au bœuf et au riz sauvage parfumés à la cannelle et au girofle (***).

Les Traverses (2009) J'aime

CÔTES-DU-VENTOUX, PAUL JABOULET AÎNÉ, FRANCE

13,90 $ **SAQ C** 543934 ★★★ $ **Modéré+**

Si vous êtes amateur de crus rhodaniens, vous savez probablement depuis longtemps que la signature Paul Jaboulet Aîné en est une de qualité, atteignant quelques fois des sommets avec certains crus, comme l'hermitage La Chapelle. Ce savoir-faire en grands terroirs profite aux vins, disons plus génériques, comme c'est le cas de cette cuvée Les Traverses, qui, récolte après récolte, se montre plus qu'avantageuse. Il en résulte donc un Ventoux bien charpenté, à l'alcool plutôt bien intégré et à un prix plus que doux. Robe rouge profonde et violine. Nez très aromatique, passablement riche et complexe, aux notes de cuir, de mûre, d'olive noire, de violette et de lys. Quel nez envoûtant pour son rang! Bouche tannique, aux tanins à la fois fins et tissés serrés, d'une texture détendue et ample, d'une acidité fraîche, presque saisissante. Longue finale aux saveurs plus confites, épicées et cacaotées. Un régal. **Cépages:** grenache, syrah. **Alc./**14,5 %. **jaboulet.com**

Servir dans les six années suivant le millésime, à 17 °C

Chips au « sable » d'olives noires et poivre (***), pommade d'olives noires à l'eau de poivre (***) pour hamburgers d'agneau, lasagne d'agneau sauce tomate à la syrah et pâtes aux olives noires (***) ou pâté chinois revu et magnifié « pour vin rouge » (***).

Terres de Méditerranée (2009) J'aime

VIN DE PAYS D'OC, DUPÉRÉ BARRERA, FRANCE

13,90 $ **SAQ S*** 10507104 ★★☆?☆ $$ **Modéré+**

Saluée depuis quelques millésimes dans les précédentes éditions de *La Sélection Chartier* – ancêtre de ce nouveau guide

Le Chartier –, cette abordable cuvée languedocienne fait partie de ce que j'appelle «les vins à acheter bon an mal an les yeux fermés». Vous y dénicherez millésime après millésime un rouge engageant et gourmand, comme c'est le cas à nouveau avec cet aromatique et presque confit 2009. Il sent bon la garrigue, ainsi que le cacao et la confiture de fraises, mais sans lourdeur. Il se montre ample et enveloppant en bouche, aux tanins coulants et à l'acidité discrète. Que du plaisir ensoleillé! Je vous rappelle que ce vin est élaboré par le couple que forment la Québécoise Emmanuelle Dupéré et le Français Laurent Barrera, nouvelles étoiles de la Provence. **Cépages:** syrah, cabernet sauvignon, carignan, grenache. **Alc./**13 %. **duperebarrera.com**

Servir dans les six années suivant le millésime, à 17 °C

Frites au four assaisonnées à l'estragon «pour amateur de vin rouge» (***), chili de Cincinnati (***), ketchup de betteraves rouges (***), émulsion_Mc² «Mister Maillard» (voir sur **papilles etmolecules.com**) ou bœuf grillé et réduction de «Soyable_Mc²» (**).

Clos La Coutale (2010) — J'aime

CAHORS, V. BERNÈDE ET FILS, FRANCE

13,95 $ **SAQ C** 857177 ★★☆?☆ $$ **Modéré+**

Depuis l'édition 2007 de ce guide, je reconnais avoir un faible pour ce cahors qui, millésime après millésime, se montre d'une régularité sans faille, faisant de lui, comme je vous l'écris depuis quelques éditions, un rouge «à acheter bon an mal an les yeux fermés». Toujours aussi expressif, complexe, pour son rang, engageant, plein et sur les fruits rouges, aux tanins soyeux à souhait, mais avec son habituel et classique grain juvénile un brin réglissé, aux saveurs longues et prenantes. Plus que jamais un excellent rapport qualité-prix chez les produits courants, je dirais même plus, La Coutale devient un must chez les cahors offerts sous la barre des vingt dollars. **Cépages:** 80 % malbec, 20 % merlot. **Alc./**13,4 %. **closlacoutale.com**

Servir dans les huit années suivant le millésime, à 17 °C et oxygéné en carafe rapidement 15 minutes

Tourtière classique à la cannelle et clou de girofle (***), goulash de bœuf parfumé au girofle et sésame grillé (***), brochettes de bambou imbibées à l'anis étoilé «pour cubes de bœuf» (***), hamburgers d'agneau et pâte concentrée de poivrons verts à la menthe (voir recette de Pâte concentrée de poivrons verts à la menthe sur **papillesetmolecules.com**) ou feuilles de vigne farcies_Mc²: riz sauvage soufflé, bacon de sanglier, sirop de riz brun/café (**).

Luzon Organic (2010)

JUMILLA, BODEGAS LUZÓN, ESPAGNE

13,95 $ **SAQ S** 10985780 ★★☆ $$ **Modéré+** **Bio**

Un ixième millésime réussi avec brio par cet excellent domaine de la zone d'appellation Jumilla, qui, comme je vous l'écris déjà depuis quelques années, est le nouvel Eldorado espagnol en matière de percutants rouges à prix doux. Vous vous sustenterez une fois de plus d'un vin issu de raisins de culture biologique, parfumé à souhait mais avec élégance et fraîcheur, au corps certes modéré, mais aux saveurs qui ont de l'éclat (framboise, violette, poivre, café), aux tanins qui ont une certaine prise, comme à son habitude, mais au grain toujours aussi fin et à l'acidité fraîche à souhait, même si elle laisse tout de même place à une texture veloutée. Mérite un coup de cœur comme ce fut le cas dans les trois précédents millésimes. **Cépage:** monastrell. **Alc./**13,5%. **bodegasluzon.com**

Servir dans les quatre années suivant le millésime, à 16°C et oxygéné en carafe 15 minutes

Salade de riz sauvage aux champignons (***), sablés au parmesan et au café (***), sushis_Mc² «pour amateur de vin rouge» (voir recette sur **papillesetmolecules.com**), rôti de porc aux «épices à steak réinventées pour donner de la longueur aux vins» (***), cuisses de poulet grillées au pesto de tomates séchées, couscous aux merguez, *mix grill* de légumes au romarin ou pâté chinois aux lentilles.

Monastrell Juan Gil Vieilles Vignes (2011)

JUMILLA, BODEGAS JUAN GIL, ESPAGNE

13,95$ **SAQ S*** 10858086 ★★☆?☆ $$ **Modéré+**

Comme vous le savez maintenant – je vous l'ai détaillé depuis plus de dix ans –, avec les vins généreusement fruités et dodus qu'il engendre, le cépage monastrell, plus particulièrement celui de l'appellation Jumilla, permet à l'Espagne de rivaliser avec brio sur la scène internationale contre les vins à prix doux du Nouveau Monde. C'est ce que fait cette maison avec maestria, car, comme à chaque millésime mis en marché depuis le 2006, ce plus qu'abordable monastrell, petit frère de la cuvée **Juan Gil (20,15$; 10758325)**, se montre toujours gourmand et expressif à souhait, tout en complexité (poivre, girofle, cassis, café, réglisse), en chair et en plaisir à boire, même si les tanins se montrent un brin fermes, mais avec assez de moelleux pour envelopper le tout. Parfait pour les plats fumants de viande rouge braisée, rehaussée de poivre, de girofle, de cannelle, de quatre-épices, de romarin ou de betterave rouge, qui sont tous des ingrédients de liaison harmonique avec le monastrell. **Cépage:** monastrell. **Alc./**14,5%. **juangil.es**

Servir dans les cinq années suivant le millésime, à 17°C

Rôti de palette «comme un chili de Cincinnati» (***), foie de veau et confit de betteraves et d'oignons rouges au vinaigre balsamique, carré de porc à la sauce chocolat épicée (*mole poblano*) ou «feuilles de vigne farcies_Mc²»: riz sauvage soufflé, bacon de sanglier, sirop de riz brun/café (**).

Domaine du Cros «Lo Sang del Païs» (2011)

MARCILLAC, DOMAINE DU CROS, FRANCE

14,10$ **SAQ S*** 743377 ★★☆ $$ **Modéré+**

Ce domaine propose depuis de nombreuses années un très beau et original rouge typiquement français, à base du cépage fer servadou, appelé mansois dans ce coin de pays, sans esbroufe ni surmaturité inutile, qui, de surcroît, représente bon an mal an l'une des meilleures affaires du Sud-Ouest chez les crus sous la barre des vingt dollars. Il vogue, comme à son habitude, du côté de la fraîcheur, de la pureté et de la précision, exhalant des notes extraverties de fruits rouges (cerise et de fraise), avec une pointe de poivron, démontrant en bouche un vin à la fois très frais, expressif, presque tannique, aux tanins très fins mais serrés et qui ont du grain, aux saveurs longues et saisissantes. Digeste et singulier. **Cépage:** mansois (fer servadou). **Alc./**12,5%. **domaine-du-cros.com**

Servir dans les quatre années suivant le millésime, à 17°C

Sablés au parmesan et au café (***), betteraves rouges marinées à la crème de cassis et vinaigre de vin rouge (***), goulash de bœuf au piment chipotle fumé (***), brochettes de foie de veau et de poivrons rouges ou steak de saumon au café noir et au cinq épices chinois (*).

Château Puy-Landry (2011) J'aime

CÔTES-DE-CASTILLON, RÉGIS ET SÉBASTIEN MORO, FRANCE

14,15$	**SAQ S***	852129	★★☆?☆	**$$**	**Modéré+**	**Bio**

Le profil classique et charmeur de cette référence à prix plus que doux, chez les crus bordelais offerts à la grandeur du réseau de la SAQ, a fait de ce bordeaux l'une des rarissimes véritables aubaines chez les vins de cette région vendus à moins de quinze dollars. On y retrouve millésime après millésime, comme c'est à nouveau le cas, l'élégance aromatique qui a fait son charme dans les précédents millésimes, encensés dans plusieurs éditions de *La Sélection*. Il s'exprime par un nez à la fois élégant, complexe et expressif, laissant dégager des notes de cuir, de cacao, de menthe, de mûre et de violette, dévoilant une bouche aux tanins soyeux, marqués par une certaine fermeté juvénile, à l'acidité fraîche et aux saveurs persistantes comme toujours pour son rang. Il faut savoir que la famille Moro élabore aussi les très bons **Vieux Château Champs de Mars (20,35$; 10264860)** et **Château Pelan Bellevue (16,25$; 10771407)**, tous deux aussi d'excellents rapports qualité-prix. **Cépages:** 80% merlot, 10% cabernet franc, 10% cabernet sauvignon. **Alc./**12,5%.

Servir dans les six années suivant le millésime, à 17°C et oxygéné en carafe 15 minutes

Salade de riz sauvage aux champignons (***), sablés au parmesan et au café (***), goulash de bœuf parfumé au girofle et sésame grillé (***), brochettes de foie de veau et de poivrons rouges, cubes de bœuf en sauce (***), pâte concentrée de poivrons rouges rôtis à l'huile de sésame grillé (voir recette sur **papillesetmolecules.com**) ou poitrines de poulet farcies au chèvre et aux poivrons rouges.

Coroa d'Ouro (2003) J'aime

DOURO, MANOEL D. POÇAS JUNIOR, PORTUGAL

14,15$	**SAQ S***	743252	★★☆?☆	**$**	**Modéré+**

Une ixième aubaine portugaise qui, par surcroît, comme à son habitude, est offerte dans un millésime assagi et à un prix ridiculement bas – il faut noter que trop rares sont les vins rouges de ce prix offerts dans un millésime de presque dix ans d'âge. Vous y retrouverez, à tout coup, comme dans ce 2003, un portugais au nez très aromatique, étonnamment complexe pour son rang, au fruité pulpeux, rappelant le chanvre, la prune, la confiture de framboises, le café et la cerise à l'eau-de-vie, à la bouche à la fois pleine et élégante, sphérique et texturée, d'une belle fraîcheur, aux tanins fondus, aux saveurs longues, égrainant des notes subtilement torréfiées. Quel régal! Vraiment «à acheter bon an mal an les yeux fermés». **Cépages:** touriga nacional, touriga franca, tinta roriz, tinta barroca. **Alc./**13%. **pocas.pt**

Servir dans les onze années suivant le millésime, à 17 °C

Crème de rutabaga au clou de girofle (***), filet de porc au café noir (voir Filets de bœuf au café noir) (*), brochettes de bambou imbibées à l'anis étoilé «pour cubes de bœuf» (***), steak de saumon au café noir et au cinq-épices chinois (*) ou fromage Gruyère Réserve très vieux accompagné de «confipote de prunes à l'anis étoilé» (voir confipote sur **papillesetmolecules.com**).

Chaminé (2011) J'aime

VINHO REGIONAL ALENTEJANO, CORTES DE CIMA, PORTUGAL

14,20$ **SAQ C** 10403410 ★★☆?☆ $$ **Modéré+**

S'il y a un pays qui a pu voir sa renommée se multiplier par dix au fil des dix-sept ans de *La Sélection*, c'est bien le Portugal. D'une production de vins rouges au goût trop souvent moyenâgeux, ce petit pays d'une richesse ampélographique inouïe est passé à une élaboration de vins modernes, sans renier leurs origines plurielles. Malheureusement pour nous, mais heureusement pour lui, il a perdu son statut de «secret le mieux gardé» de la vieille Europe! Et les vins de Cortes de Cima ont été en tête de ce renouveau, à commencer par cette cuvée d'entrée de gamme qui offre qualité bon an mal an. Sans compter qu'il est à son meilleur avec ce millésime 2011 – les prochaines vendanges promettent! Jamais il n'a été aussi percutant, complexe, mûr et même étoffé. Tout y est. De la couleur, du fruit à revendre (cerise noire, mûre, cassis), des épices (poivre), ainsi que des notes fumées et torréfiées, de l'ampleur, des tanins passablement dodus, du volume et du plaisir à boire comme jamais. Réalisez vos harmonies à table avec les aliments complémentaires aux saveurs précédemment décrites, comme, entre autres, la cerise, les endives, le parmesan, la betterave rouge, le gingembre, le clou de girofle, l'ajowan ou l'origan (tous des ingrédients partageant une structure aromatique semblable). **Cépages:** 50% aragonez (tempranillo), 23% syrah, 19% touriga nacional, 4% alicante bouschet, 2% cabernet sauvignon, 2% petit verdot. **Alc./**13,5%. **cortesdecima.com**

Servir dans les quatre années suivant le millésime, à 17 °C

Mozzarella gratinée «comme une pizza» et sel au clou de girofle (***), rôti de palette «comme un chili de Cincinnati» (***), salade d'endives braisées et cerises (avec noix et fromage parmesan émietté), salade de betteraves rouges parfumées au quatre-épices, brochettes d'agneau à l'ajowan ou jambon glacé aux fraises et girofle (**).

Finca Antigua Syrah (2009) J'aime

LA MANCHA, FINCA ANTIGUA, ESPAGNE

14,35 $ **SAQ S**☆ 10498121 ★★☆?☆ $$ **Corsé**

Cette syrah hispanique, qui fait un tabac depuis quelques éditions de *La Sélection*, demeure plus que jamais un coup de cœur parmi les coups de cœur, si vous êtes aficionados des crus espagnols modernes, dont certains ont l'allure de vins australiens, comme c'est le cas ici. Difficile d'être plus juteux et gorgé de saveurs que ça ! Tout y est à nouveau. Couleur soutenue et violacée. Nez très expressif et concentré pour son rang, aux arômes de fruits rouges et noirs, de vanille, de cacao et de girofle. Bouche à la fois ample, pleine, généreuse et persistante, aux tanins dodus et aux longues saveurs torréfiées et fruitées. Enfin, n'oubliez pas de faire la paire avec le floral et très framboisé, charmant et soyeux **Finca Antigua Garnacha (13,60 $; 11254225)**, aussi une aubaine à mettre dans votre liste annuelle et qui fait un bel accord aromatique avec ma recette de salade de framboises à l'eau de rose et julienne d'algue nori (***). **Cépage:** syrah. **Alc./**14 %. **familiamartinezbujanda.com**

Servir dans les cinq années suivant le millésime, à 17 °C

Sablés au parmesan et au café (***), viande grillée et « marinade pour le bœuf à l'érable » (***), brochettes de bœuf au café noir (voir Filets de bœuf au café noir) (*), steak de saumon au café noir et au cinq-épices chinois (*), feuilles de vigne farcies_Mc²: riz sauvage soufflé, bacon de sanglier, sirop de riz brun/café (**) ou asperges vertes rôties, enrobées de chocolat noir infusé au thé fumé Zheng Shan Xiao Zhong, fleur de sel au café (**

La Ciboise (2011)

LUBERON, M. CHAPOUTIER, FRANCE

14,35 $ **SAQ C** 11374382 ★★☆?☆ $ **Modéré+** **Bio**

Coup de cœur des deux précédentes éditions de ce guide, cette Ciboise se montre toujours engageante et débordante de saveurs. Cet assemblage grenache et syrah, de la nouvelle appellation d'origine Luberon, se veut donc expressif, au fruité mûr et extraverti, sans trop, à la bouche à la fois presque généreuse, dodue et tonique, aux tanins mûrs et enveloppés, mais avec du grain de jeunesse, aux saveurs longues et précises, rappelant les épices douces, la mûre, la framboise, le poivre et la violette. Il faut savoir que tous les vins signés par la maison Chapoutier sont à ranger dans cette nouvelle dénomination que j'ai appelée « les vins à acheter les yeux fermés ». **Cépages:** grenache, syrah. **Alc./**14,5 %. **chapoutier.com**

Servir dans les quatre années suivant le millésime, à 17 °C

Tartinade de « pommade d'olives noires à l'eau de poivre » (***), sushis en bonbons de purée de framboises (***), sushis_Mc² « pour amateur de vin rouge » (voir recette sur **papillesetmolecules.com**), brochettes d'agneau aux olives noires « sur brochettes imbibées d'une eau parfumées au thym » (***) ou viande grillée avec « épices à steak réinventées pour donner de la longueur aux vins » (***).

Prado Rey (2009) **J'aime**

RIBERA DEL DUERO, REAL SITIO DE VENTOSILLA, ESPAGNE

14,45 $ **SAQ S*** 585596 ★★☆ $$ **Modéré**

Ce désormais classique des rouges de la Ribera offerts au Québec à prix doux se montre plus pur et plus frais que jamais dans ce millésime 2009, dégusté en primeur en juin 2011 et goûté à quelques reprises depuis. Les précédents millésimes étaient plus torréfiés. Ici, que du fruit et de la fraîcheur dans le propos. Tanins extrafins, acidité juste fraîche, corps modéré, mais bien senti, et saveurs longues, rappelant la fraise et la violette. Parfait pour ceux qui sont las de certains rouges espagnols au boisé à la sauce Nouveau Monde. Cuisinez-lui des recettes dominées par le curcuma, la framboise, la carotte, les champignons, l'estragon, les tomates séchées et les épices douces, tous sur le même mode aromatique que ce cru de tempranillo. **Cépages:** 95 % tempranillo, 3 % cabernet sauvignon, 2 % merlot. **Alc./**14 %. **pradorey.com**

Servir dans les quatre années suivant le millésime, à 16 °C

Frites au four assaisonnées à l'estragon « pour amateur de vin rouge » (***), salade de carottes à l'anis étoilé (***), tapas de fromage en crottes_Mc² à l'huile de curcuma et carottes (***), tartare de bœuf, champignons shiitakes, vinaigrette de framboises (***), pâté chinois revu et magnifié « pour vin rouge » (***), brochettes de poulet aux champignons portobellos, foie de veau en sauce à l'estragon ou pesto de tomates séchées (***) pour bruschettas ou pâtes.

Château de Gaudou « Tradition » (2010)

CAHORS, DUROU & FILS, FRANCE

14,50 $ **SAQ S*** 919324 ★★☆?☆ $$ **Modéré+**

Nombreux sont les cahors de qualité offerts à plus ou moins quinze dollars, et cette cuvée Tradition est l'une des références en la matière depuis plusieurs millésimes, tous salués dans les précédentes éditions de *La Sélection*. Ce qui confirme son statut d'achat obligatoire bon an mal an ! Elle se montre à nouveau très aromatique et enveloppante, d'une souplesse engageante et étonnante pour l'appellation, faisant d'elle un cahors à se mettre sous la dent dès sa mise en marché, même si elle possède le coffre pour évoluer favorablement cinq à sept ans en bouteille. Vous y trouverez un rouge d'une bonne coloration, au nez passablement riche, exhalant des notes de cassis, de prune et d'épices, à la bouche aux tanins mûrs et quasi veloutés, soutenue par des saveurs qui ont le même éclat que par les millésimes passés, ainsi que son habituelle persistance, où s'ajoutent des tonalités de prune, de café et de vanille. Comme la cannelle, l'anis étoilé, le poivre, le basilic, l'estragon, le thé et le clou de girofle sont à ranger parmi les aliments complémentaires à la prune, sa signature aromatique, sélectionnez des recettes où ces aliments dominent. **Cépages:** malbec, merlot, tannat. **Alc./**13 %. **chateaudegaudou.com**

Servir dans les sept années suivant le millésime, à 17 °C

Goulash de bœuf parfumé au girofle et sésame grillé (***), frites au four assaisonnées à l'estragon « pour amateur de vin rouge » (***), hachis Parmentier de palette comme un chili, purée de rutabaga (***) ou brochettes de bambou imbibées au clou de girofle « pour grillades de viande rouge » (***).

Blés Crianza (2009)

VALENCIA, DOMINO DE ARANLEÓN, ESPAGNE

14,60$ **SAQ C** 10856427 ★★☆?☆ $$ **Corsé** **Bio**

Coup de cœur des trois précédentes éditions de ce guide, ainsi que numéro un du «TOP 30 Bas Prix» de la précédente *Sélection*, ce cru issu de raisins d'agriculture biologique certifiée, provenant de la région de Valence, est parmi les abordables rouges espagnols à ranger au sommet des «vins à acheter bon an mal an les yeux fermés». Vous vous sustenterez d'un vin étonnamment étoffé et gourmand pour son prix, dévoilant une texture généreuse d'une certaine épaisseur veloutée, pour ne pas dire sensuelle, aux tanins gras et dotés d'un grain juvénile, ce qui lui procure une belle grippe, aux saveurs extraverties, aux tonalités épicées de poivre/girofle, torréfiées de cacao/café et fruitées de mûre/cassis. Confirme, si besoin est, la place de l'Espagne au sommet des pays européens producteurs d'innombrables rapports qualité-prix. **Cépages:** 40% tempranillo, 30% monastrell, 30% cabernet sauvignon. **Alc./**14%. **aranleon.com**

Servir dans les six années suivant le millésime, à 17 °C

Pain pita au thym (***), mozzarella gratinée «comme une pizza» et sel au clou de girofle, viande des Grisons et piment d'Espelette (***), rôti de palette comme un chili (***), feuilles de vigne farcies_Mc²: riz sauvage soufflé, bacon de sanglier, sirop de riz brun/café (**), ragoût de bœuf épicé à l'indienne ou foie de veau et jus au café expresso (voir Carré d'agneau et jus au café expresso (*)).

Parallèle «45» (2010)

CÔTES-DU-RHÔNE, PAUL JABOULET AÎNÉ, FRANCE

14,75$ **SAQ C** 332304 ★★☆ $$ **Modéré+**

Depuis le début des années 90, cette cuvée se positionne parmi les bons achats du Rhône chez les rouges à prix doux. Rares ont été les millésimes à ne pas être réussis, ce qui confirme sa place bien méritée dans cette ultime *Sélection Chartier* des vins «à acheter bon an mal an les yeux fermés». Elle se distingue plus que jamais par un caractère à la fois épicé et fruité, ainsi que soutenu et dodu. Vous vous sustenterez donc, d'un millésime à l'autre, comme avec ce 2010, d'un rouge aromatique, engageant et d'une certaine complexité pour son rang, s'exprimant par des notes de fraise, de cerise et d'épices douces (muscade, poivre), à la bouche aux tanins fins, ronds et déliés, à l'acidité fraîche et aux saveurs longues, plus poivrées qu'au nez. Servez-le à table avec les aliments complémentaires à l'olive noire et au poivre, sa signature aromatique, comme le sont, entre autres, l'agneau, le basilic, le girofle, la betterave rouge, le thym, le genièvre, le safran, le thé noir, le café et le gingembre. **Cépages:** 60% grenache, 40% syrah. **Alc./**14%. **jaboulet.com**

Servir dans les quatre années suivant le millésime, à 17 °C

Sandwich vietnamien Banh-mi au porc pour syrah (***), légumes d'automne rôtis au four pour syrah/shiraz (***), viande grillée avec «épices à steak réinventées pour donner de la longueur aux vins» (***), pâtes aux olives noires/genièvre/thym/shiitakes (***), pizza «full eugénol» (***) ou betteraves rouges marinées à la crème de cassis et vinaigre de vin rouge (***).

Masciarelli (2010) J'aime

MONTEPULCIANO D'ABRUZZO, MASCIARELLI, ITALIE

14,80$ **SAQ S** 10863774 ★★★ $$ **Modéré+**

Ce domaine de pointe, qui élabore aussi le superbe blanc de trebbiano Marina Cvetic, nous a habitués depuis quelques millésimes à un montepulciano à la fois distingué et ample, texturé, au fruité pur et long, qui a de l'éclat, aux tanins fins, avec un grain serré. Et ce 2010 se montre même plus engageant, tout en étant épuré et sur le fruit, sans maquillage, comme l'étaient les précédents. Violette, cassis, framboise donnent le ton. Voilà donc une belle aubaine italienne à ajouter à la liste des crus « à acheter bon an mal an les yeux fermés ». **Cépage:** montepulciano. **Alc./**13 %. **masciarelli.it**

Servir dans les quatre années suivant le millésime, à 17 °C

Betteraves rouges marinées à la crème de cassis et vinaigre de vin rouge (***), chili de Cincinnati (***) ou mozzarella gratinée « comme une pizza », viande des Grisons et piment d'Espelette (***).

Quinta dos Roques (2009) J'aime

DÃO, QUINTA DOS ROQUES, PORTUGAL

14,80$ **SAQ S**☆ 744805 ★★☆?☆ $$ **Modéré+**

Le vin idéal pour permettre aux amateurs de rouges du Nouveau Monde de découvrir et d'apprécier les crus ensoleillés du Portugal. Domaine phare de la zone d'appellation Dão, Quinta dos Roques présente depuis de nombreux millésimes un remarquable rapport qualité-prix, qui se place ainsi, bon an mal an, dans mon top 10 des innombrables perles à bon prix de ce pays actuellement à l'avant-scène de la viticulture européenne. Faites la paire avec le singulier et minéralisant blanc **Encruzado Quinta dos Roques (20,85 $; 903260)**. Quant à ce rouge, il en résulte une fois de plus un rouge coloré, au nez très aromatique, surtout après un bon gros passage en carafe, au fruité abondant et complexe à souhait, aux notes de poivre, de mûre, de violette et de prune, à l'attaque toujours aussi dense, généreuse et presque joufflue, d'un irrésistible toucher de bouche, aux tanins serrés mais très fins, et d'un charme fou. Pas de boisé à l'horizon, que du fruit à revendre et des tanins presque tendres. Si vous aimez ce rouge, et que vous aimez aussi les bourgognes rouges, vous serez conquis par le **Quinta das Maias (15,45 $; 874925)**, qui est un autre cru du Dão, à base de cépage jaen, à l'allure bourguignonne contemporaine, éclatant de fruits et de fraîcheur, sans esbroufe ni boisé. **Cépages:** 60 % touriga nacional, 25 % jaen, 10 % alfrocheiro preito, 5 % tinta roriz. **Alc./**13,5 %. **quintaroques.pt**

Servir dans les sept années suivant le millésime, à 17 °C et oxygéné en carafe 15 minutes

Brochettes de bambou imbibées au clou de girofle « pour grillades de viande rouge » (***), pâte concentrée de poivrons rouges rôtis à l'huile de sésame grillé (voir recette sur **papillesetmolecules.com**) ou pizza au pesto de tomates séchées et à l'*outside cut* de bœuf grillé (***).

Borsao Crianza (2009)

CAMPO DE BORJA, BODEGAS BORSAO, ESPAGNE

14,95 $ **SAQ C** 10463631 ★★☆?☆ $$ **Modéré+**

Depuis que cette marque est débarquée au Québec, il y a déjà plusieurs vendanges, elle a connu un succès monstre franchement mérité, et ce, pour l'ensemble des vins qui portent le sceau Borsao. Celui-ci n'y fait pas exception, étant d'un rapport «qualité-prix-plaisir» plus qu'avantageux! Il se montre étonnamment aromatique, complexe, prenant, engageant et gourmand pour son rang. Il faut dire que cette *bodega* est passée maître dans l'art de présenter des rouges d'une complexité immédiate et d'une texture d'une bonne épaisseur veloutée pour le prix demandé. Cassis, girofle et poivre se donnent la réplique en bouche avec autant d'aplomb qu'au nez. Un millésime qui positionne plus que jamais ce sympathique rouge comme l'une des références espagnoles du répertoire général de la SAQ. À table, présentez-lui des plats architecturés autour de la betterave rouge, du café, du poivre, du basilic thaï, de la viande grillée, de la cannelle, de la mozzarella cuite, de la noisette, de la noix de coco, du rhum brun et du scotch, qui sont tous des ingrédients de liaison aromatique au girofle, sa principale signature aromatique. **Cépages:** grenache, tempranillo, cabernet sauvignon. **Alc./**13,5 %. **bodegasborsao.com**

Servir dans les cinq années suivant le millésime, à 17 °C

Sauté de betteraves rouges à l'émulsion «Mister Maillard» (voir «Mister Maillard» sur **papillesetmolecules.com**), mozzarella gratinée «comme une pizza», viande des Grisons et piment d'Espelette (***), *pulled pork* à la noix de coco et au Spiced Rhum El Dorado (***), purée_Mc2 pour amateur de vin au céleri-rave et clou de girofle (voir sur **papillesetmolecules.com**), rôti de palette «comme un chili de Cincinnati» (***) ou rôti d'épaule de porc au scotch, champignons, noix de coco et huile de noisette (***).

Honoro Vera Garnacha (2011) J'aime

CALATAYUD, JORGE ORDOÑEZ, BODEGAS ATECA, ESPAGNE

15,10 $ **SAQ C** 11462382 ★★★ $$ **Corsé**

La Sélection Chartier ayant été le premier guide a commenté ce remarquable rapport qualité-prix, lors de sa mise en marché en octobre 2011, j'en profite pour vous le redire: ce cru est assurément l'un des meilleurs rapports qualité-prix tous pays confondus, chez les rouges au profil Nouveau Monde offerts sous la barre des vingt dollars. Provenant de Catalogne, à base de garnacha, donc de grenache, ce cru est signé par la réputée famille Gil, dont les vins sont très cotés au Québec. C'est en fait le petit frère du Atteca (aussi souligné depuis quelques millésimes), excellent rapport qualité-prix, élaboré par le puissant Jorge Ordoñez, propriétaire de Oro wines, l'homme qui a mis l'Espagne sur la mappe aux États-Unis, aussi propriétaire des fameux crus de Jumilla des *bodegas* Il Nido, ainsi que de l'Alto Moncayo, de l'appellation Campo de Borja. Il a décidé de vendre cette cuvée Honoro Vera à la famille Gil. Il en résulte à nouveau un rouge débordant de fruits, d'épices et de parfums torréfiés, à la bouche gourmande, presque dodue et enveloppante, mais avec une certaine prise tannique de jeunesse, aux saveurs éclatantes et persistantes. Plein les babines! Un vin de plaisir certes, mais qui offre aussi à boire et à manger, sans tomber dans la lourdeur solaire. Réservez-lui des plats sur la piste aromatique du clou de girofle, qui est sur la même tonalité que ses arômes. **Cépage:** garnacha. **Alc./**14,5%. **orowines.com**

Servir dans les cinq années suivant le millésime, à 17 °C

Rôti de palette «comme un chili de Cincinnati» (***), tourtière de la Beauce et betteraves sautées à l'émulsion «Mister Maillard» (voir recette de l'émulsion «Mister Maillard» sur **papillesetmolecules.com**), cubes de bœuf en sauce (***) ou rôti d'épaule de porc au Spiced Rhum El Dorado, champignons, noix de coco et huile de noisette (***).

Mencia Luna Beberide (2010) J'aime

BIERZO, BODEGAS Y VINEDOS LUNA BEBERIDE, ESPAGNE

15,10$	**SAQ S**	11668153	★★★ $$	**Modéré+**

Véritable bombe espagnole que ce rouge, à base du noble cépage autochtone mencia, qui se montre, comme l'était le 2009, percutant, poivré et giroflé comme pas un, spécialement pour le prix ridiculement bas demandé! Un vin plein, ample, dodu, complexe et complet, aux tanins mûrs et enveloppés, à l'acidité discrète et aux saveurs explosives. Une deuxième commande de 400 caisses était attendue pour janvier 2013 au moment de mettre sous presse. Il faut dire que ce domaine est à ranger parmi le top 5 de l'appellation Bierzo, qui connaît depuis la fin des années quatre-vingt-dix une spectaculaire renaissance. **Cépage:** mencia. **Alc./**14%. **lunabeberide.com**

Servir dans les cinq années suivant le millésime, à 17 °C

Salade de riz sauvage aux champignons (***), goulash de bœuf parfumé au girofle et sésame grillé (***), pâte concentrée de poivrons rouges rôtis à l'huile de sésame grillé (voir recette sur **papillesetmolecules.com**), chili de Cincinnati (***) ou confipote de prunes à l'anis étoilé (voir recette sur **papillesetmolecules.com**) en accompagnement de vieux fromages compté et gruyère.

La Vendimia (2011) J'aime

RIOJA, BODEGAS PALACIOS REMONDO, ESPAGNE

15,25$	**SAQ S***	10360317	★★★ $$	**Modéré+**

Que voulez-vous, chaque fois que je déguste ce cru à l'aveugle, comme je le fais pour tous les autres vins de ce guide, il me jette par terre lorsque je découvre la bouteille, tellement certain d'être en présence d'un espagnol à plus ou moins vingt-cinq dollars... il ne fait pas exception encore cette fois! Álvaro Palacios *ride again*! Ce Vendimia se montre débordant de fruit, complexe (fruits rouges, épices douces, girofle, vanille), frais, ample, texturé, juteux, prenant, persistant et digeste à souhait. Le meilleur des deux mondes. Il faut savoir que le Québec est devenu en 2010 le plus gros importateur au monde de ce vin signé par ce grandissime viticulteur. Cette Vendimia, coup de cœur à de nombreuses reprises dans les précédentes éditions de ce guide, a donc tout pour plaire, comme en 2009 où elle avait même été n° 1 du «top 100 Chartier» chez les crus les plus réguliers. Comme je vous l'écris depuis quelques éditions déjà, ce rouge est l'un des meilleurs rapports qualité-prix d'Europe, tous vins confondus. À table, en prenant en compte les données communiquées dans mon livre *Papilles et Molécules*, osez cuisiner une recette où dominera soit l'un des ingrédients complémentaires au poivre (genièvre, olive noire, algue nori, thym, agneau, orange, safran), soit l'un des aliments de même famille aromatique que le girofle (asperges rôties à l'huile, basilic thaï, bœuf grillé, café, cinq-épices, fraise, romarin, vanille). **Cépages:** garnacha, tempranillo. **Alc./**14,5 %.

Servir dans les cinq années suivant le millésime, à 17 °C et oxygéné en carafe fortement 5 minutes

Mozzarella gratinée « comme une pizza », viande des Grisons et piment d'Espelette (***), sandwich vietnamien Banh-mi au porc pour syrah (***), brochettes de bœuf grillées sur brochettes de bambou imbibées au clou de girofle (voir Brochettes de bambou imbibées au clou de girofle « pour grillades de viande rouge ») (***) ou légumes d'automne rôtis au four pour vins boisés (***).

Mas Collet « Barrica » (2009)

MONTSANT, CELLER DE CAPÇANES, ESPAGNE

15,25 $	**SAQ C**	642538	★★☆	$$	**Corsé**

Depuis le millésime 2003, sans interruption qualitative, ce vin s'est toujours montré engageant, ramassé et compact, mais aussi aromatiquement charmeur. Et comme il est maintenant offert à deux dollars de moins qu'en 2010, autant en profiter. Vous vous sustenterez d'un rouge catalan certes généreux et nourri, mais aussi complexe et inspirant, dégageant des saveurs persistantes et fraîches de fraise, de cerise, de garrigue et de cacao. Que demander de plus? Quelques idées de recettes peut-être? Il suffit de lire les propositions harmoniques ci-dessous☺. **Cépages:** grenache (vieilles vignes), tempranillo, cabernet sauvignon, carignan. **Alc./**14 %. **cellercapcanes.com**

Servir dans les cinq années suivant le millésime, à 17 °C et oxygéné en carafe 15 minutes

Rôti d'épaule de porc au scotch, champignons, noix de coco et huile de noisette (***), goulash de bœuf parfumé au girofle et sésame grillé (***), feuilletés aux champignons, au scotch et à la noix de coco (***) ou hachis Parmentier de palette comme un chili, purée de rutabaga (***).

Santa Cristina (2010) — J'aime ♥

TOSCANA, MARCHESI ANTINORI, ITALIE

15,30 $	**SAQ C**	076521	★★☆	$$	**Modéré**

Ce sangiovese toscan se montre, comme à son habitude, depuis plusieurs millésimes déjà, tout en fruit, en rondeur et en souplesse. Pour moi, c'est le chianti moderne par excellence pour le ballon de rouge « passe-partout » avec les plats de tous les jours de la cuisine italienne simplissime. Il est gorgé de fruits rouges et de fleurs, les tanins sont coulants, l'acidité juste fraîche et le corps détendu, pour un vin à boire jusqu'à plus soif, mais sans avoir l'impression de se faire avoir☺. **Cépages:** sangiovese (dominant), merlot. **Alc./**13 %. **antinori.it**

Servir dans les trois années suivant le millésime, à 16 °C

Pesto de tomates séchées» (***) pour bruschettas ou pâtes, sandwich chaud aux saucisses italiennes, lasagne au four, brochettes de bœuf au quatre-épices (***) ou pizza «full eugénol» (***).

Château Grinou Réserve (2010)

BERGERAC, CATHERINE ET GUY CUISSET, FRANCE

15,40$ **SAQ S*** 896654 ★★☆?☆ $$ **Modéré+**

Bon an mal an, pratiquement sans faillir, le couple Cuisset présente un merlot de charme et de générosité, au fruité débonnaire, aux courbes texturées et d'une belle sensualité, aux tanins fins et aux saveurs fraîches et persistantes, s'exprimant par des tonalités de cerise, de prune et de pivoine. Une très bonne affaire à acheter les yeux fermés tant la régularité est au rendez-vous. En fait, il mériterait trois étoiles...☺. Bon, à table, il vaut trois étoiles, surtout si vous lui permettez d'affronter des plats dominés par les aliments complémentaires à la prune et à la cerise, comme le sont, entre autres, la cannelle, l'anis étoilé, le poivre, le gingembre, le basilic thaï, le thé, la mozzarella cuite et le clou de girofle. **Cépage:** merlot. **Alc.**/13,5%.

Servir dans les quatre années suivant le millésime, à 16 °C

Chili de Cincinnati (***), mozzarella gratinée «comme une pizza», viande des Grisons et piment d'Espelette (***), confipote de prunes à l'anis étoilé (voir recette sur **papillesetmolecules.com**) ou sauté de bœuf au gingembre et betteraves rouges sautées à la poêle à l'émulsion «Mister Maillard» (voir «Mister Maillard» sur **papillesetmolecules.com**).

Château Tour Boisée «Marielle et Frédérique» (2011)

J'aime

MINERVOIS, DOMAINE LA TOUR BOISÉE, FRANCE

15,45$ **SAQ S*** 896381 ★★☆?☆ $$ **Modéré+**

Difficile de ne pas succomber, année après année, au charme juvénile de ce rouge au fruité débordant et expressif à souhait. Un cru d'une étonnante ampleur de saveurs et d'une finesse exquise des tanins, à la fois gourmand et juteux, sans lourdeur, toujours frais et inspirant, aux longues saveurs de fruits rouges mûrs et d'épices douces. Il poursuit la ligne qualitative instaurée au fil des précédentes années où le rapport qualité-prix était toujours au rendez-vous, comme c'est plus que jamais le cas. Assurément dans ma liste prioritaire des vins «à acheter bon an mal an les yeux fermés». Et si vous voulez plus de matière et de complexité, découvrez le très réussi et constant **Château Tour Boisée «À Marie-Claude» 2007 (19,70$; 395012)**. Contrairement à cette cuvée «Marielle et Frédérique», celle-ci se montre passablement boisée, aux parfums torréfiés appuyés, mais au fruité dominant en bouche, où les tanins sont quasi enveloppés par un moelleux imposant. Sérieux, comme tous les crus de ce viticulteur généreux. **Cépages:** 15% cinsault, 60% grenache, 10% syrah, 10% carignan (vieilles vignes), 5% mourvèdre. **Alc.**/13,5%. **domainelatourboisee.com**

Servir dans les quatre années suivant le millésime, à 16 °C

Frites au four assaisonnées à l'estragon «pour amateur de vin rouge» (***), brochettes d'agneau sur brochettes de bambou imbibées au thym (***), pesto de tomates séchées (***) pour pâtes ou pommade d'olives noires à l'eau de poivre (***) pour bruschettas ou burgers.

Merlot Christian Moueix (2009)

BORDEAUX, ETS JEAN-PIERRE MOUEIX, FRANCE

15,50$ **SAQ C** 369405 ★★☆ $$ **Modéré**

Coup de cœur depuis quelques millésimes, ce rouge de merlot de la famille Moueix est l'une des belles valeurs sûres chez les rouges d'appellation bordeaux régional. Comme toujours, du fruit, pas de bois, pas d'esbroufe, que de la vérité, des tanins soyeux, un corps ample et des saveurs longues, jouant dans la sphère aromatique de la fraise, de la mûre et du poivron. Je vous le redis, plus que jamais une référence pour se sustenter d'un bordeaux à prix doux à tous les jours. **Cépage:** merlot. **Alc./**13,5%. **moueix.com**

Servir dans les sept années suivant le millésime, à 17°C

Feuilles de vigne farcies_Mc²: riz sauvage soufflé, bacon de sanglier, sirop de riz brun/café (**), filet de porc au café noir (voir Filets de bœuf au café noir) (*), filet de saumon grillé sauce au vin rouge (voir Filet de saumon au pinot noir) (*), foie de veau à la vénitienne et polenta crémeuse au parmigiano (*) ou pétoncles poêlés, couscous de noix du Brésil à l'orange sanguine, lait de coco au gingembre (**).

Pyrène «Marcillac» (2010) J'aime

MARCILLAC, LIONEL OSMIN, FRANCE

15,50$ **SAQ S** 11154558 ★★☆?☆ $$ **Modéré**

Nez enchanteur, aux parfums raffinés et très frais, rappelant la fraise, le champignon de Paris, la craie et le poivron, avec une note de graphite, à la bouche à la fois soyeuse et coulante, ample et expressive, aux tanins extrafins, à l'acidité discrète, mais juste dosée pour donner l'élan voulu aux saveurs, qui perdurent longuement en fin de bouche. À l'aveugle j'étais à Chinon, dans la Loire, dans un domaine dont les cuvées sont plus chères... À vous d'en profiter, comme d'ailleurs tous les blancs et rouges signés Lionel Osmin, qui sont de véritables aubaines – ce qui explique sa présence dans cette ultime *Sélection* de vins «à acheter les yeux fermés». De plus, il fait merveille à table avec les recettes dominées par la betterave rouge, le poivron, la framboise, la mûre, la prune, la cerise, la tomate, le thé noir, la carotte cuite, la figue, le fromage Saint-Nectaire et l'algue nori. **Cépage:** mansois. **Alc./**13%. **osmin.fr**

Servir dans les cinq années suivant le millésime, à 17°C

Bonbons de framboise et algue nori (***), ketchup de betteraves rouges (***), croûtons de brioche, bœuf grillé mariné au poivre long et purée de poivrons rouges rôtis au sésame grillé (voir recette sur **papillesetmolecules.com**), fromage Saint-Nectaire accompagné de «confipote de prunes à l'anis étoilé» (voir confipote sur **papillesetmolecules.com**) ou figues confites au thé Pu-erh, chantilly de fromage Saint-Nectaire (**).

Tempranillo Albet i Noya (2011) J'aime

PENEDÈS, ALBET I NOYA, ESPAGNE

15,60$	**SAQ S**	10985801	★★☆?☆	$$	**Modéré+**	**Bio**

Une fois de plus ce vin bio se montre remarquable par sa pureté d'expression. D'un rouge soutenu et violacé. D'un nez plus qu'aromatique, fin et charmeur, pour ne pas dire enjôleur, exhalant des tonalités aromatiques de raisin frais, de framboise, de violette et d'épices douces. D'une bouche certes souple, à l'acidité fraîche et aux tanins fins et fondus, mais aussi à la texture ample et presque juteuse, aux saveurs qui ont de l'éclat et de la prestance, rappelant la cannelle, le girofle et la cerise. Malgré ses 14% en alcool, il se montre harmonieux et même digeste. Il faut dire que ce domaine est reconnu comme l'un des leaders espagnols de l'agriculture biologique. **Cépages:** tempranillo (et petite quantité de syrah). **Alc./**14%. **albetinoya.com**

Servir dans les quatre années suivant le millésime, à 17°C

Salade de framboises à l'eau de rose et julienne d'algue nori (voir recette sur **papillesetmolecules.com**), salade de tomates, bocconcini, basilic thaï et vinaigrette au clou de girofle (***), soupe de betteraves rouges au clou de girofle et au fromage à la crème (***), fettucine all'amatriciana «à ma façon» (*) ou confiture de framboises et tomates (***).

Domaine La Montagnette (2011) J'aime

CÔTES-DU-RHÔNE-VILLAGES, LES VIGNERONS D'ESTÉZARGUES, FRANCE

15,75$	**SAQ S***	11095949	★★★	$$	**Corsé**

Troisième millésime consécutif réussi avec éclat pour ce Rhône-Villages émanant d'une excellente cave. Difficile de trouver aussi complet et complexe chez les crus rhodaniens de ce prix. Un rouge coloré, expressif, engageant, plein, ramassé, sans trop, assez concentré et d'une bonne allonge en fin de bouche, où s'expriment des notes pures, qui ont de l'éclat, rappelant le cassis et la mûre. Pas de bois, que du fruit. Bravo! **Cépages:** 70% grenache, 20% syrah, 10% mourvèdre et carignan. **Alc./**14,5%. **vins-estezargues.com**

Servir dans les cinq années suivant le millésime, à 17°C

Frites au four assaisonnées à l'estragon «pour amateur de vin rouge» (***), lapin au vin rouge «sans vin rouge» (***), carré de porc glacé aux fraises, poivre du Sichuan, galanga et miel (**) ou émulsion_Mc² «Mister Maillard» (voir sur **papillesetmolecules.com**).

Esprit d'Automne (2010)

MINERVOIS, DOMAINE BORIE DE MAUREL, FRANCE

15,95$	**SAQ S***	875567	★★☆?☆	$$	**Modéré+**	**Bio**

Depuis le millésime 2005, ce cru présente des tanins d'une tendreté rarissime chez les minervois aussi jeunes, ce qu'il réussit à nouveau dans ce millésime – et assurément dans les prochains à venir! Le nez est très aromatique, fin et complexe, jouant dans l'univers aromatique des fruits rouges et de la garrigue (thym séché, romarin, genièvre). La bouche suit avec cette texture veloutée qui est maintenant sa signature, ainsi que par des tonalités fruitées très expressives, une acidité discrète et un corps voluptueux. Élaboré par Michel Escande, viticulteur et vinificateur de talent, qui magnifie aussi une superbe cuvée Sylla. **Cépages:** 40% syrah, 30% carignan, 30% grenache noir. **Alc./**13%. **boriedemaurel.fr**

Servir dans les cinq années suivant le millésime, à 17 °C

Tartinade d'olives noires (olives noires dénoyautées, graines de fenouil, zestes d'orange et huile d'olive passées au robot), pâtes aux olives noires (*), quesadillas (*wraps*) au bifteck et au fromage bleu ou côtes levées à l'anis et à l'orange.

Château Mourgues du Grès «Les Galets Rouges» (2010) J'aime

COSTIÈRES DE NÎMES, FRANÇOIS COLLARD, FRANCE

16$ **SAQ S*** 10259753 ★★☆?☆ $$ **Modéré+**

Cette cuvée nîmoise, d'un excellent rapport qualité-prix, nous a habitués depuis maintenant de nombreux millésimes à un rouge plus qu'engageant et satisfaisant. Et c'est ce qu'elle propose plus que jamais, avec cet assemblage au nez pur et élégant, très bavard en bouche, dévoilant des saveurs gorgées de fruits (framboise, mûre), ainsi que d'olive noire, de poivre et de cacao. Les tanins sont toujours aussi fins, avec la même grippe de jeunesse, l'acidité vibrante et naturelle, et le corps aérien et digeste, mais non sans être compact. Je vous le redis, du sérieux à prix plus que doux et à «acheter les yeux fermés»... Ah oui, j'allais oublier. Amusez-vous à table avec les principaux aliments complémentaires au poivre, qui est l'une de ses pistes aromatiques harmoniques, telles que le gingembre, le genièvre, les graines de fenouil, l'orange, le basilic, le thym, le thé noir, les algues nori, les champignons ou l'olive noire. **Cépages:** 70% syrah, 25% grenache, 3% carignan, 2% mourvèdre. **Alc./**13%. **mourguesdugres.fr**

Servir dans les cinq années suivant le millésime, à 16 °C et oxygéné en carafe fortement 15 minutes

Chips au «sable» d'olives noires et poivre (***), boulettes de burger au goût de merguez (***), brochettes d'agneau aux olives noires «sur brochettes imbibées d'eau parfumée au thym» (***), feuilleté aux olives noires (***), pâtes aux olives noires (***), sauté de bœuf au gingembre ou sandwich au gigot d'agneau parfumé au thym frais et olives noires.

Moulin Lagrezette (2007) J'aime

CAHORS, ALAIN-DOMINIQUE PERRIN, FRANCE

16,15$ **SAQ S*** 972620 ★★★ $$ **Corsé**

Après un charnu et généreux 2004, et un dodu et velouté 2005, Lagrezette nous revient avec un Moulin 2007 plus fermé et plus ramassé, façon 2006, aux tanins un brin carrés, sans trop, et aux saveurs concentrées d'encre de Chine, de fruits noirs et de réglisse. Un gros coup de carafe, ou trois ans en cave permettront de lui délier la langue... et de donner satisfaction à ses amateurs, qui sont très nombreux au Québec. Prune et chêne s'ajoutent après oxygénation. Du sérieux, sans esbroufe ni compromis. Après une suite de millésimes qui oscillaient entre le côté pulpeux des vins du Nouveau Monde et celui plus ramassé de la vieille Europe, celui-ci renoue avec la «vieille école française», ce qui me plaît encore plus☺. **Cépages:** 85% malbec, 15% merlot. **Alc./**13%. **chateau-lagrezette.tm.fr**

Servir dans les huit années suivant le millésime, à 17°C et oxygéné fortement en carafe 45 minutes

Goulash de bœuf parfumé au girofle et sésame grillé (***), brochettes de bœuf au café noir (voir Filets de bœuf au café noir) (*), asperges vertes rôties au four à l'huile d'olive ou «purée_Mc²» pour amateur de vin au céleri-rave et clou de girofle.

Nero d'Avola Vendemmia Morgante (2010)

SICILIA, MORGANTE, ITALIE

16,15$ **SAQ S**☆ 10542946 ★★☆?☆ $$ **Modéré+**

Dégustée à quelques reprises depuis son introduction à la SAQ, cette cuvée, à base du noble nero d'avola, de la grande maison Morgante, se montre toujours aussi gorgée de fruits et offre le même plaisir à boire jusqu'à plus soif, tout en démontrant une certaine matière et une belle complexité d'ensemble. Cerise, prune et framboise explosent en bouche avec éclat et fraîcheur. Les tanins sont souples et fondus, l'acidité modérée et le corps soyeux. La troisième étoile y était presque. Vraiment, que du plaisir. Et comme elle est élaborée par cette excellente maison sicilienne, elle mérite amplement d'être classée dans les vins à suivre au fil des prochaines années. **Cépage:** nero d'avola. **Alc./**13,5%. **morgantevini.it**

Servir dans les quatre années suivant le millésime, à 16°C

Chips au «sable» d'olives noires et au poivre (***), endives braisées aux cerises et au kirsch (***), lapin au vin rouge «sans vin rouge»! (***) ou salade de framboises à l'eau de rose et julienne d'algue nori (voir recette sur **papillesetmolecules.com**).

Vitiano (2010) **J'aime**

ROSSO UMBRIA, FALESCO MONTEFIASCONE, ITALIE

16,20$ **SAQ C** 466029 ★★★ $$ **Corsé**

Si je dois choisir le rouge qui a reçu le plus de coups de cœur au fil des dix-sept éditions de *La Sélection Chartier*, Vitiano est assurément celui qui, millésime après millésime, aura réussi à y figurer le plus grand nombre de fois. Il représente donc l'une des aubaines les plus régulières du marché québécois. Comme toujours pour ce cru «à acheter bon an mal an les yeux fermés», il se montre très aromatique et passablement riche pour son rang, au nez complexe de cassis, de prune et de café, à la bouche presque juteuse, mais avec le grain classique des vins italiens, la fraîcheur de la péninsule et la prestance que les crus de cette maison savent offrir. Approche bordelaise, style italien. Que demander de plus?! Enfin, comme la cannelle, l'anis étoilé, le poivre, le basilic, le thé noir fumé et le clou de girofle sont à ranger parmi les aliments complémentaires à la prune, l'une de ses signatures aromatiques, tout comme le café et le cacao, sélectionnez des recettes où ces aliments dominent. **Cépages:** 34 % sangiovese, 33 % cabernet sauvignon, 33 % merlot. **Alc./**13,5 %. **falesco.it**

Servir dans les six années suivant le millésime, à 17 °C

Soupe de betteraves rouges au clou de girofle et au fromage à la crème (***), hachis Parmentier de palette comme un chili, purée de rutabaga (***), brochettes de bambou imbibées au clou de girofle « pour grillades de viande rouge » (***), viande rouge grillée et « épices à steak d'après cuisson au thé noir fumé et à la vanille » (***), filets de bœuf au café noir (*) ou asperges vertes rôties, enrobées de chocolat noir infusé au thé fumé Zheng Shan Xiao Zhong, fleur de sel au café (**).

Torus (2009)

J'aime

MADIRAN, VIGNOBLES BRUMONT, FRANCE

16,25 $ **SAQ C** 466656 ★★☆?☆ **$$** **Corsé**

Cette cuvée Torus, signée par Alain Brumont, le pharaon de Madiran, l'homme derrière les grands crus que sont Bouscassé et Montus, se montre bon an mal sans faille, faisant d'elle l'une des valeurs sûres du Sud-Ouest « à acheter les yeux fermés ». Et la vendange 2009 abonde dans ce sens, offrant un madiran, coloré, aromatique, détaillé, riche, passablement dense pour son rang, mais non sans velouté, aux tanins fermes mais gras, au corps plein et aux saveurs longues, égrainant des notes de fruits noirs, de café et de vanille. **Cépages:** 50 % tannat, 25 % cabernet franc, 25 % cabernet sauvignon. **Alc./**14 %. **brumont.fr**

Servir dans les six années suivant le millésime, à 17 °C et oxygéné fortement en carafe 15 minutes

Épices à steak « d'après cuisson » au thé noir fumé et à la vanille (***) pour viande rouge, pâte concentrée de poivrons rouges rôtis à l'huile de sésame grillé (voir recette sur **papilleset molecules.com**), brochettes de bœuf et de foie de veau aux poivrons ou filets de bœuf au café noir (*).

Ca'Rugate Rio Albo (2010)

VALPOLICELLA, AZIENDA AGRICOLA CA' RUGATE, ITALIE

16,30 $ **SAQ S** 10706736 ★★☆ **$$** **Modéré**

Un « valpo coup de charme » (!), introduit au Québec avec le tout aussi engageant millésime 2005, coup de cœur de *La Sélection 2008*. Quel beau fruité débordant et saisissant en bouche, tout en fraîcheur, et quelle belle définition de texture soyeuse ! Souplesse, expression, digestibilité et plaisir à boire jusqu'à plus soif, avec en prime d'invitantes saveurs de cerise au marasquin, de fraise chaude et de violette. Que dire de plus ? Peut-être, comme je vous le disais déjà lors du coup de cœur du 2005, que tous les vins de cette maison vénitienne sont à acheter les yeux fermés☺. **Cépages:** 40 % corvina, 30 % rondinella, 30 % corvinone. **Alc./**12 %. **carugate.it**

Servir dans les quatre années suivant le millésime, à 17 °C

Endives braisées aux cerises et au kirsch (***), salade de framboises à l'eau de rose et julienne de nori (voir recette sur **papillesetmolecules.com**), lapin au vin rouge « sans vin rouge » (***) ou calmars farcis au bœuf et au riz sauvage parfumés à la cannelle et girofle (***).

Massaya Classic (2009) — J'aime

BEKAA VALLEY, TANAÏL, LIBAN

16,30$ **SAQ S** 10700764 ★★☆?☆ **$$** **Modéré+**

Il faut savoir que ce vin est élaboré avec les conseils de Dominique Hébrard, ex-copropriétaire et administrateur du Château Cheval-Blanc, célèbre grand cru classé de Saint-Émilion. Notez que ce vin a fait une entrée remarquée à la SAQ avec le millésime 2004, commenté dans *La Sélection 2008*, et demeure depuis, millésime après millésime, une référence pour son prix. Osez donc, plus que jamais, découvrir les excellents vins du Liban, de style européen. Après un bon coup de carafe, vous serez littéralement charmé par les effluves arabisants de ce rouge envoutant (cacao, café, rose séché, prune, fruits secs). En bouche, vous serez conquis par ses courbes sensuelles, à l'acidité en retrait, laissant place à une texture veloutée, ainsi qu'à des tanins tendres et à des saveurs à la fois chocolatées et confites. Pour des sensations plus fortes, découvrez son grand frère, la cuvée **Massaya Selection 2009 (20,40$; 904102)**, à mi-chemin entre un capiteux zinfandel californien et un puissant amarone vénitien. **Cépages:** 60% cinsault, 20% cabernet sauvignon, 20% syrah. **Alc./**15%. **massaya.com**

Servir dans les cinq années suivant le millésime, à 17 °C

Purée_Mc^2 pour amateur de vin au céleri-rave et clou de girofle (voir recette sur **papillesetmolecules.com**), asperges vertes rôties, enrobées de chocolat noir infusé au thé fumé Zheng Shan Xiao Zhong, fleur de sel au café (**), brochettes de bœuf au café noir (voir Filets de bœuf au café noir) (*) ou sauté de betteraves rouges à l'émulsion «Mister Maillard» (voir «Mister Maillard» sur **papillesetmolecules.com**).

Les Vignes de Bila-Haut (2010)

CÔTES-DU-ROUSSILLON-VILLAGES, M. CHAPOUTIER, FRANCE

16,35$ **SAQ C** 11314970 ★★☆?☆ **$$** **Modéré+**

Très beau Roussillon-Villages, à la fois dodu, élégant, pur, d'une belle définition aromatique pour le rang, sans boisé ni surmaturité, exhalant des notes expressives d'olive noire, de fumée, de poudre de cacao et de fruits noirs, aux tanins ultrafins. Digeste et inspirant. **Cépages:** syrah, grenache, carignan. **Alc./**14%. **chapoutier.com**

Servir dans les cinq années suivant le millésime, à 17 °C

Pop-corn «au goût de bacon et cacao» (***), chips au «sable» d'olives noires et poivre (***), brochettes de bambou imbibées à l'anis étoilé «pour cubes de bœuf» (***) ou légumes d'automne rôtis au four pour syrah/shiraz (***).

Pyrène «Nature» (2010)

COTEAUX-DU-QUERCY, LIONEL OSMIN, FRANCE

16,35$ **SAQ S** 11154523 ★★☆?☆ **$$** **Modéré+**

Tous les blancs et rouges signés Lionel Osmin sont de véritables aubaines – ce qui explique la présence de ce nouveau venu dans cette ultime *Sélection* de vins «à acheter les yeux fermés». Vous y dénicherez un rouge au profil cahors, donc avec le même encépagement, mais à la texture soyeuse d'un grand charme, aux tanins fondus et enveloppés, au corps voluptueux, à l'acidité discrète, aux arômes et aux saveurs détaillées, ultra-raffinées, rappelant la framboise, la violette et la prune. Aucune note boisée à l'horizon, comme dans les autres cuvées Pyrène du même domaine. Original, inspiré et abordable. **Cépages:** malbec, cabernet franc, merlot. **Alc./**13,5%. **osmin.fr**

Servir dans les six années suivant le millésime, à 17°C et oxygéné en carafe 15 minutes

Salade de poivrons grillés (***), pâte concentrée de poivrons rouges rôtis à l'huile de sésame grillé (voir recette sur **papilleset molecules.com**), goulash de bœuf au piment chipotle fumé (***), poivrons rouges farcis à la viande (***) ou viande grillée avec «pâte concentrée de poivron vert et menthe» (***).

Domaine Haut Saint-Georges (2010) J'aime

CORBIÈRES, GÉRARD BERTRAND, FRANCE

16,40$	**SAQ S** 853796	★★★ $$	**Corsé**

À nouveau un très beau corbières, vinifié avec retenue et précision, et réussi avec brio pour une ixième fois, particulièrement pour le prix demandé. La couleur est profonde, le nez tout aussi engageant se montre plus percutant que jamais, très riche, complexe et mûr, exprimant des notes de lard fumé, de cacao, de fruits noirs, d'olive noire, de poivre et de garrigue. La bouche suit avec la même ampleur et la même générosité que dans le précédent millésime, mais avec plus de volume et de coffre, aux tanins à la fois fermes et gras, à l'acidité discrète et aux saveurs d'une grande allonge, éclatant littéralement en fin de bouche. Plus que jamais un remarquable rapport qualité-prix, comme tous les crus signés Gérard Bertrand. En cuisine, suivez la piste de ses parfums de poivre et d'olive noire, qui résonnent sur la même tonalité avec l'agneau, l'olive noire, le poivre, le thym, le safran, l'ajowan, les légumes-racines et l'anis étoilé. C'est aussi ça *La Sélection Chartier*, qui, depuis quelques années, profite de mes recherches aromatiques de *Papilles et Molécules*. **Cépages:** carignan, syrah, mourvèdre, cinsault. **Alc./**13,5%. **gerard-bertrand.com**

Servir dans les six années suivant le millésime, à 17°C

Légumes d'automne rôtis au four pour syrah/shiraz (***), brochettes d'agneau à l'ajowan, côtelettes d'agneau marinées au porto et au romarin frais, brochettes d'agneau aux olives noires «sur brochettes imbibées d'une eau parfumée au thym» (***), épaule d'agneau confite à l'anis étoilé (***) ou hamburgers d'agneau à la «pommade d'olives noires à l'eau de poivre» (***).

Jorio (2010) J'aime

MONTEPULCIANO D'ABRUZZO, UMANI RONCHI, ITALIE

16,40$	**SAQ S*** 862078	★★☆?☆ $$	**Modéré+**

Les derniers millésimes de ce montepulciano se sont tous montrés, sans exception, gourmands, pleins et sensuels, comme c'est le cas avec celui-ci, le positionnant plus que jamais comme l'un des meilleurs achats chez les rouges italiens offerts sous la barre des vingt dollars. Quelle matière et quel raffinement pour un cru de ce prix! Vous y trouverez un rouge très coloré, au nez très aromatique, éclatant de tous ses fruits rouges et noirs, à la bouche toujours aussi pulpeuse, ronde, pleine et veloutée à souhait, aux tanins enveloppés et aux saveurs d'une grande allonge pour son rang. Girofle, prune et bleuet viennent complexifier cette longue fin de bouche. Que demander de plus? **Cépage:** montepulciano. **Alc./**13,5%. **umanironchi.com**

Servir dans les cinq années suivant le millésime, à 17°C

Mozzarella gratinée «comme une pizza» et sel au clou de girofle (***), purée_Mc^{2} pour amateur de vin au céleri-rave et clou de girofle (voir sur **papillesetmolecules.com**), steak de saumon grillé au pimentón et tomates séchées, fettucine all'amatriciana «à ma façon» (*), hamburgers d'agneau aux poivrons rouges confits et au paprika ou dindon rôti et risotto au jus de betterave parfumé au girofle.

La Cuvée dell'Abate (2010) J'aime

MONTEPULCIANO D'ABRUZZO, CANTINA ZACCAGNINI, ITALIE

16,60$	**SAQ S**✲	908954	★★★	$$	**Modéré+**

Salué depuis de nombreux millésimes dans *La Sélection*, ce domaine phare des Abruzzes m'a toujours emballé avec son rouge à prix doux qui étonne par son expressivité aromatique, son éclat, sa tenue, sa richesse, sa fraîcheur et son plaisir à boire jusqu'à plus soif. Tout y est. Nez débordant de parfums mûrs juste à point (prune, cerise noire, violette), surtout après un coup de carafe agitée. Bouche à la fois pulpeuse et juteuse, éclatante et prenante, au boisé discret, au corps texturé et joufflu, et aux saveurs très longues. Rares sont les crus sous la barre des vingt dollars à démontrer autant d'aplomb, de panache et de régularité. Un «J'AIME» plus que mérité et senti. **Cépage:** montepulciano. **Alc./**12,5%. **zaccagnini.it**

Servir dans les cinq années suivant le millésime, à 17°C et oxygéné fortement en carafe 15 minutes

Brochettes de kefta d'agneau à l'olive noire et poivre (***), boulettes de burger au goût de merguez et sésame grillé (***), filets de bœuf au café noir (*), feuilles de vigne farcies_Mc^{2}: riz sauvage soufflé, bacon de sanglier, sirop de riz brun/café (**), brochettes de filet de porc et champignons portobellos sur brochettes parfumées au lait de coco (***) ou fromage Gruyère Réserve très vieux accompagné de «confipote de prunes à l'anis étoilé» (voir confipote sur **papillesetmolecules.com**).

Château La Gasparde (2006) J'aime

CÔTES-DE-CASTILLON, JEAN-PIERRE JANOUEIX, FRANCE

16,65$	**SAQ S**	527572	★★☆?☆	$$	**Modéré+**

La famille Janoueix propose, bon an mal an, un bordeaux de charme et de plaisir, offert à un prix plus que compétitif quand on connaît les prix vertigineux que ses voisins ont atteints depuis quelques années... Vous y dénicherez donc, comme dans ce millésime 2006, un rouge plus qu'aromatique, d'une étonnante complexité aromatique pour son rang, exhalant des tonalités de fruits compotés, de figue séchée, de champignon de Paris, de tabac et d'épices douces, à la bouche voluptueuse, ample, texturée, élégante et souple. Une belle évolution lui procure un profil presque à la pomerol! **Cépages:** 85% merlot, 12% cabernet franc, 3% cabernet sauvignon. **Alc./**13%. **j-janoueix-bordeaux.com**

Servir dans les sept années suivant le millésime, à 17 °C

Poivrons rouges farcis à la viande (***), pâte concentrée de poivrons verts et menthe (voir recette sur **papillesetmolecules.com**) ou brochettes de bœuf et poivrons verts et rouges marinés à l'huile de sésame (***).

Gérard Bertrand « Grand Terroir » (2007)

TAUTAVEL, GÉRARD BERTRAND, FRANCE

16,70$	**SAQ C**	11676145	★★★ $$	**Corsé**

Ce cru des Corbières, de la récente appellation Tautavel, fait sa première entrée dans *La Sélection*, tout comme sur le marché québécois. Il mérite d'être classé dans cette sélection de vins « à acheter les yeux fermés » étant donné la qualité et la régularité de tous les autres crus signés par Gérard Bertrand. Il en résulte un assemblage fort engageant, plein et généreux, sans trop, tannique, mais aux tanins charnus et enveloppés, aux longues et pénétrantes saveurs de fruits rouges, de café et de cacao. À boire et à manger! En cuisine, suivez la piste des viandes grillées, donc de la torréfaction, ce qui inclut certains coquillages, comme le pétoncle, et certains légumes, comme l'asperge verte, la betterave rouge et tous les légumes-racines, sans oublier le riz sauvage, les épices, le thé noir fumé et la vanille. **Cépages:** grenache, syrah, carignan. **Alc./**14,5%. **gerard-bertrand.com**

Servir dans les sept années suivant le millésime, à 17 °C

Légumes d'automne rôtis au four pour vins boisés (***), salade de riz sauvage aux champignons (***), viande rouge grillée et « épices à steak d'après cuisson au thé noir fumé et vanille » (***), chili de Cincinnati (***) et ketchup de betteraves rouges (***).

Château Bertinerie (2009) J'aime

BLAYE, CHÂTEAU BERTINERIE, FRANCE

16,80$	**SAQ S***	962118	★★☆ $$	**Modéré+**

D'un domaine qui a connu beaucoup de popularité au Québec au cours des années 90, plusieurs millésimes ayant été salués dans *La Sélection*, ce cru de Bertinerie, comme les autres de ce domaine, mérite plus que jamais le détour. Vous y dégusterez un bordeaux à prix doux, offrant complexité aromatique (fraise, poivron, poivre blanc), velouté de texture en bouche, bonne ampleur de saveurs, tanins dodus, acidité discrète et persistance des arômes en fin de bouche, où s'ajoutent des tonalités de café, cacao et prune. Une aubaine à suivre de près au cours des prochains millésimes. Servez-le sur des plats dominés par ses aliments complémentaires que sont, entre autres, le poivron, le sésame grillé, le riz sauvage, les champignons, les viandes grillées/rôties, la noix de coco, le girofle, le basilic thaï et le rhum brun. **Cépages:** 60% merlot, 30% cabernet sauvignon, 10% cabernet franc. **Alc./**12,5%. **chateaubertinerie.com**

Servir dans les cinq années suivant le millésime, à 17 °C

Salade de riz sauvage et champignons (***), pâte concentrée de poivrons rouges rôtis à l'huile de sésame grillé (voir recette sur **papillesetmolecules.com**) pour foie de veau, *pulled pork* à la noix de coco et au Spiced Rhum El Dorado (***) ou purée de panais au basilic thaï (voir recette sur **papillesetmolecules.com**) pour filet de bœuf grillé.

Pinot Noir Rodet (2010)

BOURGOGNE, A. RODET, FRANCE

16,85 $	**SAQ C**	358606	★★★ $$	**Modéré+**

Ce pinot bourguignon se montre plus aromatique que jamais, plus fin, plus éclatant, plus élancé et plus gourmand! Assurément à ranger parmi les meilleurs achats chez les pinots offerts en produits courants à la SAQ. Fraise, muscade et pivoine participent au charme, tandis que les tanins sont souples à souhait et le corps à la fois svelte et texturé, pour le style. Il faut savoir que Nadine Gublin, la grande œnologue de cette maison, possède un savoir-faire qui la place parmi les références bourguignonnes en la matière – il suffit de déguster les très grands vins qu'elle signe avec maestria au domaine Jacques Prieur. En cuisine, concoctez des plats aux tomates séchées, aux champignons, à la betterave rouge, au girofle, au quatre-épices. Ce pinot vous en sera reconnaissant, étant des ingrédients de même famille aromatique que ce cépage. **Cépage:** pinot noir. **Alc./**13 %. **rodet.com/fr**

Servir dans les quatre années suivant le millésime, à 16 °C

Pâtes aux tomates séchées «umami» (***), bœuf en salade asiatique (***), cuisson de la dinde au scotch (***), moussaka au bœuf (***), risotto au jus de betterave parfumé au girofle ou poulet rôti au sésame et au cinq-épices.

Bronzinelle (2010) **J'aime**

COTEAUX-DU-LANGUEDOC, CHÂTEAU SAINT-MARTIN DE LA GARRIGUE, FRANCE

16,95 $	**SAQ S***	10268588	★★★ $$	**Modéré+**

Comme je vous le dis depuis dix-sept ans (!), chaque millésime de Bronzinelle s'exprime haut et fort avec un vin qui a du nez. Ce qu'il signe à nouveau, avec richesse et complexité, aux fraîches tonalités fruitées et poivrées rappelant la mûre, la violette, le poivre et l'olive. En bouche, toujours aussi ample et très frais, non sans une certaine épaisseur veloutée, résultant en un assemblage se montrant à la fois nourrissant et digeste. Réservez-lui des recettes dominées par les aliments complémentaires à ses arômes de violette et de poivre, comme le sont la framboise, le nori et les carottes – pour ce qui est des ingrédients complémentaires à la violette –, ainsi que le thym, l'olive noire, l'agneau, le safran, la rose, le gingembre et le café – quant aux aliments partageant la même structure aromatique que le poivre. Enfin, dire que cette cuvée du Château Saint-Martin de la Garrigue est une habituée de *La Sélection Chartier* est un euphémisme tant ce languedocien s'est mérité d'y apparaître dans de multiples millésimes. J'irais même jusqu'à affirmer qu'il a été depuis presque vingt ans LA locomotive de la renaissance des vins du Languedoc sur le marché québécois. **Cépages:** 42 % syrah, 26 % grenache, 19 % carignan (vieilles vignes), 13 % mourvèdre (vieilles vignes). **Alc./**13 %. **stmartingarrigue.com**

Servir dans les six années suivant le millésime, à 17 °C

Sushis Mc[2] « pour amateur de vin rouge » (voir recette sur **papillesetmolecules.com**), pâtes aux olives noires/genièvre/thym/shiitakes (***), sablés au parmesan et café (***), brochettes d'agneau et champignons café « sur brochettes imbibées à l'eau parfumée au thym » (***), pommade d'olives noires à l'eau de poivre (***) ou salade de framboises à l'eau de rose et julienne d'algue nori (voir recette sur **papillesetmolecules.com**).

La Segreta (2011) — J'aime ♥

SICILIA, PLANETA, ITALIE

16,95 $ — **SAQ S*** 898296 — ★★☆?☆ $$ — **Modéré+**

Habillée d'une nouvelle étiquette et d'une ingénieuse et efficace capsule à vis, en lieu et place du traditionnel liège, cette cuvée, comme toutes celles signées par la famille Planeta, est à ranger dans votre *wish list* d'achats tout comme de cadeaux. Difficile de ne pas succomber à cet emballant et charmeur assemblage sicilien ! Nez plus engageant et plus expressif que jamais, aux très frais et passablement riches parfums de fruits rouges et d'épices, à la bouche pleine et ronde, ample et texturée, aux tanins dodus, aux saveurs généreuses et persistantes, qui ont de l'éclat, rappelant le poivre, la prune et la cerise noire. Du plaisir comme seuls les italiens, que dis-je, les siciliens (!) en connaissent le secret☺. **Cépages :** 50 % nero d'avola, 25 % merlot, 20 % syrah, 5 % cabernet franc. **Alc./**13 %. **planeta.it**

Servir dans les quatre années suivant le millésime, à 17 °C

Pâtes au « pesto de tomates séchées » (***), lasagne d'agneau sauce tomate à la syrah, pâtes aux olives noires (***), endives braisées aux cerises et au kirsch (***), mozzarella gratinée « comme une pizza » et sel au clou de girofle (***), légumes d'automne rôtis au four pour syrah/shiraz (***), fettucine all'amatriciana « à ma façon » (*) ou foie de veau en sauce à l'estragon.

Santa Cristina « Chianti Superiore » (2010)

CHIANTI SUPERIORE, MARCHESI ANTINORI, ITALIE

17 $ — **SAQ C** 11315411 — ★★★ $$ — **Corsé**

Ce toscan, dont les millésimes 2008 et 2009 (commentés dans les précédentes *Sélection*) ont été d'avantageuses réussites, comme presque l'ensemble des vins signés Antinori, signe son tour du chapeau avec ce troisième « but » réussi avec brio. Il se montre à nouveau une référence pour le prix demandé, confirmant son statut de cru « à acheter bon an mal an les yeux fermés ». C'est le grand frère du Santa Cristina d'appellation Chianti (aussi commenté) – ici, soit dit en passant, l'appellation est Chianti Superiore. Il en résulte un rouge toujours aussi aromatique et détaillé, à la bouche gorgée de saveurs et aux tanins dodus, lui procurant une texture ronde d'une assez bonne épaisseur veloutée pour le rang, laissant apparaître des tonalités de framboise, de mûre et violette, sur un arrière-plan torréfié. Du sérieux, qui ne se prend pas au sérieux ! Donc, un incontournable à suivre au cours des prochaines années. **Cépages :** 95 % sangiovese, 5 % merlot. **Alc./**13 %. **antinori.it**

Servir dans les six années suivant le millésime, à 17 °C

Bonbons de framboises et algue nori (***), sablés au parmesan et au café (***), cubes de bœuf en sauce (***), feuilles de vigne farcies_Mc²: riz sauvage soufflé, bacon de sanglier, sirop de riz brun/café (**), pâté chinois revu et magnifié « pour vin rouge » (***), mozzarella gratinée « comme une pizza » et sel au clou de girofle (***), lapin à la toscane (*), osso buco, carré de porc aux tomates séchées ou fettucine all'amatriciana « à ma façon » (*).

Château Cailleteau Bergeron « Élevé en fûts de chêne » (2009) — J'aime

PREMIÈRES-CÔTES-DE-BLAYE, DARTIER ET FILS, FRANCE

17,15 $ | **SAQ S*** 919373 | ★★★ $$ | **Corsé**

Impossible de créer ce top 500 des vins « à acheter bon an mal an les yeux fermés » sans y inclure les vins de ce château – j'ai bien écrit « les » vins, car chaque cuvée mérite votre attention. À commencer par cette cuvée « Fûts de chêne », où, étonnamment, le boisé se montre mieux intégré dans cette cuvée « Élevé en fûts de chêne » que dans la cuvée **Tradition 2009 (15,60 $; 10388601)**, qui, elle, se montre plus torréfiée et épicée, mais aussi détendue et plus qu'abordable. Donc, une cuvée « Fûts de chêne » fortement colorée, au nez concentré pour le rang, marqué par le cassis, la mûre et la violette, à la bouche plus ramassée, plus dense et plus compacte que la cuvée Tradition. Prise tannique plus ferme, sans trop, et saveurs longues. Du beau jus pour le prix. Conseil, à chaque nouveau millésime, dégustez la cuvée Tradition dès son arrivée, pendant que celle-ci fait ses classes de un à trois ans dans votre cellier... Enfin, complétez le « threesome » avec le très expressif, anisé et satiné **Château Cailleteau Bergeron Blanc (14,85 $; 10863281)**. **Cépages:** 80 % merlot, 10 % cabernet sauvignon, 10 % malbec. **Alc./**14 %. **cailleteau-bergeron.com**

Servir dans les six années suivant le millésime, à 17 °C et oxygéné en carafe 30 minutes

Filet de porc au café noir (voir Filets de bœuf au café noir) (*), rôti de palette « comme un chili de Cincinnati » (***) ou sandwich de canard confit et nigelle (voir recette sur **papillesetmolecules.com**).

Château Rouquette sur Mer « Cuvée Amarante » (2011) — J'aime

COTEAUX-DU-LANGUEDOC LA CLAPE, JACQUES BOSCARY, FRANCE

17,20 $ | **SAQ S*** 713263 | ★★★ $$ | **Modéré+** | **Bio**

Coup de cœur millésime après millésime, donc salué à plusieurs reprises dans *La Sélection Chartier* – et classé n° 1 dans le « top 100 Chartier » de l'édition 16e anniversaire –, ce cru languedocien est, comme je vous l'écris depuis quelques années, l'une des meilleures affaires du Midi. Aussi engageant et harmonieux que dans les précédents millésimes, il occupe, dans cette ultime *Sélection*, une place de choix parmi les 500 vins « à acheter bon an mal an les yeux fermés ». D'une grande pureté et richesse aromatiques, le nez laisse parler haut et fort la syrah, qui domine comme toujours l'assemblage, du moins au nez, par sa présence aromatique (olive noire, fumé, cassis). La bouche suit avec la même ampleur et chair que par le passé, aux tanins mûrs et enrobés, encore plus veloutée qu'en 2010, aux saveurs débordantes, sans trop, rappelant les fruits noirs, ainsi que la garrigue et les épices douces. Comme toujours, une leçon d'harmonie qui évoluera en beauté, même si vous risquez de le boire dans l'année qui vient! Le vignoble de ce château, un amphithéâtre face à la mer, plein sud, est situé dans un site d'exception, à l'extrémité sud-est du massif de La Clape, et la vigne y est cultivée sur des sols argilo-calcaires et de terres rouges, recouverts de calcaire concassé. **Cépages:** mourvèdre, syrah. **Alc./**14%. **chateaurouquette.com**

Servir dans les six années suivant le millésime, à 17 °C et oxygéné en carafe 5 minutes

Légumes d'automne rôtis au four pour syrah/shiraz (***), chips au «sable» d'olives noires et poivre (***), brochettes d'agneau aux olives noires «sur brochettes imbibées d'une eau parfumée au thym» (***), «feuilles de vigne farcies_Mc²»: riz sauvage soufflé, bacon de sanglier, sirop de riz brun/café» (**) ou burger d'agneau à la «pommade d'olives noires à l'eau de poivre» (***).

Pozuelo Reserva (2008)

J'aime

YECLA, BODEGAS CASTAÑO, ESPAGNE

17,35 $	**SAQ S**	725150	★★★ $$	**Corsé**

Assurément à ranger, bon an mal an, parmi le top 20 des meilleurs rapports qualité-prix chez les rouges d'Espagne, aux côtés de son petit frère, le très abordable et gourmand **Monastrell Castaño 2011 (12,10 $; 10946334)**. Vous y découvrirez, millésime après millésime, comme c'est le cas pour ce délectable 2011, un rouge coloré, richement aromatique, surtout après un bon coup de carafe d'une quinzaine de minutes, exhalant des notes de fruits rouges à l'eau-de-vie, d'épices et de cacao, à la bouche à la fois dense et serrée, pleine et d'une grande ampleur pour son rang, aux persistantes saveurs torréfiées. Je vous le redis, les vins de cépage monastrell engendrent actuellement une pléiade d'aubaines. **Cépages:** monastrell, cabernet sauvignon, merlot, syrah. **Alc./**14%. **bodegascastano.com**

Servir dans les huit années suivant le millésime, à 17 °C et oxygéné en carafe 15 minutes

Rôti de palette «comme un chili de Cincinnati» (***), feuilles de vigne farcies_Mc²: riz sauvage soufflé, bacon de sanglier, sirop de riz brun/café (**), filet de porc au café noir (voir Filets de bœuf au café noir) (*), foie de veau à la vénitienne et polenta crémeuse au parmigiano (*) ou joues de bœuf au vin rouge liées au chocolat (***).

Gotim Bru (2009)

COSTERS DEL SEGRE, CASTELL DEL REMEI, ESPAGNE

17,45 $	**SAQ S***	643858	★★★ $$	**Corsé**

Les amateurs de crus espagnols à l'allure Nouveau Monde, c'est-à-dire gorgés de saveurs ultra-mûres et au boisé appuyé, seront en terrain connu avec ce rouge au fruité dominant, à la matière presque dense, aux tanins tissés serrés, mais aussi presque gras, et aux saveurs extraverties et très longues, jouant dans la sphère aromatique de la vanille, de la prune, du café et du girofle. Le meilleur des deux mondes, parce que doté à la fois de l'ampleur veloutée des crus du Nouveau Monde et de la trame tannique plus ferme des vins de la vieille Europe. Enfin, comme la cannelle, l'anis étoilé, le poivre, le basilic, le thé noir fumé et le clou de girofle sont à ranger parmi les aliments complémentaires à la prune, l'une de ses signatures aromatiques, tout comme le café et le cacao, sélectionnez des recettes où ces aliments dominent. **Cépages:** tempranillo, grenache, merlot, cabernet sauvignon. **Alc./**13,5 %. **castelldelremei.com**

Servir dans les six années suivant le millésime, à 17 °C et oxygéné en carafe 30 minutes

Braisé de bœuf à l'anis étoilé « façon À la di Stasio », brochettes de bambou imbibées à l'anis étoilé « pour cubes de bœuf » (***), filets de bœuf au café noir (*) ou asperges vertes rôties, enrobées de chocolat noir infusé au thé fumé Zheng Shan Xiao Zhong, fleur de sel au café (**).

La Madura Classic (2008) J'aime

SAINT-CHINIAN, NADIA ET CYRIL BOURGNE, FRANCE

17,45 $	**SAQ S***	10682615	★★★	$$	**Modéré+**

Assemblage méridional aux subtils mais complexes parfums, même débordant de fruits mûrs, jouant dans l'univers de la fumée, de la framboise et de la violette, à la bouche qui suit avec des tanins toujours aussi soyeux, pour ne pas dire dodus (!), à l'acidité juste dosée et fraîche, à la texture quasi veloutée, et aux saveurs d'une allonge qui étonne, laissant des traces de thym, de cacao et de poivre. Voilà un classique en son genre, d'une régularité à toute épreuve depuis de nombreux millésimes, et offert à un prix plus qu'invitant. Il faut savoir que son propriétaire, Cyril Bourgne, a participé à la renaissance du grandissime Château Fieuzal, dans les Graves à Bordeaux, avant de s'installer dans le Languedoc en 1998. Ceci explique cela. C'est aussi ça, les vins à « acheter les yeux fermés » ! **Cépages:** 39 % carignan, 30 % grenache, 16 % mourvèdre, 15 % syrah. **Alc./**13,5 %. **lamadura.com**

Servir dans les sept années suivant le millésime, à 17 °C et oxygéné en carafe 15 minutes

Légumes d'automne rôtis au four pour syrah/shiraz (***), frites au four assaisonnées à l'estragon « pour amateur de vin rouge » (***), lapin au vin rouge « sans vin rouge » (***), sushis Mc² « pour amateur de vin rouge » (voir recette sur papilleset molecules.com), hamburgers d'agneau aux poivrons rouges confits et au paprika ou bœuf braisé au jus de carotte.

17-XI (2009)

MONTSANT, BUIL & GINÉ, ESPAGNE

17,55 $	**SAQ S**	11377090	★★★	$$	**Modéré+**

Tous les vins de Buil & Giné disponibles au Québec depuis quelques années ont été salués dans les précédentes éditions de ce guide pour leur excellent rapport qualité-prix et leur régularité. Et ce petit dernier, commenté pour la première fois dans la précédente *Sélection* dans son millésime 2007, mérite de figurer dans cette ultime édition, qui vous accompagnera au fil des prochaines années. Ce montsant, appellation qui ceinture celle plus prestigieuse de Priorat, se montre très floral et débordant de fruits rouges et de fraîcheur, sans aucune tonalité boisée apparente. Donc, un rouge plaisir immédiat, expressif, ample et coulant à la fois, aux tanins tout aussi soyeux et au corps modéré. Rares sont les rouges aussi festifs et frais dans cet îlot de chaleur qu'est cette appellation de Catalogne. Autant en profiter pour vos soirées de charcuteries! **Cépages:** garnacha, cariñena, tempranillo. **Alc./**14,5%. **builgine.com**

Servir dans les six années suivant le millésime, à 16 °C

Plateau de charcuteries, harira marocaine au thym (***), tourtière classique à la cannelle et clou de girofle (***), pâté chinois revu et magnifié «pour vin rouge» (***) ou pesto de tomates séchées (***) pour pâtes.

Badiola (2010)

TOSCANA, MARCHESI MAZZEI, ITALIE

17,55$	**SAQ C**	897553	★★☆?☆	**$$**	**Modéré+**

Il y a plus d'une décennie que Badiola se montre engageant et plus que convaincant pour son prix. Il faut dire que millésime après millésime, Mazzei présente une série de rouges des plus irrésistibles, chacun dans sa gamme à prix variés. Il suffit de se laisser prendre au jeu par ce Badiola au nez enchanteur, c'est sa signature, d'une certaine richesse, exhalant des notes de fleurs, de café et de prune, à la bouche quasi juteuse, comme toujours, presque ronde, souple, non sans tonus, et gourmande, tout en possédant un beau grain de tanins et des saveurs persistantes. Mériterait de figurer dans ce top 500 des vins «à acheter bon an mal an les yeux fermés». **Cépages:** sangiovese, merlot. **Alc./**13%. **mazzei.it**

Servir dans les cinq années suivant le millésime, à 17 °C

Soupe de betteraves rouges au clou de girofle et au fromage à la crème (***), harira marocaine en mode anisé (***), brochettes de bœuf au café noir (voir Filets de bœuf au café noir) (*), rôti de porc aux «épices à steak réinventées pour donner de la longueur aux vins» (***) ou tourtière classique à la cannelle et clou de girofle (***).

El Bonhomme (2010) — J'aime

VALENCIA, NATHALIE BONHOMME, ESPAGNE

17,55$	**SAQ S**	11157185	★★★	**$$**	**Corsé**

Ce vin fait son entrée pour la première fois dans *La Sélection* et mérite d'apparaître dans ma liste de vins «à acheter les yeux fermés» tant la qualité des deux premiers millésimes de ce nouveau cru est inspirante pour son rang. Il provient d'un projet d'une Québécoise, Nathalie Bonhomme (d'où le nom sympathique de ce rouge), expatriée en Espagne depuis quelques années, qui est consultante pour de nombreux domaines viticoles, effectuant le lien entre ces derniers et les agences d'exportation québécoises. Il en résulte un assemblage coloré, très aromatique, à la fois très fin et passablement riche, au fruité pur et précis, au boisé présent, sans excès ni notes torréfiées, à la bouche à la fois ample et compacte, presque ronde et ramassée, aux tanins certes serrés, mais avec un certain moelleux, et aux saveurs persistantes, laissant des traces de fruits noirs, d'épices douces et de café. À l'aveugle, j'hésitais entre le bordelais et l'Espagne… ce que les deux cépages qui le composent soulignent☺. **Cépages:** 50% monastrell, 50% cabernet sauvignon. **Alc./**14%.

Servir dans les six années suivant le millésime, à 17°C et oxygéné fortement en carafe 15 minutes

Salade de riz sauvage aux champignons (***), brochettes d'agneau et champignons café «sur brochettes imbibées d'une eau parfumée au thym» (***), légumes d'automne rôtis au four pour vins boisés (***) ou croûtons de brioche, bœuf grillé mariné au poivre long et purée de poivrons rouges rôtis au sésame grillé (voir recette sur **papillesetmolecules.com**

Château Peyros «Vieilles Vignes» (2008)

J'aime

MADIRAN, CHÂTEAU PEYROS, FRANCE

17,60$	**SAQ S**☆	488742	★★★ **$**$	**Corsé**

Coup de cœur de *La Sélection* à de nombreuses reprises au fil des dix-sept ans de publication de ce guide, ce madiran poursuit sur sa lancée avec un nouveau millésime, dégusté en primeur en août 2012, d'un échantillon du domaine, toujours aussi entreprenant et substantiel pour le prix demandé. Vous y dénicherez un rouge dense, ramassé, plein et gorgé de saveurs, aux tonalités de cassis, de prune, de café et de graphite. Je vous l'ai écrit depuis plusieurs années, assurément une cuvée à compter parmi les références les plus régulières, bon an mal an, chez les madirans offerts sous la barre des vingt dollars. **Cépages:** 80% tannat, 20% cabernet franc. **Alc./**13,5%. **vignobles-lesgourgues.com**

Servir dans les huit années suivant le millésime, à 18°C et oxygéné en carafe 15 minutes

Salade de riz sauvage aux champignons (***), goulash de bœuf parfumé au girofle et sésame grillé (***), filets de bœuf au café noir (*) ou filets de bœuf et lanières de poivrons verts et rouges légèrement confits.

El Castro de Valtuille «Mencia Joven» (2009)

J'aime

BIERZO, BODEGA Y VIÑEDOS CASTRO VENTOSA, RAÚL PÉREZ, ESPAGNE

17,60$	**SAQ S**	11668145	★★★ **$**$	**Modéré+**

Difficile d'être plus poivré et débordant de fruits rouges que cet éclatant bierzo, à l'allure d'une syrah rhodanienne, tout en fruit, en fraîcheur et en plaisir à boire jusqu'à plus soif. Il faut savoir que la cuvée régulière de ce domaine de pointe a été une révélation dans les précédentes *Sélection Chartier*, ce qui explique la présence de ce nouveau venu au Québec dans cette liste des vins «à acheter bon an mal an les yeux fermés». La qualité des vins issus de cette propriété la positionne dans le sommet des références de l'appellation avec les vins de Descendientes de J. Palacios et des Bodegas Estefania. **Cépage:** mencia. **Alc./**14%. **castroventosa.com**

Servir dans les sept années suivant le millésime, à 17 °C

Chips au « sable » d'olives noires et poivre (***), pâtes aux olives noires (*), brochettes de bambou imbibées au thym « pour grillades d'agneau » (***) ou burger d'agneau à la « pommade d'olives noires à l'eau de poivre » (***).

Raisins Gaulois (2011)

J'aime

VIN DE FRANCE, MARCEL LAPIERRE, FRANCE

17,65 $	**SAQ S** 11459976	★★☆ $$	**Léger+**	**Bio**

« LE » vin de soif par excellence ! Du fruit à revendre, mais en toute fraîcheur, sans surmaturité inutile. Une vraie soie, aux saveurs fines et pures, digestes au possible. Cerise et pivoine signent le bouquet. Que demander de plus? Ah oui, l'étiquette est un régal pour les yeux ☺. Élaboré par Mathieu Lapierre, fils de feu Marcel Lapierre, qui « était » LA figure légendaire des vins dits « nature » du Beaujolais. **Cépage :** gamay. **Alc./**12 %. **marcel-lapierre.com**

Servir dans les trois années suivant le millésime, à 15 °C

Endives braisées aux cerises et au kirsch (***), salade de framboises à l'eau de rose et julienne d'algue nori (voir recette sur **papillesetmolecules.com**), salade de foie de volaille au vinaigre de framboise, salade de poivrons grillés et pommes de terre (***) ou salade grecque « en cake salé » (***).

Cuvée des Fées (2009)

SAINT-CHINIAN, LAURENT MIQUEL, FRANCE

17,70 $	**SAQ S** 895995	★★★ $$	**Corsé**

Cette cuvée, à base de vieilles vignes de syrah, se montre, comme toujours, fort avantageuse pour le prix demandé. Plusieurs millésimes ont déjà été soulignés dans les précédentes *Sélection Chartier*. Tout y est. Couleur soutenue. Nez aromatique, passablement riche et profond, sans boisé inutile. Bouche presque dense, pleine et large, mais avec fraîcheur et dotée d'une bonne prise tannique, aux tanins fins et mûrs. La finale est persistante et laisse des traces de cassis, de mûre et de violette. Difficile de ne pas succomber au charme et à la complexité de cette cuvée de l'un des domaines de pointe de cette appellation languedocienne. Amusez-vous en cuisine à lui concocter des plats où trônent, entre autres, la framboise, l'algue nori, le poivre, l'olive noire, le thym, l'ajowan, l'anis étoilé ou l'agneau, tous sur la même piste aromatique que les parfums de mûre et de violette de la syrah. **Cépage :** syrah. **Alc./**13 %. **laurent-miquel.com**

Servir dans les six années suivant le millésime, à 17 °C et oxygéné en carafe 15 minutes

Crème de rutabaga à l'anis étoilé (***), pâtes aux olives noires (***), harira marocaine au thym (***), cuisses de poulet braisées au vin rouge pour syrah/shiraz (***), sushis en bonbons de purée de framboises (***) ou tartinade de « pommade d'olives noires à l'eau de poivre » (***).

Expression (2009) J'aime

CHINON, A. & P. LORIEUX, FRANCE

17,70$	**SAQ S** 873257	★★★ $$	**Modéré+**

J'adore! Cela dit, notez que ce cabernet franc a déjà reçu des coups de cœur à quelques reprises dans les éditions de *La Sélection Chartier*, les frangins Lorieux récidivant millésime après millésime avec un chinon au charme immédiat et à la fraîcheur digeste au possible. Et en 2009 il se trouve encore plus gorgé de fruits rouges, de fleurs et de plaisir à boire, texturé comme jamais. Comme à son habitude, la bouche est d'une texture soyeuse, mais avec un grain de tanins fins, au corps à la fois longiligne et ample, aux saveurs expressives et longues, laissant des traces de mûre, de framboise et de violette. **Cépage:** cabernet franc. **Alc./**13%. **lorieux.fr**

Servir dans les six années suivant le millésime, à 16°C

Salade de poivrons grillés et pommes de terre (***), brochettes de poulet et de poivrons rouges accompagnées d'asperges vertes rôties au four à l'huile d'olive, tarte de pommes de terre au Saint-Nectaire et figues fraîches (***), röstis de pommes de terre (***) ou figues confites au thé Pu-erh, chantilly de fromage Saint-Nectaire (**).

Les Cranilles (2011) J'aime

CÔTES-DU-RHÔNE, LES VINS DE VIENNE, FRANCE

17,85$	**SAQ S*** 722991	★★★ $$	**Corsé**

Une fois de plus, cette cuvée se montre comme une vraie petite bombe de plaisir, débordant de parfums et de saveurs généreuses (confiture de framboises, poivre, girofle, olive noire). La bouche se montre quant à elle ample et généreuse, sans être trop solaire, pleine, presque joufflue, aux tanins souples et à l'acidité discrète, laissant place à de la texture. Harmonie et saveurs festives sont au rendez-vous de cette réussite. Il faut savoir qu'elle est élaborée avec doigté par le désormais réputé trio que forment Yves Cuilleron, François Villard et Pierre Gaillard. Sérieux, sans se prendre la tête ☺. **Cépages:** 50% syrah, 50% grenache. **Alc./**13,5%. **vinsdevienne.com**

Servir dans les cinq années suivant le millésime, à 17°C

Salade de tomates, bocconcini, basilic thaï et vinaigrette au clou de girofle (***) sandwich vietnamien Banh-mi au porc pour syrah (***), burger d'agneau à la «pommade d'olives noires à l'eau de poivre» (***) ou sauté de bœuf au gingembre et betteraves rouges sautées à la poêle à l'émulsion «Mister Maillard» (voir «Mister Maillard» sur **papillesetmolecules.com**).

Costera Argiolas (2009) J'aime

CANNONAU DI SARDEGNA, CANTINA ARGIOLAS, ITALIE

17,90$	**SAQ S** 972380	★★★ $$	**Corsé**

De la même maison qui élabore l'excellent rapport qualité-prix **Perdera (14,20$; 424291)**, ce Costera, à base de cannonau (le nom sarde du grenache noir), est devenu depuis plusieurs millésimes un incontournable chez les italiens du sud. Dégusté et commenté en primeur dans la précédente *Sélection*, ce 2009 s'exprime par des notes passablement riches de prune, de mûre, de cacao, de café et de violette, mais ayant besoin d'un bon gros coup de carafe agitée pour laisser les arômes s'exprimer à leur mieux. La bouche quant à elle se montre gorgée de fruits, ample, charnue, presque généreuse, sans trop, aux tanins présents, mais sans être fermes, et aux saveurs longues, où s'ajoutent des touches de café et de noisette. Meilleur que jamais, je dirais même une vraie petite bombe de plaisir! **Cépages:** 90% cannonau (grenache noir), 5% carignano (carignan), 5% muristello. **Alc./**14%. **argiolas.it**

Servir dans les six années suivant le millésime, à 17 °C et oxygéné fortement en carafe 30 minutes

Côtes levées de porc au thé noir fumé, caramel de miel de sarrasin et sauce soya (***), flanc de porc «façon bacon» fumé au bois de pommier, mélasse, sauce soya, rhum et clou de girofle (**), «on a rendu le pâté chinois» (**), purée_Mc² pour amateur de vin au céleri-rave et clou de girofle (voir recette sur **papillesetmolecules.com**) ou brochettes de bœuf au café noir (voir Filets de bœuf au café noir) (*).

Syrah Baglio di Pianetto (2009) **J'aime**

SICILIA, BAGLIO DI PIANETTO, ITALIE

17,90$ **SAQ S** 10960734 ★★★ $$ **Corsé**

Cette syrah, au style Nouveau Monde et d'un domaine de référence, se montre plus que jamais à la fois explosive et mûre, éclatante et fraîche, fait rarissime sous le climat caniculaire de la Sicile. Fruité débordant, tanins gras, acidité juste dosée, corps voluptueux. Vraiment une syrah à suivre bon an mal an. Il faut savoir que cette véritable aubaine sicilienne est élaborée avec les conseils de Fausta Maculan, célèbre viticulteur de Vénétie. **Cépage:** syrah. **Alc./**14%. **bagliodipianetto.com**

Servir dans les sept années suivant le millésime, à 17 °C et oxygéné en carafe 15 minutes

Pâtes aux olives noires/genièvre/thym/shiitakes (***) ou sushis_Mc² «pour amateur de vin rouge» (voir recette sur **papillesetmolecules.com**).

Le Combal (2007) **J'aime**

CAHORS, COSSE MAISONNEUVE, FRANCE

17,95$ **SAQ S**☆ 10675001 ★★★ $$ **Corsé** **Bio**

Comme à son habitude, depuis son introduction au Québec il n'y a de ça que quelques millésimes, ce cahors est aromatique et concentré pour son rang, un brin pris dans un bloc aromatique – ce qu'un gros bon coup de carafe délie avec brio –, mais avec race et élégance, à la bouche à la fois pleine, dense, sans trop, tannique et presque texturée, aux saveurs persistantes, rappelant le bleuet, la mûre et la violette. Et, bonne nouvelle, pas de boisé à l'horizon, ce qui est trop souvent le cas avec les cahors de l'ère moderne. Élaboré par Matthieu Cosse et Catherine Maisonneuve, qui signent quelques cuvées de haut niveau, dont le plus musclé **La Fage 2008 (22,55$; 10783491)**, et le plus profond et luxueux **Les Laquets 2008 (34$; 10328587)**. **Cépages:** 90% malbec, 7% merlot, 3% tannat. **Alc./**13%.

Servir dans les huit années suivant le millésime, à 17 °C et oxygéné fortement en carafe 15 minutes

Burger d'agneau à la « pommade d'olives noires à l'eau de poivre » (***), brochettes de kefta d'agneau à l'olive noire et poivre (***) ou « purée_Mc² » pour amateur de vin au céleri-rave et clou de girofle (voir recette sur **papillesetmolecules.com**).

Montecillo Crianza (2008)

RIOJA, BODEGAS MONTECILLO, ESPAGNE

17,95 $	**SAQ C**	144493	★★☆?☆	$$	**Modéré+**

Un rioja, salué à quelques reprises dans les dernières éditions de ce guide, au profil on ne peut plus classique « rioja », c'est-à-dire marqué par des tonalités aromatiques torréfiées et vanillées, apportées par l'élevage dans le chêne d'origine américaine, signature typique de la Rioja d'un passé pas si lointain. Donc, un cru qui se montre toujours aussi richement aromatique, pour son rang, aux effluves de café, de prune, de girofle et de vanille, à la bouche pleine et enveloppante, sans trop, aux tanins mûrs, presque gras, mais avec un grain viril de jeunesse, ce qui lui donne du relief. Si ce style vous enchante, alors montez d'une marche en dénichant le plus complexe, substantiel et très torréfié et cacoté **Montecillo Reserva 2006 (21,70 $; 928440)**. **Cépage :** tempranillo. **Alc./**13,5 %. **osborne.es**

Servir dans les six années suivant le millésime, à 17 °C et oxygéné rapidement en carafe 5 minutes

Légumes d'automne rôtis au four pour vins boisés (***), côtes levées de porc au caramel de miel de sarrasin et sauce soya (***), sauté de betteraves rouges à l'émulsion « Mister Maillard » (voir « Mister Maillard » sur **papillesetmolecules.com**), chili de Cincinnati (***) ou steak de saumon au café noir et au cinq-épices chinois (*).

Sedàra (2010)

J'aime ♥

SICILIA, TENUTA DONNAFUGATA, ITALIE

17,95 $	**SAQ S***	10276457	★★★	$$	**Corsé**

Tout comme l'avaient été les 2006, 2007, 2008 et 2009 (commentés dans les *Sélection 2009, 2010, 2011* et *2012*, ce 2010 se montre tout aussi complexe et nourri que dans les précédentes vendanges, spécialement pour un cru sicilien de ce prix. Vous avez compris qu'il est à ranger au sommet de la liste de mes vins à « acheter les yeux fermés » au cours des prochaines années. Fruits noirs et épices s'expriment haut et fort au nez, tandis que la bouche se montre comme à son habitude débordante de saveurs, passablement charnue, tannique, aux tanins de jeune premier, mais sans rudesse, pleine et très longue, égrainant des notes d'olive noire, de café et d'épices. Un « J'AIME ! » bien senti pour ce rouge, devenu au fil des dix-sept ans de *La Sélection Chartier* une des références de la Sicile. Réservez-lui des recettes dominées par les ingrédients complémentaires à la syrah – je sais, il est à base de nero d'avola et non de syrah, mais son profil s'en rapproche tellement... –, comme le sont, entre autres, l'olive noire, le poivre, l'anis étoilé, le thym, le romarin, l'ajowan, le zeste d'orange, l'agneau, le nori et le café. **Cépage :** nero d'avola. **Alc./**13 %. **donnafugata.it**

Servir dans les six années suivant le millésime, à 17 °C

Bruschettas en mode romarin (***), légumes d'automne rôtis au four pour syrah/shiraz (***), pommade d'olives noires à l'eau de poivre (***), gigot d'agneau à l'ail et au romarin ou brochettes d'agneau aux olives noires « sur brochettes imbibées d'une eau parfumée au thym » (***).

Cabernet Maculan (2010) J'aime

VENETO, FAUSTO MACULAN, ITALIE

18 $	**SAQ S** 11028261	★★★ $$	**Modéré+**	

Avec sa délectable cuvée **Brentino 2010 (17,85 $; 10705021)**, qui, elle, est dominée par le merlot, celle-ci à base de cabernet est à ranger parmi « les achats à effectuer bon an mal an les yeux fermés ». Il en résulte donc un autre rouge réussi avec brio pour cette maison vénitienne « top niveau ». Fruits rouges, épices et poivron éclatent comme toujours au nez, où la fraîcheur domine la richesse, tandis que la bouche abonde dans le même sens, c'est-à-dire tout aussi digeste, élégante et épurée, aux tanins extrafins, qui ont du grain, au corps presque détendu pour un cabernet vénitien, et aux saveurs à l'allonge qui impressionne pour son rang. Difficile d'être plus européen d'approche en matière de cabernet. Je vous le redis, à suivre au cours des prochains millésimes, et ce, « les yeux fermés »☺. **Cépages:** 80 % cabernet sauvignon, 20 % cabernet franc. **Alc./**13 %. **maculan.net**

Servir dans les six années suivant le millésime, à 18 °C

Purée de poivrons rouges rôtis à l'huile de sésame grillé (voir recette sur **papillesetmolecules.com**), tourtière classique aux champignons de Paris et copeaux de noix de coco grillés (***), farce de dinde au riz sauvage et champignons (***), brochettes de bœuf et poivrons verts et rouges marinés à l'huile de sésame (***), côtes de veau et purée de pois à la menthe (*) ou lapin aux poivrons verts.

Domaine de Boissan « Cuvée Clémence » (2010)

CÔTES-DU-RHÔNE-VILLAGES SABLET, CHRISTIAN BONFILS, FRANCE

18,05 $	**SAQ S** 712521	★★★ $$	**Corsé**	**Bio**

Après une série de millésimes réussis coup sur coup, dont un 2009 remarquable, ce viticulteur attentionné poursuit son travail avec maestria, magnifiant chaque millésime que dame Nature lui propose. Une fois de plus, tout y est. Grande expressivité aromatique, avec élégance et détail. Invitante fraîcheur. Saveurs qui ont de l'éclat (mûre, cacao, garrigue). Corps ample et charnu. Tanins fermes, au grain d'une finesse exquise. **Cépages:** 50 % grenache, 50 % syrah. **Alc./**14,5 %.

Servir dans les six années suivant le millésime, à 17 °C

Brochettes d'agneau et champignons café « sur brochettes imbibées à l'eau parfumée au thym » (***), harira marocaine au thym (***) ou frites au four assaisonnées au thym « pour amateur de vin rouge » (***).

Château Coupe Roses « Les Plots » (2011)

J'aime

MINERVOIS, FRANÇOISE FRISSANT-LE CALVEZ ET PASCAL FRISSANT, FRANCE

18,10$	**SAQ S***	914275	★★★ $$	**Modéré+**

Aussi disponible en **format 500 ml (13,40$; 11067585)**, fidèle à ses habitudes, ce cru, de l'un des domaines phare de l'appellation, se montre comme toujours solaire à souhait, passablement dense et un brin ramassé, avec une certaine grippe, mais avec plus de velouté qu'en 2010, aux saveurs qui ont de l'éclat, rappelant la fraise, le poivre, la lavande, l'olive noire et le cassis, avec une touche subtilement épicée. Il faut savoir que cette cuvée Les Plots s'est taillé une belle réputation au Québec au fil des dix-sept ans de *La Sélection*, méritant ainsi haut la main une place de choix dans cette ultime *Sélection*, parmi les 500 vins « à acheter bon an mal an les yeux fermés ». Donc, une référence que vous pourrez assurément côtoyer au cours des prochains millésimes. **Cépages:** 60 % syrah, 25 % grenache, 15 % carignan. **Alc.**/13,5 %. **coupe-roses.com**

Servir dans les six années suivant le millésime, à 18 °C et oxygéné en carafe 5 minutes

Feuilles de vigne farcies_Mc²: riz sauvage soufflé, bacon de sanglier, sirop de riz brun/café » (**), pétoncles poêlés, couscous de noix du Brésil à l'orange sanguine, lait de coco au gingembre (**), brochettes de kefta d'agneau au gingembre (***) ou carré d'agneau farci à la « pommade d'olives noires à l'eau de poivre » (***).

Gran Sangre de Toro Reserva (2008)

CATALUNYA, MIGUEL TORRES, ESPAGNE

18,20$	**SAQ S**	928184	★★☆?☆ $$	**Modéré+**

Ce cru se montre pour une ixième fois toujours aussi festif, ample, dodu et presque juteux, mais avec une certaine prise tannique et une fraîcheur qui le rend digeste au possible pour le style, même s'il se montre généreux. Fruité confit et épicé, au boisé juste et aromatique à souhait, au profil on ne peut plus marqué par les lactones (noix de coco, érable), aux tanins gras et ronds, avec une certaine prise juvénile ainsi qu'aux saveurs longues. Que demander de plus? **Cépages:** 60 % garnacha, 25 % cariñena, 15 % syrah. **Alc.**/14 %. **torres.es**

Servir dans les sept années suivant le millésime, à 17 °C et oxygéné en carafe 5 minutes

Pétoncles poêlés, couscous de noix du Brésil à l'orange sanguine, lait de coco au gingembre (**), *pulled pork* à la noix de coco et au Spiced Rhum El Dorado (***) ou rôti de porc farci aux abricots (***).

Les Sorcières du Clos des Fées (2010)

CÔTES-DU-ROUSSILLON, HERVÉ BIZEUL & ASSOCIÉS, FRANCE

18,20$	**SAQ S**	11016016	★★★ $$	**Modéré+**

Cette cuvée de base d'Hervé Bizeul, ex-sommelier devenu l'une des figures de proue de cette appellation, se montre depuis plusieurs millésimes l'une des valeurs sûres du Roussillon chez les crus offerts sous la barre des vingt-cinq dollars. Vous y retrouverez comme d'habitude un rouge d'un charme immédiat, au fruité éclatant et très frais, aux tanins fins, à l'acidité fraîche, toujours aussi juste dosée, et aux saveurs longues, laissant des traces de fraise et de framboise, avec un arrière-plan rappelant subtilement le poivre. Du plaisir à boire jusqu'à plus soif. **Cépages:** 50% syrah (jeunes vignes), 50% grenache et carignan (vieilles vignes de 40 à 80 ans). **Alc./**14,5%. **closdesfees.com**

Servir dans les six années suivant le millésime, à 16 °C et oxygéné fortement en carafe 15 minutes

Feuilleté aux olives noires (***), légumes d'automne rôtis au four pour syrah/shiraz (***), sandwich vietnamien Bank-mi au porc pour syrah (***), bœuf braisé au jus de carotte ou lasagne aux saucisses italiennes épicées.

Vignes des Crès Ricards (2011)

TERRASSES DU LARZAC, LES DOMAINES PAUL MAS, FRANCE

18,20$ **SAQ S** 11573841 ★★☆?☆ **$$** **Corsé**

Dégustée et commentée en primeur dans la précédente *Sélection*, cette nouvelle cuvée des Domaines Paul Mas représente, comme tous les vins signés par cette maison, un judicieux achat «à effectuer les yeux fermés». Elle se montre comme l'année dernière d'un charme aromatique et d'un velouté de texture engageants au possible. Les tanins, enrobés, sont presque gras et fondus, l'acidité discrète et le corps voluptueux, sans être lourd. Cassis, mûre, violette et chêne neuf s'entremêlent dans une longue et fraîche fin de bouche, aux tanins qui ont du grain. Vraiment un bel ajout à la gamme de vins déjà très intéressants signés par cette maison languedocienne. **Cépages:** 50% syrah, 30% grenache, 20% mourvèdre. **Alc./**14%. **paulmas.com**

Servir dans les six années suivant le millésime, à 17 °C

Sushis_Mc^2 «pour amateur de vin rouge» (voir sur **papillesetmolecules.com**), légumes d'automne rôtis au four pour syrah/shiraz (***) ou pâté chinois revu et magnifié «pour vin rouge» (***).

Altesino (2010)

TOSCANA, PALAZZO ALTESI DA ALTESINO, ITALIE

18,25$ **SAQ S** 10969763 ★★★ **$$** **Modéré+**

Un *vino rosso* de Toscane tout en fruit et en chair, pour ne pas dire en rondeur, qui compte parmi mes favoris depuis plusieurs années chez les crus toscans sous la barre des vingt dollars. Tanins toujours aussi habillement gommés, acidité fraîche mais discrète, corps ample et saveurs expressives et persistantes à souhait, laissant des traces de fruits rouges, de café et d'épices douces, sans boisé dominant. Osez un bon gros coup de carafe avant de le déguster, il se montrera plus aromatique au nez. Comme je vous l'ai déjà souligné, du beau jus, comme on dit dans le jargon des dégustateurs. Parfait pour les grillades servies avec une sauce rehaussée de café, d'huile de sésame grillé, de girofle, de quatre-épices ou de miso, tous des ingrédients sur la même tonalité aromatique. **Cépages:** sangiovese, merlot, cabernet sauvignon. **Alc./**14%. **altesino.it**

Servir dans les six années suivant le millésime, à 17 °C et oxygéné fortement en carafe 15 minutes

Caviar d'aubergines rôties au miso (***), brochettes de bœuf au café noir (voir Filets de bœuf au café noir) (*), brochettes de bambou imbibées au clou de girofle « pour grillades de viande rouge » (***) ou brochettes d'agneau aux épices à steak « d'après cuisson » au thé noir fumé et à la vanille (voir Épices à steak « d'après cuisson » au thé noir fumé et à la vanille) (***).

Pittacum (2007)

BIERZO, BODEGAS PITTACUM, ESPAGNE

18,25 $ **SAQ S** 10860881 ★★★ $$ **Corsé+**

Troisième millésime consécutif réussi avec brio pour ce cru du Bierzo, né de vignes de mencia de 50 à 80 ans d'âge, devenu l'un des bons achats à effectuer bon an mal an chez les crus de cette appellation qui a le vent dans les voiles. Il en résulte un rouge au nez plus ramassé et plus profond qu'en 2006 (commenté dans *La Sélection 2011*), à la bouche aussi généreuse et mûre pour l'appellation, mais tout en étant plus compact que dans les précédentes vendanges. Un vin tannique, au boisé neuf appuyé, mais non torréfié, aux saveurs concentrées, rappelant les fruits noirs et la violette, sans l'esprit épicé/girofle des 2005 et 2006. Et la beauté de l'affaire, c'est qu'il a gagné en texture et en définition depuis l'été 2011, date de mon premier contact avec ce 2007. **Cépage :** mencia. **Alc./**14,5 %. **pittacum.com**

Servir dans les huit années suivant le millésime, à 17 °C et oxygéné en carafe 15 minutes

Purée de poivrons rouges rôtis à l'huile de sésame grillé (voir recette sur **papillesetmolecules.com**), poivrons rouges farcis à la viande (***), légumes d'automne rôtis au four pour vins boisés (***), salade de poivrons grillés (***) ou hachis Parmentier de palette comme un chili, purée de rutabaga (***).

Ibéricos Crianza (2009)

RIOJA, MIGUEL TORRES, ESPAGNE

18,30 $ **SAQ C** 11180342 ★★☆?☆ $$ **Modéré+**

Cette nouvelle cuvée du géant Torrès remplace chez les produits courants l'Atrium, le merlot de la maison. Comme la grande majorité des vins signés Torrès méritent le détour, et ce, bon an mal an, cette nouvelle venue méritait de figurer dans cette *Sélection*. Il en résulte un tempranillo passablement compact et concentré pour son rang, au boisé plutôt discret pour l'appellation, aux tanins serrés, mais mûrs et presque gras, au corps dense, sans trop, et aux saveurs longues. Harmonie d'ensemble et distinction pour une cuvée bien fignolée, aux longues saveurs de fruits noirs et de café. **Cépage :** tempranillo. **Alc./**14 %. **ibericoswine.com**

Servir dans les sept années suivant le millésime, à 17 °C et oxygéné en carafe 30 minutes

Sablés au parmesan et au café (***), vinaigrette au miso, à la sauce soya, au gingembre et à l'huile de sésame grillé (***) pour sauté de betteraves rouges, légumes d'automne rôtis au four pour vin boisé (***) ou bœuf grillé et « marinade pour le bœuf au miso » (***).

Le Régal du Loup (2010) J'aime

MINERVOIS, VIGNOBLE DU LOUP BLANC, FRANCE

18,30$	**SAQ S***	10405010	★★★ $$	**Modéré+**	**Bio**

Après avoir débuté avec un sphérique et gourmand 2003, les propriétaires du bistro montréalais *Le Continental*, aussi fondateurs et propriétaires de ce domaine, nous présentent le septième millésime de l'une de leurs quatre cuvées disponibles à la SAQ. Il en résulte un Régal 2010 sur le fruit, encore plus épuré qu'il ne l'était déjà dans les millésimes précédents. Bonne couleur, nez fin, passablement riche pour le style, mais sans esbroufe, ni boisé, ni surmaturité inutiles, suivi d'une bouche à la fois fraîche et expressive, pleine et coulante, aux tanins fins et réglissés, mais tissés serrés, au corps d'une certaine ampleur et aux saveurs longues, rappelant la cerise noire, la mûre et les épices douces. Le travail des vendanges en bio paye. Bravo! Et faites la paire en dégustant la cacaotée et légèrement plus nourrie cuvée **Les Trois P'tits C 2010 (20,90$; 10528239)**. **Cépages:** 50% carignan, 40% grenache, 10% syrah. **Alc.**/14,5%. **vignobleduloupblanc.com**

Servir dans les cinq années suivant le millésime, à 17 °C, et oxygéné en carafe 15 minutes

Brochettes d'agneau et champignons café «sur brochettes imbibées à l'eau parfumée au thym» (***), épices à steak réinventées pour donner de la longueur aux vins (***) ou burger d'agneau à la «pommade d'olives noires à l'eau de poivre» (***).

Château de Fesles «La Chapelle Vieilles Vignes» (2011)

ANJOU, BERNARD GERMAIN, FRANCE

18,35$	**SAQ S***	710442	★★★ $$	**Modéré+**

Il y a plusieurs millésimes déjà que ce cru de cabernet franc m'inspire pour son étoffe et son éclat, tout comme pour son prix plutôt doux. Si vous êtes amateur de chinon, de bourgueil ou de saumur-champigny, alors découvrez ce rouge d'appellation Anjou. Couleur soutenue, nez toujours aussi enchanteur et étonnamment riche et mûr, non sans fraîcheur, complexité aromatique (champignon de Paris, framboise, violette), ampleur, plénitude, tanins fins, avec du grain, corps étoffé et bonne persistance. Tout y est. Je vous le dis depuis quelques années déjà, bon an mal an, cette cuvée de vieilles vignes de cabernet franc est à ranger parmi les meilleurs rapports qualité-prix chez les rouges de la Loire offerts sous la barre des vingt-cinq dollars. De plus, il fait merveille à table avec les recettes dominées par la betterave rouge, le poivron, la framboise, la mûre, la prune, la cerise, la tomate, le thé noir, la carotte cuite, la figue, le fromage Saint-Nectaire et l'algue nori. **Cépage:** cabernet franc. **Alc.**/13%. **fesles.com**

Servir dans les six années suivant le millésime, à 18 °C et oxygéné en carafe 15 minutes

Bonbons de framboise et algue nori (***), ketchup de betteraves rouges (***), croûtons de brioche, bœuf grillé mariné au poivre long et purée de poivrons rouges rôtis au sésame grillé (voir recette sur **papillesetmolecules.com**), fromage Saint-Nectaire accompagné de «confipote de prunes à l'anis étoilé» (voir confipote sur **papillesetmolecules.com**) ou figues confites au thé Pu-erh, chantilly de fromage Saint-Nectaire (**).

Château Revelette (2010) **J'aime**

COTEAUX D'AIX-EN-PROVENCE, PETER FISCHER, FRANCE

18,40$ **SAQ S*** 10259737 ★★★ $$ **Modéré+** **Bio**

Peter Fischer, dont le travail respecte les grands principes de la biodynamie, réussit bon an mal an à faire parler haut et fort ses vignes, ce qui place ses crus dans ma liste d'achat «à effectuer les yeux fermés». Vous y dénicherez à tout coup, comme dans le cas de ce 2010, un rouge d'une grande fraîcheur et d'une pureté unique, au fruité expressif, jouant dans la sphère des fleurs (violette) et des fruits noirs (framboise, mûre), aux tanins extrafins et au corps modelé et ciselé avec son poli habituel, tout en étant jouissif et festif. Sans compter la finale cacaotée! Vous en serez averti ☺. Vous êtes mûr pour gravir quelques marches qualitatives? Alors, laissez-vous prendre par **Le Grand Rouge 2010 (31,50$; 10259745)**, la grande cuvée quatre étoiles du domaine, à base de syrah, grenache, cabernet, qui se montre riche, profonde, intense, dense, racée et poivrée à souhait. **Cépages:** 50% grenache, 30% syrah, 20% cabernet sauvignon. **Alc./**13,5%. **revelette.fr**

Servir dans les six années suivant le millésime, à 17 °C

Salade de poivrons grillés (***), salade de framboises à l'eau de rose et julienne d'algue nori (***), brochettes de bambou imbibées au thym «pour grillades d'agneau» (***), pâte à pizza au clou de girofle pour «amateur de vin rouge» (***) ou frites au four assaisonnées à l'estragon «pour amateur de vin rouge».

Château La Tour de L'Évêque (2008)

CÔTES-DE-PROVENCE, RÉGINE SUMEIRE, FRANCE

18,45$ **SAQ S** 440123 ★★★ $$ **Corsé**

Nez à la fois floral et boisé, marqué par un élevage dans le chêne d'une noblesse certaine, sans aucune note torréfiée. Bouche pleine, ample et texturée, d'un bon volume, aux tanins extra-mûrs et enveloppés dans une gangue moelleuse. Saveurs très longues et percutantes, rappelant la framboise, la violette et la prune. Sera remarquable une fois qu'il aura digéré sa prise boisée, soit à compter de l'automne 2013. Ce qui résume avec brio une fois de plus cet excellent achat, vinifié avec soin par la grande dame de la Provence, qui est aussi celle qui élabore le désormais célèbre Pétale de Rose, rosé «à acheter bon an mal an les yeux fermés». **Cépages:** 84% syrah, 16% cabernet sauvignon. **Alc./**13%. **toureveque.com**

Servir dans les huit années suivant le millésime, à 17 °C et oxygéné en carafe 15 minutes

Brochettes d'agneau aux olives noires «sur brochettes imbibées d'une eau parfumée au thym» (***), sushis_Mc² «pour amateur de vin rouge» (voir recette sur **papillesetmolecules.com**) ou légumes d'automne rôtis au four pour syrah/shiraz (***).

Monte Ducay Gran Reserva (2005)

CARIÑENA, BODEGAS SAN VALERO, ESPAGNE

18,55$ **SAQ S*** 10472888 ★★★ $$ **Corsé**

Nez pulpeux et très expressif, à la fois marqué par un fruité très mûr et par des tonalités torréfiées. Donc, un espagnol au boisé classique, qui prend l'avant-scène, sans tomber dans la caricature, mais demeurant tout de même dans la catégorie «vin boisé chocolaté». Ceux qui aiment ce style adoreront, surtout qu'il se montre complexe, ample et passablement persistant – et qu'il permet d'innombrables harmonies à table avec les aliments complémentaires aux parfums torréfiés de la barrique (aliments grillés, asperge verte rôtie, cacao, café, champignon, girofle, noix de coco, épices, fève tonka, vanille, noix, sésame grillé, scotch, pêche, abricot...). Ceux qui fuient ce style... le fuiront! Quoi qu'il en soit, si vous appréciez les crus hispaniques au boisé torréfié et au corps gourmand, vous serez conquis à nouveau par ce cru d'une régularité sans faille. Je vous rappelle que ce cru provient des mêmes *bodegas* qui élaborent les réputés et plus qu'abordables rouges Castillo de Monseran. **Cépages:** tempranillo, cabernet sauvignon, garnacha. **Alc./**13%. **sanvalero.com**

Servir dans les treize années suivant le millésime, à 17 °C et oxygéné en carafe 15 minutes

Rôti d'épaule de porc au scotch et champignons (***), goulash de bœuf parfumé au girofle et sésame grillé (***), steak de saumon au café noir et au cinq-épices chinois (*), asperges vertes rôties, enrobées de chocolat noir infusé au thé fumé Zheng Shan Xiao Zhong, fleur de sel au café (**) ou magret de canard rôti, graines de sésame et cinq-épices, navets confits au clou de girofle (**).

Syrah Feudo Principi di Butera (2009)

SICILIA, FEUDO PRINCIPI DI BUTERA, ITALIE

18,60$	**SAQ S**	10960161	★★★	$$	**Corsé**

Tout comme le dodu **Merlot (15,80$; 10675554)** de la même maison, cette syrah est l'un des bons achats en provenance de la Sicile. Vous y dénicherez un rouge coloré, très aromatique, développant des parfums passablement riches, rappelant le poivre, la framboise, la violette et la mûre. Donc, on ne peut plus syrah, à la bouche généreuse, aux tanins presque ronds, quasi sensuels, à l'acidité discrète, laissant place à une texture presque veloutée. Assurément plus que jamais une éclatante et séduisante syrah, qui fait fureur à chaque arrivage à la SAQ. **Cépage:** syrah. **Alc./**13%. **feudobutera.it**

Servir dans les cinq années suivant le millésime, à 18 °C et oxygéné en carafe 15 minutes

Légumes d'automne rôtis au four pour syrah/shyraz (***), côtes levées de porc au caramel de miel de sarrasin et sauce soya (***), chips au «sable» d'olives noires et poivre (***), brochettes d'agneau aux olives noires «sur brochettes imbibées d'une eau parfumée au thym» (***) ou burger d'agneau à la «pommade d'olives noires à l'eau de poivre» (***).

Graciano Ijalba (2010) J'aime

RIOJA, VIÑA IJALBA, ESPAGNE

18,65$	**SAQ S***	10360261	★★★	$$	**Corsé**	**Bio**

Il y a déjà quelques millésimes consécutifs que ce cru, à base du singulier et autochtone cépage graciano, reçoit un coup de cœur dans les éditions précédentes de ce guide. Ce qu'il signe et confirme à nouveau avec ce millésime qui se montre plus retenu au nez, mais d'une belle richesse de bouche. Un rouge actuellement passablement boisé, aux tanins mûrs et bien enveloppés, presque gras, au corps d'une certaine densité, longiligne, et aux saveurs qui ont de l'éclat (fruits noirs, café, vanille, noix de coco et clou de girofle). Donc, un millésime plus Nouveau Monde que les précédents, qui, eux, se situent à mi-chemin entre le style solaire des crus australs et le profil plus ramassé des vins européens. Ce vin m'interpelle par sa signature unique. À vous de le suivre au fil des prochains millésimes. **Cépage:** graciano. **Alc./**13,5 %. **ijalba.com**

Servir dans les six années suivant le millésime, à 17 °C et oxygéné en carafe fortement 30 minutes

Pulled pork à la noix de coco et au Spiced Rhum El Dorado (***), feuilles de vigne farcies_Mc²: riz sauvage soufflé, bacon de sanglier, sirop de riz brun/café (**), brochettes de bœuf grillées sur brochettes de bambou imbibées au clou de girofle (voir Brochettes de bambou imbibées au clou de girofle « pour grillades de viande rouge ») (***), légumes d'automne rôtis au four pour vins boisés (***) ou rôti d'épaule de porc au scotch, champignons, noix de coco et huile de noisette (***).

Ramione « Merlot-Nero d'Avola » (2007)

SICILIA, BAGLIO DI PIANETTO, ITALIE

18,65 $ **SAQ S*** 10675693 ★★★?☆ **$$** **Corsé**

Nez enchanteur et passablement riche et frais, suivi d'une bouche tout aussi invitante et saisissante, aux tanins fins, qui ont du grain, à l'acidité juste, au corps plein mais tendu, et aux saveurs très longues, rappelant les fruits rouges et la torréfaction. Coup de cœur des deux précédentes *Sélection*, ce cru, comme tous les autres signés par Baglio di Pianetto, est à ranger parmi les meilleurs rapports qualité-prix siciliens. Il faut savoir que cette référence sicilienne est élaborée avec les conseils de Fausta Maculan, célèbre viticulteur de Vénétie (dont les vins sont des vedettes de *La Sélection*, et ce, depuis la toute première en 1996). Amusez-vous en cuisine avec des plats de viande où la carotte cuite intervient, car cette dernière possède une structure aromatique jumelle de celle de la violette, de la framboise, deux clés aromatiques dénichées dans les saveurs de ce rouge, tout comme des algues nori, ainsi que du café, des champignons et du foie gras. **Cépages:** 50 % nero d'avola, 50 % merlot. **Alc./**14 %. **bagliodipianetto.com**

Servir dans les huit années suivant le millésime, à 17 °C et oxygéné fortement en carafe 15 minutes

Légumes d'automne rôtis au four pour vins boisés (***), lapin au vin rouge « sans vin rouge » (***), burger de bœuf au foie gras et champignons, côte de veau rôtie aux morilles ou côte de veau rôtie et jus au café expresso (voir Carré d'agneau et jus au café expresso) (*).

La Montesa (2009) J'aime

RIOJA, BODEGAS PALACIOS REMONDO, ESPAGNE

18,65 $ **SAQ S*** 10556993 ★★★☆ **$$** **Corsé**

Vendange après vendange, ce cru, comme tous les vins signés par Álvaro Palacios, ne cesse de gagner en définition et en éclat de fruits. Pour preuve, ce millésime plus explosif que jamais, et aussi plus complexe et racé. Tout y est. Profondeur, pureté, intensité, texture, tanins suaves et sensuels et saveurs d'une grande allonge, laissant des notes de girofle, de cerise noire, de groseille, de zeste d'orange, de vanille et de café. Un vin coloré, d'une grande palette aromatique, après un séjour en carafe, jouant aussi dans la sphère du poivre et de la garrigue, mais avec retenue et élégance. La matière est à la fois ramassée et crémeuse, dense et fraîche, comme toujours. Ayant en plus été coup de cœur de ce guide dans quelques millésimes, il méritait donc amplement sa place parmi les crus à « acheter les yeux fermés », et ce, bon an mal an. La beauté de l'affaire, c'est qu'il est maintenant disponible en produit courant, dans l'ensemble du réseau des succursales de la SAQ, à longueur d'année☺. À table, cuisinez-lui des plats autour de l'asperge rôtie, du girofle, du poivre, de la fraise, du porc, de l'anguille fumée, du poivron rouge rôti, de l'huile de sésame grillé, du navet, du basilic thaï, du scotch et de la noix de coco. **Cépages:** 45 % grenache, 40 % tempranillo, 15 % graciano et mazuelo. **Alc./**14 %.

Servir dans les huit années suivant le millésime, à 17 °C et oxygéné en carafe 30 minutes

Tourtière de la Beauce et betteraves sautées à l'émulsion « Mister Maillard » (voir recette de l'émulsion « Mister Maillard » sur **papillesetmolecules.com**), thon rouge mi-cuit au poivre et risotto au jus de betterave parfumé aux clous de girofle ou flanc de porc « façon bacon » fumé au bois de pommier, mélasse, sauce soya, rhum et clou de girofle (**), navets blancs confits au clou de girofle (voir recette sur **papillesetmolecules.com**), pâte concentrée de poivrons rouges rôtis à l'huile de sésame grillé (voir recette sur **papillesetmolecules.com**) ou flanc de porc braisé/fumé, purée d'oignons doux au soya, anguille fumée et concentré de cassis (voir recette sur **papillesetmolecules.com**).

Causse Marines « Peyrouzelles » (2010)

J'aime

GAILLAC, DOMAINE CAUSSE MARINES, FRANCE

18,80 $ **SAQ S** 709931 ★★☆?☆ $$ **Modéré+**

Il y a déjà plusieurs millésimes consécutifs que ce rouge singulier se montre enjôleur et raffiné, épuré de tout artifice. Il faut dire que l'inspiré et inspirant Patrice Lescaret sait faire. Grande digestibilité, comme toujours. Saveurs plus fraîches que jamais, s'exprimant par des tonalités de fruits rouges, de poivre et d'olive noire. Tanins extrafins, avec un certain grain juvénile. Acidité rafraîchissante – sols calcaires du causse oblige – et, bien sûr, plaisir à boire jusqu'à plus soif. **Cépages:** syrah, braucol, duras, alicante, jurançon noir, prunelard. **Alc./**12,5 %. **causse-marines.com**

Servir dans les cinq années suivant le millésime, à 17 °C

Pommade d'olives noires à l'eau de poivre (***) pour bruschettas ou burgers, brochettes d'agneau aux olives noires « sur brochettes imbibées d'une eau parfumée au thym » (***) ou pâtes aux olives noires (*).

Ijalba Reserva (2007)

RIOJA, VIÑA IJALBA, ESPAGNE

18,80$ **SAQ S*** 478743 ★★★ $$ **Modéré+** **Bio**

Il y a plus de dix ans déjà que ce passablement concentré et ramassé rioja, dominé par une puissante note poivrée, supportée en contrepoint par des touches torréfiées de vanille, de cacao et de café, se montre au sommet de sa forme, et ce, à chaque millésime mis en marché au Québec. Ce qui m'inspire, c'est qu'en bouche il se montre aussi d'une fraîcheur unique pour ce style de cru, ainsi qu'aux tanins ciselés, de grains très fins, au corps modéré et aux saveurs longues et passablement torréfiées comme souvent le sont les jeunes tempranillos de cette région. Beau et civilisé, presque digeste. À table, des côtelettes et des tranches d'épaule d'agneau grillées au poivre noir font le travail avec brio, pour avoir essayé la chose sur plusieurs millésimes, surtout si elles sont escortées d'asperges vertes rôties au four à l'huile d'olive. Ici, pour que la synergie aromatique opère avec la structure du vin, il importe que les asperges vertes soient très torréfiées, donc fortement colorées par la cuisson. **Cépages:** 80% tempranillo, 20% graciano. **Alc./**13,5%. **ijalba.com**

Servir dans les sept années suivant le millésime, à 17 °C

Sushis_Mc^2 «pour amateur de vin rouge» (voir recette sur **papillesetmolecules.com**), côtelettes et tranches d'épaule d'agneau grillées au poivre noir escortées d'asperges vertes rôties au four à l'huile d'olive ou «purée_Mc^2» pour amateur de vin au céleri-rave et clou de girofle (voir recette sur **papillesetmolecules.com**).

Altos del Duratón (2008)

VINO DE LA TIERRA DE CASTILLA Y LEÓN, BODEGAS Y VINEDOS RIBERA DEL DURATÓN, ESPAGNE

19,05$ **SAQ S** 11387343 ★★★ $$ **Corsé+**

Comme dans le précédent millésime, ce cru de tempranillo se montre on ne peut plus espagnol, c'est-à-dire passablement boisé, chargé en saveurs et en tanins, plein, presque dense, mais aussi joufflu et enveloppant, égrainant de longues saveurs de vanille, de café, de fruits noirs et de prune. Vous avez compris, pour ceux qui aiment le genre, une ixième aubaine espagnole, assurément à suivre dans les prochains millésimes. **Cépages:** 85% tempranillo, 15% syrah. **Alc./**14,5%. **riberadelduraton.com**

Servir dans les sept années suivant le millésime, à 17 °C

Pop-corn «au goût de bacon et cacao» (***), quiche de pain perdu aux asperges grillées «pour vins rouges» (***), purée_Mc^2 pour amateur de vin au céleri-rave et clou de girofle (voir recette sur **papillesetmolecules.com**) ou brochettes de bœuf sur brochettes de bambou imbibées au clou de girofle (voir Brochettes de bambou imbibées au clou de girofle «pour grillades de viande rouge») (***).

Eternum Viti (2009) **J'aime**

TORO, BODEGAS ABANICO, ESPAGNE

19,20 $ **SAQ S** 11464370 ★★★ $$ **Corsé+**

Sélectionnée par l'allumé Aurelio Cabestrero, sommelier espagnol installé aux États-Unis depuis une dizaine d'années, devenu, grâce à son agence *Grapes of Spain*, l'une des plus importantes références des importateurs de vins espagnols de ce côté de la frontière, cette cuvée est l'un des rares vins de Toro offert à prix aussi doux. Deuxième millésime consécutif à paraître sur nos tablettes, et à être commentés dans *La Sélection*, ce cru se montre toujours aussi éclatant, riche, mûr, sans trop, et détaillé, mais avec une race et une distinction plus marquées que dans la vendange 2008. Bouche pleine et texturée, mais plus fraîche et plus harmonieuse, aux tanins gras, à l'acidité juste dosée et aux saveurs d'une grande allonge, rappelant la mûre, le cacao, le café et les épices douces. Finale d'une belle fermeté européenne. Donc, à nouveau une véritable aubaine à ne pas manquer, et à suivre dans les prochains millésimes. **Cépage :** tinta de toro (tempranillo). **Alc./**14 %. **bodegasabanico.com**

Servir dans les six années suivant le millésime, à 17 °C et oxygéné en carafe 15 minutes

Salade de riz sauvage aux champignons (***), légumes d'automne rôtis au four pour vins boisés (***), sablés au parmesan et au café (***) ou asperges vertes rôties, enrobées de chocolat noir infusé au thé fumé Zheng Shan Xiao Zhong, fleur de sel au café (**).

Bouscassé (2008) **J'aime**

MADIRAN, ALAIN BRUMONT, FRANCE

19,25 $ **SAQ C** 856575 ★★★ $$ **Modéré+**

La régularité d'expression signalée dans les précédents millésimes de cet abordable madiran – comme tous les autres crus de ce vigneron soit dit en passant –, positionne ce cru parmi les têtes d'affiche de cette ultime *Sélection* des 500 vins « à acheter les yeux fermés », étant donné leurs qualités intrinsèques (terroir, encépagement, viticulture et/ou maestria du vigneron) qui surpassent les conditions climatiques d'une année sur l'autre. Donc, un madiran débordant de fruits, texturé et tout aussi enveloppant que par les millésimes passés pour ce cru. Le style s'étant beaucoup détendu au fil des derniers millésimes à Bouscassé, et c'est nous qui en profitons, spécialement ceux qui ne recherchent pas nécessairement des vins à attendre quelques années. La matière est toujours aussi belle, les tanins polis avec doigté, l'acidité discrète mais juste, la texture presque veloutée, sans trop, et les saveurs aussi pures et définies. Servez-lui un filet de porc fumé et/ou fortement grillé à l'extérieur, accompagné d'une sauce au boudin noir et au vin rouge. Ou osez lier cette sauce au boudin noir sans vin avec du lait de coco, comme nous le proposons dans les *Recettes de Papilles*, la synergie aromatique opérera avec éclat ! Le tout accompagné de notre recette de *purée_Mc² pour amateur de vin au céleri-rave et clou de girofle* – ce dernier entrant en fusion avec les vins qui ont séjourné dans le chêne. **Cépages :** 50 % tannat, 26 % cabernet sauvignon, 24 % cabernet franc. **Alc./**14 %. **brumont.fr**

Servir dans les sept années suivant le millésime, à 17 °C et oxygéné en carafe 30 minutes

Rôti d'épaule de porc au scotch et champignons (***), *pulled pork* à la noix de coco et au scotch (***), longe de porc fumée sauce au boudin noir et au vin rouge ou morceau de flanc de porc poché, vinaigrette de boudin à la noix de coco, *crumble* de boudin noir (**) ou « purée_Mc^2 » pour amateur de vin au céleri-rave et clou de girofle (voir recette sur **papillesetmolecules.com**).

Prima (2009) **J'aime**

TORO, BODEGAS Y VINEDOS MAURODOS, ESPAGNE

19,30 $ **SAQ S** 11412861 ★★★?☆ **$$** **Corsé**

Pour les amoureux du tempranillo, ne laissez pas filer la véritable aubaine qu'est ce toro, au fruité mûr et passablement riche, au boisé racé et déjà au cœur de la matière, à l'exemple du précédent millésime, aux tanins enveloppés, mais tissés assez serrés, à l'acidité juste fraîche et digeste, et aux saveurs percutantes (prune, cerise noire, girofle, torréfaction). Étonne une fois de plus par tant de race et de densité pour un cru de jeunes vignes et de climat aussi ensoleillé. Une nouvelle étoile est née, à vous de la suivre... **Cépage:** tempranillo. **Alc./**14 %. **bodegasanroman.com**

Servir dans les six années suivant le millésime, à 17 °C et oxygéné en carafe 15 minutes

Sablés au parmesan et au café (***), brochettes de bambou imbibées au clou de girofle « pour grillades de viande rouge » (***) ou carré d'agneau et jus au café expresso (*).

Château l'Hospitalet « La Réserve » (2010)

COTEAUX-DU-LANGUEDOC LA CLAPE, GÉRARD BERTRAND, FRANCE

19,35 $ **SAQ S** 10920732 ★★★ **$**$ **Corsé**

Comme tous les crus signés par Gérard Bertrand, ce La Clape se montre à nouveau dans la lignée qualitative du très bon corbières Haut Saint Georges (aussi commenté), mais cette fois-ci, contrairement au plus velouté et souple 2007 (commenté dans *La Sélection 2011*), et au riche, mûr et soutenu 2009, il se montre plus enchanteur et plus velouté que jamais. Un vin coloré, richement aromatique, marqué par de riches effluves de violette, de crème de cassis et de poivre, à la bouche pleine, sphérique et juteuse, mais aussi aux tanins mûrs et enveloppés. Longue finale au fruité débordant et aux tanins gommés par cette belle matière dense et mûre. Re-bravo! **Cépages:** 40 % syrah, 30 % mourvèdre, 30 % grenache. **Alc./**14,5 %. **gerard-bertrand.com**

Servir dans les sept années suivant le millésime, à 17 °C et oxygéné en carafe 15 minutes

Légumes d'automne rôtis au four pour syrah/shiraz (***), *pulled pork* à la noix de coco et au scotch (***), « feuilles de vigne farcies_Mc^2 »: riz sauvage soufflé, bacon de sanglier, sirop de riz brun/café » (**), magret de canard rôti parfumé de baies roses ou pot-au-feu froid d'agneau cuit rosé, cubes de bouillon à la sauge, condiment au curcuma, sel de romarin (**).

Domaine d'Alzipratu Cuvée Fiumeseccu (2010)

CORSE-CALVI, ANNE-MARIE & PIERRE ACQUAVIVA, FRANCE

19,35 $	**SAQ S**	11095658	★★★ $$	**Corsé**

Introduit dans *La Sélection 2012*, avec le très méditerranéen 2009, ce domaine corse de référence récidive avec un rouge encore plus midi (!), comme s'il pouvait l'être plus ☺. Donc, vous y retrouverez un vin au nez à la fois complexe et extraverti, aux richissimes tonalités épicées, fruitées et « garriguées », rappelant le poivre, l'olive noire, la framboise, le thym et le romarin. La bouche suit avec tout autant de présence, d'amplitude et de gourmandise, non sans grain ni fraîcheur. De plaisir à l'état brut pour ce cru à mi-chemin entre le plaisir immédiat et la structure de garde. Assurément une cuvée à suivre « les yeux fermés » au cours des prochains millésimes. Réservez-lui des recettes dominées par les aliments complémentaires à ses arômes de poivre et de thym, donc partageant la même structure aromatique, comme le sont, entre autres, l'olive noire, l'ajowan, le thym, l'agneau, le poivre, le safran, le gingembre et le café. **Cépages:** 60 % nielluccio, 40 % sciaccarello. **Alc./**13,5 %. **domaine-alzipratu.com**

Servir dans les sept années suivant le millésime, à 17 °C

Sushis_Mc² « pour amateur de vin rouge » (voir recette sur **papillesetmolecules.com**), pommade d'olives noires à l'eau de poivre (***), gigot d'agneau à l'ail et au romarin, brochettes d'agneau aux olives noires « sur brochettes imbibées d'une eau parfumée au thym » (***) ou tajine d'agneau au safran.

Volver (2009) — J'aime

LA MANCHA, BODEGAS VOLVER, JORGE ORDOÑEZ, ESPAGNE

19,45 $	**SAQ S**	11387327	★★★?☆ $$	**Corsé+**

Débarqué avec fracas au Québec, avec son superlatif 2007, commenté en primeur dans *La Sélection 2012*, ce cru est rapidement devenu une référence parmi les bombes espagnoles à prix doux. Il provient d'une sélection de tempranillo effectuée par le puissant Jorge Ordoñez, l'homme derrière les fameux crus des *bodegas* Il Nido. Il en résulte un rouge puissamment aromatique et musclé, toujours aussi concentré pour son rang, mais non sans fraîcheur ni distinction. Débordant de saveurs (prune, mûre, fumée, cacao) qui persistent avec éclat dans une fin de bouche explosive. Amateur de sensations fortes, c'est Volver qu'il vous faut ! **Cépage:** tempranillo. **Alc./**15 %. **bodegasvolver.com**

Servir dans les sept années suivant le millésime, à 17 °C et oxygéné en carafe 15 minutes

Sauce BBQ au bourbon (***) pour grillades de viande rouge, feuilletés aux champignons, au scotch et à la noix de coco (***) ou *pulled pork* à la noix de coco et au Spiced Rhum El Dorado (***).

Château Paul Mas « Clos des Mûres » (2010)

COTEAUX-DU-LANGUEDOC, LES DOMAINES PAUL MAS, FRANCE

19,90 $ **SAQ S**☆ 913186 ★★★ $$ **Corsé**

Cette syrah, à ranger parmi les cuvées du Languedoc les plus régulières des quinze dernières années, se montre comme toujours certes généreusement aromatique (poivre, olive noire, cassis, mûre), mais aussi passablement boisée (café, vanille, noix de coco), sans trop. La bouche se montre dense et ferme, pleine et enveloppante, sans dureté aucune, aux saveurs persistantes et boisées, qui ont de l'éclat et de la complexité. Les parfums de la syrah et de la barrique créent une grande synergie à table lorsque ce cru est escorté de plats dominés, entre autres, par l'olive noire, le poivre, l'algue nori, l'agneau, l'orange, qui sont des aliments complémentaires de la syrah, tout comme d'asperges vertes rôties, de champignons, de riz sauvage, de thé noir fumé, de sirop d'érable, de noix de coco, d'abricot, de scotch et de porc, étant les ingrédients sur la même piste aromatique que le chêne. **Cépages :** 90 % syrah, 10 % grenache. **Alc./**14 %. **paulmas.com**

Servir dans les sept années suivant le millésime, à 18 °C et oxygéné en carafe 30 minutes

Sushis_Mc² « pour amateur de vin rouge » (voir recette sur **papilles etmolecules.com**).

Quinta de la Rosa (2009) J'aime

DOURO, QUINTA DE LA ROSA VINHOS, PORTUGAL

19,90 $ **SAQ S** 928473 ★★★?☆ $$ **Corsé**

Bon an mal an, cette *quinta* de référence présente une cuvée substantielle et dense, tout en sachant conserver cette élégante signature qui la singularise d'une partie des autres capiteux crus du Douro. En plus, elle s'est grandement complexifiée au fil des millésimes, tout en conservant sa belle retenue européenne au nez, déployant plus que jamais, comme dans ce 2009, une engageante richesse aromatique, sans surmaturité inutile, où s'expriment violette, épices douces, prune et cassis. La bouche, toujours aussi dense et compacte, possède millésime après millésime la même prise tannique, mais avec finesse et élégance dans le grain depuis 2008, à l'acidité juste dosée, aux saveurs qui ont de l'éclat, se détaillant en tonalités florales, fruitées et épicées. **Cépages :** tinto roriz, touriga nacional, touriga francesa. **Alc./**14,5 %. **quintadelarosa.com**

Servir dans les sept années suivant le millésime, à 18 °C et oxygéné en carafe 30 minutes

Osso buco de veau, sauce liée au chocolat et gremolata à l'orange et graines de coriandre (***), mozzarella gratinée « comme une pizza » et sel au clou de girofle (***), gigot d'agneau aux herbes séchées (thym, romarin et origan), brochettes d'agneau aux olives noires « sur brochettes imbibées d'une eau parfumée au thym » (***) ou hachis Parmentier de palette comme un chili, purée de rutabaga (***).

Belguardo Serrata (2009)

MAREMMA TOSCANA, MARCHESI MAZZEI, ITALIE

19,95 $ **SAQ S** 10843394 ★★★ $$ **Corsé**

Offert à quatre dollars de moins que dans le précédent millésime, ce sangiovese toscan devient pour les prochaines années une aubaine à ranger dans votre liste régulière d'achats. Il vient compléter le duo avec le tout aussi bon **Belguardo Bronzone (29,95 $; 10542090)**, d'appellation Morellino di Scansano, du même domaine qui élabore aussi, avec maestria, le fameux **Castello di Fonterutoli (46,50 $; 11494481)**. Il en résulte un Serrata d'une robe rouge grenat profonde et violacée. D'un nez très aromatique, d'une richesse et d'une concentration qui étonnent pour son rang, offrant des tonalités de violette, de fruits noirs et de poivre. D'une bouche tannique, aux tanins presque gras, avec une certaine fermeté de jeunesse, d'une belle acidité fraîche, aux longues saveurs gourmandes, un brin torréfiées. **Cépages:** 80 % sangiovese, 20 % alicante. **Alc./**13,5 %. **mazzei.it**

Servir dans les six années suivant le millésime, à 17 °C et oxygéné en carafe 15 minutes

Frites au four assaisonnées au thym « pour amateur de vin rouge » (***), « feuilles de vigne farcies_Mc^2 »: riz sauvage soufflé, bacon de sanglier, sirop de riz brun/café (**), moussaka à l'agneau sur la piste du thym (***), hamburgers aux tomates séchées et cheddar extra-fort, risotto au jus de betterave parfumé au girofle ou pommade d'olives noires à l'eau de poivre (***) pour saumon fortement grillé.

Dupéré Barrera « Côtes du Rhône Villages » (2010)

J'aime

CÔTES-DU-RHÔNE-VILLAGES, DUPÉRÉ BARRERA, FRANCE

19,95 $ **SAQ S** 10783088 ★★★?☆ $$ **Corsé**

Comme toutes les autres cuvées signées par ce couple, tant en rouge qu'en blanc d'ailleurs, ce Rhône-Villages est à ranger dans ma liste de crus « à acheter bon an mal an les yeux fermés ». Ce cru provient de l'activité de négoce du désormais réputé couple Dupéré Barrera et est élaboré à partir d'achats de raisins et de vins chez les meilleurs viticulteurs et vignerons rhodaniens. Ici, pas de fûts neufs, que des barriques de deux vins, ainsi qu'un égrappage total et une mise en bouteilles par gravité, manuelle, sans collage ni filtration. Comme tous les vins élaborés et élevés par cette maison, le SO^2 n'est utilisé qu'en infime quantité, laissant place aux fruits et au terroir. Il en résulte un rouge à la fois raffiné, riche et profond au nez, sachant se montrer passablement ample, plein et expressif en bouche, presque dense, aux tanins presque gras, mais au grain de jeunesse bien présent, à l'acidité discrète mais juste dosée, et aux saveurs débordantes et cacaotées, qui ont de l'allonge, rappelant la fraise, la mûre et la violette. Osez un bon gros coup de carafe bien agitée afin de mieux l'apprécier. Faites-vous plaisir à table avec les ingrédients complémentaires à la mûre et à la violette, toutes deux de même famille aromatique, comme le sont, entre autres, les algues nori, le thé, la carotte cuite, la tomate et la cerise. Sans oublier les aliments complémentaires à l'olive noire (poivre, thym, agneau, nori, café), qui est la piste des vins de syrah. **Cépages:** 60 à 80 syrah + grenache (vieilles vignes) et mourvèdre (une pincée seulement). **Alc./**14,5 %. **duperebarrera.com**

Servir dans les six années suivant le millésime, à 17 °C et oxygéné fortement en carafe 15 minutes

Moussaka à l'agneau sur la piste du thym (***), brochettes d'agneau aux olives noires « sur brochettes de bambou imbibées d'une eau parfumée au thym » (***), salade de foie de volaille et de cerises noires ou lapin au vin rouge « sans vin rouge » (***).

Gran Coronas Reserva Cabernet Sauvignon (2008)

J'aime

PENEDÈS, MIGUEL TORRES, ESPAGNE

20,05 $	**SAQ C**	036483	★★★ $$	**Corsé**

Un catalan sérieux, moderne et bordelais d'approche, vinifié avec doigté, comme toujours avec les vins de cette grande maison historique qui sait ne pas s'asseoir sur ses acquis. Bien au contraire ! Ce cabernet le démontre avec maestria, étant plus que jamais aromatique, joufflu, plein, texturé et prenant. Il faut savoir que ce cru est un succès planétaire depuis que Miguel Torres a eu l'intuition de planter du cabernet dans le Penedès, à la fin des années soixante. Il a constamment évolué au fil des décennies, offrant aujourd'hui un rouge concentré et profond pour son rang, laissant aller des tonalités de torréfaction, de cuir neuf, de cerise noire et de vanille, à la bouche presque sphérique, aux courbes sensuelles et aux saveurs d'une grande allonge. Il entre en synergie aromatique avec, entre autres, les ingrédients suivants : café, riz sauvage, champignons, girofle, poivre, anis étoilé, abricot, noix de coco, scotch, viande fortement grillée/rôtie, betterave rouge. Tous partagent des composés volatils avec le profil aromatique de ce vin. **Cépages :** 85 % cabernet sauvignon, 15 % tempranillo. **Alc./**13,5 %. **torres.es**

Servir dans les dix années suivant le millésime, à 17 °C

Légumes d'automne rôtis au four pour vins boisés (***), chili de Cincinnati (***), rôti de porc farci aux abricots et sauce au scotch et lait de coco (***), marinade pour le bœuf à l'érable (***), filets de bœuf marinés au parfum d'anis étoilé ou filets de bœuf au café noir (*).

Juan Gil (2010)

J'aime

JUMILLA, BODEGAS JUAN GIL, ESPAGNE

20,15 $	**SAQ S**	10758325	★★★☆ **$$**	**Corsé+**

Toujours percutant, millésime après millésime, comme avec ce 2010, ce monastrell exhale le poivre, le girofle, le cassis et l'eucalyptus à plein nez, avec richesse, profondeur et éclat. Un rouge certes pénétrant et généreux, mais sans être une caricature du Nouveau Monde… Vous y dénicherez une bouche à la fois sphérique et fraîche, joufflue et dense, non sans fraîcheur, aux tanins mûrs et gras, et aux saveurs d'une grande allonge, laissant apparaître une pointe de romarin. Les amateurs de crus du Nouveau Monde apprécieront cet espagnol fauve au possible, qui a un air de zinfandel californien, tout en restant les deux pieds dans le terroir de Jumilla. Du sérieux pour le prix demandé. C'est le grand frère du **Monastrell Juan Gil Vieilles Vignes (13,95 $; 10858086)**, aussi noté dans ce guide. **Cépage :** monastrell. **Alc./**15 %. **juangil.es**

Servir dans les six années suivant le millésime, à 17 °C

Polenta au gorgonzola version «umami» (***), rôti d'épaule de porc au Spiced Rhum El Dorado, champignons, noix de coco et huile de noisette (***) ou rôti de palette «comme un chili de Cincinnati» (***).

Atteca Old Vines (2010) J'aime

CALATAYUD, BODEGAS ATTECA, ESPAGNE

20,25$ **SAQ S** 10856873 ★★★?☆ **$$** **Corsé+**

Coup de cœur de *La Sélection* dans ses deux derniers millésimes, ce cru hispanique se montre tout aussi engageant, mais non sans fraîcheur ni finesse. L'équilibre en bouche est plus européen que Nouveau Monde, même s'il demeure généreux, dense et pulpeux. Bleuet, violette, cacao et crème de mûres signent une longue fin de bouche aux tanins polis et mûrs, mais aussi d'une certaine fermeté juvénile. Une nouveauté remarquée dans *La Sélection* depuis cinq millésimes, signée par le puissant Jorge Ordoñez, l'homme qui a mis l'Espagne sur la mappe aux États-Unis, propriétaire, entre autres, des fameux crus de Jumilla des *bodegas* Il Nido de l'Alto Moncayo, de l'appellation Campo de Borja. Il s'est ici associé à la réputée famille Gil, aussi reconnue pour ses excellents vins de la zone de Jumilla. Il faut dire que ce rouge provient de vieilles vignes de garnacha, plantées à la fin du XIXe siècle, sur des coteaux graveleux et siliceux situés à plus de 915 mètres d'altitude, assurant ainsi une fraîcheur nocturne aux raisins. **Cépage:** garnacha (vieilles vignes). **Alc./**15%.

Servir dans les six années suivant le millésime, à 17°C et oxygéné en carafe 5 minutes

Braisé de bœuf à l'anis étoilé «façon À la di Stasio», morceau de flanc de porc poché, vinaigrette de boudin à la noix de coco, *crumble* de boudin noir (**) ou pétoncles rôtis fortement, shiitakes poêlés, copeaux de parmigiano reggiano et écume de bouillon de kombu (**).

Blaufränkisch Heinrich (2009) J'aime

BURGENLAND, WEINGUT HEINRICH, AUTRICHE

20,30$ **SAQ S** 10768478 ★★★?☆ **$$** **Modéré+**

Enivrez-vous d'un rouge qui n'est pas sans rappeler certains pinots noirs bourguignons, ainsi que d'autres syrahs rhodaniennes, tout en conservant son identité bien autrichienne. Donc, un blaufränkisch, qui est un cépage, soit dit en passant, pouvant se montrer étonnamment parfumé, riche, même profond, spécialement dans ce millésime (2009), exhalant d'expressives notes de poivre, de girofle et de giroflée, ainsi que de fruits noirs passablement mûrs, à la bouche à la fois pleine, ample, fraîche et soyeuse, aux saveurs qui ont de l'éclat et de la persistance comme jamais pour ce cru. Engageant et prenant au possible, sans oublier qu'il est obturé par un très efficace bouchon de verre Vino Lock. Une référence chez les vins de ce cépage distribués au Québec. **Cépage:** blaufränkisch. **Alc./**12,5%.
heinrich.at

Servir dans les six années suivant le millésime, à 17°C

Pommade d'olives noires et poivre (***) pour bruschettas, mozzarella gratinée «comme une pizza» et sel au clou de girofle (***), goulash de bœuf parfumé au girofle et sésame grillé (***), vinaigrette de betteraves rouges parfumées pour amateur de vin rouge (***), légumes d'automne rôtis au four pour syrah/shiraz (***) ou chili de Cincinnati (***).

Château de Lancyre Vieilles Vignes (2009)

COTEAUX-DU-LANGUEDOC PIC SAINT-LOUP, DURAND ET VALENTIN, FRANCE

20,35$ **SAQ S** 11661066 ★★★ **$$** **Modéré+**

Contrairement à la plus musclée et en chair **Grande Cuvée (26,05$; 864942)** du même domaine, celle-ci se montre tout en fraîcheur, à la fois sur les fruits noirs et les épices, on ne peut plus marquée par la syrah (cassis, poivre, fumée, olive noire), aux tanins extrafins, à l'acidité juste fraîche, au corps svelte, mais sachant être un brin sensuel, et aux saveurs longues. Que du plaisir, comme tous les autres vins rouges, rosés et blancs de cette maison. **Cépages:** 65% syrah, 35% grenache. **Alc./**14,5%.**chateaudelancyre.com**

Servir dans les six années suivant le millésime, à 17°C

Pommade d'olives noires à l'eau de poivre (***) pour bruschettas, pâtes alimentaires aux olives noires (***), lasagne d'agneau sauce tomate à la syrah, pâtes aux olives noires (***) ou lapin à la toscane (*).

Vieux Château Champs de Mars (2008)

CÔTES-DE-CASTILLON, RÉGIS ET SÉBASTIEN MORO, FRANCE

20,35$ **SAQ S*** 10264860 ★★★ **$$** **Corsé**

Après un bon gros coup de carafe, ce château récidive pour une ixième fois depuis plus de dix ans avec un 2008 toujours aussi complexe au nez et quasi pulpeux en bouche. La bouche est tout aussi planante et prenante que d'habitude, mais avec un grain de tanins plus serré et ferme, non sans élégance, aux saveurs éclatantes de vieux cuir, de champignon de Paris, de prune, de café et de violette. Mérite amplement de faire partie de la très sélective liste des 500 vins «à acheter bon an mal an les yeux fermés», tout comme le vin de l'abordable Château Puy-Landry (aussi commenté), de la même famille. **Cépages:** 80% merlot, 10% cabernet sauvignon, 10% cabernet franc. **Alc./**12,5%.

Servir dans les huit années suivant le millésime, à 17°C et oxygéné en carafe 30 minutes

Légumes d'automne rôtis au four pour vins boisés (***), salade de poivrons grillés et pommes de terre (***), pâte concentrée de poivrons rouges rôtis à l'huile de sésame grillé (voir recette sur **papillesetmolecules.com**) ou viande rouge grillée et «épices à steak d'après cuisson au thé noir fumé et vanille» (***).

Primitivo Torcicoda (2009) **J'aime**

SALENTO, TORMARESCA, ITALIE

20,45$ **SAQ S** 11676049 ★★★ **$$** **Corsé**

Vedette du Midi de la péninsule italienne depuis quelques millésimes, ce primitivo est à ranger dans le haut de ma liste des vins «à acheter bon an mal an les yeux fermés». Il se montre toujours aussi puissamment aromatique et débordant de fruits au possible. Tout simplement surprenant pour son prix, comme l'étaient les précédents 2006, 2007 et 2008, tous salués dans les précédentes éditions de ce guide. À vous de juger une fois de plus: bouche à la fois dense et enveloppante, juteuse et pulpeuse, aux tanins certes jeunes et serrés, mais aussi enveloppés, avec un grain ferme et racé, et une trame fraîche, malgré son profil solaire, aux saveurs qui ont de l'allonge, jouant dans l'univers aromatique des épices douces, des fruits noirs et du poivre. Une petite bombe de plaisirs à servir avec les ingrédients de liaisons harmoniques du poivre, donc de même famille aromatique, comme le sont l'olive noire, le thym, le girofle, le basilic, le genièvre, le gingembre, le café, le thé, les champignons, le romarin, la tomate séchée et les plats et aliments riches en saveurs umami. **Cépage:** primitivo. **Alc./**14%. **tormaresca.it**

Servir dans les sept années suivant le millésime, à 17 °C et oxygéné fortement en carafe 15 minutes

Lasagne de chili de Cincinnati (***), pizza au pesto de tomates séchées et à l'*outside cut* de bœuf grillé (***), moussaka à l'agneau sur la piste du thym (***), morceau de flanc de porc poché, vinaigrette de boudin à la noix de coco, *crumble* de boudin noir (**) ou pétoncles rôtis fortement, shiitakes poêlés, copeaux de parmigiano reggiano et écume de bouillon de kombu (**).

Prazo de Roriz (2009) J'aime

DOURO, QUINTA DE RORIZ VINHOS, PORTUGAL

20,50$	**SAQ S**	10688208	★★★ **$$**	**Corsé**

Après des 2007 et 2008 réussis avec brio, cette *quinta* récidive avec un 2009 qui abonde dans le même sens. Donc, un rouge ultra-coloré, au nez expressif, passablement concentré, à la bouche pleine, ample et quasi veloutée, aux tanins enrobés, mais avec du grain de jeunesse, aux saveurs d'une grande allonge, jouant dans l'univers aromatique de la mûre, de la prune, du clou de girofle et du café. Excellent achat, aussi «à acheter les yeux fermés» au cours des prochains millésimes. **Cépages:** touriga nacional (dominant), tinta roriz, tinta barroca, touriga franca, tinto cão. **Alc./**14%. **quintaderoriz.com**

Servir dans les sept années suivant le millésime, à 17 °C et oxygéné en carafe 30 minutes

Harira marocaine au thym (***), huile de clou de girofle (***) pour légumes grillés, pizza au pesto de tomates séchées et à l'*outside cut* de bœuf grillé (***) ou fromage Gruyère Réserve très vieux accompagné de «confipote de prunes à l'anis étoilé (voir confipote sur **papillesetmolecules.com**).

Cortes de Cima (2009) J'aime

VINHO REGIONAL ALENTEJANO, CORTES DE CIMA, PORTUGAL

20,55$	**SAQ S**☆	10944380	★★★?☆ **$$**	**Corsé**

Ce cru portugais est déjà depuis quelques millésimes une référence, et il confirme à nouveau son statut d'aubaine. Difficile d'être plus exubérant, pulpeux et juteux, tout en demeurant dense, ferme et profond, avec son profil habituel un brin australien, mais aussi très pur et compact, dégageant des notes de poivre, de sauge, de chêne neuf et de fruits noirs passablement concentrés. Tanins gras, corps plein, fruité éclatant, d'une grande allonge, au boisé présent, sans dominé, résultant en un cru au style nouveau mondiste. Que dire de plus? Du beau jus, comme toujours, à se mettre sous la dent à table avec des plats créés pour magnifier la synergie aromatique. Ce à quoi répondent les recettes à base de viandes fortement grillées/rôties, de légumes-racines rôtis, d'anis étoilé, de girofle, de basilic thaï, de riz sauvage, de café, de réglisse, de noix de coco, de champignons, de rhum brun et de scotch, ingrédients partageant tous des composés volatils avec les arômes engendrés par l'élevage dans le chêne. **Cépages:** syrah, aragonez (tempranillo), touriga nacional, petit verdot. **Alc./**14%. **cortesdecima.com**

Servir dans les sept années suivant le millésime, à 17 °C et oxygéné en carafe 15 minutes

Beurre de champignons séchés (***) pour viande grillée, brochettes de filet de porc et champignons portobellos sur brochettes parfumées au lait de coco (***), purée de poivrons rouges rôtis à l'huile de sésame grillé (voir recette sur **papillesetmolecules.com**), farce de dinde au riz sauvage et champignons (***) ou cailles sautées à la poêle et riz sauvage aux champignons (*).

Domaine d'Aupilhac (2008) J'aime

COTEAUX-DU-LANGUEDOC MONTPEYROUX, SYLVAIN FADAT, FRANCE

20,55 $	**SAQ S***	856070	★★★?☆	**$$**	**Corsé**	**Bio**

Cette cuvée de Sylvain Fadat est à ranger parmi celles qui ont reçu le plus de coups de cœur au fil des millésimes et des dix-sept ans de *Sélection Chartier*. Après un passage en carafe, vous serez à même de constater pourquoi: tout y est. Couleur soutenue. Nez très aromatique, d'une grande fraîcheur, exhalant des tonalités de fruits rouges, de prune et de violette, sur une arrière-scène un brin animale. Bouche d'une étonnante concentration et définition pour son rang. Tanins très serrés, mais nobles. Acidité juste et fraîche. Corps plein et dense. Saveurs très longues, égrainant des notes de fraise, de cassis et de chêne. Avoir le bonheur d'acquérir un tel cru, tout au long de l'année, étant disponible chez les produits de spécialité en achat continu, c'est vraiment un phénomène que seul un marché comme celui de la SAQ peut offrir. À nous d'en profiter! Enfin, après l'avoir oxygéné en carafe (je le redis, au cas où...), sélectionnez des recettes où dominent la cannelle, l'anis étoilé, le poivre, le gingembre, le basilic thaï, le thé, la mozzarella cuite et le clou de girofle, tous à ranger parmi les aliments complémentaires à la prune, sa signature aromatique. **Cépages:** 30% mourvèdre, 28% carignan, 25% syrah, 12% grenache et 5% cinsault. **Alc./**14%. **aupilhac.com**

Servir dans les dix années suivant le millésime, à 17 °C et oxygéné fortement en carafe 30 minutes

Confipote de prunes à l'anis étoilé (voir recette sur **papillesetmolecules.com**), mozzarella gratinée « comme une pizza » et sel au clou de girofle (***), betteraves rouges marinées à la crème de cassis et vinaigre de vin rouge (***), ou sauté de bœuf au gingembre et betteraves rouges sautées à la poêle à l'émulsion « Mister Maillard » (voir « Mister Maillard » sur **papillesetmolecules.com**).

Pétalos (2010) J'aime

BIERZO, DESCENDIENTES DE J. PALACIOS, ESPAGNE

20,55 $	SAQ S*	10551471	★★★ $$	Corsé	Bio

Aussi disponible en **format 1,5 litre (11164211)**, ce qui a un effet bœuf lors de grande tablée festive (!), cet abordable bierzo est devenu au fil des ans LA référence en matière de vin à base de mencia provenant de cette appellation espagnole qui a littéralement été réanimée depuis la fin des années 90, plus particulièrement par ce domaine phare appartenant à Álvaro Palacios. Ce cru se montre à la fois profond et charmeur, plein et détendu, complexe et prenant, spécialement pour le prix demandé. Girofle, poivre, fraise, violette et cassis dominent le nez qui se montre d'une bonne richesse. La bouche suit, millésime après millésime, avec un charme évident, une ampleur considérable, sans excès, une bonne épaisseur veloutée et des tanins toujours aussi mûrs à point, sans oublier une fraîcheur naturelle qui le tend vers le futur. Belle finale subtilement torréfiée. La cuvée sur mesure pour faire vos gammes aromatiques avec ce grand cépage oublié et ce terroir singulier. De par son profil, ce cru s'unit à merveille avec les plats sur la piste du clou de girofle, ce qui inclut les viandes fortement grillées/rôties, la mozzarella cuite, le porc, le scotch, la vanille, le quatre-épices, la betterave rouge et la fraise. S'y ajoutent aussi le poivron rouge rôti et le sésame grillé, eux aussi partageant quelques composés volatils avec ses parfums. **Cépage:** mencia. **Alc./**14 %.

Servir dans les huit années suivant le millésime, à 17 °C et oxygéné en carafe 30 minutes

Mozzarella gratinée « comme une pizza » et sel au clou de girofle (***), brochettes de porc sur brochettes de bambou imbibées au scotch (voir Brochettes de bambou imbibées au scotch « pour grillades de porc ») (***) ou croûtons de brioche, bœuf grillé mariné au poivre long et purée de poivrons rouges rôtis au sésame grillé (voir recette sur **papillesetmolecules.com**).

Pinot noir Vieilles Vignes Nicolas Potel (2011) J'aime

BOURGOGNE, DOMAINE NICOLAS POTEL, FRANCE

20,90 $	SAQ S*	719104	★★★ $$	Modéré+

Comme à son habitude, cet excellent pinot se montre toujours, au nez, sur une certaine réserve juvénile, mais ce qu'un gros bon coup de carafe délie, pendant que la bouche, elle, se montre dans ce millésime 2011 à nouveau passablement nourrie et élancée pour son rang, aux tanins extrafins, avec du grain, à la texture soyeuse, et aux saveurs amples et expressives, rappelant la cerise au marasquin, la pivoine et la framboise. Nous pouvons nous compter chanceux d'avoir un pinot de cette stature disponible en produit courant et à prix plutôt doux. Imaginez maintenant les autres cuvées, issues de la Côte-de-Beaune et de la côte de nuits, de ce jeune vigneron talentueux? À vous de les dénicher au fil de ce guide... ☺. **Cépage:** pinot noir. **Alc./**12 %. **nicolas-potel.fr**

Servir dans les quatre années suivant le millésime, à 16 °C et oxygéné fortement en carafe 30 minutes

Pizza au pesto de tomates séchées et à l'*outside cut* de bœuf grillé (***), pâtes aux tomates séchées « unami » (***), soupe de betteraves rouges au cacao et au cumin (***), brochettes de bambou imbibées au gingembre « pour grillades de bœuf et de poisson » (***), cailles sautées à la poêle et riz sauvage aux champignons (*), pétoncles en civet (*) ou poulet au soja et à l'anis étoilé.

Château Mont-Redon (2010)

LIRAC, ABEILLE-FABRE, FRANCE

20,95 $	**SAQ S***	11293970	★★★ **$$**	**Corsé**

D'un des très bons domaines de Châteauneuf-du-Pape, Mont-Redon élabore aussi cet abordable lirac, aux allures de vin papal, donc passablement musclé, expressif et généreux, mais à prix beaucoup plus doux. Mûre et poivre noir explosent au nez, tandis que la bouche se montre pleine, joufflue, fraîche et enrobante, aux tanins assez souples pour le style, et même marquée par une finale quasi crémeuse. Je me remémore feu « Maître Jules Roiseux » s'exclamer « c'est le petit Jésus en culotte de velours ! » ☺. **Cépages :** 70 % grenache, 20 % syrah, 10 % mourvèdre. **Alc./**14 %. **chateaumontredon.fr**

Servir dans les six années suivant le millésime, à 17 °C

Épices à steak « d'après cuisson » au thé noir fumé et à la vanille (***) pour grillades de viande rouge, pommade d'olives noires à l'eau de poivre (***) pour bruschettas ou hamburgers d'agneau ou côtes levées de porc au thé noir fumé, caramel de miel de sarrasin et sauce soya (***).

La Luna el Falo (2009) J'aime

BARBERA D'ASTI « SUPERIORE », TERRE DA VINO, ITALIE

20,95 $	**SAQ S**	627901	★★★ **$$**	**Modéré+**

J'ai toujours aimé l'élan et l'expressivité de cette barbera, vendange après vendange, jamais elle ne m'a déçu, bien au contraire. Vérifiez par vous-même. Couleur soutenue. Nez assez concentré pour le style, passablement mûr comme toujours, sans trop, exhalant des tonalités de violette, de cerise noire et de prune. Bouche pleine et presque sphérique, aux tanins dodus, mais conservant un certain grain, à l'acidité discrète mais fraîche, au volume généreux pour le rang et aux saveurs très longues. Vraiment de la belle barbera, qui, par son style dodu et gourmand, devrait faire de nouveaux adeptes de ce grand cépage piémontais, à l'allure de pinot noir. **Cépage :** barbera. **Alc./**14 %. **terredavino.it**

Servir dans les sept années suivant le millésime, à 17 °C

Pesto de tomates séchées (***) pour bruschettas ou pâtes, ketchup de betteraves rouges (***) pour accompagner une viande grillée, cailles sautées à la poêle et riz sauvage aux champignons (*), steak de saumon au café noir et au cinq-épices chinois (*) ou fromage Gruyère Réserve très vieux accompagné de « confipote de prunes à l'anis étoilé » (voir confipote sur **papillesetmolecules.com**).

Celeste « Crianza » (2009)

RIBERA DEL DUERO, MIGUEL TORRES, ESPAGNE

21$ **SAQ S*** 10461679 ★★★ $$ **Modéré+**

Septième millésime – le tout premier 2003 a été commenté en primeur dans *La Sélection 2007* – à nous parvenir de cette récente aventure de la famille Torres dans la zone de production Ribera del Duero. Celeste 2009 se montre certes discret au nez, ce qu'un gros coup de carafe agitée transforme un brin, mais plutôt bavard en bouche, déroulant une texture veloutée et ample, des tanins soyeux et dodus, une acidité discrète, un corps d'un bon volume, sans trop, et des saveurs persistantes, laissant des traces de mûre, de fumée et de créosote. Un abordable ribera, au toucher de bouche rappelant le taffetas. Enfin, pour un effet bœuf lors de grande tablée familiale ou entre amis, notez qu'il est aussi disponible en **format magnum de 1,5 litre (40,75$; 11326946)**. **Cépage:** tempranillo. **Alc./**14%. **torres.es**

Servir dans les sept années suivant le millésime, à 17 °C et oxygéné fortement en carafe 30 minutes

Brochettes de bambou imbibées au thé noir fumé (***) pour grillades de porc, feuilles de vigne farcies_Mc²: riz sauvage soufflé, bacon de sanglier, sirop de riz brun/café (**), côtes levées de porc au thé noir fumé, caramel de miel de sarrasin et sauce soya (***) ou épices à steak « d'après cuisson » au thé noir fumé et à la vanille (***) pour grillades de viande.

Carodorum Issos « Crianza » (2007)

TORO, BODEGAS CARMEN RODRIGUEZ MENDEZ, ESPAGNE

21,20$ **SAQ S** 11414006 ★★★?☆ $$ **Corsé+**

Un autre cru typiquement tempranillo de Toro, mais à prix plus que doux, ce qui est passablement rare dans cette appellation dont les prix ont beaucoup monté au fil des dernières années. Il se montre, pour un deuxième millésime consécutif, fortement coloré, richement épicé, torréfié et fruité, plein, dense, mais aussi un brin détendu, ce qui le rend déjà engageant à souhait. Café, cassis, mûre, fumée, vanille et girofle se donnent la réplique longuement. Solaire et généreux, comme c'est presque toujours le cas pour les crus de cette appellation qui a le vent dans les voiles. Un bel ajout au répertoire espagnol, déjà richement pourvu en découvertes. **Cépage:** tinta de toro (tempranillo). **Alc./**15%.

Servir dans les huit années suivant le millésime, à 17 °C

Salade de riz sauvage aux champignons (***), « feuilles de vigne farcies_Mc² »: riz sauvage soufflé, bacon de sanglier, sirop de riz brun/café (**) ou carré d'agneau et jus au café expresso (*).

Rasteau Prestige « Ortas » (2007)

CÔTES-DU-RHÔNE-VILLAGES RASTEAU, CAVE DE RASTEAU, FRANCE

21,20$ **SAQ S** 952705 ★★★?☆ $$ **Corsé**

Il y a déjà plusieurs millésimes que cette cuvée prestige, issue de vieilles vignes, du village de Rasteau, se signale par des vins d'une étonnante épaisseur veloutée pour l'appellation. Ce qu'elle réussit plus que jamais en offrant un nouveau millésime très aromatique, aux parfums exubérants, passablement riches et détaillés, rappelant les fruits noirs, la fumée, le poivre et le girofle, aux tanins toujours aussi réglissés et fermes, mais sachant aussi se montrer gras, à l'acidité discrète, à la texture pleine, presque dense, aux saveurs d'une grande allonge, terminant sur des tonalités d'épices, de garrigue et de cacao. À servir avec les ingrédients de liaisons harmoniques du poivre, donc de même famille aromatique que ce cru, comme le sont l'olive noire, le girofle, le thym, le basilic, le genièvre, le gingembre, le café, le thé, les champignons, le romarin et la tomate séchée. **Cépages:** grenache, syrah, mourvèdre. **Alc./**14%. **rasteau.com**

Servir dans les huit années suivant le millésime, à 17°C et oxygéné en carafe 15 minutes

Moussaka à l'agneau sur la piste du thym (***), pâtes aux olives noires/genièvre/thym/shiitakes (***), légumes d'automne rôtis au four pour syrah/shiraz (***) ou sandwich vietnamien Banh-mi au porc pour syrah (***).

Tilenus « Roble » Mencia (2007) — J'aime

BIERZO, BODEGAS ESTEFANÍA, ESPAGNE

21,20$	**SAQ S**	11664152	★★★ **$$**	**Modéré+**

Ce bierzo, à base du noble cépage mencia, contrairement à la cuvée Tilenus «Crianza» (aussi commentée), se montre gorgé de fruit et enveloppant, tout en souplesse et poivré à souhait. Un régal immédiat! Prune, framboise, violette et poivre donnent le ton tant au nez qu'en bouche. Les tanins sont dodus et l'acidité discrète. Pas de bois à l'horizon. **Cépage:** mencia. **Alc./**15%. **bodegasestefania.com**

Servir dans les huit années suivant le millésime, à 17°C et oxygéné fortement en carafe 15 minutes

Confipote de prunes à l'anis étoilé (voir recette sur **papilleset molecules.com**), ketchup de betteraves rouges (***), brochettes de bambou imbibées au clou de girofle «pour grillades de viande rouge» (***) ou lasagne de chili de Cincinnati (***).

Pio Cesare « Barbera » (2010) — J'aime

BARBERA D'ALBA, PIO CESARE, ITALIE

21,25$	**SAQ S**	968990	★★★?☆ **$$**	**Modéré+**

Cette barbera piémontaise, que j'affectionne depuis de nombreux millésimes, se montre en 2010 invitante et charmeuse, aux parfums engageants, rappelant la prune, la framboise et la violette. La bouche suit avec fraîcheur, ampleur, éclat, soyeux des tanins, acidité juste dosée, corps aérien et saveurs persistantes à souhait. Il faut savoir que cette barbera est cultivée en grande partie sur le territoire de Barolo, dont 80% sont des vignobles de la maison, surtout situés dans le village de Serralunga, et en moindre partie à La Morra et Monforte, le reste provenant de viticulteurs avec qui cette maison entretient des liens depuis le début du XXe siècle. À table, cuisinez des plats dominés par les aliments partageant la même structure aromatique que la violette et la framboise, comme la carotte cuite, les algues nori et le thé noir, ainsi que ceux s'exprimant par le même profil moléculaire que la prune, dont la cerise, l'endive, les noix et certains fromages. **Cépage:** barbera. **Alc./**13,5 %. **piocesare.it**

Servir dans les cinq années suivant le millésime, à 16 °C et oxygéné en carafe 15 minutes

Tartare de bœuf, champignons shiitakes, vinaigrette de framboises (***), endives braisées aux cerises et au kirsch (***), sushis en bonbons de purée de framboises (***), salade de foie de volaille et de cerises noires, casserole de poulet à la pancetta et carottes ou confiture de framboises au thé noir assam (***) accompagnée de fromage à pâte ferme.

Syrah La Dernière Vigne (2010) J'aime

VIN DE PAYS DES COLLINES RHODANIENNES, DOMAINE PIERRE GAILLARD, FRANCE

21,25 $	**SAQ S**	10678325	★★★ **$$**	**Modéré+**

Coup de cœur depuis le millésime 2005, Pierre Gaillard, dont les vins sont devenus des incontournables du marché québécois, réussit comme toujours à surprendre ses amateurs avec un vin de pays d'une fraîcheur exemplaire, mais aussi d'une complexité festive. Enchanteur, comme toujours, mais encore plus complet, profond, expressif et éclatant que dans les déjà réussis précédents millésimes. Olive noire, cassis, poivre et violette s'entremêlent dans un nez d'un charme fou. Les tanins sont soyeux, l'acidité juste fraîche, le corps ample et détendu. Tellement nourrissant et digeste que, comme je vous le disais par le passé, il en devient presque machiavélique! **Cépage:** syrah. **Alc./**13,5 %. **domainespierregaillard.com**

Servir dans les six années suivant le millésime, à 17 °C

Sushis_Mc² « pour amateur de vin rouge » (voir recette sur **papillesetmolecules.com**) (**).

Barbera Silvio Grasso (2010) J'aime

BARBERA D'ALBA, SILVIO GRASSO, ITALIE

21,60 $	**SAQ S**	11580080	★★★?☆ **$$**	**Modéré+**

Bon Dieu que « j'aime » la barbera! Plus particulièrement celle de ce viticulteur attentionné, installé au cœur du Barolo, plus précisément à La Morra. D'ailleurs, toutes les cuvées signées Silvio Grasso sont « à acheter bon an mal an les yeux fermés ». Quoi qu'il en soit, vous serez conquis, comme je le suis, par ce nez enchanteur et raffiné de violette et de prune, ainsi que par cette bouche au toucher velouté et soyeux. Fruité éclatant, sans trop, tanins extrafins, acidité juste fraîche et saveurs longues et digestes. J'adore! Le mot est lâché... ☺. Réservez-lui des plats dominés par des ingrédients de la même famille aromatique que la prune, l'une de ses signatures aromatiques, comme, entre autres, la cannelle, l'anis étoilé, le poivre, le gingembre, le basilic thaï, le thé, la mozzarella cuite et le clou de girofle. **Cépage:** barbera. **Alc./**13 %. **silviograsso.com**

Servir dans les six années suivant le millésime, à 17 °C

Tarte de pommes de terre cuites au thé Pu-erh et fromage Saint-Nectaire (***), betteraves rouges marinées à la crème de cassis et vinaigre de vin rouge (***), chili de Cincinnati (***) ou mozzarella gratinée « comme une pizza », viande des Grisons et piment d'Espelette (***).

Château du Cèdre (2009) — J'aime

CAHORS, VERHAEGHE & FILS, FRANCE

21,75 $ **SAQ S*** 972463 ★★★?☆ **$$**$ **Corsé+**

Une ixième réussite de Pascal Verhaeghe, dont les vins sont depuis plus de quinze ans des incontournables au Québec. Vous y retrouverez, comme à son habitude, un cahors à la robe noire et violine, au nez très aromatique, d'une bonne concentration, au fruité à la fois mûr et très frais, au boisé modéré, à la bouche à la fois dense et enveloppante, tannique, mais marquée par de beaux tanins enrobés, et par un corps presque voluptueux pour l'appellation, égrainant de longues et intenses saveurs de prune, de violette et de graphite. J'aime ! **Cépages :** 90 % malbec, 5 % tannat, 5 % merlot. **Alc./**14 %. **chateauducedre.com**

Servir dans les huit années suivant le millésime, à 17 °C et oxygéné en carafe 30 minutes

Brochettes de bœuf au café noir (voir Filets de bœuf au café noir) (*), « purée_Mc^2 » pour amateur de vin au céleri-rave et clou de girofle (voir recette sur **papillesetmolecules.com**) ou filets de bœuf au café noir (*).

Transhumance (2009) — J'aime

FAUGÈRES, DOMAINE COTTEBRUNE, PIERRE GAILLARD, FRANCE

21,80 $ **SAQ S** 10507307 ★★★?☆ **$$** **Corsé**

Cette cuvée se montre toujours fortement colorée, au nez pur et profond, sans boisé ni surmaturité inutile, sur le fruit, ayant besoin de temps ou d'un bon gros coup de carafe agitée pour exprimer pleinement ses notes de fumée, de zeste d'orange, de fruits noirs et de garrigue, à la bouche tout aussi racée, ample, texturée et même veloutée, aux tanins toujours aussi gras et ronds, pour ne pas dire dodus, mais non sans prise, aux saveurs très longues, rappelant la fumée, l'olive noire, le cassis et le cacao. Cette propriété, reprise par Pierre Gaillard, l'un des solistes du désormais réputé quatuor de vignerons rhodaniens qui forme la société *Les Vins de Vienne* – avec Cuilleron, Villard et Villa –, réalise millésime après millésime un cru digne de mention, tout comme sur mesure pour servir à table avec vos plats où règnent l'agneau, le poivre, l'anis étoilé, l'olive noire, le thym et l'ajowan. **Cépages :** 50 % grenache, 35 % syrah, 15 % mourvèdre. **Alc./**14,5 %. **domainespierregaillard.com**

Servir dans les sept années suivant le millésime, à 17 °C et oxygéné fortement en carafe 30 minutes

Épaule d'agneau confite à l'anis étoilé (***), légumes d'automne rôtis au four pour syrah/shiraz (***), hachis Parmentier de rôti de palette « comme un chili de Cincinnati » (***) ou osso buco de veau, gremolata à l'orange et pistils de lavande (***).

Delphis de La Dauphine (2009)

J'aime

FRONSAC, DOMAINES JEAN HALLEY, FRANCE

21,85 $ **SAQ S** 11475917 ★★★?☆ **$$** **Modéré+**

Tout comme l'avait été le précédent 2008, coup de cœur de *La Sélection 2012*, cette nouvelle cuvée de Jean Halley, qui est le deuxième vin du Château de la Dauphine (aussi coup de cœur de quelques éditions de *La Sélection*), représente l'une des meilleures aubaines du Libournais. Il en résulte un rouge richement aromatique pour son rang de second cru, plutôt élégant et raffiné, exhalant des notes de framboise, de violette, de poivron et de champignon de Paris. La bouche se montre quant à elle avec le même éclat que sa grande sœur La Dauphine, mais en plus aérée et détendue, au corps ample et satiné, aux tanins extra-fins et aux saveurs très longues et fraîches. Pureté, précision et définition à peu de frais, donc copie conforme du précédent millésime 2008. **Cépages:** 80 % merlot, 20 % cabernet franc. **Alc./**14 %. **chateau-dauphine.com**

Servir dans les sept années suivant le millésime, à 17 °C

Salade de riz sauvage aux champignons (***), viande grillée avec « pâte concentrée de poivron vert et menthe » (***), brochettes de bœuf et poivrons verts et rouges marinés à l'huile de sésame (***), côtes de veau et purée de pois à la menthe (*) ou lapin aux poivrons verts.

Notre Terre (2010)

J'aime

CÔTES-DU-ROUSSILLON-VILLAGES, MAS AMIEL, FRANCE

21,85 $ **SAQ S*** 10779804 ★★★?☆ **$$** **Corsé**

Depuis le millésime 2005, coup de cœur de *La Sélection 2009*, ce domaine de pointe a récidivé avec une suite de vendanges plus réussies les unes que les autres, résultant en des vins compacts, ramassés et éclatants. Et, bonne nouvelle, le 2010, dégusté en primeur en août 2012, se montre tout aussi richement aromatique, profond, pur et défini, sans esbroufe, à la bouche généreuse, gourmande et sphérique, non sans fraîcheur. Comme à son habitude, les tanins sont presque gras, mais avec une certaine fermeté juvénile. Les saveurs pénétrantes jouent dans la sphère du bleuet, du cacao, de la mûre, de la violette, du poivre et de la torréfaction. Le boisé est admirablement intégré au cœur du vin. L'une des belles références du renouveau du Roussillon, à suivre « bon an mal an les yeux fermés » – mais les papilles bien affûtées☺. **Cépages:** grenache, carignan, sylvaner. **Alc./**14,5 %. **masamiel.fr**

Servir dans les dix années suivant le millésime, à 17 °C et oxygéné en carafe 30 minutes

Carré de porc glacé aux fraises, poivre du Sichuan, galanga et miel (**) ou pétoncles rôtis fortement, shiitakes poêlés, copeaux de parmigiano reggiano et écume de bouillon de kombu (**).

Tres Picos Granacha (2010)

CAMPO DE BORJA, BODEGAS BORSAO, ESPAGNE

21,95 $	**SAQ S***	10362380	★★★?☆	**$$**	**Corsé**

Ces *bodegas* nous ont habitués à une gamme de vins d'un rapport qualité-prix imbattable, ce à quoi répond comme toujours ce Tres Picos. Vous y dénicherez un grenache (garnacha) d'une certaine densité et d'une invitante fraîcheur pour le style, débordant de fruits, à la fois ramassé et longiligne, ample et volumineux, aux tanins tissés serrés mais très fins, aux saveurs longues et précises, au boisé juste dosé. Il faut savoir que ce cru est composé de vieilles vignes de garnacha, ce qui explique la qualité de la matière et la complexité des arômes (fruits rouges, garrigue, épices). **Cépage:** garnacha. **Alc./**14,5 %. **bodegasborsao.com**

Servir dans les six années suivant le millésime, à 17 °C et oxygéné en carafe 30 minutes

Hachis Parmentier de palette comme un chili, purée de rutabaga (***), moussaka à l'agneau sur la piste du thym (***), ragoût de bœuf à la bière et polenta crémeuse aux oignons caramélisés ou « purée_Mc² » pour amateur de vin au céleri-rave et clou de girofle (voir recette sur **papillesetmolecules.com**).

Château Les Pins (2009) J'aime ♥

CÔTES-DU-ROUSSILLON-VILLAGES, VIGNOBLES DOM BRIAL, FRANCE

22,10 $	**SAQ S***	864546	★★★	**$$**	**Corsé**

Un rouge du Midi d'une toujours aussi invitante concentration aromatique, non sans fraîcheur, exhalant des tonalités de poivre, d'olive noire, de cassis et de fumée, à la bouche à la fois fraîche et dense, pleine et tannique, presque enveloppante, mais aussi aérienne, aux tanins fins et au fruité débordant (grenadine, cassis, mûre) et au boisé juste dosé. Vous avez compris qu'avec cette réussite, millésime après millésime, ce cru est un judicieux achat pour les amateurs de syrah et de crus d'assemblages du Roussillon. **Cépages:** 50 % syrah, 40 % mourvèdre, 10 % grenache. **Alc./**14,5 %. **dombrial.com**

Servir dans les sept années suivant le millésime, à 17 °C

Pommade d'olives noires et poivre (***) pour bruschettas, mozzarella gratinée « comme une pizza » et sel au clou de girofle (***), goulash de bœuf parfumé au girofle et sésame grillé (***), vinaigrette de betteraves rouges parfumées pour amateur de vin rouge (***), légumes d'automne rôtis au four pour syrah/shiraz (***) ou chili de Cincinnati (***).

Camins del Priorat (2010) J'aime ♥

PRIORAT, ÀLVARO PALACIOS, ESPAGNE

22,15 $	**SAQ S**	11180351	★★★	**$$**	**Modéré+**

Une fois de plus un priorat d'un grand charme aromatique, floral au possible, à la fois passablement riche et frais, aux tanins soyeux, mûrs à point, aux saveurs sensuelles qui ont de l'ampleur, comme toujours avec les vins de ce viticulteur attentionné. Pivoine, violette, mûre, cèdre et poivre blanc s'entrelacent longuement. C'est le quatrième millésime à nous parvenir de ce nouveau cru, commenté en primeur, comme l'ont été les 2009, 2008 et 2007 dans les éditions 2012, 2011 et 2010 de ce guide. L'idée de ce talentueux viticulteur mondialement reconnu est de proposer un priorat de haute tenue, à un prix égal à son remarquable Pétalos, l'un de ses rouges du Bierzo (salués depuis quelques millésimes dans ce guide). Ce à quoi répond plus que jamais ce Camins del Priorat (Les sentiers du Priorat). Notez qu'il est aussi disponible en **format 1,5 litre (46$; 11604651)**. **Cépages:** 50% samsó, 40% garnacha, 10% cabernet sauvignon et syrah. **Alc./**14,5%.

Servir dans les six années suivant le millésime, à 17 °C

Brochettes de bœuf sur brochettes de bambou imbibées au clou de girofle (voir Brochettes de bambou imbibées au clou de girofle «pour grillades de viande rouge») (***) ou purée_Mc² pour amateur de vin au céleri-rave et clou de girofle (voir recette sur **papillesetmolecules.com**).

Château Treytins (2009) J'aime

LALANDE-DE-POMEROL, VIGNOBLES LÉON NONY, FRANCE

22,20$	**SAQ S***	892406	★★★ **$$**	**Modéré+**

L'une de mes références préférées des quinze dernières années en matière de cru bordelais d'un rapport qualité-prix exceptionnel. Toujours aussi distingué au nez, sans esbroufe, exhalant des notes subtilement torréfiées de café, ainsi qu'un fruité pur, rappelant la prune et la framboise. Comme si ce n'était pas assez, il se montre tout aussi charmeur en bouche, aux tanins toujours aussi fins et fondus, légèrement fermes et réglissés, au corps presque dodu et rond, mais frais et soyeux. Je vous le redis: du plaisir, rien que du plaisir! Réservez-lui des plats dominés par les aliments complémentaires à la violette et à la framboise – des saveurs qui nous dirigent sur sa piste harmonique –, comme le sont la carotte, les algues nori, la mûre, le safran, le thé et le riz sauvage, tout comme les recettes accompagnées de poivron vert. **Cépages:** 75% merlot, 20% cabernet franc, 5% cabernet sauvignon. **Alc./**13,5%. **chateautreytins.fr**

Servir dans les huit années suivant le millésime, à 17 °C et oxygéné en carafe 30 minutes

Cailles sautées à la poêle et riz sauvage aux champignons (*), filet d'agneau enveloppé d'algues nori accompagné d'un braisé de carottes au jus d'agneau ou côtes de veau et pâte concentrée de poivrons verts à la menthe (voir recette de pâte concentrée de poivrons verts à la menthe sur **papillesetmolecules.com**).

Monte Real Reserva (2004)

RIOJA, BODEGAS RIOJANAS, ESPAGNE

22,45$	**SAQ S**	856005	★★★?☆ **$$**	**Corsé**

Ce 2004 marque un léger changement de style pour cette grande maison traditionnelle, offrant un rouge cette fois où l'harmonie règne avec maestria entre le fruité, intense et pur, et le boisé, moins torréfié que par le passé. Superbe richesse et complexité aromatiques. Bouche à la fois dense et pleine, ample et texturée, mais avec du coffre et de la grippe, sans être dure. Moins pinot noir californien d'approche que ne l'était par exemple le 2000. Du beau travail qui, s'il se poursuit dans cette veine, et que vous appréciez ce nouveau profil, vous permettra de compter ce cru dans les vins «à acheter bon an mal an les yeux fermés». Sans compter que son prix a été revu à la baisse de quelques dollars, faisant de lui une véritable aubaine. **Cépages:** tempranillo (majoritainre) mazuelo et graciano. **Alc./**14%. **bodegasriojanas.com**

Servir dans les douze années suivant le millésime, à 17 °C et oxygéné en carafe 45 minutes

Hachis Parmentier de rôti de palette comme un chili (***), mozzarella gratinée «comme une pizza», viande des Grisons et piment d'Espelette (***), carré d'agneau et jus au café expresso (*) ou magret de canard rôti aux graines de sésame et cinq-épices, navets confits au clou de girofle (**).

Muga Reserva (2008) J'aime

RIOJA, BODEGAS MUGA, ESPAGNE

22,45 $ **SAQ S*** 855007 ★★★?☆ **$$** **Corsé**

Cet espagnol moderne et inspirant est devenu au fil des dix-sept éditions de *La Sélection* l'un des *benchmark* de son appellation pour les crus offerts sous la barre des trente dollars. Avec ce nouveau millésime, il signe une fois de plus son rang de référence «à acheter bon an mal an les yeux fermés» avec un rouge gorgé de fruits et de torréfaction, d'une étonnante concentration et d'une invitante richesse, sans excès, au boisé certes présent mais juste dosé, comme toujours, à la bouche ample, sensuelle et gourmande, marquée par des tanins mûrs à point et enveloppés avec brio. Une grande allonge aux accents de cerise noire, de café, de girofle et de fumée ajoute au plaisir. **Cépages:** 70% tempranillo, 20% garnacha, 10% graciano. **Alc./**14%. **bodegasmuga.com**

Servir dans les huit années suivant le millésime, à 17 °C et oxygéné 15 minutes en carafe

Bœuf grillé et «marinade pour le bœuf au miso» (***), feuilles de vigne farcies_Mc²: riz sauvage soufflé, bacon de sanglier, sirop de riz brun/café (**), purée_Mc² pour amateur de vin au céleri-rave et clou de girofle (voir recette sur **papillesetmolecules.com** ou hachis Parmentier de palette comme un chili, purée de rutabaga (***).

Château Lousteauneuf (2010) J'aime

MÉDOC, VIGNOBLES SEGOND & FILS, FRANCE

22,50 $ **SAQ S*** 913368 ★★★?☆ **$$** **Corsé**

Un médoc devenu au fil des ans l'une des références de l'appellation chez ceux offerts à un prix plus que doux. Il en résulte en 2010 un assemblage au nez à la fois complexe, riche et concentré, sans trop, exhalant es notes de poivre, de graphite, de cèdre et de cassis, à la bouche tout aussi bavarde, qui éclate de saveurs, de fraîcheur et d'ampleur, mais avec élégance et texture. Grande harmonie d'ensemble, étonnamment profond pour son rang, aux tanins qui ont du grain, mais bien gommé par un élevage soigné et non dominant. Encore plus réussi que les déjà très engageants 2009 et 2008. **Cépages:** 55% cabernet sauvignon, 27% merlot, 10% cabernet franc, 8% petit verdot. **Alc./**14%. **chateau-lousteauneuf.com**

Servir dans les sept années suivant le millésime, à 17 °C

Pâte concentrée de poivrons rouges rôtis à l'huile de sésame grillé (voir recette sur **papillesetmolecules.com**), salade de riz sauvage aux champignons (***) ou cailles sautées à la poêle et riz sauvage aux champignons (*).

Castello di Volpaia (2009)

CHIANTI CLASSICO, CASTELLO DI VOLPAIA, ITALIE

22,85 $ **SAQ S** 10858262 ★★★ **$$** **Modéré+**

Un sangiovese qui, comme à son habitude depuis de nombreux millésimes, se montre débordant de fraîcheur et d'expressivité, marqué par des tonalités aromatiques à la fois florales et fruitées, engageantes au possible, sans aucune surmaturité inutile. Fruits rouges et violette se donnent la réplique avec complexité et justesse. Les tanins sont toujours aussi fins, tout en ayant du grain. L'acidité fraîche. Le corps ample et presque dense. Les saveurs d'une grande allonge. En résumé, plus que du bonbon! Il faut dire que cette maison nous a habitués à des vins modèles, tant pour ce cru que pour les autres rouges de sa gamme. Donc, un nom à suivre au fil des prochains millésimes. **Cépage:** sangiovese. **Alc./**13 %. **volpaia.com**

Servir dans les huit années suivant le millésime, à 17 °C

Poivrons rouges farcis à la viande (***), sushis Mc² « pour amateur de vin rouge » (voir recette sur **papillesetmolecules.com**), salade de framboises à l'eau de rose et julienne d'algue nori (voir recette sur **papillesetmolecules.com**) ou tartare de bœuf, champignons shiitakes, vinaigrette de betteraves et copeaux de parmesan (***).

La Tota (2010)

BARBERA D'ASTI, MARCHESI ALFIERI, ITALIE

22,95 $ **SAQ S*** 978692 ★★★?☆ **$$** **Corsé**

Une barbera piémontaise qui, comme toujours, se montre réussie avec brio. Vous y dénicherez un vin rouge enchanteur, à la manière du pinot noir – c'est que la barbera a souvent des airs de famille avec le pinot... –, aromatique à souhait, à la bouche certes pleine mais texturée, enveloppante et même caressante, aux généreuses saveurs de fruits noirs et de fleurs rouges, qui perdurent longuement en fin de bouche. Les tanins sont toujours aussi extrafins. Si vous aimez les pinots noirs californiens, vous adorerez. **Cépage:** barbera. **Alc./**14,5 %. **marchesialfieri.it**

Servir dans les six années suivant le millésime, à 17 °C et oxygéné en carafe 15 minutes

Betteraves rouges marinées à la crème de cassis et vinaigre de vin rouge (***), chili de Cincinnati (***), mozzarella gratinée « comme une pizza », viande des Grisons et piment d'Espelette (***), pétoncles en civet (*), cailles sautées à la poêle et riz sauvage aux champignons (*) ou boudin noir et poivrons rouges confits.

LAN Reserva (2005)

RIOJA, BODEGAS LAN, ESPAGNE

23,25 $	**SAQ S** 11414145	★★★ **$$**	**Corsé**

Nez très aromatique et envoûtant, fin et distingué, aux riches effluves de cerise, de cassis, de cuir et de sous-bois. Bouche aux tanins fins et tissés serrés, à la texture ample et dense, aux longues et pénétrantes saveurs presque confites et richement torréfiées par la barrique, ayant été élevé 12 mois dans le chêne français et américain. Sortez vos recettes autour des aliments complémentaires au clou de girofle et au café, et à suivre «les yeux fermés» au cours des prochains millésimes – comme tous les vins de cette excellente bodega. **Cépages:** 80% tempranillo, 10% mazuelo, 10% garnacha. **Alc./**13,5%. **bodegaslan.com**

Servir dans les dix années suivant le millésime, à 17 °C et oxygéné en carafe 5 minutes

Quiche de pain perdu aux asperges grillées «pour vins rouges» (***), rôti de palette au rhum brun, à la cannelle, à la muscade et aux oignons caramélisés (***) ou carré d'agneau et jus au café expresso (*).

Les Vins de Vienne «Crozes-Hermitage» (2010)

J'aime

CROZES-HERMITAGE, LES VINS DE VIENNE, FRANCE

23,45 $	**SAQ S** 10678229	★★★?☆ **$$**	**Modéré+**

Difficile de trouver plus classiquement «crozes» si vous voulez faire vos classes avec une syrah de cette appellation du Rhône septentrional. Depuis les trois derniers millésimes, il se montre même plus raffiné et plus digeste que jamais – et, en plus, n'affiche que 13% d'alcool, je dis bien «que»... ce qui signifie «enfin!». Il a coup sur coup vraiment tout pour plaire à l'amateur de syrah française, non dénuée de minéralité. On y trouve un rouge au nez aromatique et fin, mais aussi intense, exhalant plus que jamais des tonalités typiques et subtiles de poivre, d'olive noire et de cassis, à la bouche ramassée, d'une certaine ampleur, mais avec fraîcheur et élan, aux tanins tissés certes serrés mais très fins, avec le même corps longiligne et svelte habituel. Servez-le à table sur des plats aux aliments complémentaires au poivre et à l'olive noire, ses saveurs dominantes, comme le sont les olives noires et le poivre, bien sûr, mais aussi la carotte, les épices douces, le poivre du Sichuan, l'algue nori, la framboise, le thé noir et les herbes de Provence. **Cépage:** syrah. **Alc./**13%.**vinsdevienne.com**

Servir dans les six années suivant le millésime, à 16 °C et oxygéné en carafe 15 minutes

Sushis_Mc² «pour amateur de vin rouge» (voir recette sur **papillesetmolecules.com**), carré de porc glacé aux fraises, poivre du Sichuan, galanga et miel (**), pâté chinois (voir recette «On a rendu le pâté chinois») (**) ou steak de thon grillé à la «pommade d'olives noires à l'eau de poivre» (***).

Château Pesquié «Quintessence» (2010)

J'aime

VENTOUX, CHÂTEAU PESQUIÉ, FRANCE

23,50$ **SAQ S** 969303 ★★★?☆ **$$** **Corsé**

Coup de cœur dans de multiples millésimes depuis la toute première *Sélection*, il y a déjà dix-sept ans, cette cuvée de Ventoux est assurément l'une des références de l'appellation à ranger dans votre liste de vins «à acheter bon an mal an les yeux fermés». Avec ce 2010, vous y retrouverez plus que jamais une superbe définition aromatique, un fruité concentré, mais avec fraîcheur et retenue européenne, comme toujours, laissant dégager des notes de cassis, de violette et de fumée, à la bouche d'une matière toute aussi dense, généreuse, pleine, raffinée et expressive que dans les précédentes vendanges, doublée de tanins ultrafins mais tissés très serrés, doublés d'une fermeté juvénile, qui s'assouplira d'ici 2014. **Cépages:** grenache, syrah. **Alc./**15%. **chateaupesquie.com**

Servir dans les huit années suivant le millésime, à 18 °C et oxygéné en carafe 30 minutes

Légumes d'automne rôtis au four pour syrah/shiraz (***), braisé de bœuf à l'anis étoilé «façon À la di Stasio», «purée_Mc²» pour amateur de vin au céleri-rave et clou de girofle (voir recette sur **papilles etmolecules.com**), osso buco de veau, sauce liée au chocolat et gremolata à l'orange et graines de coriandre (***) ou morceau de flanc de porc poché, vinaigrette de boudin à la noix de coco, *crumble* de boudin noir (**).

Marqués de Cáceres Reserva (2005)

RIOJA, UNIÓN VITI-VINICOLA, ESPAGNE

23,60$ **SAQ S** 897983 ★★★ **$$** **Corsé**

Grand classique de la Rioja, je n'ai jamais été déçu par cette cuvée Reserva, bien au contraire! Elle se montre, comme à son habitude, d'une grande maturité de fruit et richement torréfiée et épicée, à la bouche toujours aussi charnue, texturée et fraîche, dotée d'une certaine prise tannique, au boisé certes présent, mais intégré à cette matière richissime, aux saveurs d'une grande allonge, rappelant le girofle, la muscade, la fumée, le café et le cacao. Notez que son profil torréfié, très café/cacao, est en lien étroit avec le chocolat noir à 85% cacao et plus, tout comme avec les desserts pas ou très peu sucrés, à base de chocolat noir et de café. Il s'unit aussi avec maestria à notre recette de riz sauvage soufflé au café (**) pour accompagner soit le fromage cheddar, soit une viande grillée. N'hésitez pas à légèrement augmenter la dose de café, tant avec le chocolat qu'avec cette idée de recette, ainsi l'accord résonnera encore plus fort avec les tonalités torréfiées de ce rouge de la Rioja. **Cépages:** tempranillo, garnacha. **Alc./**14%. **marquesdecaceres.com**

Servir dans les douze années suivant le millésime, à 17 °C et oxygéné en carafe 15 minutes

Sablés au parmesan et au café (***), feuilles de vigne farcies_Mc²: riz sauvage soufflé, bacon de sanglier, sirop de riz brun/café (**) ou rôti de palette au rhum brun et aux oignons caramélisés (***).

Nero d'Avola Feudi del Pisciotto (2009)

J'aime

SICILIA, FEUDI DEL PISCIOTTO, ITALIE

23,60$ **SAQ S** 11293881 ★★★?☆ **$$** **Corsé+**

Comme ce fut le cas dans le millésime 2007, commenté en primeur dans *La Sélection 2012*, vous retrouverez un nero d'avola ultra-moderne et élevé luxueusement en barriques neuves, ce qui lui donne des allures de grands bordeaux. Coloré, puissamment aromatique, à la fois fruité et boisé, aux tonalités de poivre, de garrigue, de café et de fruits rouges, à la bouche à la fois dense et ramassée, pleine et fraîche, d'une grande richesse, sans excès, aux tanins fermes mais bien travaillés par l'élevage sous bois, aux saveurs d'une grande allonge, terminant sur une fraîcheur digeste malgré l'intensité de la matière. Du bel ouvrage, rehaussant plus que jamais la qualité des vins de ce cépage sicilien qui a le vent dans les voiles. **Cépage:** nero d'avola. **Alc.**/14%. **castellare.it**

Servir dans les huit années suivant le millésime, à 17°C et oxygéné fortement en carafe 15 minutes

Brochettes d'agneau aux olives noires «sur brochettes imbibées d'une eau parfumée au thym» (***), filets de bœuf au café noir (*) ou mozzarella gratinée «comme une pizza» et sel au clou de girofle (***).

Copa Santa (2010)

J'aime

COTEAUX-DU-LANGUEDOC «TERROIR DE LA MÉJANELLE», DOMAINE CLAVEL, FRANCE

23,70$ **SAQ S** 10282857 ★★★?☆ **$$** **Corsé**

Pour la petite histoire, question de vous rafraîchir la mémoire, il faut savoir que la Copa Santa, provenant du terroir de la Méjanelle, tout comme son alter ego Les Garrigues (aussi commenté), est la grande cuvée de Pierre Clavel, l'un des vignerons les plus inspirés de sa région et de sa génération. Visitez son site Internet, vous en saurez plus sur l'homme et ses terroirs. Pour ma part, ses vins, ayant été célébrés à de nombreuses reprises au fil des dix-sept ans de *Sélection*, sont à ranger dans ma liste «à acheter les yeux fermés bon an mal an». Il en résulte une cuvée prestige languedocienne d'une forte coloration, au nez richement aromatique, profondément détaillé, sans esbroufe, marqué comme à son habitude par une forte tonalité cacaotée/fumée, ainsi que par une pointe fruitée intense de cerise noire. En bouche, vous y dénicherez un rouge à la fois dense et raffiné, plein et généreux, non sans fraîcheur, à la fois tannique et enveloppant, égrainant des tonalités épicées et anisées. La matière est toujours aussi belle, le fruité extrait avec doigté et le boisé travaillé avec retenue. Pour la table, préférez-lui des plats dominés par les aliments complémentaires au cacao, comme le sont, entre autres, les viandes grillées, le miso, le thé noir fumé, la réglisse, l'anis, l'érable, le fenugrec, la cerise, l'orange, la bière noire et le café. **Cépages:** 83% syrah, 17% grenache. **Alc.**/14,5%. **vins-clavel.fr**

Servir dans les dix années suivant le millésime, à 17°C et oxygéné en carafe 45 minutes

Marinade pour le bœuf au miso (***), braisé de bœuf à l'anis étoilé « façon À la di Stasio », saumon laqué à l'érable et à la bière noire, filet de porc au café noir (voir Filets de bœuf au café noir) (*), côtes levées de porc au thé noir fumé, caramel de miel de sarrasin et sauce soya (***) ou osso buco de veau, sauce liée au chocolat et gremolata à l'orange et graines de coriandre (***).

Les Christins (2010) J'aime

VACQUEYRAS, PERRIN & FILS, FRANCE

23,70 $ **SAQ S*** 872937 ★★★?☆ **$$** **Corsé**

Après une série de Christins charnus et complexes, dont le précédent 2009 qui était encore disponible au moment d'écrire ces lignes, la famille Perrin confirme avec ce 2010, dégusté en primeur, le statut d'aubaine rhodanienne « à acheter bon an mal an les yeux fermés ». Vous y retrouverez un assemblage certes dense, compact et ramassé, mais aussi ample, généreux et texturé, pour ne pas dire volumineux, aux tanins tissés serrés et aux saveurs percutantes d'une certaine allonge. Comme à son habitude, ce cru offre une belle matière très nourrie, non sans fraîcheur, aux saveurs jouant dans l'univers aromatique de la réglisse, des fruits noirs, du genièvre et du poivre. Du solide, pour ceux qui aiment en avoir plein les papilles ! Osez lui cuisiner une recette où dominera l'un des ingrédients complémentaires au poivre : genièvre, thé noir fumé, girofle, olive noire, nori ou safran. Pour en savoir plus sur les pistes aromatiques empruntées lors de cet événement, consultez le chapitre « Expériences d'harmonies et de sommellerie moléculaires », dans le livre *Papilles et Molécules*. Enfin, n'oubliez pas aussi la réglisse et l'anis étoilé, qui, tous deux, ont le pouvoir magique d'assouplir les tanins et de donner de la longueur aux vins de ce genre. **Cépages :** grenache, syrah, mourvèdre. **Alc./**14,5 %. **perrin-et-fils.com**

Servir dans les dix années suivant le millésime, à 17 °C et fortement oxygéné en carafe 45 minutes

Sandwich vietnamien Banh-mi au porc pour syrah (***), braisé de bœuf à l'anis étoilé « façon À la di Stasio », brochettes d'agneau aux olives noires « sur brochettes imbibées d'une eau parfumée au thym » (***), thon rouge frotté aux baies de genièvre, olives noires, quelques petits pois, algues nori torréfiées, dés de graisse de jambon fondue, huile de pépins de raisin aux pistils de safran (**) ou brochettes d'agneau aux épices à steak « d'après cuisson au thé noir fumé et à la vanille » (***).

Château de Haute-Serre (2007)

CAHORS, GEORGES VIGOUROUX, FRANCE

23,80 $ **SAQ S** 947184 ★★★☆ **$$** **Corsé**

Élaboré par Bertrand Vigouroux, millésime après millésime, le malbec de ce château cadurcien se montre réussi avec brio, comme c'est à nouveau le cas, ce qui porte ce terroir à un niveau supérieur. Offrant autrefois des vins plus tendus et rigides, le travail accompli dans le vignoble porte ses fruits en offrant une fois de plus un vin coloré, richement aromatique, d'une race évidente, exhalant des notes de fruits noirs et de réglisse, au boisé intégré avec brio, à la bouche au corps plein, presque dense, mais aussi déjà détendu, aux tanins certes présents, mais sans dureté, plutôt presque moelleux, d'une fraîcheur unique, aux saveurs d'une grande allonge, égrainant des notes de bleuet, de mûre et de graphite. Du sérieux. **Cépages:** 86% auxerrois (malbec), 7% tannat, 7% merlot. **Alc./**13,5%. **g-vigouroux.fr**

Servir dans les douze années suivant le millésime, à 17 °C et oxygéné en carafe 30 minutes

Sablés au parmesan et au café (***), brochettes de bœuf au quatre-épices (***) ou brochettes de bambou imbibées à l'anis étoilé « pour cubes de bœuf » (***).

Tilenus « Crianza » Mencia (2006)

J'aime

BIERZO, BODEGAS ESTEFANÍA, ESPAGNE

23,90$ **SAQ S** 10856152 ★★★?☆ **$$** **Corsé**

Ce bierzo, à base du noble cépage mencia, se montre plus ferme et ramassé, comme ce fut le cas des précédentes vendanges de ce cru d'un excellent rapport qualité-prix. Le nez, après un bon gros coup de carafe, se montre ultra-raffiné, passablement riche et profond, exhalant des notes de prune, de chêne neuf et de violette, sur une arrière-scène épicée. Toujours aussi racé pour le rang, compact, profond et tout en fruit, avec une fraîcheur naturelle unique et digeste. Les tanins sont serrés, sans dureté, même presque dodus pour le style, le corps à la fois ample et longiligne et les saveurs subtilement épicées et torréfiées. Coup sur coup, il demeure un excellent achat. À base de très vieilles vignes de 60 à 80 ans, il a déjà des coups de cœur dans *La Sélection* dans ses trois derniers millésimes. **Cépage:** mencia. **Alc./**15%. **bodegasestefania.com**

Servir dans les dix années suivant le millésime, à 17 °C et oxygéné fortement en carafe 60 minutes

Tarte de pommes de terre cuites au thé Pu-erh et fromage Saint Nectaire (***), betteraves rouges marinées à la crème de cassis et vinaigre de vin rouge (***), mozzarella gratinée « comme une pizza », viande des Grisons et piment d'Espelette (***), confipote de prunes à l'anis étoilé (voir recette sur **papillesetmolecules.com**), sauté de bœuf au gingembre et betteraves rouges sautées à la poêle à l'émulsion « Mister Maillard » (voir « Mister Maillard » sur **papillesetmolecules.com**) ou asperges vertes rôties, enrobées de chocolat noir infusé au thé fumé Zheng Shan Xiao Zhong, fleur de sel au café (**).

Château Saint-Martin de la Garrigue (2010)

J'aime

COTEAUX-DU-LANGUEDOC GRÈS DE MONTPELLIER, CHÂTEAU SAINT-MARTIN DE LA GARRIGUE, FRANCE

23,95$ **SAQ S** 10268828 ★★★☆ **$$** **Corsé** **Bio**

Jean-Claude Zabalia vinifie depuis longtemps, avec justesse et instinct, plusieurs cuvées de référence (voir les commentaires du rouge Bronzinelle et du blanc Château Saint-Martin de la Garrigue). Celle-ci, dont l'assise est centrée sur l'épicé mourvèdre, se montre meilleure que jamais, même si toujours top niveau d'un millésime sur l'autre. Tout y est. Couleur profonde. Nez intense, passablement concentré et détaillé, laissant apparaître des notes de cassis, de violette, d'olive noire et de poivre.

Bouche d'un superbe toucher, comme à son habitude. Tanins à la fois enveloppés et fermes, avec un grain noble de vieilles vignes. Corps voluptueux et dense. Saveurs à la fois percutantes et racées, d'une grande allonge, sans aucune note boisée inutile. Comme d'habitude, la finale plus serrée propulse le vin dans le temps, même si déjà agréable maintenant. Vraiment au sommet de sa forme, plaçant ce cru plus que jamais dans ma *wish list* de vins « à acheter bon an mal an les yeux fermés ». **Cépages:** 52 % mourvèdre (vieilles vignes), 27 % syrah, 21 % grenache. **Alc./**13,5 %. **stmartingarrigue.com**

Servir dans les douze années suivant le millésime, à 17 °C et oxygéné en carafe 60 minutes

Viande grillée avec « épices à steak d'après cuisson au thé noir fumé et à la vanille » (***), brochettes d'agneau aux olives noires « sur brochettes imbibées d'une eau parfumée au thym » (***), magret de canard rôti, graines de sésame et cinq-épices, navets confits au clou de girofle (**) ou longe de porc fumée sauce au boudin noir et au vin rouge.

Hecht & Bannier « Côtes-du-Roussillon Villages » (2010) — J'aime

CÔTES-DU-ROUSSILLON-VILLAGES, GREGORY HETCH & FRANÇOIS BANNIER, FRANCE

23,95 $ | **SAQ S** 11660055 | ★★★ **$$** | **Corsé**

Après un bon gros coup de carafe, ce Roussillon village se montre dense, compact et expressif, donc dans un style plus robuste que le saint-chinian de la même cave (aussi commenté). La robe est noire et profonde. Le nez retenu mais intense. La bouche texturée, pleine et ramassée, mais avec distinction, égrainant de longues saveurs d'encre de Chine, de Zan, de mûre et de torréfaction. Belle pureté aromatique, tanins extraits avec retenue, mais au grain serré, saveurs qui ont de l'éclat. Style moderne, mais laissant le terroir s'exprimer. Retenez bien ce nom, Hecht et Bannier, car les vins qui portent cette signature sont aussi « à acheter les yeux fermés ». **Cépages:** grenache, syrah, carignan, mourvèdre, lladoner pelut. **Alc./**14 %. **hbselection.com**

Servir dans les huit années suivant le millésime, à 17 °C et oxygéné fortement en carafe 45 minutes

Pâtes aux olives noires/genièvre/thym/shiitakes (***), tranches d'épaule d'agneau grillées aux « épices à steak réinventées pour vin rouge élevé en barrique » (***) ou pot-au-feu froid d'agneau cuit rosé, cubes de bouillon à la sauge, condiment au curcuma, sel de romarin (**).

Villa Antinori (2008) — J'aime

TOSCANA, MARCHESI ANTINORI, ITALIE

23,95 $ | **SAQ C** 10251348 | ★★★ **$$** | **Corsé**

Cette cuvée, qui connaît un succès planétaire, a plus de 60 ans d'existence, donc aucune preuve supplémentaire à faire sur la qualité et la régularité du « jus » qu'elle propose bon an mal an. Et j'ajouterais que depuis le millésime 2005, la qualité ayant été haussée d'un cran, elle se positionne comme l'une des références en matière de chiantis modernes. Ce qui lui vaut d'avoir figuré dans ma liste du top 500 des grands classiques de la SAQ. Vous y retrouverez, avec ce 2008, un cru au nez très aromatique, au fruité engageant, s'exprimant par des notes de fraise chaude et de cerise noire, avec une pointe de torréfaction, à la bouche pleine, ample et presque charnue, mais aux jeunes tanins qui ont du grain, et aux saveurs d'une grande allonge. Notez que le **Villa Antinori 2009** (dégusté en primeur en août 2012) qui le suivra se montre encore plus pulpeux et charmeur. **Cépages:** sangiovese (dominant), cabernet sauvignon, merlot, syrah. **Alc./**13,5 %. **antinori.it**

Servir dans les huit années suivant le millésime, à 17 °C

Pâté chinois revu et magnifié « pour vin rouge » (***), hamburgers aux champignons portobellos poêlés ou tartare de bœuf aux champignons shiitakes, vinaigrette de betteraves et copeaux de parmesan (***).

Domaine de Bila-Haut « Occultum Lapidem » (2009)

CÔTES-DU-ROUSSILLON-VILLAGES LATOUR DE FRANCE, M. CHAPOUTIER, FRANCE

24 $	**SAQ S** 10895186	★★★ **$$**	**Corsé**

Plus sauvage et « garriguée » (romarin, thym, musc) que l'autre cuvée **Les Vignes de Bila-Haut** (aussi commentée), avec aussi plus de coffre, de structure, de tanins et de mâche, tout en demeurant engageante et inspirée. Du sérieux, pour amateur de cru de caractère. Rappelez-vous que les vins signés Chapoutier font tous partie, sans exception, des crus « à acheter bon an mal an les yeux fermés ». **Cépages:** syrah, grenache, carignan. **Alc./**14 %. **chapoutier.com**

Servir dans les huit années suivant le millésime, à 17 °C

Pâtes aux olives noires/genièvre/thym/shiitakes (***) ou thon rouge frotté aux baies de genièvre, olives noires, quelques petits pois, algues nori torréfiées, dés de graisse de jambon fondue, huile de pépins de raisin aux pistils de safran (**).

Vidal-Fleury « Crozes-Hemitage » (2009)

J'aime

CROZES-HERMITAGE, VIDAL-FLEURY, FRANCE

24,25 $	**SAQ S** 720276	★★★?☆ **$$**	**Corsé**

Impossible de passer sous silence les vins de cette maison rhodanienne, dont les derniers millésimes se sont montrés plus qu'inspirés et inspirants, à l'image de cet enchanteur crozes. Violette, olive noire et cassis se donnent la réplique dans un nez très aromatique et raffiné. La bouche suit avec un velouté rarissime chez les crus de cette appellation, aux tanins enrobés, mais avec une certaine grippe juvénile, au corps ample et aux saveurs persistantes à souhait, laissant des traces de violette et de prune. Du crozes comme je les « J'AIME ! ». **Cépage:** syrah. **Alc./**14 %. **vidal-fleury.com**

Servir dans les huit années suivant le millésime, à 17 °C

Brochettes d'agneau aux olives noires « sur brochettes imbibées d'une eau parfumée au thym » (***) ou pommade d'olives noires à l'eau de poivre (***) pour hamburger d'agneau.

Marqués de Murrieta Reserva (2006)

RIOJA, MARQUES DE MURRIETA, ESPAGNE

24,40$ **SAQ S** 10823166 ★★★☆ **$$** **Corsé**

Sur la piste aromatique de la cerise macérée à l'eau-de-vie, à la façon de certains pinots noirs du Nouveau Monde. À laquelle s'ajoutent de riches et très mûres tonalités de girofle, de fumée, de cacao, de café et de jus de betterave rouge, on ne peut plus tempranillo. Quant à la bouche, elle ne fait qu'un avec notre variation *Papilles pour tous!* de soupe de betteraves rouges au cacao et au cumin, tant ses saveurs cacaotées et épicées explosent littéralement sur l'ensemble des papilles, dévoilant une texture passablement épaisse et joufflue, sans trop, aux tanins mûrs et ronds, et aux saveurs d'une grande allonge. Il faut dire que ce domaine est l'une des locomotives de l'appellation. Enfin, l'assemblage a séjourné dix-huit mois en barriques de chêne américain – ce qui lui procure une plus grande quantité de composés volatils de même famille que la betterave rouge –, comme c'est souvent le cas pour les crus de la Rioja. **Cépages:** 88% tempranillo, 3% garnacha, 7% mazuelo, 2% graciano. **Alc./**14%. **marquesdemurrieta.com**

Servir dans les douze années suivant le millésime, à 17 °C et oxygéné en carafe 15 minutes

Soupe de betteraves rouges au cacao et au cumin (***) ou osso buco de veau, sauce liée au chocolat et gremolata à l'orange et graines de coriandre (***).

Les Calcinaires (2010) J'aime

CÔTES-DU-ROUSSILLON-VILLAGES, DOMAINE GAUBY, FRANCE

24,50$ **SAQ S** 11222186 ★★★?☆ **$$** **Corsé** **Bio**

Après un bon gros coup de carafe agitée, vous découvrirez un cru extraverti, au fruité pur et juste mûr, passablement riche, à la bouche à la fois ample et serrée, aux tanins juvéniles, sans trop, et aux saveurs presque fauves, donc marquées par des notes animales, ainsi que de garrigue (baies de genièvre, romarin, camphre) et d'olive noire séchée au soleil. Difficile d'être plus Midi! Singulier et bavard, qui fera le bonheur des amateurs de rouges nature, élaboré sans compromis ni poudre de perlinpinpin. Il faut dire que ce domaine se passe de présentation tant ses crus sont à ranger au sommet de l'appellation. **Cépages:** 15% grenache noir, 10% carignan, 25% mourvèdre, 50% syrah. **Alc./**13,5%. **domainegauby.fr**

Servir dans les sept années suivant le millésime, à 17 °C et oxygéné fortement en carafe 30 minutes

Pâtes aux olives noires/genièvre/thym/shiitakes (***) ou thon rouge frotté aux baies de genièvre, olives noires, quelques petits pois, algues nori torréfiées, dés de graisse de jambon fondue, huile de pépins de raisin aux pistils de safran (**).

Pinot noir Les Ursulines (2010)

BOURGOGNE, JEAN-CLAUDE BOISSET, FRANCE

24,50$ **SAQ S** 11008121 ★★★?☆ **$$** **Modéré+**

Dégusté en primeur en juin 2012, ce très réussi 2010 confirme le statut de pinot bourguignon «à acheter bon an mal an les yeux fermés» tant la qualité est au rendez-vous depuis la vendange 2006. Vous y dénicherez donc un très beau pinot, richement aromatique, sans esbroufe, sur la cerise noire, la violette, la cannelle et le poivre blanc, plus riche que jamais. Bouche certes élancée et sapide, digeste et aérienne, mais aux saveurs éclatantes, qui donnent du volume, et longues, rappelant la pivoine, aux tanins ultrafins et au corps presque moelleux. Du plaisir, rien que du plaisir, qui fera le bonheur des amateurs de bourgognes, tout comme des plus solaires pinots californiens. En cuisine, il faut ici partir sur la piste aromatique de la tomate confite, du quatre-épices, de l'eau de rose, de la cannelle, de la muscade, du clou de girofle, du basilic thaï, de la framboise et de la viande de bœuf, dont les composés volatils s'entrecroisent avec ceux de certains crus de pinot noir. **Cépage:** pinot noir. **Alc./**12,5%. **jcboisset.com**

Servir dans les six années suivant le millésime, à 17°C

Pizza au pesto de tomates séchées et à l'*outside cut* de bœuf (***), tourtière classique à la cannelle et clou de girofle (***), pâtes aux tomates séchées «umami» (***) ou brochettes de pétoncles grillés et couscous de noix du Brésil (***).

Clos de l'Olive (2009)

CHINON, COULY-DUTHEIL, FRANCE

24,70$ **SAQ S** 10264923 ★★★?☆ **$$** **Modéré+** **Bio**

Assurément l'une des valeurs sûres de l'appellation, ce terroir magnifie le cabernet franc dans sa plus pure expression. Donc, une fois de plus, vous y dénicherez un chinon toujours d'un aussi grand classicisme, offrant parfums, raffinement, richesse modérée, élan et finesse des tanins, tout en possédant une bonne prise de jeunesse dans ce 2009. Framboise, violette, champignon de Paris et cacao participent au plaisir immédiat, même si cette cuvée peut tenir aisément plus de dix ans, voire plus. Ayez confiance en cette signature au cours des prochains millésimes, vous serez conquis coup sur coup comme je l'ai été au fil des quelque vingt-cinq derniers millésimes – sans compter les millésimes assagis des années 40, 50 et 60 que j'ai eu le privilège de déguster. **Cépage:** cabernet franc. **Alc./**13%. **coulydutheil-chinon.com**

Servir dans les douze années suivant le millésime, à 17°C et oxygéné en carafe 30 minutes

Côtes de veau et pâte concentrée de poivrons verts à la menthe (voir recette de pâte concentrée de poivrons verts à la menthe sur **papillesetmolecules.com**) ou croûtons de brioche, bœuf grillé mariné au poivre long et purée de poivrons rouges rôtis au sésame grillé (voir recette sur **papillesetmolecules.com**).

Laroche-Brumont « Grange » (2008) J'aime

MADIRAN, ALAIN BRUMONT, FRANCE

24,80 $	SAQ S	11648769	★★★?☆	$$	Modéré+

Ce cru est un nouveau venu sur le marché québécois, et je vous entends penser: « Que fait-il dans sa sélection des vins les plus réguliers des dernières années… et des prochaines aussi? » C'est qu'il provient d'un domaine racheté par Alain Brumont, l'homme derrière les remarquables vins des domaines Montus et Bouscassé, qui n'ont plus besoin de présentation dans notre pays, tout comme à l'étranger. Avec la patte de Brumont, les vins de ce domaine ne peuvent qu'être au sommet de l'appellation, ce que cette cuvée Grange confirme. Elle origine d'un terroir chaud graveleux et silicieux en forte pente plein sud. Superbe minéralité, grande définition aromatique, tonalités de graphite, de cacao et de café, bouche presque gourmande et détendue pour le style, mais avec ce grain de tanins typiquement madiran. Pour faire vos classes avec l'empreinte des terroirs sur les vins, comparez cette cuvée Grange avec la cuvée **Église 2008 (29,10 $; 11648734)**, issue d'un sol de gros galets, sur sous-sol argileux, à forte pente, aussi plein sud, résultant en un vin plus profond, plus dense, mais aussi plus texturé et plus racé, aux puissants parfums fumés, cacaotés et fruités. Un gros « J'AIME! » pour ces deux nouvelles cuvées. Assurément un domaine à suivre de près au cours des prochaines années. Les vins gagneront certainement en densité et en profondeur. **Cépages:** tannat, cabernet franc. **Alc./**14,5 %. **brumont.fr**

Servir dans les sept années suivant le millésime, à 17 °C et oxygéné en carafe 15 minutes

Sablés au parmesan et au café (***), « feuilles de vigne farcies_ Mc²»: riz sauvage soufflé, bacon de sanglier, sirop de riz brun/ café (**), sauté de betteraves rouges à l'émulsion « Mister Maillard » (voir « Mister Maillard » sur **papillesetmolecules.com**), brochettes de bœuf au café noir (voir Filets de bœuf au café noir) (*) ou asperges vertes rôties, enrobées de chocolat noir infusé au thé fumé Zheng Ahan Xiao Zhong, fleur de sel au café (**).

El Castro de Valtuille (2008) J'aime

BIERZO, BODEGA Y VIÑEDOS CASTRO VENTOSA, RAÚL PÉREZ, ESPAGNE

24,95 $	SAQ S	11155569	★★★☆	$$	Corsé

Cet excellent bierzo, dont les millésimes 2005 et 2007 ont été des révélations dans les précédentes *Sélection Chartier*, se positionne plus que jamais parmi les meilleurs crus du Bierzo disponibles à la SAQ, plus particulièrement pour son remarquable rapport qualité-prix. Il provient d'un vignoble sablonneux, d'une superficie de dix-sept hectares, situé à Valtuille de Abajo, où les vieilles vignes de 40 à 80 ans sont franches de pied, c'est-à-dire non greffées. Seulement 3000 caisses sont produites chaque année. La matière qui en est issue est noblement extraite, sans trop, mais d'une grande richesse aromatique, où se déploient des tonalités de girofle (la signature des crus du Bierzo), d'épices douces, de poivre, de framboise et de violette, sans boisé dominant, aux tanins toujours extrafins, mais avec du grain de jeunesse, au toucher dense, à l'acidité juste dosée et aux saveurs d'une grande allonge. Assurément l'un des rouges singuliers que «J'AIME!». **Cépage:** mencia. **Alc./**14%. **castroventosa.com**

Servir dans les dix années suivant le millésime, à 17°C et oxygéné en carafe 30 minutes

Rôti de palette «comme un chili de Cincinnati» (***), hachis Parmentier au canard, steak de saumon au café noir et au cinq-épices chinois (*) ou ragoût d'agneau au quatre-épices (poivre, muscade, gingembre en poudre et clou de girofle).

Hecht & Bannier «Saint-Chinian» (2010)

J'aime

SAINT-CHINIAN, GREGORY HETCH & FRANÇOIS BANNIER, FRANCE

24,95$ **SAQ S** 10507323 ★★★?☆ **$$** **Corsé**

Gregory Hecht et François Bannier bouleversent les idées reçues en matière de négoce depuis qu'ils ont créé cette petite maison languedocienne. Ce 2010, dégusté en primeur en juillet 2012, confirme, si besoin est, leur talent et leur flair pour dénicher les plus belles cuvées, assemblées ici de grenache et de mourvèdre, sur une base importante de syrah. Superbe nez à la fois raffiné et concentré, complexe et frais, exhalant des tonalités de réglisse noire, de fumée, de violette et de fruits noirs, au boisé discret. La bouche ample et charnue suit avec le même éclat et la même précision, s'exprimant par des tanins extrafins, bien ciselés, un corps presque plein et des saveurs très longues. De l'harmonie, pour un cru sérieux, à prix doux, qui évoluera en beauté, comme les précédents millésimes. **Cépages:** syrah (majoritaire), grenache, mourvèdre. **Alc./**14%. **hbselection.com**

Servir dans les huit années suivant le millésime, à 17°C et oxygéné en carafe 15 minutes

Pâtes aux olives noires (***), brochettes d'agneau aux olives noires «sur brochettes imbibées d'une eau parfumée au thym» (***) ou thon rouge frotté aux baies de genièvre, olives noires, quelques petits pois, algues nori torréfiées, dés de graisse de jambon fondue, huile de pépins de raisin aux pistils de safran (**).

La Massa (2010)

J'aime

TOSCANA, GIAMPAOLO MOTTA, FATTORIA LA MASSA, ITALIE

25,05$** **SAQ S**☆ 10517759 ★★★☆ **$$ **Corsé**

Comme je vous le signale depuis de multiples millésimes, La Massa est l'une des aubaines toscanes à ranger les yeux fermés dans votre liste d'achat prioritaire à cause de sa régularité sans faille depuis plusieurs millésimes. Comme tous les vins signés Giampaolo Motta, d'ailleurs. Contrairement au 2003 (commenté dans *La Sélection 2007*), où le merlot dominait l'assemblage, ce nouveau millésime suit le chemin établi avec les 2006 et 2005 (commenté dans *La Sélection 2009 et 2008*) en étant plus que jamais toscan, plus dominé encore par le sangiovese. Ce qui lui procure certes un profil plus élancé, sans avoir rien perdu de sa gourmandise solaire d'avant, ayant même gagné en velouté de texture. Il s'exprime par un fruité toujours aussi mûr et plus qu'aromatique, aux tonalités complexes de fruits noirs, de violette et de torréfaction. La bouche suit comme à son habitude avec des tanins mûrs, mais avec un grain très serré, une acidité naturelle fraîche, un corps ample et presque dense, sans puissance inutile, et des saveurs d'une grande allonge. Giampaolo Motta poursuit donc sa quête de la qualité suprême, même avec ce cru qui est, en fait, le deuxième vin de cette remarquable *fattoria* toscane, contiguë au célèbre Castello di Rampolla et installée dans la Conca d'Oro, le meilleur secteur de la zone du Chianti Classico. **Cépages:** 70% sangiovese, 30% merlot. **Alc./**14%.

Servir dans les huit années suivant le millésime, à 17 °C et oxygéné en carafe 30 minutes

Salade de riz sauvage aux champignons (***), légumes d'automne rôtis au four pour vins boisés (***), sablés au parmesan et au café (***), magret de canard rôti à la nigelle ou lapin à la toscane (*).

Igneus «FA 206» (2008)

PRIORAT, MAS IGNEUS, ESPAGNE

25,25$	**SAQ S**	10358671	★★★☆	**$$$**	**Corsé**	**Bio**

Un ixième cru catalan à avoir été souligné à plusieurs reprises dans les précédentes *Sélection*, tant la qualité est au rendez-vous millésime après millésime. Et comme l'appellation catalane Priorat a le vent dans les voiles, ce qui gonfle le prix de certaines cuvées, sustentez-vous avec ce plus qu'abordable mais plus que recommandable Igneus «FA 206». Un rouge toujours aussi aromatique, d'une fraîcheur rarissime sous ce climat, floral au possible, aussi marqué par le chêne neuf, mais sans aucune note torréfiée, quelquefois trop lourde, au profil pur, éclatant, saisissant, prenant et d'une grande allonge. Rose, chêne neuf, grenadine, violette, pivoine et zeste d'agrumes sont au rendez-vous de ce cru qui semble faire 13% d'alcool, même s'il touche les 15%. Donc, du sérieux, harmonieux, gardant une certaine fraîcheur pour être apprécié à table – et ce, pas seulement un verre... **Cépages:** 70% grenache, 20% cariñena, 7% cabernet sauvignon, 3% syrah. **Alc./**15%. **masigneus.com**

Servir dans les neuf années suivant le millésime, à 17 °C et oxygéné en carafe 15 minutes

Légumes d'automne rôtis au four pour vins boisés (***), osso buco de veau, gremolata à l'orange et graines de coriandre (***) ou braisé de bœuf à l'anis étoilé «façon À la di Stasio».

Michel Juillot Mercurey (2009)

MERCUREY, DOMAINE MICHEL JUILLOT, FRANCE

25,30$	**SAQ S***	573402	★★★	**$$**	**Modéré+**

Ce mercurey se montre bon an mal an toujours à la hauteur de la réputation du domaine, avec des niveaux de qualité très élevés, comme en 2009. Amateur de pinot noir qui savez «pinoter», vous serez à nouveau littéralement charmé par ce nez très aromatique, fin et d'une certaine richesse, s'exprimant par des tonalités de cerise noire, de violette et de cacao, à la bouche au fruité éclatant, presque giclant (!), mais sans excès de surmaturité ou de gras, juste pur, précis et rafraîchissant, dont seul le pinot noir bourguignon en connaît le secret. Les tanins sont mûrs, tout en étant présents par un grain serré, et l'acidité est fraîche. Que du plaisir! **Cépage:** pinot noir. **Alc./**13 %. **domaine-michel-juillot.fr**

Servir dans les sept années suivant le millésime, à 17 °C

Soupe de betteraves rouges au cacao et au cumin (***), filet de saumon grillé et pesto de tomates séchées (***) ou cailles sautées à la poêle et riz sauvage aux champignons (*).

Pinot Noir Domaine des Perdrix (2010) — J'aime

BOURGOGNE, A. ET A. DEVILLARD, FRANCE

25,40 $ **SAQ S** 917674 ★★★?☆ **$$**$ **Corsé**

Dégusté en primeur, au cours de l'été 2012, donc avant sa mise en marché, prévue à l'automne 2012, ce pinot est depuis plus de dix ans l'une de mes références préférées en matière de bourgogne d'appellation régionale. Il faut savoir qu'il provient de quelques parcelles de 2,92 hectares, situées à Prémeaux, dans le sud de la Côte de Nuits. Presque la majorité de la récolte annuelle trouve le chemin du Québec. À nouveau, vous vous sustenterez d'un pinot gourmand et complet, coloré et très aromatique, riche et détaillé, exhalant des tonalités de fruits noirs, de fruits rouges et de girofle, aux tanins présents mais mûrs, au corps plein et joufflu, et aux saveurs d'une étonnante allonge pour son rang, laissant des traces d'épices douces. C'est le temps de cuisiner nos recettes dominées par le girofle, le poivre, la mozzarella cuite, la betterave rouge et le bœuf grillé, tous des ingrédients sur le même mode aromatique que ce pinot. **Cépage:** pinot noir. **Alc./**13 %. **perdrix.com**

Servir dans les sept années suivant le millésime, à 17 °C

Bruschettas et « pesto de tomates séchées » (***), crème de rutabaga au clou de girofle (***), rôti de palette « comme un chili de Cincinnati « (***), mozzarella gratinée « comme une pizza », viande des Grisons et piment d'Espelette (***).

Fonterutoli (2009) — J'aime

CHIANTI CLASSICO, MAZZEI IN FONTERUTOLI, ITALIE

25,45 $ **SAQ S*** 856484 ★★★☆ **$$**$ **Corsé**

Depuis de nombreux millésimes que ce cru toscan est une véritable bombe de plaisirs, et ce nouveau millésime n'y fait pas exception. Tout y est. Couleur profonde et violacée. Nez très riche, aux parfums complexes de café, de fruits noirs et d'épices douces. Bouche pleine, presque généreuse, sans trop, aux tanins mûrs et gras, au corps dense, mais aussi sphérique, à l'acidité juste et aux saveurs pénétrantes. Plus que jamais Fonterutoli est l'exemple suprême du chianti du XXIe siècle. **Cépage:** sangiovese. **Alc./**13,5 %. **fonterutoli.it**

Servir dans les huit années suivant le millésime, à 17 °C et oxygéné en carafe 15 minutes

« Feuilles de vigne farcies_Mc^{2} »: riz sauvage soufflé, bacon de sanglier, sirop de riz brun/café (**), carré d'agneau et jus au café expresso (*) ou lapin à la toscane (*).

Château le Puy (2007)

BORDEAUX-CÔTES-DE-FRANCS, J.P. & P. AMOREAU, FRANCE

26$ **SAQ S*** 709469 ★★★?☆ **$$** **Modéré+** **Bio**

Si vous avez suivi mes précédents guides, vous savez déjà que j'affectionne tout particulièrement ce cru de la famille Amoreau, lui ayant décerné un coup de cœur dans plusieurs millésimes au fil des quinze dernières années. Et ce 2007 – comme assurément les millésimes à venir – signe et persiste! Il faut savoir que, depuis 1610 (!), les vins du Château le Puy sont issus de raisins de culture biologique, et maintenant en biodynamie. Un terroir d'exception, magnifié par la dynamique, sympathique et inspirante famille Amoreau. Il en résulte en 2007 un rouge coloré, richement aromatique, au nez singulier, d'une belle complexité, sans excès inutile de concentration ou de bois, où s'entremêlent la fraise, le poivron rouge, la violette et la mûre, à la bouche aussi fraîche qu'expressive, aux tanins extrafins, tissés serrés, à l'acidité juste dosée, au corps longiligne et aux saveurs persistantes. Aussi disponible dans le si pratique **format 500 ml (18,20$; 896399)**. **Cépages:** 85% merlot, 14% cabernet sauvignon, 1% carmenère. **Alc./**12%. **chateau-le-puy.com**

Servir dans les douze années suivant le millésime, à 17 °C et oxygéné en carafe 15 minutes

Croûtons de brioche, bœuf grillé mariné au poivre long et purée de poivrons rouges rôtis au sésame grillé (voir recette sur **papilleset molecules.com**), «feuilles de vigne farcies_Mc²»: riz sauvage soufflé, bacon de sanglier, sirop de riz brun/café (**), cailles sautées à la poêle et riz sauvage aux champignons (*) ou tarte de pommes de terre cuites au thé Pu-erh et fromage Saint-Nectaire (***).

Château de Chamirey (2009) J'aime

MERCUREY, MARQUIS DE JOUENNES D'HERVILLE, FRANCE

26,20$ **SAQ S*** 962589 ★★★☆ **$$$** **Modéré+**

Aussi disponible en **format 375 ml (14,55$; 962571)** et **1,5 litre (57,50$; 11327068)**, ce grand classique bourguignon, salué dans de multiples éditions de *La Sélection Chartier*, se montre meilleur que jamais. Du fruit à revendre, sans trop, de l'ampleur, de la texture, des tanins extrafins, de la fraîcheur et des saveurs expressives, rappelant la cerise, la cannelle, la muscade et le girofle. Que demander de plus? Aussi, faites la paire avec son frangin blanc, un chardonnay aussi commenté. **Cépage:** pinot noir. **Alc./**13,9%. **chamirey.com**

Servir dans les sept années suivant le millésime, à 17 °C

Pesto de tomates séchées (***) pour bruschettas ou pâtes, salade de tomates, bocconcini, basilic thaï et vinaigrette au clou de girofle (***), pizza au pesto de tomates séchées et à l'outside cut de bœuf grillé (***) ou sauté de bœuf au gingembre et betteraves rouges sautées à la poêle à l'émulsion «Mister Maillard» (voir «Mister Maillard» sur **papillesetmolecules.com**).

Villa Donoratico (2009) — J'aime

BOLGHERI, TENUTA ARGENTIERA, ITALIE

26,20 $ **SAQ S** 10845074 ★★★☆ **$$**$ **Corsé**

Il fut un temps où la bouteille à gros prix ou l'étiquette prestigieuse était nécessaire pour épater la galerie. Mais grâce à la curiosité grandissante des Québécois pour les vins de qualité et d'origines diverses, l'habit ne fait pratiquement plus le moine! Quoi de plus gratifiant que de faire découvrir à vos amis de dégustation des crus de qualité qui seront les vedettes de demain. L'une de ces futures étoiles filantes est le Villa Donoratico, né d'un assemblage à la bordelaise d'un domaine appartenant en partie à Piero Antinori. Les derniers millésimes – dont l'excellent 2008 qui était encore disponible au moment d'écrire ces lignes – ont tous été commentés en primeurs dans les précédentes *Sélection Chartier*, tout comme c'est le cas de ce 2009 dégusté en juillet 2012, d'un échantillon du domaine. Vous y retrouverez pour votre plus grand plaisir un rouge tout aussi pulpeux que dans les vendanges précédentes, doté de volume, de chair, de charme, de tanins gras, mais bien ramassés, d'une acidité juste dosée et des saveurs très longues (cassis, prune, réglisse, poivre, café). Difficile d'être plus bordelais d'approche! **Cépages:** 45 % cabernet sauvignon, 25 % merlot, 25 % cabernet franc, 5 % petit verdot. **Alc./**14 %. **argentiera.eu**

Servir dans les dix années suivant le millésime, à 17 °C et oxygéné en carafe 30 minutes

Lait de topinambour à l'anis étoilé (***), hachis Parmentier de palette comme un chili, purée de rutabaga (***) ou brochettes de bambou imbibées à l'anis étoilé « pour cubes de bœuf » (***).

Château Puech-Haut « Prestige » (2009) — J'aime

COTEAUX-DU-LANGUEDOC SAINT-DRÉZÉRY, GÉRARD BRU, FRANCE

26,25 $ **SAQ S** 11565082 ★★★☆ **$$**$ **Corsé+**

J'ai positionné ce remarquable cru au deuxième rang du « TOP 100 CHARTIER » de la précédente *Sélection*. La bonne nouvelle, c'est qu'il était encore disponible au moment d'écrire ces lignes, et que des commandes des nouveaux millésimes sont à venir – et « à acheter les yeux fermés »! Il faut savoir que ce cru est élaboré sous la houlette du célèbre œnologue Philippe Cambie, nommé par ses pairs l'œnologue-consultant de l'année en 2011. Il en résulte un rouge d'une très belle et très raffinée concentration aromatique, sans excès, mais profonde et élégante, exhalant des notes de fruits noirs et de fleurs, sans aucun boisé apparent. Bouche presque pulpeuse, où le fruité gicle littéralement, enveloppant la trame tannique très serrée et l'acidité fraîche. Une prenante épaisseur veloutée, mais avec de la prise et de l'expressivité des saveurs, où s'entremêlent mûre, bleuet confit, cacao et réglisse. Sera d'une volupté sans égale à compter de 2013. Autre bonne nouvelle, il est aussi disponible en **format 1,5 litre (52,50 $; 11600175)**. **Cépages:** 55 % grenache, 35 % syrah, 10 % carignan. **Alc./**14,5 %. **puech-haut.com**

Servir dans les dix années suivant le millésime, à 17 °C et oxygéné en carafe 30 minutes

Osso buco de veau, sauce liée au chocolat et gremolata à l'orange et graines de coriandre (***), brochettes d'agneau sur brochettes de bambou imbibées au clou de girofle (voir Brochettes de bambou imbibées au clou de girofle «pour grillades de viande rouge») (***), légumes d'automne rôtis au four pour syrah/shiraz (***), filet de bœuf de la Ferme Eumatimi, sauce *mole* mexicaine à la noix de coco et au cinq-épices (**) ou fromages Gruyère Réserve très vieux accompagné de «confipote de prunes à l'anis étoilé» (voir confipote sur **papillesetmolecules.com**).

Volpolo (2010) — J'aime

BOLGHERI, PODERE SAPAIO, ITALIE

26,40$ **SAQ S** 11002941 ★★★☆ $$$ **Corsé+**

Depuis son entrée remarquée au Québec, avec le millésime 2008, ce cru s'est taillé une solide réputation auprès des amateurs éclairés de rouges toscans. Ce troisième millésime, réussi avec maestria, solidifiera son rang de nouvelle vedette italienne, sans compter qu'il est offert à un prix relativement doux comparativement à certaines étoiles dont le prix est aussi dans les étoiles... Superbe richesse aromatique, corps dense et compact, fruité profond et concentré, sans trop, tanins gommés avec précision, tout en conservant une prise de jeunesse, acidité fraîche et saveurs percutantes (bleuet, cassis, graphite, encre de Chine, cèdre, café, violette). Il faut dire que ce cru à 70% cabernet sauvignon, complété par le merlot et le petit verdot, provient du domaine toscan de l'œnologue Carlo Ferrini, l'homme derrière le succès d'innombrables crus de Toscane, dont ceux de Fonterutolli. Une fois de plus, ceci explique cela☺. **Cépages:** 70% cabernet sauvignon, 30% merlot, petit verdot. **Alc./**14,5%. **sapaio.it**

Servir dans les dix années suivant le millésime, à 17°C et oxygéné en carafe 30 minutes

Sablés au parmesan et au café (***), feuilletés aux champignons, au scotch et à la noix de coco (***), filets de bœuf au café noir (*) ou filet de bœuf de la Ferme Eumatimi, sauce *mole* mexicaine à la noix de coco et au cinq-épices (**).

Château Garraud (2009) — J'aime

LALANDE-DE-POMEROL, VIGNOBLES LÉON NONY, FRANCE

26,70$ **SAQ S*** 978072 ★★★☆ $$$ **Corsé**

À l'image de l'abordable lalande-de-pomerol Château Treytins, aussi signalé dans ce guide, ce cru est aussi l'une de mes références préférées des quinze dernières années en matière de cru bordelais d'un rapport qualité-prix exceptionnel. Étonnantes richesse et maturité de fruits au rendez-vous. Tout y est. Couleur soutenue. Nez d'une grande richesse aromatique et détaillé, jouant dans l'univers boisé du café et du cacao, ainsi que sur les tonalités fruitées de prune, de cassis et de mûre. Bouche bien ramassée et tendue, par des tanins qui ont du grain, mais non sans gras en arrière-scène, et par une acidité naturelle toujours aussi discrète mais juste dosée. Comme à son habitude, éclat, précision, corps, volupté, le tout sans lourdeur ni surmaturité inutile. Quelque chose de Pomerol, mais à prix d'ami ☺. Café, poivron rouge rôti, huile de sésame grillé, cacao, lardon, riz brun, riz sauvage et champignon sont certains de ses aliments complémentaires pour réussir vos harmonies à table. **Cépages:** 81% merlot, 13% cabernet franc, 6% cabernet sauvignon. **Alc./**13,5%. **vin.fr**

Servir dans les dix années suivant le millésime, à 17 °C et oxygéné en carafe 5 minutes

Filet de porc au café noir (voir Filets de bœuf au café noir) (*), hamburgers d'agneau aux poivrons rouges confits et au paprika ou « feuilles de vigne farcies_Mc²»: riz sauvage soufflé, bacon de sanglier, sirop de riz brun/café» (**).

Farnito Cabernet Sauvignon (2006) J'aime

TOSCANA, CASA VINICOLA CARPINETO, ITALIE

26,75$ **SAQ S*** 963389 ★★★☆ **$$$**$ **Corsé+**

Belle profondeur aromatique pour ce plutôt distingué 2006 du désormais célèbre cru Farnito de l'excellente maison Carpineto, dont l'ensemble des vins sont, bon an mal an, des valeurs sûres de leurs appellations respectives. La robe est très foncée, le nez aromatique, ayant besoin de l'oxygène de la carafe pour s'exprimer actuellement, d'une bonne richesse, sans trop, à la bouche dense, pleine et charnue, aux tanins fermes, sans trop, avec du grain, à l'acidité juste dosée et aux saveurs longues et mûres juste à point, sans torréfaction du bois inutile. Du beau cabernet, non sans fraîcheur. Il provient de cabernet cultivé dans des parcelles situées près de Florence, dans le Chianti Classico, ainsi que dans la zone d'appellation de Brunelo di Montalcino. Fait intéressant, le prix a de beaucoup été revu à la baisse au cours des derniers millésimes. **Cépage:** cabernet sauvignon. **Alc./**13,5%. **carpineto.com**

Servir dans les douze années suivant le millésime, à 17 °C et oxygéné en carafe 45 minutes

Carré d'agneau et jus au café expresso (*) accompagné d'asperges vertes rôties au four à l'huile d'olive et au poivre noir.

Les Vins de Vienne « Saint-Joseph » (2009)

SAINT-JOSEPH, LES VINS DE VIENNE, FRANCE

26,75$ **SAQ S** 10783310 ★★★?☆ **$$**$ **Modéré+**

À ranger, bon an mal an, parmi les belles et inspirantes réussites du quatuor de vignerons que forment Les Vins de Vienne. Un saint-joseph tout en fruit, en élan mais aussi en chair. Couleur soutenue et violacée. Nez très aromatique, d'une bonne richesse, surtout après un coup de carafe, toujours aussi frais et élégant, jouant dans l'univers aromatique de l'olive, de la violette et du poivre. Plus classiquement syrah que ça, tu... En bouche, il se montre aussi d'une grande fraîcheur, tout en étant assez plein et ramassé, marqué par des tanins quasi soyeux, laissant toute la place aux saveurs fruitées et épicées. Digeste au possible, dans la mouvance des vins moins chargés en alcool et en « surextraction », comme l'avaient été les millésimes précédents de ce vin, qui s'installent de plus en plus en France. Amusez-vous à table à « cuisiner » ce vin avec les ingrédients complémentaires au poivre, qui est la clef harmonique de ce cru: basilic, thym, romarin, safran, thé noir, gingembre, olive noire et genièvre. **Cépage:** syrah. **Alc./**13%. **vinsdevienne.com**

Servir dans les sept années suivant le millésime, à 17 °C et oxygéné fortement en carafe 15 minutes

Frites au four assaisonnées au thym « pour amateur de vin rouge » (***), sandwich vietnamien Banh-mi au porc pour syrah (***), brochettes de kefta d'agneau au gingembre (***), bœuf en salade asiatique (***) ou thon rouge mi-cuit aux baies de genièvre concassées et purée de pommes de terre aux olives noires.

Fontodi (2009) J'aime

CHIANTI CLASSICO, AZIENDA AGRICOLA FONTODI, ITALIE

27$	**SAQ S** 879841	★★★☆	**$$$**	**Corsé**

Une ixième réussite consécutive signée avec éclat et profondeur par l'équipe de la grande maison Fontodi. Un rouge plus aromatique et concentré que jamais, même si toujours complet et complexe, à la fois fin et riche, au boisé racé et au fruité presque confit, mais juste mûr à point, sans trop, d'une étonnante profondeur pour son rang, jouant dans la sphère de la fraise, du café, de la prune et du chêne neuf, à la bouche encore plus contemporaine que dans les millésimes précédents (voir mes commentaires dans les précédentes *Sélection Chartier*), à la fois dense et ramassée, pleine et presque tendue, on ne peut plus classiquement chianti de l'ère moderne. Ceux qui succombent aux crus toscans seront au comble, spécialement pour le prix plutôt doux comparativement à la majorité des grandes étoiles toscanes... Enfin, comme la cannelle, l'anis étoilé, le poivre, le basilic, le thé et le clou de girofle sont à ranger parmi les aliments complémentaires à la prune, sa signature aromatique, sélectionnez des recettes où ces aliments dominent. **Cépage:** sangiovese. **Alc./**14 %. **fontodi.com**

Servir dans les dix années suivant le millésime, à 17 °C et oxygéné en carafe 30 minutes

Herbes salées « du bas de la ville » en mode anisé (***) pour viandes rouges grillées, un agneau nommé pascal - épaule d'agneau confite à l'anis étoilé (***), braisé de bœuf à l'anis étoilé « façon À la di Stasio », légumes d'automne rôtis au four pour vins boisés (***) ou magret de canard rôti, graines de sésame et cinq-épices, navets confits au clou de girofle (**).

Isole e Olena (2010) J'aime

TOSCANA, ISOLE E OLENA, ITALIE

27,80$	**SAQ S** 515296	★★★?☆	**$$**	**Corsé**

Dégusté en primeur, en juillet 2012, comme la grande majorité des vins de cette édition de *La Sélection*, ce cru, qui a reçu un coup de cœur presque à tous ces derniers millésimes, se montre meilleur que jamais. Belle profondeur de goût, texture ample et charnue, tout en restant élégante comme toujours pour ce vin, aux tanins extrafins et enveloppés, aux saveurs très longues (cerise noire, prune, violette, café) et à l'harmonie d'ensemble plus que parfaite. Cette ixième réussite signée Paolo de Marchi, viticulteur intuitif, attentionné et singulier, démontre une fois de plus, si besoin est (...), que ce vin mérite plus que jamais d'être « acheté bon an mal an les yeux fermés ». Enfin, pour monter de quelques crans au niveau qualitatif, offrez-vous la cuvée de prestige du domaine, le remarquable Cepparello (aussi commenté).

Les aliments complémentaires à la prune (girofle, anis étoilé, cannelle, lavande, poivre, thé, basilic, eau de rose, canneberge, cassis, vieux fromage gruyère et scotch) et à la violette (carotte, algue nori, framboise, mûre) sont à prescrire, tout comme ceux du café (huile de sésame grillé, asperges vertes rôties, poivron rouge rôti). **Cépage:** sangiovese. **Alc./**14%. **isoleolena.it**

Servir dans les cinq années suivant le millésime, à 17 °C et oxygéné en carafe 15 minutes

Frites au four assaisonnées à l'estragon «pour amateur de vin rouge» (***), osso buco de veau, gremolata à l'orange et pistils de lavande (***), épices à steak «d'après cuisson» au thé noir fumé et à la vanille (***), feuilles de vigne farcies_Mc²: riz sauvage soufflé, bacon de sanglier, sirop de riz brun/café (**) ou purée de poivrons rouges rôtis à l'huile de sésame grillé (voir recette sur **papilleset molecules.com**).

Jean-Pierre Moueix «Pomerol» (2009)

J'aime

POMEROL, ETS JEAN-PIERRE MOUEIX, FRANCE

27,80$ **SAQ S*** 739623 ★★★?☆ **$$$** **Corsé**

Un pomerol qui s'est toujours montré avantageux pour le prix demandé, atteignant des sommets dans certains millésimes, comme en 2005, ainsi qu'en 2009. Couleur soutenue, nez très aromatique, riche, ultra-mûr pour le cru, exhalant de puissants effluves de fruits noirs, de prune et de café, à la bouche à la fois généreuse, charnue, tannique et séveuse, aux très longues saveurs torréfiées. J'oserais dire «le pomerol des pauvres!» ☺. **Cépages:** 90% merlot, 10% cabernet franc. **Alc./**14%. **moueix.com**

Servir dans les neuf années suivant le millésime, à 17 °C et oxygéné en carafe 30 minutes

Sablés au parmesan et au café (***), tartare de bœuf, champignons shiitakes, vinaigrette de betteraves et copeaux de parmesan (***) ou asperges vertes rôties, enrobées de chocolat noir infusé au thé fumé Zheng Shan Xiao Zhong, fleur de sel au café (**).

Marcel Lapierre «Morgon» (2011)

J'aime

MORGON, MARCEL LAPIERRE, FRANCE

27,95$ **SAQ S** 11305344 ★★★?☆ **$$** **Modéré**

Au moment d'aller sous presse, 500 caisses de ce très attendu et recherché morgon devait être mises en marché à la SAQ vers la fin septembre 2012. Troisième millésime de ce cru mythique à nous parvenir, après plusieurs années d'attente, il en résulte un 2011, dégusté en primeur en juillet 2012, au nez d'une grande pureté aromatique, au charme immédiat, exhalant la framboise et la violette comme pas un, à la bouche toujours aussi débordante de saveurs, détendue et soyeuse, à l'acidité discrète et au corps ample. Souhaitons un second arrivage au cours de l'automne 2012 ou en début d'année 2013. **Cépage:** gamay. **Alc./**12,5%. **marcel-lapierre.com**

Servir dans les cinq années suivant le millésime, à 16 °C

Endives braisées aux cerises et au kirsch (***), farfalles aux champignons séchés et jambon séché (***), salade de framboises à l'eau de rose et julienne de nori (voir recette sur **papillesetmolecules.com**) ou sushis en bonbons de purée de framboises (***).

Nebbiolo Pio Cesare (2008)

NEBBIOLO D'ALBA, PIO CESARE, ITALIE

28,15 $ **SAQ S** 544973 ★★★?☆ **$$**$ **Corsé**

Ce nebbiolo représente, depuis nombreux millésimes, un classique du genre, vinifié avec doigté par l'équipe de cette réputée maison piémontaise et offert à un prix doux pour son rang – qui est celui de certains barolos vendus beaucoup plus cher… Vous avez donc compris que vous dégusterez un nebbiolo *benchmark*, c'est-à-dire au nez à la fois fruité, floral et éthéré, rappelant certains pinots noirs bourguignons, d'une bonne intensité, mais sans artifice ni surmaturité inutile, à la bouche toujours ramassée et très fraîche, mais aux tanins fins et étonnamment gras pour le cépage, au corps passablement généreux, et aux saveurs qui ont de l'éclat et de l'allonge, tout en demeurant aériennes. Du sur-mesure pour faire ses gammes à bon prix avec ce noble cépage. Cuisinez des mets rehaussés par les aliments complémentaires à la rose, qui est son composé aromatique de liaison harmonique. Optez, entre autres, pour le safran, la tomate, la fraise, le poivre du Sichuan, l'eucalyptus, le balsamique ou le thé fumé. **Cépage:** nebbiolo. **Alc./**14%. **piocesare.it**

Servir dans les dix années suivant le millésime, à 17 °C et oxygéné fortement en carafe 15 minutes

Brochettes de bambou imbibées au thé noir fumé (***) pour grillades de viande rouge, goulash de bœuf au piment chipotle fumé (***), tajine d'agneau au safran, magret de canard fumé au thé lapsang souchong ou fettucine all'amatriciana « à ma façon » (*).

Argile Rouge (2006)

J'aime

MADIRAN, MONTUS-BOUSCASSÉ, FRANCE

28,25 $ **SAQ S** 11179472 ★★★☆ **$$$** **Corsé**

Ce cru d'Alain Brumont, issu d'un rarissime sol d'argile rouge, rarissime à Madiran, résulte une fois de plus, depuis le tout premier millésime en 2001, en un rouge au nez à la fois profond et frais, intense et minéral, sans aucun boisé apparent et sans surextraction inutile. La bouche se montre comme à son habitude à la fois pulpeuse et dense, pleine et ample, aux tanins mûrs à souhait et enveloppés comme rarement à Madiran – argile rouge oblige! Du fruit à profusion, aux notes de fruits noirs et rouges presque confits, avec une pointe de réglisse noire. Un cru qui ne fait qu'un avec les plats dominés par la réglisse ou l'anis étoilé – qui ont toutes deux le pouvoir d'assouplir les tanins du tannat et de propulser les saveurs des madirans dans le temps. **Cépages:** 50% tannat, 25% cabernet sauvignon, 20% cabernet franc, 5% fer servadou. **Alc./**14%. **brumont.fr**

Servir dans les huit années suivant le millésime, à 17 °C et oxygéné en carafe 15 minutes

Lait de topinambour à l'anis étoilé (***), braisé de bœuf à l'anis étoilé « façon À la di Stasio », brochettes de bambou imbibées à l'anis étoilé « pour cubes de bœuf » (***) ou jarret d'agneau confit et lentilles du Puy au jus d'agneau parfumé à l'anis étoilé.

Château Haut-Chaigneau (2009)

J'aime

LALANDE-DE-POMEROL, ANDRÉ CHATONNET, FRANCE

28,55 $ **SAQ S** 866467 ★★★☆ **$$$** **Corsé**

Pascal Chatonnet a réussi un 2009 d'un charme sans artifice ni boisé dominant. Que du fruit, du raffinement dans le détail, de l'élan, de la texture, du crémeux, sans trop, et des saveurs persistantes, rappelant la violette, la mûre, la prune et le poivre noir. Belle prise tannique en fin de bouche, aux tanins réglissés et tissés serrés, tout en étant presque gras. Terroir et savoir-faire au service du millésime, et de notre plaisir. À l'aveugle – comme je déguste tout à l'aveugle –, j'étais en saint-émilion grand cru, mais je ne vous dis pas chez quel château ☺. Vous avez compris que c'est un grand millésime pour ce château... Il faut savoir que ce vigneron est aussi un œnologue de réputation mondiale, propriétaire du laboratoire Excell à Bordeaux. Il a été l'homme derrière l'identification et la maîtrise des fameux brettanomyces (des levures nuisibles au goût de sueur de cheval). Il a aussi été le premier à clairement expliquer (dès 1993) l'origine des problèmes de contamination des caves, puis du liège (TCA), par les chloroanisoles et les chlorophénols et à trouver les solutions pour les éviter. *Flying wine maker* reconnu, il prescrit ses conseils aux quatre coins du globe, dans des domaines réputés, comme Roda, Pintia et Vega Sicilia (Espagne), Cos d'Estournel (Saint-Estèphe), D'Issan (Margaux), Altaïr (Chili), Tokaji Oremus (Hongrie) et Mission Hill (Colombie-Britannique), sans oublier, en France, les Beaucastel (Châteauneuf-du-Pape) et Cauhapé (Jurançon). **Cépages :** 90 % merlot (vignes de 40 ans d'âge en moyenne), 10 % cabernet franc. **Alc./**14,5 %. **vignobleschatonnet.com**

Servir dans les dix années suivant le millésime, à 17 °C et oxygéné en carafe 30 minutes

Brochettes de bambou imbibées à l'anis étoilé « pour cubes de bœuf » (***), fromage Gruyère Réserve très vieux accompagné de « confipote de prunes à l'anis étoilé » (voir confipote sur **papillesetmolecules.com**) ou croûtons de brioche, bœuf grillé mariné au poivre long et purée de poivrons rouges rôtis au sésame grillé (voir recette sur **papillesetmolecules.com**) ou bonbons de framboise et algue nori (***).

Chorey-lès-Beaune François Gay (2009)

J'aime

CHOREY-LÈS-BEAUNE, FRANÇOIS GAY ET FILS, FRANCE

29,20 $ **SAQ S** 917138 ★★★☆ **$$$** **Modéré+**

Comme toujours avec le chorey de ce domaine, une ixième réussite à ne pas laisser filer, tout en inscrivant les prochains millésimes dans votre liste de bourgogne « à acheter bon an mal an les yeux fermés ». Un cru plus que jamais richement aromatique, mais avec raffinement dans le détail et race dans l'expression, aux intenses effluves de cerise, de framboise, de violette et de cannelle, à la bouche presque tannique, mais aux tanins marqués comme à leur habitude par un grain fin, à l'acidité fraîche juste dosée, au corps passablement ample, et même charnu dans ce millésime, et aux longues saveurs florales. **Cépage:** pinot noir. **Alc./**13%.

Servir dans les huit années suivant le millésime, à 17 °C

Salade de framboises à l'eau de rose et julienne d'algue nori (voir recette sur **papillesetmolecules.com**), filet de saumon grillé et pesto de tomates séchées (***) ou confiture de framboises et tomates (***) pour accompagner fromages à pâte ferme.

Marchesi Antinori Riserva (2007)7

CHIANTI CLASSICO, MARCHESI ANTINORI, ITALIE

29,25$ **SAQ C** 11421281 ★★★☆ $$$ **Corsé+**

Un vin d'une grande élégance, bien en chair et étoffé, offert à un prix plutôt affable pour le rang. Robe d'un rouge grenat profond aux reflets rubis. Nez très aromatique et racé, passablement puissant et même envoûtant, dégageant des notes complexes de violette, de sous-bois, de vanille, de vieux cuir, de cassis et de réglisse. D'une bouche aux tanins fins et fermes, tissés serrés, avec de la grippe, à l'acidité tout aussi vive, sans trop, s'enveloppant d'une texture qui remplit bien la bouche, d'une certaine sensualité, terminant sur de longues saveurs animales, confites et torréfiées. Plus italien que ça... **Cépage:** sangiovese. **Alc./**13,5%. **antinori.it**

Servir dans les neuf années suivant le millésime, à 17 °C et oxygéné en carafe 30 minutes

Sablés au parmesan et au café (***), légumes d'automne rôtis au four pour vins boisés (***), braisé de bœuf à l'anis étoilé « façon À la di Stasio », brochettes de bambou imbibées à l'anis étoilé « pour cubes de bœuf » (***) ou carré d'agneau et jus au café expresso (*).

Cabernet Sauvignon Palazzotto Maculan (2009)

VENETO, FAUSTO MACULAN, ITALIE

29,80$ **SAQ S** 11580995 ★★★☆ $$$ **Corsé**

Comme tous les vins signés Maculan, le Palazzotto est à ranger dans vos achats « obligatoires », et ce, bon an mal an. Pourquoi? Tout simplement parce que tous les millésimes de ce cru que j'ai dégustés depuis belle lurette ont offert satisfaction pour le prix demandé. Voyez par vous-même avec celui-ci, attendu au cours de l'automne 2012. Couleur soutenue. Nez complexe, profond, frais et détaillé, sans boisé dominant. Bouche charnue, ample et pleine, presque joufflue, mais avec une belle retenue européenne, aux saveurs expressives et d'une grande allonge, laissant des tonalités de poivre, de fumée, de goudron, de poivron rouge rôti et de fruits noirs. **Cépage:** cabernet sauvignon. **Alc./**14,5%. **maculan.net**

Servir dans les dix années suivant le millésime, à 18 °C

Viande grillée avec « épices à steak d'après cuisson au thé noir fumé et vanille » (***), osso buco de veau, sauce liée au chocolat et gremolata à l'orange et graines de coriandre (***), purée de poivrons rouges rôtis à l'huile de sésame grillé (voir recette sur **papillesetmolecules.com**) ou salade de riz sauvage aux champignons (***).

Les Baronnes (2008)

SANCERRE, DOMAINE HENRI BOURGEOIS, FRANCE

29,85$ **SAQ S** 10267841 ★★★?☆ **$$$** **Modéré**

Ah oui, pour ceux qui ne le savent pas, le sancerre rouge existe, et il est à base de pinot noir. Ceci explique cela! Et la bonne nouvelle, la famille Bourgeois, qui excelle en blanc, possède aussi le secret du pinot en Sancerre☺. Très aromatique, enjôleur comme pas un, pur et élégant, sur les fruits rouges, pour ne pas dire sur la cerise, tanins soyeux, corps aérien, acidité juste dosée et saveurs longues et expressives. Le printemps, quoi! D'autant plus que la pivoine et le girofle s'ajoutent au cocktail aromatique, créant ainsi la synergie recherchée pour s'interpénétrer avec ma recette de soupe de betteraves, plus particulièrement la variation *Papilles pour tous!* cannelle et mangue. Comme je dirais d'une page d'un ami Facebook: «J'aime». **Cépage:** pinot noir. **Alc./**13%. **henribourgeois.com**

Servir dans les sept années suivant le millésime, à 16°C

Amandes pralinées cacao/cannelle (***), soupe de betteraves rouges au fromage à la crème, à la cannelle et à la mangue (***), tourtière classique à la cannelle et clou de girofle (***) ou bœuf de la Ferme Eumatimi frotté à la cannelle avant cuisson, compote d'oignons brunis au four et parfumée à la pâte d'anchois salés (**).

Tancredi (2008)

J'aime ♥

SICILIA, TENUTA DONNAFUGATA, ITALIE

29,90$ **SAQ S** 10542129 ★★★☆?☆ **$$$** **Corsé+**

Les amateurs de grands vins toscans, tout comme ceux qui ont une dévotion pour le cabernet sauvignon bordelais, seront une fois de plus comblés avec ce cru de référence sicilien, architecturé autour du noble cépage nero d'avola. Découverts lors d'un séjour sur la côte amalfitaine, en 1999, les vins de Donnafugata, qui figuraient sur la carte de la grande majorité des restaurants visités durant ces vacances, sont heureusement depuis devenus des étoiles filantes sur le marché québécois. Ce qui inclut bien sûr cet excellent Tancredi, coup de cœur millésime après millésime depuis son introduction avec le 2004. Il poursuit sa suite de millésimes réussis avec brio en présentant ce 2008 au nez à la fois complexe et profond, et à la bouche toujours aussi dense et persistante. Donc, un cru à la couleur soutenue, au nez concentré, détaillé et prenant, où s'entremêlent mûre, violette, cèdre et café, à la bouche au coffre imposant, aux tanins compacts et aux saveurs qui ont de l'éclat et de la profondeur, comme à son habitude, ainsi qu'au boisé juste dosé, même si présent. **Cépages:** 70% nero d'avola, 30% cabernet sauvignon. **Alc./**13,5%. **donnafugata.it**

Servir dans les dix années suivant le millésime, à 17°C et oxygéné en carafe 60 minutes

Viande grillée avec «épices à steak d'après cuisson au thé noir fumé et vanille» (***), pâte concentrée de poivrons rouges rôtis à l'huile de sésame grillé (voir recette sur **papillesetmolecules.com**) ou filet de bœuf de la ferme Eumatimi, sauce *mole* mexicaine à la noix de coco et au cinq-épices (**).

Coudoulet de Beaucastel (2009) J'aime

CÔTES-DU-RHÔNE, VIGNOBLES PIERRE PERRIN, FRANCE

29,95 $ **SAQ S*** 973222 ★★★☆ **$$**$ **Corsé** **Bio**

Un coudoulet au nez explosif, dévoilant de puissants effluves de genièvre, de poivre noir, d'olive noire et de fruits noirs. La bouche suit avec autant d'ampleur, de texture et de présence. Les tanins sont ultra-soyeux, l'acidité discrète et l'épaisseur plus que veloutée. Grand classique des dix-sept années de *La Sélection* s'il en est un, le Coudoulet de la famille Perrin est devenu un modèle de régularité, faisant de lui l'un de mes favoris parmi ma liste des crus « à acheter bon an mal an les yeux fermés ». Comme le basilic, le thym, le cacao, le safran, le café, le thé noir fumé et le gingembre sont des aliments complémentaires au poivre, l'une des pistes aromatiques de ce vin, n'hésitez pas à le marier à des plats dominés par ces ingrédients de liaisons harmoniques. **Cépages:** 30 % mourvèdre, 30 % grenache, 20 % syrah, 20 % cinsault. **Alc./**14 %. **perrin-et-fils.com**

Servir dans les dix années suivant le millésime, à 17 °C

Viandes grillées avec « épices à steak d'après cuisson au thé noir fumé et à la vanille » (***), osso buco de veau, sauce liée au chocolat et gremolata à l'orange et graines de coriandre (***), tourtière de la Beauce et betteraves sautées à l'émulsion « Mister Maillard » (voir recette de l'émulsion « Mister Maillard » sur papillesetmolecules.com) ou magret de canard rôti, graines de sésame et cinq-épices, navets confits au clou de girofle (**).

Le Volte (2010) J'aime

TOSCANA, TENUTA DELL'ORNELLAIA, ITALIE

30 $ **SAQ S** 10938684 ★★★☆ **$$**$ **Corsé**

Élaboré par l'équipe de la grande Tenuta dell'Ornellaia, dont le vin éponyme fait partie de l'élite des grandes pointures italiennes, ce Volte se passe presque de présentation tant les millésimes réussis se suivent un après l'autre, comme avec ce 2010. Un toscan au nez une fois de plus subtil et frais, passablement riche, plus que dans le précédent 2009, à la bouche presque juteuse, comme à son habitude, mais aux tanins qui ont de la prise, au corps ample et plein, sans trop, et aux saveurs longues et expressives rappelant le cacao, le café et les fruits noirs. **Cépages:** sangiovese, merlot, cabernet. **Alc./**13,5 %. **ornellaia.com**

Servir dans les sept années suivant le millésime, à 17 °C et oxygéné en carafe 15 minutes

Sandwich de canard confit et nigelle (voir sur **papillesetmolecules.com**) ou brochettes de bœuf et poivrons verts et rouges marinés à l'huile de sésame (***).

Château d'Agassac (2009) J'aime

HAUT-MÉDOC, CHÂTEAU D'AGASSAC, FRANCE

30,25 $ **SAQ S** **11341927** ★★★☆ **$$$** **Corsé**

Ce cru bourgeois se positionne au sommet des meilleurs rapports qualité-prix médocains de ces crus depuis déjà de nombreux millésimes. Ce qu'il fait à nouveau – et fera assurément dans les années à venir. D'un rouge opaque. D'un nez très aromatique, complexe et étonnamment riche pour son rang, aux notes de cerise noire, de prune, de violette, de cassis et de cèdre. D'une bouche aux tanins tissés certes serrés, un brin fermes, mais d'une texture toujours aussi ample et charnue, pleine et presque sphérique, aux longues saveurs de fruits noirs, sans boisé dominant. Du sérieux, à prix doux – quand on tient compte des prix stratosphériques des grands «seigneurs» bordelais... **Cépages:** 50% merlot, 47% cabernet sauvignon, 3% cabernet franc. **Alc./**13,2%. **agassac.com**

Servir dans les onze années suivant le millésime, à 17 °C et oxygéné en carafe 30 minutes

Lait de topinambour à l'anis étoilé (***), brochettes de bambou imbibées au clou de girofle «pour grillades de viande rouge» (***), tourtière classique à la cannelle et clou de girofle (***) ou calmars farcis au bœuf et riz sauvage parfumés à la cannelle et girofle (***).

Les Terrasses (2010) — J'aime

PRIORAT, ÀLVARO PALACIOS, ESPAGNE

30,25$	**SAQ S**	10931562	★★★☆?☆	**$$$**	**Corsé+**

Modèle de régularité, millésime après millésime, depuis la création de cette cuvée, Álvaro Palacios a réussi à toucher au plus grand nombre d'amateurs en offrant une cuvée haute définition à prix demeurant sage. Il n'atteint pas la grandeur de ses majestueux Finca Dofi et Ermita (aussi commentés), mais, à ce prix, il ombrage complètement la compétition... Il ne vous faudra donc pas laisser filer ce nouveau millésime – tout comme les prochains à venir (!) –, dégusté en primeur à deux reprises, à mon bureau en juillet 2012, et dans le priorat en septembre 2012. Depuis sept ans, mes dégustations, sur place, de tous les crus du Priorat des autres domaines confirment à nouveau que nous sommes en présence du meilleur rapport qualité-prix de son appellation chez les vins offerts sous la barre des cinquante dollars. Il faut dire que Palacios effectue une sélection très rigoureuse des meilleurs raisins provenant de 110 parcelles différentes, étant donné les nombreuses plantations récentes ajoutées à ses sources pour ce cru. L'assemblage a aussi évolué au fil des ans, étant maintenant dominé par le samsó, un cépage autochtone qui a été remis au goût du jour. Le résultat confirme ce travail. Nez à la fois distingué et profond, concentré, mais sans esbroufe, ni surmaturité, ni boisé inutiles. Belle complexité de notes de réglisse noire, de zeste d'orange et de fruits noirs. Bouche toujours aussi riche et débordante de saveurs, sans aucune lourdeur ni puissance, même plutôt fraîche et minérale. Un modèle d'harmonie. Tanins mûrs et enveloppés, mais avec une certaine prise de jeunesse, aux éclatantes saveurs de cacao, de mûre et d'épices douces. D'une race rarissime chez les vins de Priorat offerts à ce prix. **Cépages:** 60% samsó, 30% garnacha, 10% cabernet sauvignon et syrah. **Alc./**14,5%.

Servir dans les douze années suivant le millésime, à 17 °C et oxygéné fortement en carafe 30 minutes

Purée_Mc² pour amateur de vin au céleri-rave et clou de girofle (voir recette sur **papillesetmolecules.com**), morceau de flanc de porc poché, vinaigrette de boudin à la noix de coco, *crumble* de boudin noir (**) ou bœuf de la Ferme Eumatimi frotté à la cannelle avant cuisson, compote d'oignons brunis au four et parfumée à la pâte d'anchois salés (**).

Salmos (2009)

PRIORAT, MIGUEL TORRES, ESPAGNE

30,25 $	SAQ S 10857690	★★★☆ $$$	Corsé+

Miguel Torres, le personnage clef dans l'évolution qualitative des vins d'Espagne, a, tardivement, aussi posé pied dans le Priorat, suivant la ruée vers l'or débutée à la fin des années quatre-vingt par une jeune bande de loups assoiffés de défis, avec René Barbier père et Álvaro Palacios à leur tête. On peut dire que son **Salmos** est une réussite. Pas parce qu'il fait partie des meilleurs crus du Priorat, ce qui n'est pas le cas, mais parce qu'il représente un excellent rapport qualité-prix dans une appellation où une flambée de demandes a fait bondir le prix à la pompe. Prix souvent mérité, mais quelques fois exagéré. Quoi qu'il en soit, avec le Salmos, vous dégusterez un vin au nez extraverti, concentré et étonnamment profond, exhalant des notes de fruits noirs, de torréfaction, de cacao, de clou de girofle et de chêne neuf, sans excès de boisé, à la bouche au fruité démonstratif, généreux et presque pulpeux, façon Nouveau Monde, mais retenu par une belle assise tannique européenne, aux tanins fins, et non dénuée de fraîcheur. **Cépages:** cariñena, garnacha, syrah. **Alc./**15 %. **torres.es**

Servir dans les huit années suivant le millésime, à 17 °C et oxygéné en carafe 5 minutes

Pulled pork à la noix de coco et au Spiced Rhum El Dorado (***) ou filet de bœuf de la Ferme Eumatimi, sauce *mole* mexicaine à la noix de coco et au cinq-épices (**).

Château de La Dauphine (2009)

J'aime

FRONSAC, DOMAINES JEAN HALLEY, FRANCE

31,25 $	SAQ S 11341821	★★★☆ $$$	Corsé

Les derniers millésimes de ce cru ont tous reçu un coup de cœur dans mes précédentes *Sélection*, ce que ce 2009 atteint. Il faut savoir que cette ancienne propriété des Établissements Jean-Pierre Moueix est depuis 2000 la propriété de Jean Halley, qui réussit avec maestria l'ensemble des vins produits sous son nom. La Dauphine, comme toujours, présente un nez envoûtant et mûr à point, non sans rappeler la richesse et la profondeur de certains crus de Pomerol, vendus beaucoup plus cher. Framboise compotée, épices douces et truffe en signent le bouquet. On a donc affaire une fois de plus à un cru de Fronsac de haute couture. La bouche est à la fois fraîche et prenante, généreuse et longiligne, aux tanins tissés serrés, mais presque gras. Harmonieux et complexe, voilà une ixième réussite. Donc, au sommet de ma liste d'achat « à acheter bon an mal an les yeux fermés ». **Cépages:** 80 % merlot, 20 % cabernet franc. **Alc./**14,5 %. **chateau-dauphine.com**

Servir dans les dix années suivant le millésime, à 17 °C et oxygéné en carafe 30 minutes

Figues confites au thé Pu-erh, chantilly de fromage Saint-Nectaire (**), cailles sautées à la poêle et riz sauvage aux champignons (*) ou pizza à la japonaise « okonomiyaki » (***).

Guigal Gigondas (2009) J'aime

GIGONDAS, E. GUIGAL, FRANCE

31,75 $ **SAQ S*** 334615 ★★★☆ **$$$** **Corsé+**

Comme d'habitude avec cette cuvée, un judicieux assemblage, élevé deux ans en foudres de chêne, dont la moitié en chêne neuf, provenant de vieilles vignes de 40 ans d'âge cultivées sur des sols d'alluvions anciennes et d'argiles rouges caillouteuses en coteaux. Il en résulte un gigondas au nez à la fois riche, profond et complexe, d'une bonne maturité de fruit, laissant aller des notes de fruits noirs, de réglisse et de torréfaction, à la bouche plus que jamais charnue et tannique, aux tanins à la fois mûrs et tricotés serrés, aux saveurs pénétrantes et persistantes, à la fois fruitées et épicées. Meilleur que jamais. **Cépages:** 65 % grenache, 10 % syrah, 25 % mourvèdre. **Alc./**14 %. **guigal.com**

Servir dans les neuf années suivant le millésime, à 18 °C et oxygéné en carafe 30 minutes

Osso buco de veau, sauce liée au chocolat et gremolata à l'orange et graines de coriandre (***), brochettes de bœuf sauce au fromage bleu (*) ou goulash de bœuf parfumé au girofle et sésame grillé (***). Fromage: parmigiano reggiano (plus de 24 mois d'affinage).

Roggio del Filare (2008)

ROSSO PICENO SUPERIORE, VELENOSI, ITALIE

32,25 $ **SAQ S** 11488267 ★★★☆?☆ **$$$** **Corsé+**

Depuis le milieu des années 2000, ce cru composé de montepulciano et de sangiovese représente l'une des valeurs sûres des Abruzzes (lire les commentaires des millésimes antérieurs dans les précédentes *Sélection Chartier*). Ce 2008 n'y fait pas exception, et je parie gros pour le même résultat dans les prochains millésimes. Quelle profondeur dans la couleur! Quel éclat et quelle race aromatique! Très haute définition aromatique, sans aucun boisé apparent, au fruité certes concentré et mûr, mais surtout pas surmûri inutilement, aux tanins ultra-polis, au corps à la fois dense et raffiné, plein et sphérique, d'une fraîcheur exemplaire pour un vin aussi juteux et pulpeux, aux saveurs d'une grande allonge, rappelant le bleuet, le cassis, la mûre, la violette et le café. Sérieux, vous dites?! **Cépages:** montepulciano, sangiovese. **Alc./**14 %. **velenosivini.com**

Servir dans les dix années suivant le millésime, à 18 °C

Carré d'agneau et jus au café expresso (*), feuilles de vigne farcies_Mc²: riz sauvage soufflé, bacon de sanglier, sirop de riz brun/café (**) ou asperges vertes rôties, enrobées de chocolat noir infusé au thé fumé Zheng Shan Xiao Zhong, fleur de sel au café (**).

Château-Fortia (2010) J'aime

CHÂTEAUNEUF-DU-PAPE, BARON LE ROY DE BOISEAUMARIÉ, FRANCE

32,50 $ **SAQ S** 11171286 ★★★☆?☆ **$$$** **Corsé**

Domaine historique de Châteauneuf, difficile d'être plus *benchmark* de l'appellation avec ce 2010, dégusté en primeur en juin 2012. Une fois de plus, le vin de ce domaine m'interpelle par son nez richissime et complexe, presque fauve, exhalant d'intenses parfums de genièvre, de romarin, de thym, de fruits à l'eau-de-vie et de cuir. La bouche suit avec expressivité, ampleur et volume, se montrant aussi très détendue, fondue et enveloppante, égrainant de puissantes saveurs animales, ainsi que de garrigue. Superbe harmonie d'ensemble, comme à son habitude, tanins mûrs à point, presque tendres, et plaisir à boire. **Cépages:** 70% grenache, 24% syrah, 5% mourvèdre, 1% counoise. **Alc./**13,5%. **chateau-fortia.com**

Servir dans les huit années suivant le millésime, à 17 °C

Pâtes aux olives noires/genièvre/thym/shiitakes (***) ou pot-au-feu froid d'agneau cuit rosé, cubes de bouillon à la sauge, condiment au curcuma, sel de romarin (**).

Les Menhirs (2004) J'aime

VIN DE PAYS DES CÔTES DE GASCOGNE,
MONTUS-BOUSCASSÉ, FRANCE

32,50$ **SAQ S** 11222021 ★★★☆ **$$$** **Corsé+**

Toujours à l'affût de nouveaux défis, le verbomoteur de Madiran qu'est Alain Brumont a créé au fil des ans quelques nouvelles cuvées, dont l'Argile (aussi commentée) ainsi que Les Menhirs. Cette dernière, à parts égales de merlot et de tannat, surprend par sa chair sensuelle, sa plénitude de saveur et sa texture d'une grande épaisseur veloutée. Réglisse, café et fruits noirs signent avec panache le nez plus qu'expressif. Son profil merlot est doublé d'un grain serré typique du tannat. Le meilleur des deux mondes? Une question de goût, mais quoi qu'il en soit le charme et la volupté opèrent. Assurément à suivre au fil des prochains millésimes. **Cépages:** tannat, merlot. **Alc./**15%. **brumont.fr**

Servir dans les douze années suivant le millésime, à 17 °C et oxygéné en carafe 15 minutes

Filet de bœuf de la Ferme Eumatimi, sauce *mole* mexicaine (à la noix de coco et au cinq-épices) (**).

Pinot Noir Mas Borràs (2009)

PENEDÈS, MIGUEL TORRES, ESPAGNE

33,25$ **SAQ S** 856039 ★★★☆ **$$$** **Corsé**

Depuis le millésime 2000 déjà que ce pinot noir catalan se montre réussi, année après année. Et ce 2009 n'y fait pas exception, se montrant à la fois complet et profond. Donc, un pinot catalan, ayant besoin d'un bon gros coup de carafe pour se délier la parole, au niveau aromatique, mais qui se montre très bavard en bouche, déroulant un tapis de saveurs pleines, joufflues et denses, sans boisé dominant, ni surmaturité inutile. Un vin compact, mais sans vraiment être ferme, qui perdure longuement en fin de bouche sur des tonalités de fruits noirs, de réglisse, de fumée, de vanille et de girofle. **Cépage:** pinot noir. **Alc./**14%. **torres.es**

Servir dans les huit années suivant le millésime, à 17 °C et oxygéné en carafe 30 minutes

Tartare de bœuf, champignons shiitakes, vinaigrette de betteraves et copeaux de parmesan (***), viandes rouges grillées et «épices à steak d'après cuisson au thé noir fumé et vanille» (***) ou pétoncles poêlés, couscous de noix du Brésil a l'orange sanguine, lait de coco au gingembre (**).

Brancaia (2008) J'aime

CHIANTI CLASSICO, PODERE LA BRANCAIA, ITALIE

33,75 $	**SAQ S**	10431091	★★★☆	**$$$**	**Corsé**

Offert à près de cinq dollars de moins qu'à l'automne 2011, ce sangiovese au nez enchanteur et complexe, passablement riche et détaillé, rappelant la prune, la cerise noire, le girofle et la fumée, devient plus que jamais une remarquable aubaine, pour son rang. Bouche à la fois fraîche et ample, pleine et longiligne, aux tanins racés, tissés serrés, mais dans une matière presque détendue, aux saveurs très longues, où s'ajoutent la cannelle, le café et le poivre. De l'un des domaines les plus en vue actuellement en Toscane, ce chianti classico, dégusté à quelques reprises depuis juillet 2011, a été souligné dans *La Sélection* dans plusieurs millésimes, comme tous les crus de cette maison d'ailleurs, mais avec ce 2008 il mérite un fois de plus un « J'AIME ! » bien senti. **Cépages :** sangiovese (dominant), merlot. **Alc./**13,5 %. **brancaia.com**

Servir dans les huit années suivant le millésime, à 17 °C et oxygéné en carafe 15 minutes

Filet de bœuf de la ferme Eumatimi, sauce *mole* mexicaine à la noix de coco et au cinq-épices (**), épices à steak « d'après cuisson » au thé noir fumé et à la vanille (***) ou longe de porc fumée sauce au boudin noir et au vin rouge.

Dominio de Atauta (2008) J'aime

RIBERA DEL DUERO, BODEGAS DOMINO DE ATAUTA, ESPAGNE

33,75 $	**SAQ S**	11466341	★★★☆?☆	**$$$**	**Corsé+**	**Bio**

Ce cru espagnol, commenté à quelques reprises dans les précédents millésimes, se montre une fois de plus réussi avec brio. Offrant matière et raffinement, profondeur et fraîcheur. Donc, un rouge certes gorgé de fruits et au boisé présent, mais juste dosé et subtilement torréfié et épicé, laissant parler le fruit, à la matière toujours aussi dense et ramassée, aux tanins nobles et tissés très serrés, avec fermeté, mais sans dureté, d'une bonne fraîcheur dans cette maturité de fruit optimale. Lardon, fumée, café, fruits noirs, girofle et cacao s'entremêlent dans une longue finale. Une grande pointure, non dénuée de fraîcheur et de minéralité. Il faut savoir qu'il est élaboré à base de très vieilles vignes de 60 à 150 ans d'âge, dont 80 % des ceps sont francs de pied, donc non greffés, cultivées sur plus de 300 micro-parcelles, à une altitude de 1000 mètres, ce qui explique la fraîcheur et la minéralité de ce rouge. Il faut aussi ajouter que le vinificateur a fait ses classes chez la famille Foucault du Clos Rougeard, à Saumur-Champigny. Ceci explique cela... **Cépage :** tinto fino (tempranillo). **Alc./**14,5 %. **dominiodeatauta.com**

Servir dans les quinze années suivant le millésime, à 17 °C et oxygéné en carafe 30 minutes

Magret de canard rôti, graines de sésame et cinq-épices, navets confits au clou de girofle (**).

Clos de Cuminaille Pierre Gaillard (2010) J'aime

SAINT-JOSEPH, DOMAINE PIERRE GAILLARD, FRANCE

34,50 $ **SAQ S** 11231963 ★★★☆ **$$$** **Corsé**

Comme tous les crus signés par ce viticulteur attentionné, l'élégance marque ce saint-joseph depuis de nombreux millésimes. Raffinement certes, mais aussi profondeur, densité, complexité aromatique (violette, mûre, prune), pas de bois à l'horizon, tanins nobles, sans dureté, corps plein, mais presque effilé. Grande harmonie, pour un vin qui gagne beaucoup dans le temps. Donc, une fois de plus, à ranger parmi les belles réussites de l'appellation. Si vous désirez monter quelques marches qualitatives, ne laissez pas filer son superbe **Côte-Rôtie 2010 (63 $; 731133)**, débordant de saveurs (fumée, bacon, poivre, olive noire, fruits noirs), généreux et enveloppant, comme l'homme… **Cépage:** syrah. **Alc.**/13,5 %. **domainespierregaillard.com**

Servir dans les dix années suivant le millésime, à 17 °C et oxygéné en carafe 45 minutes

Sauté de bœuf au gingembre et betteraves rouges sautées à la poêle à l'émulsion « Mister Maillard » (voir « Mister Maillard » sur **papilles etmolecules.com**).

Lucente (2009)

TOSCANA, TENUTA LUCE DELLA VITE, ITALIE

34,95 $** **SAQ S**☆ 860627 ★★★☆ **$$$ **Corsé**

Lucente nous a habitués au fil des millésimes à un vin au nez passablement riche, d'un grand charme et fort complexe, exprimant des notes de prune, de fraise mûre, d'épices douces et de café, au boisé un brin torréfié, sans trop, à la bouche presque pulpeuse, aux tanins à la fois réglissés et gras, mais avec un grain ferme et serré, à l'acidité discrète et aux corps généreux. Ce qu'il signe à nouveau avec cet excellent achat que représente ce 2009. **Cépages:** 75 % merlot, 25 % sangiovese. **Alc.**/14,5 %. **lucewines.com**

Servir dans les huit années suivant le millésime, à 17 °C et oxygéné en carafe 30 minutes

Purée_Mc² pour amateur de vin, au céleri-rave et clou de girofle (**) ou feuilles de vigne farcies_Mc²: riz sauvage soufflé, bacon de sanglier, sirop de riz brun/café (**).

Tilenus « Pagos de Posada » Reserva (2004) J'aime

BIERZO, BODEGAS ESTEFANÍA, ESPAGNE

35,75 $ **SAQ S** 10855889 ★★★☆ **$$$** **Corsé**

Ce cru espagnol à base de vieilles vignes de mencia, de 80 à 100 ans d'âge, se montre à nouveau l'une des belles références de l'appellation, méritant pratiquement quatre étoiles millésime après millésime. Il possède à tout coup une race évidente, liée à une étonnante profondeur et une invitante intensité minérale. Le nez se montre complexe et très riche, laissant apparaître des notes à la fois profondes et raffinées, rappelant la mûre, la prune, le girofle et la violette. La bouche suit avec une texture quasi veloutée, sans lourdeur, plutôt fraîche et élancée, mais avec une profondeur inouïe, aux tanins extrafins, mais tissés serrés, et aux saveurs d'une très grande allonge. Le boisé, comme à son habitude, est admirablement intégré au cœur de la matière. Le quatre-épices, le clou de girofle et les légumes-racines sont à ranger dans les ingrédients qui le placent dans une zone de confort harmonique. **Cépage:** mencia. **Alc./**13,5%. **tilenus.com**

Servir dans les quinze années suivant le millésime, à 17°C et oxygéné en carafe 45 minutes

Magret de canard rôti, graines de sésame et cinq-épices, navets confits au clou de girofle (**).

Château Mont-Redon (2009)

CHÂTEAUNEUF-DU-PAPE, ABEILLE-FABRE, FRANCE

37$	**SAQ S**☆	856666	★★★☆	**$$$**	**Corsé**

Comme à son habitude, Mont-Redon présente un châteauneuf d'une belle maturité aromatique, mais sans excès de surmaturité inutile, qui se donne plus pleinement, exhalant des effluves passablement riches et raffinés, d'une certaine fraîcheur pour l'appellation, exhalant des tonalités de zeste d'orange, de fraise, de framboise, de violette et de torréfaction, à la bouche certes gorgée de saveurs, mais aussi et surtout très fraîche et aérienne à la fois, aux tanins mûrs et enveloppés, au corps modéré pour le style, lui procurant une belle digestibilité, aux saveurs d'une grande allonge. Une réussite, comme toujours, qui se donne des airs de... pinot noir (!) – mais ne le dites pas aux propriétaires... ☺. **Cépages:** grenache, syrah, mourvèdre. **Alc./**14,5%. **chateaumontredon.fr**

Servir dans les douze années suivant le millésime, à 17°C et oxygéné en carafe 15 minutes

Osso buco de veau, sauce liée au chocolat et gremolata à l'orange et graines de coriandre (***), daube d'agneau au vin et à l'orange ou légumes-racines sautés et «vinaigrette de betteraves rouges parfumée pour amateur de vin rouge» (***).

Les Saint-Jacques (2010) **J'aime** ♥

MARSANNAY, DOMAINE FOUGERAY DE BEAUCLAIR, FRANCE

37$	**SAQ S**	917302	★★★☆?☆	**$$$**	**Modéré+**

Il a fallu plus de vingt ans à la famille Fougeray pour réussir à acheter, lot par lot, à plus d'une dizaine de viticulteurs, le 1,52 hectare de ce cru prestigieux, composé de vieilles vignes, situé dans un des coteaux pierreux les mieux exposés de l'appellation. Ce ixième millésime réussi avec maestria, même supérieur aux précédents (!), explique une fois de plus le pourquoi de cette longue quête: couleur soutenue; nez enchanteur, complexe (violette, cerise noire, prune) et complet, au fruité mûr et au boisé modéré; bouche toujours aussi raffinée et stylisée, aux tanins mûrs et gras, mais qui ont du grain, et au corps étonnamment plein et nourri, sans compter une fraîcheur naturelle qui lui procure élan, longueur et plaisir à boire. Une grande réussite. La bonne nouvelle: les autres 2010 du domaine, dégustés en primeur en juillet 2012, sont aussi top niveau, comme le dense et texturé **Clos Marion 2010 Fixin (39,75$; 872952)**, provenant de vignes plantées en 1946, et le droit et épuré **Côtes-de-Nuits-Villages 2010 (30,75 $; 10865294)**. **Cépage:** pinot noir. **Alc./**13 %. **fougeraydebeauclair.fr**

Servir dans les dix années suivant le millésime, à 17 °C

Soupe de betteraves rouges au cacao et au cumin (***), sauté de bœuf au gingembre et betteraves rouges sautées à la poêle à l'émulsion « Mister Maillard » (voir « Mister Maillard » sur **papilles etmolecules.com**) ou vinaigrette de betteraves rouges parfumée pour amateur de vin rouge (***) ou bœuf de la Ferme Eumatimi frotté à la cannelle avant cuisson, compote d'oignons brunis au four et parfumée à la pâte d'anchois salés (**).

Les Sinards (2010)

CHÂTEAUNEUF-DU-PAPE, FAMILLE PERRIN, FRANCE

39 $ **SAQ S** 11208448 ★★★☆?☆ **$$$** **Corsé+**

Une fois de plus un châteauneuf réussi avec brio pour la famille Perrin, qui se passe de présentation dans ce village papal. Vous y découvrirez un 2010 d'une forte coloration, au nez concentré et profond, sans aucun boisé apparent, marqué par des tonalités fumées, fruitées et un brin animales, à la bouche dense, compacte, joufflue et généreuse, sans être chaude ni lourde, aux tanins fermes, sans trop, et aux saveurs très longues, égrainant des notes de mûre, d'épices et de café. Gagnera en volupté et en définition au fil des prochaines années. Il faut dire que la presque majorité des vins signés par la famille Perrin sont de véritables rapports qualité-prix « à acheter bon an mal an les yeux fermés ». **Cépages:** 50 % grenache, 20 % syrah, 20 % cinsault, 10 % mourvèdre. **Alc./**14 %. **perrin-et-fils.com**

Servir dans les douze années suivant le millésime, à 17 °C et oxygéné en carafe 90 minutes

Morceau de flanc de porc poché, vinaigrette de boudin à la noix de coco, *crumble* de boudin noir (**) ou filet de bœuf de la ferme Eumatimi, sauce *mole* mexicaine à la noix de coco et au cinq-épices (**).

Domaine de la Charbonnière (2009) J'aime

CHÂTEAUNEUF-DU-PAPE, MICHEL MARET ET FILLES, FRANCE

39,25 $ **SAQ S** 11600829 ★★★☆ **$$$** **Corsé+**

Pour la première fois à la SAQ, les vins de ce domaine ont tellement progressé au fil des derniers millésimes qu'ils devraient se tailler une place de choix au fil des prochaines années dans le cœur des amateurs de crus de Châteauneuf. Cette cuvée de base se montre tout à fait réussie, riche, profonde, passablement concentrée et complexe, sans boisé dominant, aux saveurs longues et précises de fruits noirs et de cacao. Les tanins sont tissés très serrés, mais mûrs à point, donc presque gras. Du coffre et de la densité qui étonnent pour son rang. Imaginez les deux autres cuvées **Les Hautes Brusquières 2009 (49,50 $; 11660080)** et **Mourre des Perdrix 2009 (51,75 $; 11600870)**... La première, issue du plateau de Brusquières, au sol de galets roulés sur argile, composée de vieilles vignes de 30 à 50 ans et d'une récolte complètement éraflée, se montre passablement dense et concentrée, aux tanins très serrés et fermes, sans dureté, au corps compact et aux saveurs d'une grande allonge.

La seconde se montre exubérante, au fruité concentré, richissime et percutant. La bouche est solidement appuyée par des tanins imposants, sans être massifs. Du volume, de la prestance et du coffre, pour un vin capiteux et superlatif. **Cépages:** 70% grenache, 30% syrah. **Alc./**15%. **domainedelacharbonniere.com**

Servir dans les dix années suivant le millésime, à 17°C

Osso buco de veau, sauce liée au chocolat et gremolata à l'orange et graines de coriandre (***) ou filet de bœuf de la ferme Eumatimi, sauce *mole* mexicaine à la noix de coco et au cinq-épices (**).

Ghiaie della Furba (2007) J'aime

ROSSO DI TOSCANA, CONTINI BONACOSSI, TENUTE DI CAPEZZANA, ITALIE

39,25$ **SAQ S** 745232 ★★★☆?☆ **$$$** **Corsé+**

Capezzana est depuis le milieu des années quatre-vingt-dix l'une des figures de proue en Toscane, et cet assemblage bordelais est depuis cette date l'un de mes préférés de la maison. Dégusté en primeur, en juin 2012, ce 2007 va dans la lignée des précédents millésimes. C'est-à-dire offrant expressivité, race, raffinement de texture, tanins gras, corps plein, presque dense, saveurs percutantes, égrainant de persistantes tonalités de violette, de framboise et de prune. À la hauteur de nombreux autres «super toscans» vendus le double du prix. **Cépages:** 60% cabernet sauvignon, 30% merlot, 10% syrah. **Alc./**14%. **capezzana.it**

Servir dans les dix années suivant le millésime, à 17°C et oxygéné en carafe 30 minutes

Carré d'agneau et jus au café expresso (*) ou viande grillée avec «épices à steak réinventées pour vin rouge élevé en barrique» (***).

Château La Sergue (2008) J'aime

LALANDE-DE-POMEROL, PASCAL CHATONNET, FRANCE

40$ **SAQ S** 11150400 ★★★☆?☆ **$$$** **Corsé+**

Comme toujours, millésime après millésime, ce cru du Libournais se montre d'une race étonnante, profond, dense et ramassé, au nez d'une haute définition, au boisé juvénile certes présent, mais déjà presque intégré au cœur de la matière, au fruité intense, mais sans excès de surmaturité inutile. L'une des grandes pointures de l'appellation, comme toujours, à la fois longiligne et svelte, mais avec une matière passablement riche et concentrée, qui prendra beaucoup d'expansion et de texture au fil des prochaines années, comme c'est son habitude. Moka, épices douces, vanille, crème de cassis et prune signent une grande allonge en fin de bouche. Une réussite, comme l'étaient les 2005 et 2006, tous deux commentés dans les précédentes *Sélection Chartier*. Pour en savoir plus sur l'homme derrière ce cru, lisez le commentaire détaillé du Château Haut-Chaigneau (aussi commenté). **Cépages:** 87% merlot (vignes de 40 ans d'âge en moyenne), 10% cabernet franc, 3% malbec. **Alc./**13,5%. **vignobleschatonnet.com**

Servir dans les douze années suivant le millésime, à 17°C et oxygéné en carafe 60 minutes

Filet de bœuf de la Ferme Eumatimi, sauce *mole* mexicaine à la noix de coco et au cinq-épices (**).

La Parde de Haut-Bailly (2008) J'aime

PESSAC-LÉOGNAN, CHÂTEAU HAUT-BAILLY, FRANCE

41,75 $ SAQ S 966796 ★★★☆?☆ $$$$ Corsé

Tout aussi réussi que le précédent 2006 du même cru, il se montre éclatant en bouche, plein, charnu, généreux et presque volumineux, aux saveurs de fruits noirs et de réglisse. Sa chair est plus détendue et texturée que celle plus élancée du 2006. De l'éclat et du plaisir charnel immédiat. J'AIME! Ce second vin du grand Haut-Bailly – le Haut-Bailly est aussi commenté dans cette *Sélection* de vins à acheter bon an mal an les yeux fermés –, toujours parmi les plus réussis et les plus abordables pour son rang. **Cépages:** 41 % cabernet sauvignon, 51 % merlot, 8 % cabernet franc. **Alc./**13 %. **chateau-haut-bailly.com**

Servir dans les dix années suivant le millésime, à 17 °C

Braisé de bœuf à l'anis étoilé « façon à la di Stasio » ou osso buco de cerf aux parfums de mûres et de réglisse (*).

Villa de Corullón (2009) J'aime

BIERZO, DESCENDIENTES DE J. PALACIOS, ESPAGNE

43 $ SAQ S 10823140 ★★★★ $$$$ Corsé **Bio**

Ce bierzo 2009 de haut niveau – dégusté en primeur, d'un échantillon du domaine –, comme pour tous les vins signés par ce domaine, est un cru top niveau, qui mérite quatre étoiles tant la matière est noble et le boisé intégré avec maestria au cœur du vin. Il fait suite au svelte, aérien et ultra-raffiné 2007 qui était encore disponible au moment d'écrire ces lignes. Un mencia au nez d'un grand raffinement et d'une invitante fraîcheur, très aromatique et mûr, à la bouche à la fois pleine et sphérique, tannique et dense, passablement serrée, aux saveurs expressives et pures, jouant dans la sphère aromatique du bleuet, de la mûre, de la violette et du poivre. Sera encore plus voluptueux et texturé à compter de 2014. **Cépage:** mencia. **Alc./**14,5 %.

Servir dans les douze années suivant le millésime, à 17 °C et oxygéné en carafe 90 minutes

Croûtons de brioche, bœuf grillé mariné au poivre long et purée de poivrons rouges rôtis au sésame grillé (voir recette sur **papilleset molecules.com**) ou magret de canard rôti, graines de sésame et cinq-épices, navets confits au clou de girofle (**).

Clos Saint Jean (2009)

CHÂTEAUNEUF-DU-PAPE, CLOS SAINT JEAN, FRANCE

44,25 $ SAQ S 11104041 ★★★☆?☆ $$$$ Corsé+

Après une superbe série de millésimes plus réussis les uns que les autres, de 2005 à 2007, et commentés dans les précédentes *Sélection*, ce domaine nouvellement étoilé de Châteauneuf récidive avec un 2009 d'une grande plénitude, généreux, dense et sphérique, mais avec race et élégance, et ce, même avec

16,4% d'alcool! Ce qui est tout un tour de force. Cacao, café, fruits rouges compotés et fumée se donnent la réplique pendant de longues secondes. **Cépages:** 75% grenache, 15% syrah, 10% mourvèdre, cinsault, muscardin, vaccarèse. **Alc./**16,4%. **closstjean.fr**

Servir dans les quinze années suivant le millésime, à 17°C et oxygéné en carafe 30 minutes

Brochettes d'agneau aux épices à steak «d'après cuisson» au thé noir fumé et à la vanille (voir épices à steak «d'après cuisson» au thé noir fumé et à la vanille) (***), filet de bœuf grillé et «marinade pour le bœuf au miso» (***) ou morceau de flanc de porc poché, vinaigrette de boudin à la noix de coco, *crumble* de boudin noir (**).

Pì Vigne (2006) — J'aime

BAROLO, SILVIO GRASSO, ITALIE

44,75 $	SAQ S 11195801	★★★★ $$$$	Corsé+

À nouveau une excellente cuvée au charme fou, au fruité moderne, au corps plein, dense et joufflu, aux tanins enrobés, même si au grain serré présent, à l'acidité discrète et aux saveurs percutantes de bleuet, de liqueur de mûre, de framboise et de violette. Comme à son habitude, il offre du tonus et du relief, pour un vin qui se donne déjà, mais qui évoluera en beauté. Sérieux, d'un domaine de référence. **Cépage:** nebbiolo. **Alc./**15%. **silviograsso.com**

Servir dans les quatorze années suivant le millésime, à 18°C

Viande grillée et «épices à steak d'après cuisson au thé noir fumé et à la vanille» (***) ou osso buco de cerf aux parfums de mûres et de réglisse (*).

San Roman (2007) — J'aime

TORO, BODEGAS Y VINEDOS MAURODOS, ESPAGNE

45,25 $	SAQ S 11412852	★★★★ $$$$	Puissant

Après une entrée fracassante au Québec avec le 2006, commenté en primeur dans la précédente *Sélection Chartier*, ce cru récidive plus que jamais avec un 2007 qui a de l'éclat et de la race, au profil aromatique superlatif! Un rouge au nez d'une grande profondeur, complexe et compact, au boisé noble, à la bouche à la fois dense, pleine, fraîche et ramassée, d'une grande structure, sans trop, aux saveurs percutantes, rappelant le lard fumé, le cassis, la mûre, le girofle et le balsamique. Fruité certes concentré, manière porto *late bottled vintage*, mais non sans fraîcheur. Finale avec de la mâche et du tanin, qui signe un grand potentiel d'évolution bénéfique en bouteilles. **Cépage:** tempranillo (vieilles vignes). **Alc./**15,5%. **bodegasanroman.com**

Servir dans les quinze années suivant le millésime, à 17°C et oxygéné en carafe 45 minutes

Grillades de viandes rouges badigeonnées d'émulsion «Mister Maillard» (voir recette sur **papillesetmolecules.com**).

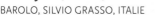

Montus Prestige (2002) J'aime

MADIRAN, MONTUS-BOUSCASSÉ, FRANCE

50$ **SAQ S** 705475 ★★★★ $$$$ **Corsé**

Véritable coup de cœur pour ce très racé et profondément fruité 2002 quatre étoiles, dégusté à quelques reprises depuis avril 2011, signé Brumont, parvenu à un niveau d'évolution en bouteilles plus que parfaite. Richesse, plénitude, texture enveloppante, grains de tanins serrés, mais voluptueux, saveurs pénétrantes et d'une grande allonge, laissant des traces de mûre, de prune, de graphite et de cèdre. La finale est d'une étonnante fermeté pour ses dix ans! La perfection, comme c'est toujours le cas pour cette cuvée Prestige, mais en plus, ici, le millésime est mûr et assagi, tout en ayant encore plus d'une dizaine d'année d'évolution devant lui. Profitez-en! **Cépage:** tannat. **Alc./**15%. **brumont.fr**

Servir dans les quinze années suivant le millésime, à 17°C

Magret de canard rôti, graines de sésame et cinq-épices, navets confits au clou de girofle (**).

Gratallops « Vi de vila » (2010) J'aime

PRIORAT-GRATALLOPS, ÀLVARO PALACIOS, ESPAGNE

51,50$ **SAQ S** 11337936 ★★★★ $$$$ **Corsé+**

Ce 2010, précédé du tout aussi percutant 2009, se montrait, en août 2012, lors d'une dégustation en primeur, fort engageant, complexe, détaillé, épicé, presque sauvage, tout en étant raffiné, comme tous les vins d'Álvaro Palacios, dense, très frais, tannique, serré et d'une grande allonge, égrainant des notes de cacao, de zeste d'orange, de violette et de crème de mûres. Le boisé est admirablement intégré au cœur de la matière. Après quatre années de durs travaux auprès des membres du comité des appellations d'origine, le Vi de vila Gratallops devient la première dénomination d'origine municipale de l'Espagne, donc ayant le droit d'inscrire le nom de la municipalité sur l'étiquette. Il faut savoir que Gratallops est le cœur ancestral du Priorat, et que la *bodega* de Palacios y est installée. Jusqu'ici, les raisins de cette cuvée, à base de vieilles vignes de 30 à 70 ans, du village de Gratallops, entraient dans la cuvée Les Terrasses (aussi commentée). Son prix, à mi-chemin entre celui des Terrasses et celui du remarquable Finca Dofi (aussi commenté), en fait une excellente affaire. Il en résulte un assemblage de six parcelles, au sol d'ardoises cuivrées et verdâtres. Assurément une nouvelle vedette. La finale est d'un crémeux unique, comme seul Palacios en connaît le secret. **Cépages:** 50% garnacha, 35% samsó, 15% cabernet sauvignon et syrah. **Alc./**14,5%.

Servir dans les douze années suivant le millésime, à 17°C et oxygéné fortement en carafe 30 minutes

Brochettes d'agneau aux épices à steak « d'après cuisson » au thé noir fumé et à la vanille (voir épices à steak « d'après cuisson » au thé noir fumé et à la vanille) (***) ou osso buco de veau, sauce liée au chocolat et gremolata à l'orange et graines de coriandre (***).

La Fleur de Boüard (2009) **J'aime**

LALANDE-DE-POMEROL, HUBERT DE BOÜARD DE LAFOREST, FRANCE

52,25$	**SAQ S** 11366868	★★★★ **$$$**$	**Corsé**

Comme tous les précédents millésimes de ce cru, signé avec maestria par Hubert de Boüard, l'homme derrière le grandissime saint-émilion grand cru Château Angélus, cette «Fleur» 2009 en est une pour nos papilles! Pour ne pas dire la plus grande réussite pour ce cru à ce jour. D'un charme inouï, finement torréfié, passablement riche et détaillé, au corps à la fois dense et voluptueux, plein et raffiné, aux tanins ultrafins, mais au grain très serré, et aux saveurs très longues et expressives, laissant des traces de cerise noire, de mûre, de framboise, de violette, de café et de réglisse noire. Percutant. **Cépages:** 85% merlot, 12% cabernet franc, 3% cabernet sauvignon. **Alc./**14%. **lafleurdebouard.com**

Servir dans les douze années suivant le millésime, à 17 °C et oxygéné en carafe 45 minutes

Sablés au parmesan et au café (***), salade de riz sauvage aux champignons (***), carré d'agneau et jus au café expresso (*) ou asperges vertes rôties, enrobées de chocolat noir infusé au thé fumé Zheng Shan Xiao Zhong, fleur de sel au café (**).

Sotanum (2009) **J'aime**

VIN DE PAYS DES COLLINES RHODANIENNES, LES VINS DE VIENNE, FRANCE

53,50$	**SAQ S** 894113	★★★★ **$$$**$	**Corsé**

Amateurs de côte-rôtie, ne laissez pas passer ce cru. Offert à dix dollars de moins que le 2007, cette référence des dix dernières années en matière de nouveaux crus «anciens» rhodaniens se montre tout aussi réussie. Une syrah d'une haute définition aromatique, fraîche et sans boisé ni surmaturité inutiles, exhalant des notes classiques et concentrées, s'étant grandement complexifiées depuis août 2011, lors de mon premier contact avec ce millésime, de poivre, d'olive noire, de violette, de cassis, de fumée et de torréfaction. La bouche suit avec une grande ampleur et densité, mais marquée par un toucher de taffetas, détendue à souhait, aux tanins polis avec maestria, à l'acidité discrète, mais tenant tout de même le vin dans le temps et l'espace, aux saveurs longues, sans être lourdes, mais richement percutantes. Aux portes de la perfection... À servir avec les ingrédients de liaisons harmoniques du poivre, donc de même famille aromatique que la syrah, comme le sont l'olive noire, le girofle, le thym, le basilic, le genièvre, le gingembre, le café, le cinq-épices, le thé noir fumé, les champignons, le romarin et la tomate séchée, sans oublier les aliments à goût anisé (anis étoilé, réglisse, légumes-racines, estragon), qui résonnent aussi fortement avec les vins de ce cépage. **Cépage:** syrah. **Alc./**13%. **vinsdevienne.com**

Servir dans les dix années suivant le millésime, à 17 °C et oxygéner en carafe 30 minutes

Magret de canard rôti aux graines de sésame et cinq-épices, navets confits au clou de girofle (**), légumes d'automne rôtis au four pour syrah/shiraz (***) ou thon rouge frotté aux baies de genièvre, olives noires, quelques petits pois, algues nori torréfiées, dés de graisse de jambon fondue, huile de pépins de raisin aux pistils de safran (**

Pio Cesare « Barbaresco » (2008) J'aime

BARBARESCO, PIO CESARE, ITALIE

54$	**SAQ S**	905026	★★★☆?☆	**$$$$**	**Corsé+**

Nez enivrant comme toujours pour ce barbaresco aux arômes à la fois subtils et passablement riches de rose séchée, de prune, de café et de cacao, à la bouche d'une bonne densité, sans trop, et fraîche, au corps plein, avec une retenue piémontaise qui lui sied bien et lui procure, comme à son habitude, un profil on ne peut plus classique des crus traditionnels de cette appellation. Les tanins sont tissés serrés comme il se doit, mais avec un grain toujours aussi élégant pour cette cuvée. La récolte ayant servi à cette cuvée provient en partie du grand seigneur qu'est le terroir du **Il Bricco (83$; 11213571)**, un immense et moderne barolo, qui, contrairement à ce cru, ne séjourne que dans des petites barriques neuves. Seulement 40% de ce barbaresco a séjourné en barriques neuves, la majorité ayant été élevée en foudres de chêne de 2000 à 3000 litres. Réservez-lui à table des mets qui calmeront ses tanins de jeunesse, comme le feront les ingrédients de la même famille aromatique que le café, tels le thé fumé et le parmigiano. **Cépage:** nebbiolo. **Alc./**14,5%. **piocesare.it**

Servir dans les dix années suivant le millésime, à 18 °C et oxygéné en carafe 30 minutes

Sablés au parmesan et au café (***), brochettes de bœuf au café noir (voir Filets de bœuf au café noir) (*) ou viande grillée et « épices à steak d'après cuisson au thé noir fumé et à la vanille » (***).

Le Serre Nuove dell'Ornellaia (2010) J'aime

BOLGHERI, TENUTA DELL'ORNELLAIA, ITALIE

59,75$	**SAQ S**	10223574	★★★☆?☆	**$$$$**	**Corsé+**

Ce domaine se passe de présentation tant la qualité des crus qui y sont engendrés surpasse presque tous ses voisins. Pour preuve, ce 2010, dégusté en primeur en juillet 2012, d'un échantillon du domaine, qui confirme la régularité de cette cuvée, qui est en fait le second vin du grandissime **Ornellaia**, dont le **2009 (180$; 11239771)** se montre d'une distinction unique, plein, ultra-raffiné, pur, concentré et élégant comme jamais, au fruité juste mûr et éclatant. Pour ce qui est de ce Serre Nuove, tout y est. Couleur profonde et violacée. Nez riche, mûr et complexe, d'une concentration supérieure aux précédents millésimes. Bouche dense, compacte et élancée, comme toujours, d'une bonne prise tannique, mais aux tanins racés, à l'acidité fraîche et juste dosée, aux saveurs expressives et très longues, rappelant la mûre, le bleuet, le café moka et la cerise noire, au boisé retenu. Enfin, la grande pointure de cette maison est sans contredit l'inébranlable **Masseto 2009 (475$; 10816636)**, qui se montre richement aromatique, mais profond et retenu, au boisé luxueux et intégré au cœur de la matière, à la bouche d'une grande densité, mais aussi d'un velouté imposant, aux tanins tissés très serrés, sans être durs, au corps généreux, mais avec fraîcheur, et aux saveurs d'une très grande allonge. **Cépages:** 35% cabernet sauvignon, 50% merlot, 9% cabernet franc, 6% petit verdot. **Alc./**14%. **ornellaia.com**

Servir dans les dix années suivant le millésime, à 17°C et oxygéné en carafe 45 minutes

Filet de bœuf de la Ferme Eumatimi, sauce *mole* mexicaine à la noix de coco et au cinq-épices (**).

Pio Cesare «Barolo» (2008)

BAROLO, PIO CESARE, ITALIE

59,75$ **SAQ S** 11187528 **★★★★ $$$$ Corsé**

Cet assemblage de six vignobles, dont plus de 60% du village de Serralunga, plus particulièrement à 40% du cru Ornato (aussi commenté), se montre, comme à son habitude, incroyablement charmeur et aimable pour un aussi jeune barolo. Le nez, racé et d'une grande finesse, mais non sans profondeur, exhale, après un bon gros coup de carafe, des notes de fruits rouges mûrs, de cacao et de torréfaction. La bouche est quant à elle pleine, presque sphérique, mais avec une belle prise tannique, sans fermeté, même presque veloutée, aux courbes quasi sensuelles et aux saveurs longues et pénétrantes. J'aime ce style à mi-chemin entre le classicisme des vins de garde de l'appellation et le modernisme des crus plus engageants en jeunesse. **Cépage:** nebbiolo. **Alc./**14,5%. **piocesare.it**

Servir dans les quatorze années suivant le millésime, à 18°C et oxygéné en carafe 45 minutes

Filet de bœuf de la Ferme Eumatimi, sauce *mole* mexicaine à la noix de coco et au cinq-épices (**).

Finca Dofi (2009) **J'aime**

PRIORAT, ÀLVARO PALACIOS, ESPAGNE

64,25$ **SAQ S** 705764 **★★★★?☆ $$$$ Corsé+ Bio**

Pour l'amateur allumé à la recherche de grands vins, hors Bordeaux, cette grande pointure espagnole est à ranger au sommet de la liste d'achat «à effectuer bon an mal an les yeux fermés». Pour preuve, les cuvées 2003 à 2008, commentées dans les éditions précédentes de ce guide, toutes de très haut niveau. Donc, ne passez pas à côté de ce grandissime priorat catalan – assurément le meilleur rapport qualité-prix chez les plus grands crus de cette appellation –, signé par le viticulteur de génie qu'est Álvaro Palacios, à la fois complexe et intense (violette, rose, poivre, bleuet, zeste d'agrumes, réglisse), d'une fraîcheur, d'une minéralité et d'une digestibilité comme toujours émouvantes. Les tanins, tissés très serrés, sont d'une finesse exquise, tout en étant solidement bâtis. Le corps, dense et longiligne, s'ouvre vers l'horizon dans une fin de bouche éclatante, presque crémeuse, mais aussi d'une fraîcheur unique pour l'appellation. Notez que le **Finca Dofi 2010** qui suivra ce 2009, après épuisement des stocks, et que j'ai aussi dégusté en primeur à mon bureau en juillet 2012, ainsi que dans le priorat en septembre 2012, se montre même d'un cran plus complexe, complet, ramassé et profond. Il faut savoir que ce cru provient d'un sol d'ardoise rouge, situé en hauteur, sur la terrasse à l'arrière de la cave, dans l'historique village de Gratalopps, s'exprimant par des vins au profil assez chaud et sensuel, quasi charnel. **Cépages:** 50% grenache (très vieux) + cabernet sauvignon, syrah (faible pourcentage). **Alc./**14,5%.

Servir dans les quinze années suivant le millésime, à 17 °C et oxygéné en carafe 90 minutes

Osso buco de cerf aux parfums de mûres et de réglisse (*).

Vidal-Fleury « Brune et Blonde » (2005)

J'aime

CÔTE-RÔTIE, VIDAL-FLEURY, FRANCE

65,25 $ **SAQ S** 11154478 ★★★★ **$$$$ Corsé**

Quelle bouche! Grand charme aromatique, plénitude, volume, velouté de texture, tanins soyeux, acidité juste dosée, saveurs percutantes et persistantes, rappelant la prune, la violette et la mûre. Belle finale ramassée et longiligne, pour un côte-rôtie qui se donne pleinement, mais qui donnera encore beaucoup au fil des ans. Impossible de passer sous silence les vins de cette maison rhodanienne, dont les derniers millésimes se sont montrés plus qu'inspirés et inspirants, à l'image de cet enchanteur crozes-hermitage (aussi commenté). **Cépage:** syrah. **Alc./**14%. **vidal-fleury.com**

Servir dans les quinze années suivant le millésime, à 17 °C et oxygéné en carafe 30 minutes

Braisé de bœuf à l'anis étoilé « façon À la di Stasio » ou osso buco de cerf aux parfums de mûres et de réglisse (*).

Cepparello (2008)

J'aime

TOSCANA, ISOLE E OLENA, PAOLO DE MARCHIS, ITALIE

69,75 $ **SAQ S** 928911 ★★★★ **$$$$ Corsé**

Comme à son habitude, ce très grand « super toscan » se montre enchanteur, prenant et engageant au possible. Dégusté en primeur, en juillet 2012, ce 2008 confirme, si besoin est, le rang très élevé de ce cru dans la hiérarchie des grands seigneurs de l'ère moderne de la Toscane. Nez d'une grande profondeur, complexe et enivrant, suivi d'une bouche à la texture à la fois voluptueuse et dense, volumineuse et joufflue, mais non sans fraîcheur ni prise tannique, juste dosée. Finale noblement veloutée, dans un ensemble noble et racé, égrainant d'intenses saveurs de café, de cacao, de cerise noire, de prune, de violette et d'épices douces. Sans oublier une prise de bois comme nulle autre, s'effaçant devant la noblesse de la matière. Surpasse à nouveau plusieurs « supposés » grands *super toscans* plus médiatisés... Vous en serez une fois de plus averti. **Cépage:** sangiovese. **Alc./**14,5%.

Servir dans les quatorze années suivant le millésime, à 17 °C et oxygéné en carafe 15 minutes

Osso buco de veau, sauce liée au chocolat et gremolata à l'orange et graines de coriandre (***) ou magret de canard rôti, graines de sésame et cinq-épices, navets confits au clou de girofle (**).

Château Roc de Cambes (2009) J'aime

CÔTES-DE-BOURG, FRANÇOIS MITJAVILE, FRANCE

80$ **SAQ S** 11395968 ★★★★ **$$$$** **Corsé+**

Ce cru hors-norme, qui se positionne parmi les valeurs sûres du bordelais, m'enchante littéralement, et ce, depuis le milieu des années quatre-vingt-dix. Après un **2008 (72$; 11184554)**, dense, ramassé et d'une grande race, Mitjavile poursuit avec un remarquable 2009, à la fois intense et voluptueux, profond et structuré, aux tanins d'une maturité optimale, comme toujours pour les vins signés par ce vigneron inspiré. Des fruits rouges à profusion, ainsi que des touches de violette, de prune, de torréfaction et de cuir, pour un vin d'une grande épaisseur veloutée, tout en chair. **Cépages:** 60% merlot, 25% cabernet sauvignon, 10% cabernet franc, 5% malbec. **Alc./**13%.

Servir dans les douze années suivant le millésime, à 17 °C et oxygéné en carafe 45 minutes

Carré d'agneau et jus au café expresso (*) ou viande grillée avec «épices à steak d'après cuisson au thé noir fumé et vanille» (***).

Flaccianello della Pieve (2009)

COLLI TOSCANA CENTRALE, AZIENDA AGRICOLA FONTODI, ITALIE

82$ **SAQ S** 11364571 ★★★★ **$$$$** **Corsé+**

Grand charme aromatique, non sans profondeur ni fraîcheur, exhalant des notes de violette, de bleuet et de mûre, à la bouche à la fois pleine et compacte, large et fraîche, bien tendue, même si expressive et raffinée, aux tanins extrafins, avec du grain, au boisé juste dosé et aux saveurs d'une grande subtilité et persistantes à souhait. Du sangiovese à son meilleur, de classe internationale. Il faut dire qu'il provient du cœur de la toscane, plus précisément de la Conca d'Oro, qui est le centre originelle de l'appellation Chianti Classico, d'où sont extraits certains des plus grands vins d'Italie, dont ceux de Fonterutolli et de La Massa, pour ne nommer que ceux-là. Les amateurs de grands crus bordelais seront au comble avec ce genre de vins, qui, en même temps, les sortira un brin de leur confortable Bordeaux ☺. **Cépage:** sangiovese. **Alc./**14,5%. **fontodi.com**

Servir dans les quinze années suivant le millésime, à 17 °C et oxygéné en carafe 45 minutes

Bœuf de la Ferme Eumatimi frotté à la cannelle avant cuisson, compote d'oignons brunis au four et parfumée à la pâte d'anchois salés (**) ou purée_Mc² pour amateur de vin au céleri-rave et clou de girofle (voir recette sur **papillesetmolecules.com**).

Château Haut-Bailly (2008) J'aime

PESSAC-LÉOGNAN, CHÂTEAU HAUT-BAILLY, FRANCE

85$ **SAQ S** 11024534 ★★★★?☆ **$$$$**$ **Corsé**

Un 2008 tout en complexité, en chair et en texture – qui fait suite au 2007 qui étonne par sa concentration, pour le millésime, et par sa haute définition –, au fruité passablement mûr, sans excès, aux tanins enveloppés dans une gangue veloutée, à l'acidité discrète et aux saveurs longues, qui ont de l'éclat, laissant des traces de mûre, de cerise noire, de graphite, de café et de fumée. Charme et volupté, pour un cru ultra-raffiné, au sommet de l'appellation. Il faut savoir que les vins de Haut-Bailly représentent depuis plusieurs millésimes les meilleurs rapports qualité-prix en matière de crus classés bordelais. Pour en savoir plus, lisez mes commentaires sur les 1998, 2005 et 2006 dans *La Sélection 2012*. **Cépages:** 70 % cabernet sauvignon, 30 % merlot. **Alc.**/13 %. **chateau-haut-bailly.com**

Servir dans les vingt années suivant le millésime, à 17 °C et oxygéné en carafe 60 minutes

Asperges vertes rôties, enrobées de chocolat noir infusé au thé fumé Zheng Shan Xiao Zhong, fleur de sel au café (**).

Ornato (2008)

BAROLO, PIO CESARE, ITALIE

85 $ **SAQ S** 10271146 ★★★★?☆ **$$$$**$ **Puissant**

Ce cru est situé dans la partie sud de la commune de Serralunga, un terroir qui donne habituellement les vins les plus puissants du village. On y retrouve un sol de craie et de roches sédimentaires, très riche en fer. Les vins qui en sont issus mettent beaucoup de temps à se faire et ont un potentiel de très longue garde. Mais, étant donné le travail au chai adapté à ce cru par cette maison – macération plus courte que le barolo classique (aussi commenté), élevages et transformation malolactique en barriques neuves uniquement –, il se montre plus moderne d'approche que les autres crus de cette commune. La preuve est une fois de plus sous le bouchon de ce 2008. Le vin est dense et profond, comme toujours, très tannique, mais au grain d'une bonne épaisseur, presque velouté, aux saveurs concentrées et persistantes, qui ont beaucoup de volume en bouche, dégageant des tonalités de réglisse et de prune, sans boisé apparent, même moins que dans les précédents millésimes. Enfin, notez que l'extrait de réglisse noire donne de la longueur et de la persistance en bouche aux vins dégustés. Elle magnifie qualitativement les « petits vins » rouges et devient littéralement un amplificateur de haute fidélité pour les « grands vins » rouges! Alors, profitez du pouvoir d'attraction des saveurs de réglisse de ce rouge pour lui cuisiner une viande en sauce parfumée avec cette dernière. **Cépage:** nebbiolo. **Alc.**/14,5 %. **piocesare.it**

Servir dans les dix-huit années suivant le millésime, à 18 °C et oxygéné en carafe 90 minutes

Osso buco de cerf aux parfums de mûres et de réglisse (*).

Guado al Tasso (2007)

J'aime

BOLGHERI, TENUTA GUADO AL TASSO, MARCHESI ANTINORI, ITALIE

87,75 $ **SAQ S** 977256 ★★★★ **$$$$** **Corsé**

Depuis sa création, ce cru de la famille Antinori ne cesse de me secouer, millésime après millésime, exprimant un terroir d'une grande complexité, assurément à la hauteur des plus grands crus toscans, dont certains sont vendus beaucoup plus cher... Quoi qu'il en soit, ce 2007, dans la continuité des précédents, se montre éclatant au nez, d'une race évidente, à la bouche à la fois dense et ample, pleine et détendue, intense et raffinée, d'une harmonie d'ensemble unique, aux tanins ultra-raffinés et aux saveurs d'une grande allonge rappelant la cerise noire, la prune et la violette. Top! **Cépages:** 57% cabernet sauvignon, 30% merlot, 10% cabernet franc, 3% petit verdot. **Alc./**14%. **antinori.it**

Servir dans les treize années suivant le millésime, à 17 °C et oxygéné en carafe 30 minutes

Cailles sautées à la poêle et riz sauvage aux champignons (*).

Château de Beaucastel (2009) J'aime

CHÂTEAUNEUF-DU-PAPE, VIGNOBLES PIERRE PERRIN, FRANCE

90,25 $	**SAQ S**	520189	★★★★?☆	**$$$$**	**Corsé**	**Bio**

Après un 2008 d'une très grande richesse aromatique et d'un ensemble nourri, compact et dense, dont il restait encore quelques flacons sur les tablettes du Monopole au moment d'écrire ces lignes, Beaucastel demeure plus que jamais au sommet de l'appellation avec ce 2009 au grand charme immédiat. Même complexité aromatique que dans chaque millésime, mais d'un velouté de texture crémeux et unique pour un aussi jeune Beaucastel. Charme, volupté, ampleur, profondeur, harmonie, tanins mûrs, fraîcheur haute définition aromatique (torréfaction, garrigue, bleuets et mûres compotés, cerise, épices, café), tout y est. À ranger une fois de plus parmi les plus illustres châteauneufs. **Cépages:** grenache, mourvèdre, syrah, cinsault, vaccarèse, counoise, terret noir, muscardin, clairette, picpoul, picardan, bourboulenc, roussanne. **Alc./**14,5%. **beaucastel.com**

Servir dans les douze années suivant le millésime, à 17 °C et oxygéné en carafe 15 minutes

Rôti d'épaule de porc au scotch, champignons, noix de coco et huile de noisette (***), rôti de palette au rhum brun, à la cannelle, à la muscade et aux oignons caramélisés (***) ou tourtière de la Beauce et betteraves sautées à l'émulsion «Mister Maillard» (voir recette de l'émulsion «Mister Maillard» sur **papillesetmolecules.com**).

Tignanello (2009)

TOSCANA, MARCHESE PIERO ANTINORI, ITALIE

99,75 $	**SAQ S**	10820900	★★★★?☆	**$$$$**$	**Corsé+**

Tignanello récidive plus que jamais avec un 2009, dégusté en primeur en juillet 2012, d'une belle pureté de fruit, d'un éclat et d'une précision comme lui seul en connaît le secret, aux tanins très fins, à l'acidité discrète, mais jouant les funambules avec maestria à l'arrière-scène, tendant le vin vers le futur, aux saveurs expressives, aériennes, longues et détaillées, pour ne pas dire subtiles – c'est sa marque de commerce par rapport aux autres crus toscans –, de fraise, de cassis, de café, de violette et de clou de girofle. Donc à nouveau une réussite, qui confirme sa place dans mes crus «à acheter bon an mal an les yeux fermés», si ce niveau de prix est dans vos priorités. Si c'est le cas, alors vous serez conquis par l'exceptionnel, confit et percutant **Solaia 2008 (247$; 11593657)**, de la même maison, au fruité surmûri et au corps expansif et sphérique comme jamais. Pénétrant. **Cépages:** 85% sangiovese, 10% cabernet sauvignon, 5% cabernet franc. **Alc./**14%. **antinori.it**

Servir dans les quinze années suivant le millésime, à 17°C et oxygéné en carafe 45 minutes

Magret de canard rôti parfumé de baies roses ou carré d'agneau façon «pot-au-feu» (cuisson rosée, parfumé au thé et aux épices).

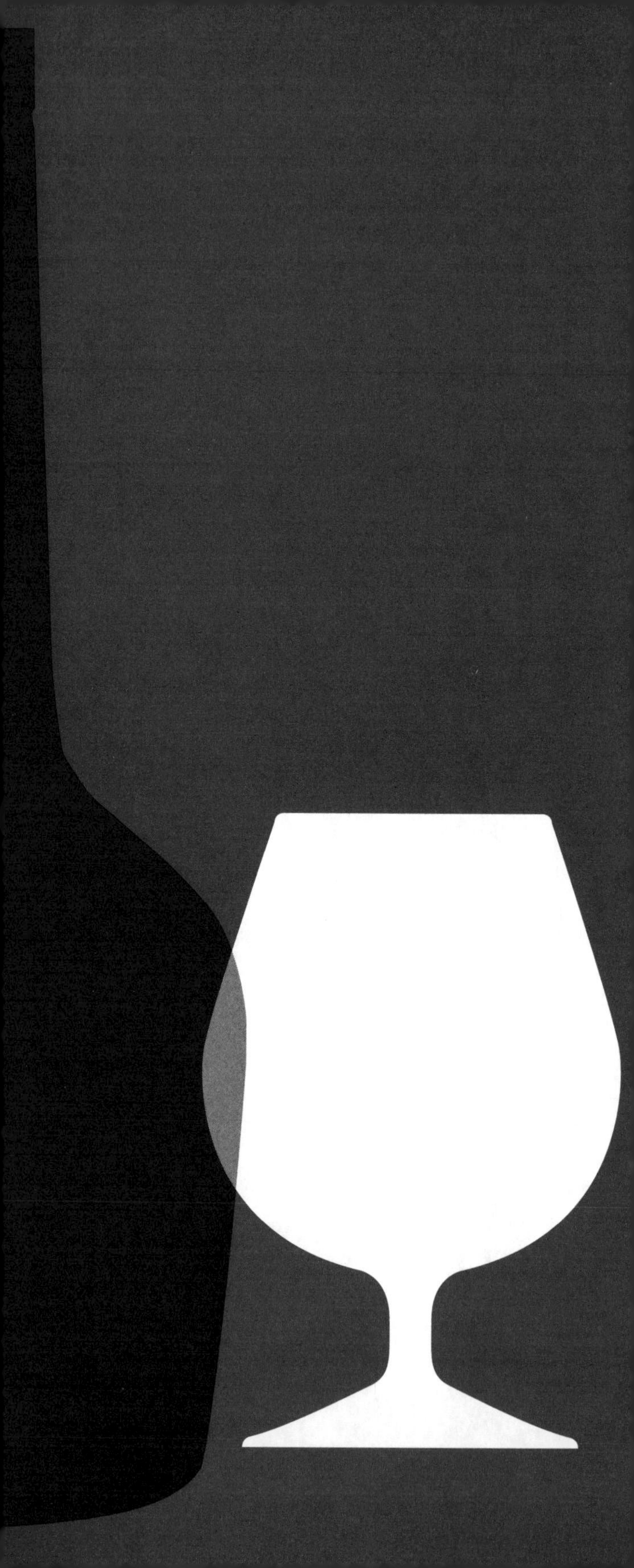

APÉRITIFS, CHAMPAGNES, MOUSSEUX, MADÈRES, PORTOS, ROSÉS, XÉRÈS ET VINS DE DESSERTS

de la vieille Europe

Papirusa Solera Reserva

XÉRÈS-MANZANILLA, EMILIO LUSTAU, ESPAGNE

5,65 $ (375 ml) **SAQ S** 10896470 ★★☆ $ **Modéré**

Un manzanilla tout en retenue aromatique et de richesse modérée. Robe jaune paille. Nez exhalant des parfums discrets, fins et élégants, aux notes alcalines (sel), ainsi qu'aux touches de pomme et d'amande. Bouche à la fois aérienne et ample, aux saveurs plus marquées qu'au nez, rappelant les fruits secs. Ne pas servir trop froid afin de lui permettre d'être plus aromatique. **Cépage:** palomino fino. **Alc./**15 %. **emilio-lustau.com**

Servir dès sa mise en marché, à 12 °C

Soupe froide de concombre à la coriandre (***), salade de pommes de terre rattes, noix et anchois (***), salade de pommes de terre, pimentón et crevettes (***), pain à la courgette au safran (***) ou salade de saumon fumé, fèves de soya germées, amandes grillées et vinaigrette de pamplemousse rose à l'huile de sésame grillé (***).

Moscatel Bacalhôa (2007) J'aime

MOSCATEL DE SETÚBAL, BACALHÕA VINHOS, PORTUGAL

10,55$ **SAQ S** 10809882 ★★☆?☆ **$** **Modéré+**

Je vous le dis depuis quelques millésimes, assurément un ixième remarquable rapport qualité-prix «à acheter bon an mal an les yeux fermés» chez les muscats du monde. Nez toujours aussi enchanteur et éclatant, laissant deviner des effluves de zeste d'orange, d'encens et de fruits confits, avec une arrière-scène mellifère. Bouche à la fois pleine, débordante de saveurs, caressante, souple et patinée, déroulant de subtiles saveurs de chêne, de vanille, d'épices douces et d'abricot sec. Du muscat mûr et évolué à son meilleur et à un prix défiant toute concurrence. Vous en serez averti une ultime fois ☺. **Cépage:** moscatel. **Alc./**17%. **bacalhoa.com**

Servir dans les huit années suivant le millésime, à 12°C

Crème caramel à la vanille et cacao (***), crème brûlée à l'érable et curry et caramel à l'amaretto (***), noix de macadamia sablées au sirop d'érable et curry (**) ou millefeuille de pain d'épices aux pommes et aux abricots séchés (*).

Nivole (2011) J'aime

MOSCATO D'ASTI, MICHELE CHIARLO, ITALIE

11$ (375 ml) **SAQ S*** 979062 ★★☆ **$** **Léger+**

Comme je vous le recommande depuis quelques années déjà, pour bien entamer vos brunchs dominicaux ou lors de vos débuts de soirée sur la terrasse, rien de mieux qu'un pétillant vin italien à base de muscat, que très légèrement sucré, question de bien titiller les papilles situées à la pointe de la langue! Et bonne nouvelle, il est maintenant aussi disponible en **format 750 ml (18,80$; 11791848)**. Il faut savoir que ce Nivole a probablement été le déclencheur de la douce folie qui semble s'être emparée des consommateurs nord-américains pour les vins de moscato. Quoi qu'il en soit, optez pour ce toujours aussi festif Nivole, aux parfums aguicheurs de fruit de la passion, de fleur d'oranger et de sirop de rose, à la bouche à la fois caressante et aérienne, parsemée de fines bulles qui montent tout droit au palais. Il accompagnera magnifiquement tant les mets sucrés que salés, quoiqu'il se suffise à lui-même. Réservez-lui les mets dominés, entre autres, par l'orange, le citron, le cumin, les graines de coriandre, le gingembre, le litchi, l'eau de rose, le miel, la lavande, l'osmanthus, la noix de coco, la cannelle, la pêche et l'abricot, tous des ingrédients complémentaires au cépage muscat. **Cépage:** moscato (muscat). **Alc./**5%. **michelechiarlo.it**

Servir dans les deux années suivant le millésime, à 10°C

Apéritif: dahl aux lentilles orange, cumin et coriandre fraîche «en trempette» (***) ou feuilletés au gruyère et au gingembre (***). Desserts: gâteau à l'orange et graines de coriandre (***), gâteau au fromage à la cannelle et graines de coriandre (***), gâteau au yogourt citron, gingembre et eau de rose (***), tartare de litchis aux épices (*), bonbons d'abricots secs, de pistaches parfumées à l'eau de fleur d'oranger et de crème Chantilly à la badiane (*) ou panettone.

Dow's LBV (2007)

PORTO LATE BOTTLED VINTAGE, SYMINGTON FAMILY ESTATES, PORTUGAL

12,45 $ (375 ml) **SAQ C** 565564 ★★☆?☆ **$$** **Corsé**

Ce LBV, offert dans le très pratique format 375 ml, spécialement pour le porto, se montre comme toujours très coloré, étonnamment profond et très élégant au nez, passablement généreux, d'une bonne ampleur et expressif en bouche, dotée d'une très belle retenue européenne, aux tanins certes présents, mais fins et soyeux, des saveurs pures et persistantes, jouant dans la sphère du chocolat et des fruits noirs et rouges. Que des heures de plaisir à l'heure du fromage ou du dessert, tout comme seul en digestif. Une année de bouteille supplémentaire et l'harmonie qui s'en dégagera lui procureront sa troisième étoile. **Cépages:** tinta roriz, touriga nacional, touriga francesa. **Alc./**20 %. **dows-port.com**

Servir dans les huit années suivant le millésime, à 16 °C

Confiture de fraises au clou de girofle et au rhum brun (**) accompagnée de fromage bleu (fourme d'Ambert ou gorgonzola), fondues au fromage bleu (***), fondue au chocolat (***) ou whoopies au chocolat noir et au thé noir fumé (***).

Moscatel Dona Dolça **J'aime**

VALENCIA, BCLB DE TURÍS, ESPAGNE

13,70 $ **SAQ S** 11096618 ★★☆ **$** **Modéré+**

Coup de cœur depuis trois ans, vous y dénicherez comme à son habitude du soleil en bouteille ! Il y a longtemps qu'un muscat à ce prix ne m'avait autant charmé. Le nez est à la fois très aromatique, frais, pur, détaillé et festif comme pas un, exhalant des notes de marmelade d'agrumes, de cantaloup, de pêche et de lavande. La bouche, d'une belle liqueur, suit avec une fraîcheur et une ampleur qui étonnent, sans compter que l'alcool est intégré avec maestria, tout en participant au profil aromatique. Du sérieux à prix plus que doux. **Cépage:** moscatel. **Alc./**15 %.

Servir dès sa mise en marché, à 12 °C

Crème brûlée Chanel N° 5 (***), gâteau à l'orange et graines de coriandre (***), gâteau au fromage au gingembre (***), gâteau au yogourt citron, gingembre et eau de rose (***), figues au miel de lavande (***), pâte de fruits_Mc²: litchi/gingembre, sucre à la rose (**), melon cantaloup arrosé d'eau de fleur d'oranger, jardinière de fruits à la crème pâtissière ou pommade de pommes au curry et à la guimauve (***) pour accompagner les fromages bleus.

Parés Baltà Brut **J'aime**

CAVA, CAVAS PARÉS BALTÀ, ESPAGNE

14,85 $ **SAQ S** 10896365 ★★☆ **$$** **Modéré** **Bio**

Dégusté dans de multiples bars de Barcelone à l'heure des tapas, ce mousseux catalan est l'un de mes favoris dans cette gamme de prix. Croquant comme une pomme fraîche, et expressif comme des amandes et des fleurs séchées ! Sec, vif, aérien et digeste, à un prix défiant toute concurrence. Voilà ce que ce cava catalan a à offrir pour vous permettre de faire sauter le bouchon à prix plus que doux pendant les fêtes de fin d'année, tout comme à n'importe quelle heure du jour et de la nuit, question de célébrer la vie... **Cépages:** parellada, maccabeu, xarel-lo. **Alc./**11,5%. **paresbalta.com**

Servir dès sa mise en marché, à 10°C

Tapas variés, olives vertes marinées au zeste d'orange et graines de coriandre (***), satay de tilapia, sauce aux arachides et cacao (***), gnocchis de patates douces à l'huile de sésame grillé (***), crème froide de chou-fleur à la papaye, câpres et wasabi (***), salade de chou-fleur et vinaigrette à la papaye, aux câpres et au wasabi (***) ou filet de doré poêlé, écailles de pommes de terre à l'huile d'arachide, crème d'arachide crue au persil et coriandre, fèves édamames juste blanchies (***).

Lea de Vallformosa, Brut

CAVA, VALLFORMOSA, ESPAGNE

15,15$	**SAQ S** 11574501	★★★ $$		**Modéré+**

Comme je vous l'écrivais en primeur dans la précédente édition de ce guide: Wow! Quelle fraîcheur en bouche ce cava, qui claque littéralement sur les papilles comme une pomme McIntosh juteuse et presque mordante. Difficile d'être plus sec. Bulles très fines, nez élégant, pur et détaillé, suivi d'une bouche d'une droiture et d'un élan rarement vus chez les mousseux catalans d'entrée de gamme. Longues saveurs anisées, ainsi que tonalités d'agrumes et de pomme, pour une réussite incontestable. Devient du coup l'un des meilleurs rapports qualité-prix chez les mousseux offerts à la SAQ – malheureusement il n'est disponible actuellement qu'en très petite quantité... Espérons que la SAQ fera grandir l'offre suite à vos demandes. Je ne lui ai pas mis de «J'AIME!» exactement pour cette raison. Si vous lisez ces lignes, vous êtes maintenant averti de ce coup de cœur subtilement déguisé☺. **Cépages:** parellada, maccabeu, xarel-lo. **Alc./**11,5%. **vallformosa.es**

Servir dès sa mise en marché, à 10°C

Tapas de fromage en crottes_Mc² à l'huile de basilic et morceaux de pommes rouges fraîches (***), gnocchis de patates douces au safran (***), grosses crevettes grillées au safran et gingembre (***), huîtres frites à la coriandre et wasabi (**) ou amandes apéritives à l'espagnole: pimentón fumé, miel et huile d'olive (**).

Château de Lancyre Rosé (2011)

COTEAUX-DU-LANGUEDOC PIC SAINT-LOUP, DURAND ET VALENTIN, FRANCE

15,40$	**SAQ S**☆ 10263841	★★☆ $$		**Modéré**

Plus que jamais l'une des valeurs sûres chez les rosés français offerts sous la barre des vingt dollars, Lancyre présente bon an mal an, sauf pour le millésime 2010, un rosé qui se positionne parmi les valeurs sûres offertes dans l'ensemble des succursales de la SAQ. Un rosé juste assez coloré, sans trop, au nez aromatique à souhait, très fin et épuré, sans artifices, aux parfums subtils de cerise, de framboise et de muguet. Sec et droit en bouche, il se montre digeste au possible, tout en étant éclatant de saveurs et de fraîcheur, avec une certaine vinosité «façon vin rouge». Dans vos recettes, réservez-lui celles où dominent les ingrédients complémentaires à ses arômes de framboise (carotte, algue nori, thé) et melon (melon d'eau, tomate, cerise et safran). **Cépages:** 50% syrah, 40% grenache, 10% cinsault. **Alc./**13,5%. **chateaudelancyre.com**

Servir dans les deux années suivant le millésime, à 15°C

Bruschettas en mode safran (***), dumplings aux crevettes, pimentón et tomate (***), huile de crustacés (***) pour crevettes grillées, salade de framboises à l'eau de rose et julienne d'algue nori (***), pâtes aux anchois et au pesto de tomates séchées (***), gaspacho et crevettes (***), salade d'endives fraîches et cerises avec sésame et fromage de chèvre sec émietté, carré de porcelet de la Ferme Gaspor au safran, carottes, pommes Golden et melon d'eau (**) ou pattes de pieuvre rôties, compote de tomates au thé noir, pamplemousse rose, lavande et safran du Maroc (**).

Quinta do Infantado Blanc Dry J'aime

PORTO BLANC DRY, QUINTA DO INFANTADO, PORTUGAL

15,70$ **SAQ S** 884437 ★★★ $$ **Modéré+** **Bio**

Ce porto blanc trône depuis une dizaine d'années déjà au premier rang de ma hiérarchie de ce type de porto, sans compter qu'il est offert à deux dollars de moins qu'en 2011, donc plus que jamais au sommet de ce top 500 des vins «à acheter bon an mal an les yeux fermés». Provenant d'un vignoble de culture biologique, ce Blanc Dry développe une palette aromatique de fruits très mûrs, aux notes de miel, d'abricot confit, de pêche et de mirabelle, s'installant en bouche et imprégnant le palais à n'en plus finir d'une imposante onctuosité, tout en donnant l'impression d'être presque sec, terminant sur des accents de figue, de noix et d'épices. Enfin, ne le servez pas trop froid, afin de bien saisir ses subtils parfums et sa texture unique. **Cépages:** gouveio, rabigato, viosinho, moscatel galego. **Alc./**19,5%. **quintadoinfantado.com**

Servir dès sa mise en marché, à 14°C

Pommade de pommes au curry et à la guimauve (***) pour accompagner fromage saint-marcelin (sec) ou são jorge au lait cru (120 jours et plus d'affinage), pêches confites pour Pavlova (***), mille-feuille de pain d'épices aux pêches (*), pêches rôties au caramel à l'orange (*), pouding poché au thé Earl Grey, beurre de cannelle et scotch highland single malt (**) ou bavarois de mascarpone sucré au miel d'orange aromatisé en trois versions: géranium/lavande; citronnelle/menthe; eucalyptus (**).

Prado Rey Rosé «Fermenté en Barriques» (2011) J'aime

RIBERA DEL DUERO, REAL SITIO DE VENTOSILLA, ESPAGNE

16,45$ **SAQ S** 11686589 ★★★ $$ **Corsé**

Rares sont les vins rosés fermentés en barriques de chêne, comme c'est le cas de ce percutant rosé provenant de l'appellation Ribera del Duero et offert à un prix plutôt doux pour son rang et son élaboration. La couleur est à la fois brillante et soutenue. Le nez très aromatique et passablement riche, jouant dans la sphère de la framboise, de la violette et du chêne, sans excès. La bouche quant à elle se montre à la fois pleine et fraîche, généreuse et presque tendue, persistante et festive, égrainant de longues saveurs vineuses de fruits rouges compotés. Il faut savoir que la majorité des cuvées rouges de cette maison sont devenues, bon an mal an, au fil des dix-sept ans de *La Sélection*, des incontournables chez les rouges hispaniques. Ce rosé de haute voltige ajoute au plaisir, d'autant plus qu'il est bâti pour créer de remarquables harmonies à table avec des plats dominés par la framboise, l'algue nori, le thé noir, la carotte, le melon d'eau, la tomate, les crevettes, le safran, le poivron rouge, le paprika et le pimentón. **Cépages:** 50% tempranillo, 50% merlot. **Alc./**15%. **pradorey.com**

Servir dans les trois années suivant le millésime, à 15 °C

Sushis variés, salade de framboises à l'eau de rose et julienne d'algue nori (voir recette sur **papillesetmolecules.com**), tartare de bœuf, champignons shiitakes, vinaigrette de framboises (***), tartare de tomates au pimentón (***), crevettes caramélisées, écume de carotte, pomme McIntosh et graines de cumin, purée de carottes à l'huile de crustacés et pimentón fumé (**) ou confiture de framboises au thé noir assam (***).

Uroulat (2010)

J'aime

JURANÇON, CHARLES HOURS, FRANCE

16,65 $ (375 ml) **SAQ S** 709261 ★★★☆ $$ **Modéré+**

D'un millésime à l'autre, sans faille, ce remarquable liquoreux du Sud-Ouest surpasse de nombreux sauternes. Ce qu'il réussit à nouveau en présentant un petit-manseng au nez d'une grande complexité, engageant et richement détaillé, aux notes de poire au beurre, d'érable, de vanille et de miel. La bouche est comme à son habitude à la fois moelleuse et vivifiante, d'une bonne liqueur, sans être sirupeuse, aux saveurs qui ont de l'éclat et de l'allonge. Plus que jamais mon choix pour la confiture de poires, servie sur une crème glacée à la vanille ou avec un fromage à croûte fleurie, triple crème. Vous pourriez aussi vous amuser en cuisine en ajoutant à votre recette de confiture de poires, tout comme en créant d'autres recettes salées ou sucrées, des ingrédients partageant les mêmes composés volatils dominants que la poire. C'est le cas, entre autres, du coing, de la figue fraîche, de la pomme, du raisin, du miel, de la cannelle, du thym et de la réglisse. **Cépage:** petit-manseng. **Alc./**12,5%. **uroulat.com**

Servir dans les douze années suivant le millésime, à 12 °C

Fromage à croûte fleurie (triple crème) accompagné de confiture de poires au thym, brioches à la cannelle (***), figues rôties à la cannelle et au miel (idée détaillée dans le livre *Papilles et Molécules*), millefeuille de pain d'épices aux figues (*), pommes aux épices cuites au four (***), glace à la vanille et confiture de poires à la réglisse ou poires asiatiques cuites au safran et belle de Brillet, éclats de vieux cheddar, mangue glacée/râpée (**).

Tio Pepe Fino

XÉRÈS, GONZALEZ BYASS, ESPAGNE

16,75 $ **SAQ S** 242669 ★★☆ $$ **Modéré**

Aussi disponible en **format 375 ml (8,50 $; 743997)**, le mondialement réputé fino Tio Pepe est et demeure une référence pour quiconque désire faire ses gammes aromatiques avec le plus que singulier vin de Xérès, plus particulièrement avec le fino. Certes pas le plus complexe en la matière, il n'en demeure pas moins une juste représentation. Et puisque le xérès de type fino est l'un des vins qui sait s'unir avec maestria à la salinité de certains aliments particuliers – plus que la majorité des vins de ce monde (...) –, comme c'est le cas des huîtres, du caviar, des viandes séchées, des figues séchées et du fromage de chèvre, tout comme celui à raclette, osez servir à vos invités un verre ou deux de ce fino lorsque ces ingrédients sont sur votre menu. Ne serait-ce que pour ouvrir la raclette, avant de poursuivre avec un blanc aromatique de malvasia ou un rosé soutenu. Quoi qu'il en soit, ce Tio Pepe se montre toujours aussi charmeur et d'une fraîcheur invitante, exhalant des notes de pomme verte et d'amande fraîche, se montrant en bouche à la fois croquant, vivifiant, désaltérant et expressif. **Cépage:** palomino. **Alc./**16%. **gonzalezbyass.com**

Servir dans les deux années suivant l'achat, à 12 °C

Apéritif, tapas variées, raclette, huîtres crues, caviar, salade d'asperges vertes, brochettes de prosciutto et de figues séchées, bruschettas en mode romarin (***), cake au prosciutto et olives noires (***) ou tapenade d'olives vertes au fenouil (***), tarte de pommes de terre au Saint Nectaire et figues fraîches (***).

Symphonie de Novembre (2009)

J'aime

JURANÇON, DOMAINE CAUHAPÉ, HENRI RAMONTEU, FRANCE

17,10$ (375 ml) **SAQ S** 10257483 ★★★☆ **$$** **Corsé**

Locomotive de l'appellation, tous les vins de ce domaine, sans exception, m'inspirent au plus haut point, et ce, depuis le début des années quatre-vingt-dix. Cette cuvée 2009 n'y fait pas exception, bien au contraire. Nez très aromatique, complexe et passablement riche, exhalant des nuances d'agrumes, de papaye, de fruit de la passion, de miel et d'épices douces. Bouche onctueuse, mais sans lourdeur, d'une habituelle saisissante acidité, d'une texture presque pleine et séveuse, qui remplit bien la bouche, s'exprimant par de longues et intenses saveurs zestées, exotiques et fumées. Ce vivifiant et invitant liquoreux provient de la première trie du cépage petit-manseng passerillé – la deuxième trie servant habituellement à l'élaboration de l'excellente cuvée Noblesse du Temps. **Cépage:** petit-manseng. **Alc./**14%. **jurancon-cauhape.com**

Servir dans les douze années suivant le millésime, à 12 °C

Salsa de mangue et de betteraves jaunes grillées au clou de girofle (***), mangues confites pour Pavlova (***), millefeuille de pain d'épices aux mangues (*) ou poires asiatiques cuites au safran et belle de Brillet, éclats de vieux cheddar, mangue glacée/râpée (**).

Domaine du Tariquet « Les Premières Grives » (2011)

J'aime

CÔTES DE GASCOGNE, FAMILLE GRASSA, FRANCE

17,15$** **SAQ S**☆ 561274 ★★★?☆ **$$ **Corsé**

J'ai découvert ce vin au tout début des années 90, où il n'était disponible qu'en importation privée. Depuis cette date, il ne m'a jamais fait faux bons, dans le sens où, millésime après millésime, il a toujours été à la hauteur, atteignant même un sommet avec cet excellent 2011. Difficile d'être plus explosif, complexe, concentré, confit et vivace pour un blanc demi-sec de ce rang. Quelle définition dans la traduction! Nez très détaillé et richissime, exhalant des notes de fruits confits, de miel, d'érable, avec une aura de parfums de vins de sauternes touchés par le *botrytis cinerea* (pourriture noble). Bouche toujours aussi harmonieuse, fraîche et coulante, mais dotée d'une liqueur plus riche que dans les vendanges précédentes, non sans fraîcheur zestée. Sérieux. **Cépage:** gros-manseng. **Alc./**11,5%. **tariquet.com**

Servir dans les cinq années suivant le millésime, à 12 °C

Smoothie érable, curry et amandes grillées (***), endives braisées au fromage bleu (***), pommade de pommes au curry et à l'érable (***) accompagnée de fromage bleu, tarte renversée d'endives caramélisées à l'orange (***), gâteau à l'orange, noix de pin et miel (***), mangues confites pour Pavlova (***), croustade d'abricots, lavande et muscat (***) ou chutney d'ananas au curcuma, gingembre et vinaigre de xérès (**).

Puerto Fino Lustau

J'aime

XÉRÈS, EMILIO LUSTAU, ESPAGNE

17,85 $	**SAQ S** 11568347	★★★ $$	**Modéré**

Épuré, raffiné et rafraîchissant, ce fino se montre toujours aussi éclatant et complet, je dirais même qu'il a gagné en complexité et en intensité. Donc, plus que jamais un fino d'une grande richesse aromatique, ainsi que d'une texture plus satinée et patinée que par le passé, d'une présence unique. Graine de fenugrec grillée, eau d'érable et noix participent au charme. Il faut savoir que la maison Lustau positionne habituellement tous ses produits au sommet de la hiérarchie andalouse. N'oubliez pas de vous amuser à table, au-delà de l'apéritif, avec ce style de vin qui est, comme je vous le dis depuis des lustres, l'un des plus polyvalents «accordeurs de piano». **Cépage:** palomino **Alc./**15%. **emilio-lustau.com**

Servir dès sa mise en marché, à 12 °C

Lait de pommes de terre, garniture verte (***), salade d'asperges aux crevettes et vinaigrette à la chicorée (***), tarte de pommes de terre cuites au thé Pu-erh et fromage Saint-Nectaire (***), figues séchées enroulées de jambon ibérique ou pétoncles poêlés, couscous de noix du Brésil à l'orange sanguine, yogourt au gingembre (**).

Antech Expression Brut (2008)

CRÉMANT-DE-LIMOUX, GEORGES ET ROGER ANTECH, FRANCE

18 $	**SAQ S** 10666084	★★★ $$	**Modéré+**

Salué «en primeur» dans *La Sélection 2007*, lors de sa première mise en marché au Québec, et sélectionné annuellement depuis, ce crémant se montre une fois de plus quasi vineux, complexe et ample. Vous y dénicherez un mousseux de haut niveau, pour son prix, à la robe dorée, aux bulles assez fines, aux parfums engageants, à la fois très frais et riches, rappelant l'amande, la poire et la brioche, à la bouche texturée, vivifiante et caressante. Comme prévu dans les dernières éditions de *La Sélection*, il est devenu l'une des références françaises chez les mousseux de qualité offerts sous la barre des vingt dollars, donc il mérite amplement sa place parmi les mousseux « à acheter bon an mal an les yeux fermés ». **Cépages:** 70 % chardonnay, 20 % chenin blanc, 10 % mauzac. **Alc./**12 %. **antech-limoux.com**

Servir dans les deux premières années de son achat, à 12 °C

Grosses palourdes « Cherry-stone » au beurre de gingembre frais et bière blanche (***), chips de jambon serrano, pommade de nectar d'abricot, chapelure d'oreilles de crisse (**) ou calmars en tempura d'amandes, fleur de sel au cèdre, mousse de riz en paella (**).

Moscato Castello del Poggio (2011)

MOSCATO D'ASTI, CASTELLO DEL POGGIO, ITALIE

18 $ **SAQ S*** 11676591 ★★☆ $$ **Léger+**

Un moscato d'un charme immédiat, sans détour, expressif et gorgé de fleurs et de... soleil ! Les bulles sont fines et abondantes. Le nez très fin et élégant comme une fleur jaune printanière, avec un relent de melon. La bouche ample et vaporeuse, souple et caressante, à peine sucrée, aux relents de fleur d'oranger et de cantaloup. Comme je vous le recommande depuis quelques années déjà, tant dans *La Sélection* que dans mes chroniques hebdomadaires dans *La Presse*, pour bien entamer vos brunchs dominicaux ou lors de vos débuts de soirée sur la terrasse, rien de mieux qu'un pétillant vin italien à base de muscat, à peine sucré, question de bien titiller les papilles situées à la pointe de la langue ! **Cépage:** moscato (muscat). **Alc./**5,5 %.

Servir dans les deux années suivant le millésime, à 10 °C

Apéritif: dahl aux lentilles orange, cumin et coriandre fraîche « en trempette » (***) ou feuilletés au gruyère et au gingembre (***). Desserts: gâteau à l'orange et graines de coriandre (***), gâteau au yogourt citron, gingembre et eau de rose (***), tartare de litchis aux épices (*) ou panettone.

Pétale de Rose (2011) J'aime

CÔTES-DE-PROVENCE, RÉGINE SUMEIRE, FRANCE

18,45 $ **SAQ C** 425496 ★★★ $$ **Modéré+**

Le rosé de Régine Sumeire a, depuis son lancement au Québec, au cours des années quatre-vingt-dix, redéfini cette catégorie qui, à l'époque, était en perte de vitesse – fluidité des vins de piscine de ce temps révolu oblige. Depuis, le Pétale de Rose mène le bal qualitatif chez les rosés offerts sous la barre des vingt dollars, et ce 2011 confirme, si besoin est, son statut de locomotive « à acheter bon an mal an les yeux fermés ». J'aime la vinosité et la suavité texturée de ce rosé soutenu, ample, plein et persistant à souhait. Ici, pas de poudre de perlimpinpin pour frimer, donc pas de sucre et pas de gaz carbonique, que du fruit et de la présence de bouche. Miel, cerise mûre, framboise et fleurs rouges signent le bouquet de ce grand rosé de table. **Cépages:** cinsault, grenache, syrah et autres cépages du Midi. **Alc./**13,5 %. **toureveque.com**

Servir dans les trois années suivant le millésime, à 15 °C

Lobster rolls au pimentón, tomate et melon d'eau (***), pesto de tomates séchées (***) pour bruschetta, focaccia ou pâtes, endives braisées aux cerises et au kirsch (***), salade de farfalle aux crevettes et tomates fraîches, melon d'eau, paprika, fèves de soya germées et vinaigrette de pamplemousse rose (***), figues au miel de lavande (***) ou salade de poivrons grillés et crevettes (***).

Nino Franco Brut

J'aime

VALDOBBIADENE PROSECCO SUPERIORE, NINO FRANCO SPUMANTI, ITALIE

18,60$ **SAQ C** 349662 ★★☆ $$ **Modéré**

«J'AIME!» ce mousseux italien, qui a été l'un des plus réguliers au fil des dix-sept ans de *La Sélection Chartier*. Et, lors d'une ixième dégustation, en août 2012, il se montrait comme toujours réussi avec brio, donc à ranger parmi les achats «à effectuer les yeux fermés» chez les bulles tous azimuts offertes sous la barre des vingt-cinq dollars. Il faut admettre que le sympathique Primo Franco, de la troisième génération à la direction de cette maison vénitienne, met tout en œuvre pour élaborer un prosecco de qualité. Vous y dénicherez des arômes et des saveurs juteuses, rappelant les fleurs blanches et la pomme, ainsi qu'une texture vaporeuse en bouche, grâce à une mousse presque crémeuse, supportée par une fraîche acidité sous-jacente et par des saveurs toujours aussi expressives et digestes. Pur, croquant, aérien et festif. **Cépage:** prosecco. **Alc./**11%. **ninofranco.it**

Servir dès sa mise en marché, à 10 °C

Compote de pommes Granny Smith à la coriandre fraîche et huile d'olive «cuite au micro-ondes» (***), tapas de fromage en crottes_Mc² à l'huile de basilic et morceaux de pommes rouges fraîches (***), huîtres frites à la coriandre et wasabi (**), canapés de poisson fumé au fromage à la crème ou vraie crème de champignons_Mc²: lait de champignons de Paris et mousse de lavande (**).

Grain de Folie (2011)

GAILLAC DOUX, DOMAINE CAUSSE MARINES, FRANCE

19,30$ (500 ml) **SAQ S** 866236 ★★★ $$ **Modéré**

Ce 2011, dégusté en primeur en juillet 2012, se montre d'une finesse extrême, s'exprimant par des tonalités raffinées de zeste d'orange, de papaye et de lime, à la bouche tout aussi aérienne, moins imposante en matière de liqueur que dans le précédent millésime (commenté dans *La Sélection 2012*). Fraîcheur et plaisir à boire, pour un vin doux, pratiquement demi-sec tant le sucre se fait discret et harmonieux. Donc, comme toujours, à sa manière, une folle douceur à se mettre sous la dent. **Cépages:** muscadelle, loin de l'Œil, mauzac. **Alc./**12,5%. **causse-marines.com**

Servir dans les cinq années suivant le millésime, à 12 °C

Cacahouètes apéritives à l'américaine: sirop d'érable, cannelle, zeste d'orange et piment chipotle fumé (**), tarte renversée d'endives caramélisées à l'orange (***), roulés à l'orange et thé Earl Grey (***), crème-dessert à l'orange et au thé Earl Grey (***) ou gâteau au gingembre, pamplemousse rose, thé Earl Grey et canneberges séchées (***).

Cachucha Offley

PORTO BLANC, SOGRAPE VINHOS, PORTUGAL

19,40$ **SAQ C** 582064 ★★☆?☆ $$ **Modéré+**

Ce porto blanc, à ranger parmi les meilleurs de sa catégorie avec le Quinta do Infantado Blanc Dry (aussi commenté), est devenu un passage obligé au fil des dix-sept années de *La Sélection Chartier*. Vérifiez par vous-même. Couleur dorée soutenue, nez aromatique, au rancio noble et aux notes de fruits confits, bouche à la fois ample et veloutée, aux saveurs d'abricot confit, de marmelade, d'épices et de mirabelle, d'une certaine onctuosité, tout en possédant une finale de vin sec, même si c'est un porto sucré. Son secret? Il a été vinifié comme un vin rouge afin d'extraire le maximum de parfums des pellicules du raisin et a profité d'un élevage de six ans en fûts de chêne. À mon avis, ce porto est trop riche et trop complexe pour servir d'apéritif – surtout pour être allongé avec du soda... Réservez-lui, servi nature, des fromages et des desserts. Il fera fureur auprès de vos invités. **Cépages:** malvasia fina, viosinho, fernão pires, rabigato. **Alc./**20%. **sogrape.pt**

Servir dès sa mise en marché, à 14°C

Pommade de pommes au curry et à l'érable (***) accompagnée de fromage chabichou du Poitou (sec) ou ossau-iraty (vieux), gâteau à l'orange et graines de coriandre (***), gâteau au fromage au safran (***), gâteau au yogourt à la noix de coco et sucre d'érable (***) ou pêche rôtie au caramel à l'orange (*).

Mas Amiel Vintage (2009) J'aime

MAURY, MAS AMIEL, FRANCE

19,55$ (375 ml) **SAQ S** 733808 ★★★ $$ **Modéré+**

Comme depuis de nombreux millésimes, ce maury est à ranger dans la liste des vins «à acheter les yeux fermés» tant la qualité est au rendez-vous bon an mal an. Pour preuve, ce 2009 toujours aussi débordant de fruits (cerise noire, mûre, bleuet) que par le passé. Ce vin doux naturel rouge explose littéralement en bouche tant le fruité gicle et nourrit les papilles de ses saveurs mûres et gourmandes. Les tanins sont souples et enrobés, mais dotés d'un certain grain ferme de jeunesse, le corps se montre toujours aussi plein et sphérique, presque détendu, et les saveurs percutantes laissent de longues traces de poivre et de... *Cherry Blossom*! Il renforce avec panache la synergie aromatique entre le chocolat noir et les cerises. **Cépages:** grenache. **Alc./**16%. **lesvinsdumasamiel.com**

Servir dans les huit années suivant le millésime, à 15°C

Cherry Blossom, brownies au chocolat et griottes (***), fougasse parfumée au clou de girofle et fromage bleu fondant caramélisé (**), gâteau Forêt-Noire ou panna cotta au fromage bleu, air de rose et craquelins de clou de girofle (**).

Croft Pink

VIN DE PORTO, CROFT PORT VINHOS, PORTUGAL

19,95$ **SAQ C** 11305029 ★★★ $$ **Modéré+**

Dans la vague «rosée» des portos, débarqués depuis 2010, celui-ci demeure pour ma part au sommet, en étant fort engageant, fruité à souhait, très mûr, exhalant des notes de bonbon en forme de poisson rouge à la cerise et au girofle. La bouche exprime bel et bien l'eau-de-vie servant au mutage des portos, la sucrosité habituelle aussi, tout comme la richesse et l'ampleur typique des portos de type ruby, corps en moins. On se rapproche du vin rosé, disons, étant détendu, mais on demeure dans la générosité portugaise. Un parfait ajout à la gamme des portos, qui fait de superbes belles harmonies au dessert, ce que les vins rosés secs ne parviennent pas à réaliser, tout comme un bel apéritif si allongé de soda, ou encore mieux de tonic water Fever-Tree, pour calmer le sucre et rafraîchir l'ensemble. Sans oublier qu'il va à merveille sur les fromages à croûte fleurie, comme le brie et le camembert. **Cépages:** tinta roriz, touriga nacional, touriga francesca. **Alc./**19,5%. **croftport.com**

Servir dans les deux années suivant sa mise en marché, à 14 °C

Apéritif, pouding aux fraises (ou à l'ananas) et gingembre (***), crème-dessert à l'orange et aux graines de coriandre (***), shortcake aux fraises, tarte aux cerises, fondue au chocolat et aux fruits rouges, fougasse parfumée au clou de girofle et fromage bleu fondant caramélisé (**) ou assiette de fromages à croûte fleurie (style camembert) accompagnés de confiture de cerises.

Domaine La Tour Vieille «Rimage» (2010) — J'aime

BANYULS, VINCENT CANTIE ET CHRISTINE CAMPADIEU, FRANCE

21,10$ (500 ml) **SAQ S** 884908 ★★★☆ **$$** **Modéré+** **Bio**

Invitant nez de bleuet et de cacao pour cette cuvée 2010, qui, une fois de plus, nous montre qu'elle fait partie de l'élite de l'appellation, comme elle l'a fait avec brio depuis de nombreux millésimes. Un vin doux naturel plus ramassé et compact que sucré, dense, sans trop, et droit, plus proche du vin de Collioure que du porto, tout en étant gorgé de fruits et charmeur au possible. Un modèle d'équilibre et de plaisir immédiat, comme je vous l'ai déjà dit dans le passé, même s'il évoluera en beauté plus de dix ans. **Cépage:** grenache noir. **Alc./**16,5%. **latourvieille.com**

Servir dans les douze années suivant le millésime, à 16 °C

Biscuits au chocolat super fastoche (***), gâteau simplissime au chocolat noir et thé noir fumé au micro-ondes (***), panna cotta au fromage bleu, air de rose et craquelins de clou de girofle (**), bleuets trempés dans le chocolat noir, fougasse parfumée au clou de girofle et fromage bleu fondant caramélisé (**).

Chip Dry Taylor Fladgate — J'aime

PORTO BLANC, TAYLOR FLADGATE & YEATMAN, PORTUGAL

21,85$ **SAQ S*** 164111 ★★★ **$$** **Modéré**

Comme à son habitude, ce plus que régulier porto blanc sec, dont je fais une relecture régulièrement – question de joindre l'utile à l'agréable, ou l'inverse (!) –, est une véritable bombe de plaisir. Comme son nom l'indique, il est pratiquement sec même s'il contient un peu de sucres résiduels. La couleur est d'un jaune vieil or soutenu. Le nez aromatique, assez riche et mûr, même marqué par de belles notes légèrement oxydatives qui lui procurent du relief. La bouche suit avec ampleur, présence, fraîcheur et générosité, sans lourdeur. Eau-de-vie de mirabelle, abricot séché et noix signent le profil de saveurs. On propose toujours de servir les portos blancs en *long drink*, allongé de *tonic water*, plus particulièrement le remarquable tonic Fever-Tree, mais je trouve tout de même qu'il mérite d'être servi seul tant la matière est belle – même si l'un n'empêche pas l'autre! Servez-le un brin moins froid que les portos blancs sucrés, vous serez conquis, d'autant plus qu'il permet de surprenantes envolées harmoniques à table. Enfin, si vous avez les papilles un peu plus sucrées, alors optez pour le moelleux et tendre **Fine White Taylor Fladgate (16,30$; 575969)**. **Alc.**/20%. **taylor.pt**

Servir dès sa mise en marché, à 14 °C

Pommade de pommes au curry et à l'érable (***) accompagnée de fromage bleu, rôti de porc farci aux abricots et sauce au porto tawny et lait de coco (***), tourtière classique parfumée aux abricots séchés et scotch (***), curry de crevettes (***), pommes aux épices cuites au four (***) ou bonbons d'abricots secs et de pistaches parfumées à l'eau de fleur d'oranger et de crème chantilly à la badiane (*).

Mas Jullien Rosé (2011) — J'aime

COTEAUX-DU-LANGUEDOC, MAS JULLIEN, FRANCE

22,10$	SAQ S	11419595	★★★?☆	$$	Corsé	Bio

Quand vous tombez sur un cru portant le nom de Mas Jullien, domaine phare du Languedoc, tant pour ses rouges que ses blancs et son rosé, ne vous posez pas de question et «achetez les yeux fermés»! Grand vigneron éclairé et inspiré s'il en est un, Olivier Jullien fait parler ses terroirs comme nul autre. Pour preuve, ce rosé qui, une fois de plus, désarçonne par sa verve, sa complexité, sa vinosité et sa pureté sans égale, s'exprimant par des notes de fraises des champs chaudes, presque en confiture, mais sans l'être (...), ainsi que par des notes de fleurs et de miel. Le genre de vin que l'on boit seul, dans le sens sans manger, avec des amis, tout en philosophant sur la nature qui nous nourrit... intellectuellement☺. Mais de grâce, ne le servez pas glacé! **Cépages:** cinsault, grenache noir. **Alc.**/14%. **mas-julien.com**

Servir dans les quatre années suivant le millésime, à 15 °C

Beurre de safran (***) pour poisson grillé, brochettes de lotte au safran, thé noir et pamplemousse rose (***), homard rôti, carottes glacées à l'huile de crustacés (***) ou saumon grillé et salsa de tomates, pamplemousse, thé et poivre du Sichuan (***).

Carlo Pellegrino

PASSITO DI PANTELLERIA, CARLO PELLEGRINO, ITALIE

22,90$	SAQ C	742254	★★☆?☆	$$	Modéré+

Difficile d'être plus muscaté que ça! Zeste d'orange, miel, épices douces et abricot séché se donnent la réplique au nez, pendant que la bouche vous caresse les papilles de sa belle liqueur et de sa texture patinée. Liquoreux, certes, ce zibibbo (nom local du muscat d'Alexandrie), mais sans lourdeur. Ce produit est disponible depuis si longtemps à la SAQ que l'on en vient, malheureusement, à l'oublier... Pourtant, c'est le soleil de la Sicile en bouteille, question d'illuminer le gâteau aux fruits de fin de repas, tout comme les biscottis aux fruits confits, ainsi que toutes les recettes dominées par la poire, la mangue ou le gingembre. **Cépage:** moscato. **Alc.**/15%. **carlopellegrino.it**

Servir dès sa mise en marché, à 12 °C

Smoothie litchi, gingembre et eau de rose (***), muffins aux zestes d'agrumes (***), gâteau aux fruits confits, biscottis, mangues confites pour Pavlova (***) ou poires asiatiques cuites au safran et belle de Brillet, éclats de vieux cheddar, mangue glacée/râpée (**).

Raventós i Blanc « de Nit » (2009) — J'aime

CAVA, JOSEP MARÍA RAVENTÓS I BLANC, ESPAGNE

23,60 $ **SAQ S** 11457196 ★★★ $$ **Modéré+**

Ce deuxième millésime réussi avec brio de ce cava, que j'ai eu le plaisir de déguster sur plusieurs millésimes lors de mes séjours de travail à Barcelone, confirme son rang de référence « à acheter bon an mal an les yeux fermés ». Vous y retrouverez un superbe mousseux rosé catalan, expressif à souhait, au nez élégant et détaillé, où s'entremêlent cerise, pivoine, framboise et notes presque boisées. La bouche se montre tout aussi engageante et croquante, avec fraîcheur et ampleur, dotée d'une texture toujours aussi satinée, ce qui est rare chez les mousseux. Une longue fin de bouche fraîche et digeste marque le coup. Je vous le redis, les vins de Cava sont actuellement les meilleurs rapports qualité-prix disponibles chez les mousseux hors Champagne. **Cépages:** xarel-lo, maccabeo, parellada, monastrell. **Alc./**13 %. **raventos.com**

Servir dès sa mise en marché, à 10 °C

Tapas de fromage en crottes_Mc² à l'huile de safran et morceaux de pommes jaunes fraîches (***), brochettes de crevettes, melon d'eau et tomates cerises au paprika sur brochettes de bambou parfumées au jus de pamplemousse rose (***), salade de framboises à l'eau de rose et julienne d'algue nori (***) ou sushis en bonbons de purée de framboises (***).

Domaine La Tour Vieille « Reserva » — J'aime

BANYULS, VINCENT CANTIE ET CHRISTINE CAMPADIEU, FRANCE

25,70 $ **SAQ S** 884916 ★★★☆ $$$ **Corsé**

Cette réserve se montre plus complexe et plus riche que dans les précédents arrivages des dernières années – ce qui n'est pas rien étant donné son rang qualitatif qui était déjà élevé. Le nez est d'une enivrante profondeur aromatique, qui se transforme certes beaucoup à l'aération dans le verre, mais qui est déjà plus complexe et plus vineux que par le passé. Figue séchée, pruneau, cacao, bois de santal, boîte à cigares et thé noir fumé se donnent la réplique. La bouche, quant à elle, est tout aussi pénétrante que par le passé, mais plus solide et tannique, moins aérienne, plus terrienne. Du sérieux, qui semble avoir atteint un niveau supérieur. **Cépage:** grenache noir. **Alc./**16,5 %. **latourvieille.com**

Servir dans les quinze années suivant l'achat, à 16 °C

Brownies au chocolat et figues séchées (***), fougasse parfumée au clou de girofle et fromage bleu fondant caramélisé (**), gelées_Mc² au café (**) accompagnée de fromage gorgonzola ou carré aux figues séchées, crème fumée, cassonade à la réglisse (**).

Quinta do Infantado LBV (2007) J'aime

PORTO LATE BOTTLED VINTAGE, FAMILLE ROSEIRA, PORTUGAL

28,10$ **SAQ S*** 884361 ★★★☆ $$$ **Corsé** **Bio**

Ce porto LBV 2007, mis en bouteilles en 2011, d'une régularité sans faille, mérite une fois de plus d'être acquis les yeux fermés tant la matière est belle, l'extraction juste, sans trop, et le profil aromatique racé et engageant. Violette, fruits noirs et graphite s'en dégagent avec éclat et précision. La bouche est dense et fraîche, aux tanins réglissés et serrés, au corps longiligne et svelte, terminant sur une prenante minéralité. Du sérieux, qui évoluera en beauté jusqu'en 2017. Il faut dire qu'il y a déjà plusieurs millésimes que ce LBV reçoit un coup de cœur, donc à suivre plus que jamais dans les prochaines vendanges. **Cépages:** touriga nacional, touriga franca, tinta roriz, tinta barroca, tinta amarela, tinto cão, rufete, sousão. **Alc./**19,5%. **quintadoinfantado.com**

Servir dans les douze années suivant le millésime, à 16 °C et oxygéné en carafe 30 minutes

Fougasse parfumée au clou de girofle et fromage bleu fondant caramélisé (**), panna cotta au fromage bleu, air de rose et craquelins de clou de girofle (**) ou tarte au chocolat noir baignée d'une réduction de porto LBV (*).

Torcolato (2008) J'aime

BREGANZE, FAUSTO MACULAN, ITALIE

29,20$ (375 ml) **SAQ S** 710368 ★★★★ $$$ **Corsé**

Ce liquoreux vénitien est probablement le plus renommé des blancs liquoreux d'Italie aux quatre coins du monde, dont au Québec. La régularité du cru tout comme le dynamisme de Fausto Maculan n'y sont pas étrangers. Après avoir passé une année en barriques, ce nouveau millésime se montre d'une couleur modérément orangée, d'un nez exubérant comme toujours, exhalant de riches parfums d'abricot séché, de miel et d'érable, à la bouche toujours aussi charnelle et pénétrante (...), tapissant le palais d'une liqueur quasi onctueuse, tout en étant fraîche, et de saveurs qui ont de l'éclat, de l'allonge et de la prestance, laissant des traces de crème pâtissière, de vanille et de chêne. **Cépages:** 85% vespaiola, 10% garganega, 5% tocai friulano. **Alc./**12,5%. **maculan.net**

Servir dans les douze années suivant le millésime, à 12 °C

Terrine de foie gras de canard au torchon et pain au safran (*), noix de macadamia sablées au sirop d'érable et curry (**), beignets aux bananes et au rhum brun El Dorado (***), ou noix de macadamia sablées au sirop d'érable et curry (**).

Mas Amiel Cuvée Spéciale 10 ans d'âge

MAURY, MAS AMIEL, FRANCE

30,50$ **SAQ S** 11154785 ★★★☆ $$$ **Modéré+**

Impossible de passer sous silence cet assemblage de 10 ans d'âge qui ne m'a jamais semblé aussi prenant, complexe et réussi. Le nez est fulgurant de richesse, d'expressivité et de complexité, exhalant des notes d'abricot confit, d'arachide grillée, de noisette, d'épices douces, de havane et de cacao. La bouche suit avec autant de présence, d'ampleur et de texture, sans aucune lourdeur ni chaleur. Une très longue finale, aux relents de zeste d'orange, de tabac, de noisette grillée et de cacao, signe cet excellent achat à effectuer les yeux fermés», comme c'est aussi d'ailleurs le cas de l'encore plus complexe et pénétrant **Mas Amiel Prestige 15 ans d'âge (41,50$; 884312)**, aux saveurs torréfiées, épicées et caramélisées, d'une belle patine de bouche, qui fait fureur avec des plats salés ou des desserts à base de café, comme notre recette de gelées_Mc² au café (**), servies en accompagnement de très vieux cheddars. **Cépages:** 90% grenache noir, 5% carignan, 5% maccabeo. **Alc.**/16%. **lesvinsdumasamiel.com**

Servir dès sa mise en marché, à 16 °C

Gâteau simplissime au chocolat noir et thé noir fumé au micro-ondes (***), tarte au chocolat noir et aux épices de la barrique (***), ananas caramélisé (cassonade, sauce soya, saké et réglisse noire, copeaux de chocolat noir) (**), truffes au chocolat aux parfums de havane (*) ou ganache chocolat / Soyable_Mc² (**) ou fromages são jorge et vieux cheddar.

Ca'del Bosco «Cuvée Prestige» Brut

J'aime

FRANCIACORTA, AZIENDA AGRICOLA CA'DEL BOSCO, ITALIE

33$ **SAQ S 11008024** ★★★☆ **$$$** **Corsé**

Cet excellent mousseux italien d'une bouteille dégustée en août 2012 – provenant d'un lot dégorgé pendant l'hiver de la même année –, devient plus que jamais l'une des références mondiales en matière de méthode champenoise hors Champagne. Alors, pour vos moments festifs, sélectionnez comme je le fais depuis le milieu des années quatre-vingt-dix cet étonnant franciacorta, ayant été conservé 30 mois sur lies, en bouteille, avant sa mise en marché, ce qui explique, en partie, sa grande complexité. Il faut dire qu'il provient de l'un des grands viticulteurs lombards, Maurizio Zanella, qui élabore aussi de superbes vins tranquilles blancs et rouges. Donc, un mousseux de haut niveau à la robe dorée, aux bulles fines et abondantes, au nez ultrafin, un brin brioché, à la bouche presque crémeuse et enveloppante, à l'acidité fraîche, juste dosée, mais à l'arrière-scène laissant place à la texture vaporeuse, au corps plein, sans trop et aux saveurs très longues, égrainant des notes de pomme Golden, d'amande et de fleurs séchées. Du niveau de certaines cuvées de la Champagne, vendues à une vingtaine de dollars de plus. **Cépages:** 40% chardonnay, 40% pinot bianco, 20% pinot nero. **Alc.**/12,5%. **cadelbosco.com**

Servir dans les trois années suivant son achat, à 12 °C

Salade de champignons (***), salade de riz sauvage aux champignons (***), mousse de foie de volaille aux poires, *toast* de foie gras de canard au torchon (*), figues confites au thé Pu-erh, chantilly de fromage Saint-Nectaire (**) ou crabe des neiges, ketchup aux pois verts, épinards fanés à l'huile d'olive, caviar de mulet et mousse de bière noire (**).

Martinez 10 ans — J'aime

PORTO TAWNY, MARTINEZ GASSIOT & CO., PORTUGAL

36$ **SAQ S 297127** ★★★★ $$$$ **Corsé**

Il y a plusieurs années que je succombe au style brûlé de ce tawny, le *douro bake* comme disent les *Britishs*, ce qui lui a permis d'être classé parmi les meilleurs achats des dix-sept *Sélection Chartier*. Régulier, vous dites! Voilà donc un solide «J'AIME!», littéralement enivré par ses parfums de noix brûlée, de cassonade, d'érable, d'épices, de cigare et de fruits confits, qui composent son profil aromatique d'une richesse profonde, et pénétré par sa suavité et son amplitude en bouche qui donnent ainsi le coup de grâce. Du sérieux, pour de belles envolées aromatiques à table, tant avec le foie gras de canard poêlé qu'avec le fromage cheddar (très vieux), ainsi qu'avec les desserts au rhum brun, à l'érable, au café, au chocolat noir, à la vanille ou aux fruits confits. **Alc./**20%. **martinez.pt**

Servir dès sa mise en marché, à 15°C

Jambon aux parfums d'Orient (*), foie gras de canard poêlé à l'hydromel, beignets aux bananes et rhum brun El Dorado (***), brownies au chocolat et figues séchées (***), figues macérées au porto tawny à la vanille, millefeuille de pain d'épices aux figues (*), flan à la vanille et vieux rhum El Dorado (***) ou fromages à pâte ferme (são jorge ou vieux cheddar accompagnés de confiture de coings portugaise et de noix de Grenoble).

Delamotte Brut

CHAMPAGNE, CHAMPAGNE DELAMOTTE, FRANCE

44,75$ **SAQ S 10839660** ★★★☆?☆ $$$ **Modéré+**

Faisant partie du giron de la grandissime et unique maison de champagne Salon, Delamotte présente à nouveau à la SAQ son délectable Brut, qui, étant offert sous la barre des cinquante dollars, ce qui est rarissime en champagne, mérite plus que votre attention. Vous y dénicherez comme à son habitude une cuvée de base faite sur mesure pour l'apéritif tant sa fraîcheur et son élan titillent les papilles avec brio. Bâtie sur une base de chardonnay, on y décèle toujours une grande minéralité, ainsi que des saveurs d'amande grillée, de fleurs blanches, de pomme et d'anis, d'une bonne allonge. Plus croquante de vérité que jamais et à prix plus que correct. **Cépages:** 50% chardonnay, 30% pinot noir, 20% pinot meunier. **Alc./**12%. **salondelamotte.com**

Servir dans les deux années qui suivent l'achat, à 10°C

Blinis en mode anisé (***), brandade de morue salée en mode anisé (***), céleri rémoulade en mode anisé à l'estragon (***) ou ceviche de morue au citron vert et coriandre fraîche (***).

Moulin Touchais (1999)

COTEAUX DU LAYON, VIGNOBLES TOUCHAIS, FRANCE

45$ **SAQ S 739318** ★★★★ $$$$ **Modéré+**

Comme la majorité des millésimes de ce liquoreux du Layon, une réussite, exhalant de passablement puissants effluves d'acacia, de tilleul, de poire et de coing, à la bouche ample, au satiné plus fin que le 1997, mais moins onctueux que ce dernier, aux saveurs de pâte d'amande et de miel, d'une belle allonge. À la fois aérien et prenant, plus longiligne qu'un sauternes, question de situer la texture. Ce qui m'étonne toujours avec ce cru du Layon, c'est que depuis les premiers millésimes que j'ai eu le privilège de déguster (1949, 1959, 1964...), mis en marché à la fin des années quatre-vingt, chaque nouvelle vendange mérite autant le détour, avec bien sûr des différences dans la concentration et la complexité, mais toujours avec le même plaisir de la découverte. Vin de dessert par excellence certes, de remarquables envolées harmoniques sont aussi à réaliser avec les plats salés. **Cépage:** chenin blanc. **Alc./**13,5%.

Servir dans les vingt années suivant le millésime, à 14°C

Petit poussin laqué (**), fondue à Johanne_Mc² (cubes de fromage à croûte lavée, frits et parfumés à l'ajowan) (**), bavarois au chocolat blanc et pistaches (***), pouding aux fraises (ou à l'ananas) et gingembre (***) ou tatin de pommes au curry, noix de macadamia salées au sirop d'érable, tranche de foie gras de canard poêlé) (**).

Forget-Brimont Brut «Rosé» Premier Cru

CHAMPAGNE, FORGET-BRIMONT, FRANCE

47,50$ **SAQ C** 10845883 ★★★★ $$$$ **Modéré**

À l'heure où les champagnes rosés ont la cote et atteignent aussi la plupart du temps un prix indécent (...), cette cuvée, que j'affectionne depuis quelques années déjà, et qui a vu son prix abaissé de quatre dollars sur l'automne 2011, devient plus que jamais le rosé de la Champagne «à acheter bon an mal an les yeux fermés». Tout y est. Couleur soutenue. Charme aromatique, non sans détails et richesse pour le rang. Bouche à la fois ronde et fraîche, ample et caressante, gourmande au possible pour le prix, aux saveurs longues et généreuses, gorgées de fruits rouges et de fleurs séchées. C'est le temps plus que jamais de faire sauter le bouchon, sans faire sauter votre portefeuille☺. **Cépages:** 40% pinot noir, 40% pinot meunier, 20% chardonnay. **Alc./**12%. **champagne-forget-brimont.fr**

Servir dans les deux années suivant son achat, à 12°C

Mozzarella gratinée «comme une pizza», viande des Grisons et piment d'Espelette (***), focaccia au pesto de tomates séchées, tapas de fromage en crottes_Mc² à l'huile de basilic et morceaux de pommes rouges fraîches (***) ou crevettes caramélisées, écume de carotte, pomme McIntosh et graines de cumin, purée de carottes à l'huile de crustacés et pimentón fumé (**).

Château Bastor-Lamontagne (2009)

SAUTERNES, SCEA DES VIGNOBLES DE BASTOR ET SAINT-ROBERT, FRANCE

51$ **SAQ S** 11014889 ★★★★ $$$$ **Corsé**

Ce château nous a habitués, et ce, depuis le début des années quatre-vingt-dix, à un sauternes, aussi disponible en **format 375 ml (22,05$; 11131410)**, hyper aromatique, d'un charme fou, exhalant de complexes effluves de fruits confits, de pêche, d'abricot, de pâte d'amande, de cire d'abeille, de vanille, de noix de coco, la bouche certes liquoreuse, mais aussi fraîche et quasi aérienne pour l'appellation, non sans texture et sans sucrosité. Un vin d'une belle liqueur, mais sans lourdeur, patiné à souhait, terminant sa course sur des notes grillées rappelant l'érable. **Cépages:** 80% sémillon, 18% sauvignon blanc, 2% muscadelle. **Alc./**14%. **bastor-lamontagne.com**

Servir dans les quinze années suivant le millésime, à 12 °C

Tatin de pommes au curry, noix de macadamia salées au sirop d'érable, tranche de foie gras de canard poêlé (**), «guimauve érable_Mc²»: sirop d'érable, vanille et amandes amères (**), crème brûlée au café et à la vanille (***), croustade de foie gras aux pommes (*), millefeuille de pain d'épices aux mangues (*) ou pêche tiède sur son craquant aux noix de pacane, baignée d'un caramel de jus de pêche parfumé à l'anis étoilé, au girofle et à la cannelle (*).

Ayala Rosé Majeur

J'aime

CHAMPAGNE, AYALA, FRANCE

54,25$ **SAQ S** 11674529 ★★★★ **$$$$** **Corsé**

Un champagne rosé (provenant d'un lot dégorgé en janvier 2012) d'une extrême finesse aromatique, qui se montre passablement nourri et complexe, surtout si vous avez la bonne idée de ne pas le servir glacé, mais plutôt juste frais, à plus ou moins 12 °C. Couleur rose pêche. Nez ultra-raffiné, d'une bonne intensité, où alternent des notes de fruits rouges et de fleurs séchées, à la bouche pleine, enveloppante et vaporeuse, presque vineuse, et d'un bon volume, aux saveurs très longues. Assurément une cuvée rosée pour s'amuser à table, donc pas seulement en guise d'apéritif. Il faut savoir que ce champagne rosé est l'un des rares à être composé avec si peu de pinot noir. Il est plutôt dominé par le chardonnay, ce qui lui procure un style singulier. **Cépages:** 40% pinot meunier, 30% pinot noir, 30% chardonnay. **Alc./**12%. **champagne-ayala.fr**

Servir dans les trois années suivant sa mise en marché, à 12 °C

Tartare de bœuf, champignons shiitakes, vinaigrette de betteraves et copeaux de parmesan (***) ou mozzarella gratinée «comme une pizza», viande des Grisons et piment d'Espelette (***).

Pierre Gimonnet & Fils «Cuis 1er Cru» Blanc de blancs Brut

J'aime

CHAMPAGNE, PIERRE GIMONNET & FILS, FRANCE

57,50$ **SAQ S** 11553209 ★★★★ **$$$$** **Modéré+**

Ne manquez pas ce remarquable chardonnay – dont un ixième arrivage de 100 caisses étaient attendues en novembre 2012 –, issu du village de Cuis, 1er cru de la Côte des Blancs, et vinifié avec maestria par la famille Gimonnet, se montrant très aromatique, à la fois riche et élégant, complexe et très frais, pour ne pas dire saisissant de fraîcheur, à la bouche presque dense pour un champagne, intense, longiligne et prenante, aux saveurs plus que persistantes, laissant des traces d'anis, de pomme, d'amande et de fleurs. Il faisait bon à l'automne 2011 de voir enfin arriver à la SAQ une cuvée de cette grande maison, et, bonne nouvelle, deux arrivages par année sont à prévoir – et à ne pas manquer! Et pour festoyer solide, offrez-vous le suave, praliné et pénétrant champagne **Spécial Club 2005 (75$; 11854503)** du même viticulteur. **Cépage:** chardonnay. **Alc./**12,5%. **champagne-gimonnet.com**

Servir dans les trois années qui suivent l'achat, à 12 °C

Huîtres frites à la coriandre et wasabi (**), crevettes caramélisées, écume de carotte, pomme McIntosh et graines de cumin, purée de carottes à l'huile de crustacés et pimentón fumé (**), figues confites au thé Pu-erh, chantilly de fromage Saint-Nectaire (**) ou filet de doré poêlé, écailles de pommes de terre à l'huile d'arachide, crème d'arachide crue au persil et coriandre, fèves édamames juste blanchies (***).

Colheita Baron de Forrester 1980

PORTO TAWNY, SOGRAPE VINHOS, PORTUGAL

58,25 $ **SAQ S*** 599944 ★★★☆ **$$$**$ **Corsé**

Difficile de ne pas succomber à la suavité prenante d'un porto tawny millésimé (colheita) de cet âge. Enivrante complexité de saveurs torréfiées, fruitées et épicées, imposante amplitude en bouche, texture moelleuse, sans trop, et très grande persistance des arômes où s'entremêlent noisette grillée, cacao, sucre roux et café moka. À table, optez pour de très vieux fromages à pâte ferme, et poursuivez avec un dessert au chocolat, au café ou au caramel. La patine glissante des tawnies et les arômes de café, de caramel, de fruits confits, de fruits secs et d'épices, sont à l'origine de ce type d'accord. **Cépages:** malvasia fina, viosinho, fernão pires, rabigato. **Alc./**20%. **sogrape.pt**

Servir dès sa mise en marché, à 14 °C

Tatin de pommes au curry, noix de macadamia salées au sirop d'érable, tranche de foie gras de canard poêlé (**), très vieux fromages à pâte ferme (cheddar, gouda, mimolette), crème brûlée au café et Frangelico (***), fondue au chocolat et café (***) ou whoopies au chocolat noir et au café (***).

De Venoge Blanc de Noirs Brut

J'aime

CHAMPAGNE, DE VENOGE, FRANCE

60 $ **SAQ S** 11258040 ★★★☆?☆ **$$$$** **Corsé**

Autrefois disponible qu'en SAQ Signature, cet excellent champagne, composé uniquement de raisins noirs, sera maintenant disponible dans tout le réseau des spécialités dès décembre 2012. Robe dorée. Nez vineux, à la façon d'un grand bourgogne, pour ne pas dire d'un puligny-montrachet (...), tout en étant finement brioché, aux effluves de pomme poire, de biscuit, de noisette et de fleurs séchées. Bouche à la fois ample et fraîche, pleine et rafraîchissante, d'une bonne vinosité et dotée d'une belle prise de mousse vaporeuse et de saveurs longues, sur les fruits à chair blanche. Un brut gourmand, très marqué par les cépages rouges qui le composent, qui gagne en complexité et en structure au cours des trois ou quatre années suivant l'achat, atteignant ainsi la quatrième étoile à laquelle il est voué. **Cépages:** 80% pinot noir, 20% pinot meunier. **Alc./**12%. **champagnedevenoge.com**

Servir dans les quatre années suivant sa mise en marché, à 12 °C

Pétoncles poêlés, couscous de noix du Brésil à l'orange sanguine, lait de coco au gingembre (**), fromages (comté Fort des Rousses 24 mois d'affinage ou parmigiano reggiano 24 mois d'affinage et plus) ou Surf'n Turf Anise (pétoncles et foie gras) (*).

Pol Roger Extra Cuvée de Réserve Brut

J'aime

CHAMPAGNE, POL ROGER, FRANCE

62,75 $ **SAQ C** 051953 ★★★★ $$$$ **Corsé**

Si comme moi vous appréciez les champagnes complexes et vineux, contrairement à certaines cuvées plus fraîches et vivifiantes, alors Pol Roger est pour vous – tout comme Bollinger (aussi commenté). Je vous le dis déjà depuis de nombreuses années, ce champagne atteint une richesse de sève unique pour son rang. La haute définition, l'expression et la texture sont au rendez-vous, année après année, ce qui le positionne parmi le Top 5 des bruts non millésimés offerts au Québec. Et comme il gagne en amplitude et en complexité aromatique dans ses trois premières années de bouteilles, alors ça vaut la peine de mettre quelques flacons en cave et de les retrouver dans les deux ou trois années qui suivent l'achat – mais pas plus longtemps. **Cépages:** 1/3 chardonnay, 1/3 pinot noir, 1/3 pinot meunier. **Alc./**12 %. **polroger.com**

Servir dans les trois années qui suivent l'achat, à 12 °C

Terrine de foie gras de canard au naturel (*), rillettes de saumon fumé (***), saumon fumé Mc² « au BBQ éteint » (***), caviar d'aubergines rôties au miso (***), soupe au miso et au gingembre (***), gnocchis de patates douces à l'huile de sésame grillé (***) ou figues confites au thé Pu-erh, chantilly de fromage Saint-Nectaire (**).

Bollinger Spécial Cuvée Brut

J'aime

CHAMPAGNE, BOLLINGER, FRANCE

66,50 $ **SAQ S** 384529 ★★★★?☆ $$$$ **Corsé**

Comme je vous le dis depuis les premières éditions de *La Sélection*, donc depuis maintenant dix-sept ans..., cette cuvée est LE champagne des amateurs de grands vins rouges! Donc, impossible de ne pas le placer dans ma liste du top 500 des vins « à acheter bon an mal an les yeux fermés ». Tout y est: couleur dorée soutenue; profil aromatique intensément brioché et toasté, auquel s'ajoutent des notes de vanille et de noisette; présence en bouche toujours aussi vineuse et puissante, non dénuée de fraîcheur et d'élégance. La richesse de cette cuvée est due à l'utilisation d'un pourcentage élevé de vins de réserve, âgés de quatre à six ans. Et la beauté de l'affaire, c'est qu'il évolue admirablement en bouteilles, gagnant en richesse et en vinosité, donc osez-le 2 à 4 ans en cave. **Cépages:** 60 % pinot noir, 25 % chardonnay, 15 % pinot meunier. **Alc./**12,5 %. **champagne-bollinger.fr**

Servir dans les quatre années qui suivent l'achat, à 12 °C

Sablés au parmesan et au café (***), soupe au miso à l'huile de sésame grillé et au riz sauvage (***), croûtons de pain grillés surmontés de foie gras de canard, Surf'n Turf Anise (*), fromage comté Fort des Rousses (24 mois d'affinage), fromage parmigiano reggiano (plus de 24 mois d'affinage) ou soupe de cerfeuil tubéreux à l'émulsion de jaune d'œuf, copeaux de foie gras et poêlée de chanterelles (*).

Taylor 20 ans **J'aime**

PORTO TAWNY, TAYLOR FLADGATE & YEATMAN, PORTUGAL

69$ **SAQ C** 149047 ★★★★ **$$$$** **Modéré+**

Ce Taylor 20 ans, embouteillé en 2011, comme à son habitude, allie le meilleur des deux mondes: ils conservent toujours un certain fruité de jeunesse, comme chez les 10 ans d'âge, tout en développant d'enivrants parfums de rancio, donc plus évolués, comme chez les 30 ans, ainsi que des notes complémentaires d'épices, de noisette, de Nutella, de sucre brun et de grands havanes, à n'en plus finir... C'est une chance d'avoir un tel porto disponible dans l'ensemble des succursales de la SAQ. **Cépages:** touriga nacional, touriga francesa, tinta roriz, tinta barroca, tinto cão. **Alc./**20%. **taylorfladgate.com**

Servir dès sa mise en marché, à 15°C

Tatin de pommes au curry, noix de macadamia salées au sirop d'érable, tranche de foie gras de canard poêlé (**), pommade de pommes au curry et à l'érable (***) accompagnée de fromage mimolette (très vieille), cigare churchill San Luis Rey ou cigare churchill Sancho Panza Corona Gigante.

Taylor 30 ans

PORTO TAWNY, TAYLOR FLADGATE & YEATMAN, PORTUGAL

184,75$ **SAQ S** 540252 ★★★★☆ **$$$$$** **Corsé**

Ce tawny de 30 ans (mis en bouteilles en 2011) propose une robe ambrée aux riches reflets acajou, un nez enivrant, profond et compact, qu'il faut «travailler» dans le verre pour en extirper ses complexes effluves de bois de santal, de figue séchée, de datte, de cassonade, de *marmelada* (gelée de coings portugaise), de noisette et de boîte à cigares, ainsi qu'une bouche presque vaporeuse, texturée, étonnamment pleine pour son âge, épicée, aux notes de grand havane et de caramel anglais qui persistent indéfiniment en fin de bouche. Un tawny de référence, au corps d'une grande largeur et au moelleux dense et prenant. J'ai beaucoup hésité à lui donner cinq étoiles, mais il fallait à nouveau conserver de la place pour noter l'exceptionnel **Tawny 40 ans (241$; 540260)** – mis en bouteilles en 2010 – de la même maison, plus subtil, plus détaillé et plus évolué, au rancio d'une grande noblesse, rappelant les fruits secs, le cacao et les zestes d'orange confits, et une bouche plus vaporeuse, plus aérienne, étonnamment fraîche et aux saveurs complexes, qui apparaissent par strates. **Cépages:** touriga nacional, touriga francesa, tinta roriz, tinta barroca, tinto cão. **Alc./**20%. **taylorfladgate.com**

Servir dès sa mise en marché, et au cours des années subséquentes, à 15°C

Pommade de pommes au curry et à l'érable (***) accompagnée de fromage cantal (très vieux) ou laguiole, millefeuille de pain d'épices aux figues (*), truffes au chocolat et au café (*), tarte au chocolat noir parfumée au thé Lapsang Souchong (*), cigare robusto de Hoyo de Monterey Epicure nº 2 ou cigare partagas 8-9-8 Varnished.

Vins du NOUVEAU MONDE

VINS BLANCS
du Nouveau Monde

Sauvignon Blanc Caliterra Reserva (2011)

VALLE DE CASABLANCA, VIÑA CALITERRA, CHILI

12,55 $	**SAQ C** 275909	★★?☆ $	**Modéré**

Parmi les blancs secs chiliens de sauvignon blanc offerts à plus ou moins douze dollars, celui de Caliterra mène le bal en matière de qualité et de régularité bon an mal an – les coups de cœur que je lui ai décernés dans les derniers millésimes confirment la chose, si besoin est. Vous y trouverez donc une fois de plus un sauvignon *crispy*, aromatique à souhait et rafraîchissant, exhalant des parfums de citron, de pomme et de menthe fraîche. La bouche suit avec une texture toujours aussi satinée, une acidité vibrante et fraîche, et de longues saveurs rafraîchissantes rappelant le gazon fraichement coupé. Difficile d'être plus *benchmark* et plus abordable. **Cépage:** sauvignon blanc. **Alc./**13,5 %. **caliterra.com**

Servir dans les deux années suivant le millésime, à 12 °C

Guacamole à la coriandre fraîche, citron vert et tabasco (***), soupe au « lait de lentilles » au cerfeuil (***), ceviche de morue au citron vert et basilic (***), sandwich pita au thon (***), émulsion d'asperges vertes aux crevettes_Mc² (**), crème de petits pois menthe/persil (***), salade de pommes de terre, concombre et coriandre fraîche ou bruschettas en mode anisé (***).

Viognier Reserve Don Pascual (2011)

JUANICO, ESTABLECIMENTO JUANICO, URUGUAY

14 $	**SAQ S** 11202679	★★☆ $	**Modéré+**

Une autre référence sud-américaine signée par cette excellente maison, dont quelques cuvées en blancs et en rouges font aussi partie de ce top 500 des vins « à acheter bon an mal an les yeux fermés ». Il en résulte un viognier certes boisé, mais aussi complexe, ample, texturé, frais et prenant, aux longues saveurs de noisette, d'amande grillée et fleurs séchées. Sans aucune lourdeur, ce qui est souvent le cas chez de nombreux blancs de ce cépage lorsque cultivé sous les climats chauds des pays du Nouveau Monde. Servez-le à table, entre autres, avec les ingrédients complémentaires à la noisette (crevette, arachide, café, orge rôtie, sauce soya, tofu et vanille) – notez que ces aliments possèdent une structure aromatique proche parent de la noisette, faisant d'eux des ingrédients au grand pouvoir harmonique lorsque cuisinés ensemble et accompagnés de ce type de vin qui partage les mêmes composés volatils dominants. **Cépage:** viognier. **Alc./**13,5 %. **juanico.com**

Servir dans les trois années suivant le millésime, à 14 °C

Satay de tilapia, sauce aux arachides et cacao (***), graines de citrouille grillées à la sauce soya et au curry (***), salade d'asperges aux crevettes et vinaigrette à la chicorée (***), tartinade de crevettes au sésame grillé pour canapés (***) ou filet de doré poêlé, écailles de pommes de terre à l'huile d'arachide, crème d'arachide crue au persil et coriandre, fèves édamames juste blanchies (***).

Chardonnay Errazuriz Estate (2011)

VALLÉE DE CASABLANCA, VIÑA ERRAZURIZ, CHILI

14,25 $	**SAQ C**	318741	★★☆ **$**	**Modéré**

Comme tous les crus signés Errazuriz, qu'ils soient blancs ou rouges – tous sans exception à ranger dans la liste de vos crus «à acheter bon an mal an les yeux fermés» –, ce chardonnay représente depuis multiples millésimes une valeur sûre chez les produits courants du Nouveau Monde. Vous dégusterez un blanc sec aromatique et enchanteur à souhait, laissant échapper des notes de pomme, de vanille et de fruits secs, à la bouche texturée et sensuelle, dont l'acidité discrète laisse toute la place à des courbes rondes et généreuses, mais sans lourdeur, tout en fraîcheur, avec de l'élan, terminant sur une note de fruits exotiques. **Cépage:** chardonnay. **Alc./**13 %. **errazuriz.com**

Servir dans les deux années suivant le millésime, à 12 °C

Feuilletés aux champignons, au scotch et à la noix de coco (***), rôti de porc farci aux abricots et pêches jaunes (***), tourtière classique aux pacanes et noix de coco grillée (***), dumplings au porc en mode lactone (***), huîtres gratinées en mode umami au fromage bleu (***) ou abattis de dinde croustillants farcis à la fraise «cloutée», laqués à l'ananas (**).

Seyval Blanc Vignoble du Marathonien

J'aime

QUÉBEC, VIGNOBLE DU MARATHONIEN, HAVELOCK, QUÉBEC, CANADA

14,40 $	**SAQ S**	11398325	★★ **$**	**Léger+**

Un blanc sec non millésimé, tout en fraîcheur, à la texture satinée, au charme invitant, croquant comme une pomme. Acidité discrète mais fraîche, corps fluide et saveurs d'agrumes, avec une tonalité un brin exotique. Bien fait et juste. Il faut savoir que Line et Jean Joly nous proposent aussi et surtout deux superbes blancs liquoreux, dont une vendange tardive et un vin de glace (ayant reçu des coups de cœur à multiples reprises dans les précédentes *Sélection Chartier*), tous deux au sommet de leur catégorie respective au Québec, et même au Canada, et ce, depuis une bonne dizaine d'années. **Cépage:** seyval. **Alc./**11,5 %. **marathonien.qc.ca**

Servir dès la première année de sa mise en marché, à 12 °C

Salade de chou et vinaigrette à la papaye (***), crème froide de chou-fleur à la papaye, câpres et wasabi (***), huîtres frites à la coriandre et wasabi (**), soupe froide de tomate et basilic (***) ou spaghettis au thon « en conserve », câpres et basilic (***).

Torrontés Colomé (2011)

VALLE-CALCHAQUI, HESS FAMILY, ARGENTINE

14,45 $ **SAQ S** 11730797 ★★☆ $$ **Modéré+**

Aromatique, festif et enveloppant à souhait, comme dans les deux précédents millésimes, ce torrontés, qui n'est pas sans rappeler l'exotique cépage muscat, est le vin sur mesure pour réussir l'accord avec une originale recette où le gingembre domine, un composé volatil de même famille que ce cépage aromatique, aussi bien qu'avec les aliments complémentaires au gingembre, comme c'est le cas du curcuma et du litchi. Et qui dit gingembre, dit aussi sushis ! Le voilà votre passe-partout pour ces bouchées nipponnes rehaussées de gingembre mariné. **Cépage:** torrontés. **Alc./**13,5 %. **hess-family.com**

Servir dans les deux années suivant le millésime, à 12 °C

Sushis accompagnés de gingembre mariné, sablés au parmesan, graines de coriandre et curcuma (***), pain à la courgette au curcuma (***), pickles de concombre au curcuma ou polenta au gorgonzola au curcuma et gingembre (***).

Fumé Blanc Errazuriz (2011) J'aime

VALLÉE DE CASABLANCA, VIÑA ERRAZURIZ, CHILI

14,95 $ **SAQ C** 541250 ★★☆ $$ **Léger+**

Parfumé, frais, saisissant, inspirant et digeste, voilà un fumé blanc certes chilien, mais, comme toujours pour ce cru, d'approche très française. Menthe, pamplemousse rose et lime donnent le ton tant au nez qu'en bouche à ce vin de soif d'une rare digestibilité sous le soleil sud-américain. Croquant de vérité et de plaisir immédiat. Il faut savoir que la signature Errazuriz en est une de qualité et de constance, et ce, tant en blanc qu'en rouge. Tenez-vous-le pour dit ☺. **Cépage:** fumé blanc. **Alc./**13,5 %. **errazuriz.com**

Servir dans les deux années suivant le millésime, à 12 °C

Bruschettas en mode anisé (***), soupe froide de fenouil, menthe, citron vert et wasabi (***), trempette de légumes tzatziki à la menthe fraîche (***), trempette de tofu, aneth et citron vert (***), moules marinière « à ma façon » (*), salade de fenouil (***).

Pinot Gris Bodega François Lurton (2012) J'aime

VALE DE UCO, JFL ARGENTINA, ARGENTINE

15,45 $ **SAQ S**☆ 556746 ★★☆ $$ **Modéré+**

Ai-je besoin de vous présenter ce ixième vin argentin réussi avec brio par François Lurton, qui signe bon an mal an un pinot gris on ne peut plus *benchmark*? C'est-à-dire un blanc sec très aromatique, étonnamment riche pour son rang et aux parfums d'une belle maturité, sans excès, exhalant des notes d'agrumes et de miel, à la bouche à la fois ample et fraîche, texturée et satinée. Si vous le servez plus frais que froid, vous serez à même d'apprécier son gras et son ampleur aromatique, sinon le vin vous semblera plus timide et plus longiligne qu'il ne l'est réellement. Je vous le rappelle, le froid intense est l'ennemi des vins blancs! **Cépage:** pinot gris. **Alc./**12%. **jflurton.com**

Servir dans les trois années suivant le millésime, à 14 °C et oxygéné en carafe 5 minutes

Caviar d'aubergines rôties au miso (***), salade tiède d'endives au fromage bleu Cambozola (*), brochettes de poulet au miel et pâte de curry (***), carré de porcelet de la Ferme Gaspor au safran, carottes, pommes Golden et melon d'eau (**), fromage chaource ou fromage migneron.

Chardonnay Alamos (2011) J'aime
MENDOZA, BODEGAS ESMERALDA, ARGENTINE

| 15,75 $ | SAQ S☆ 467969 | ★★☆ $$ | Modéré+ |

Pour vos recettes autour de la viande de porc, pouvant être parfumée par le lait de noix de coco, les champignons, l'érable, le curry, la pêche, l'abricot, les pacanes, le boudin noir ou le scotch, tous des ingrédients de la même famille aromatique que la viande de porc, il vous faut un vin, blanc ou rouge, marqué par les parfums de la barrique de chêne, qui sont de la même tonalité que la viande de porc. Un chardonnay argentin comme cet Alamos est tout indiqué. Aromatique et éclatant, aux tonalités de pêche, de beurre, de noisette, d'amande grillée, de vanille et de noix de coco grillé, l'Alamos se montre ample et très frais à la fois, texturé et élancé, harmonieux et zesté, avec une longue finale crémeuse. Il faut savoir que la grande famille Catena, qui élabore les vins éponymes, est aussi derrière la gamme Alamos. Ceci explique cela ☺. **Cépage:** chardonnay. **Alc./**13,5%. **bodegasesmeralda.com.ar**

Servir dans les trois années suivant le millésime, à 14 °C

Pulled pork à la noix de coco (***), rôti d'épaule de porc au scotch, champignons et nectar d'abricot (***), côtes levées de porc au caramel de curry, miel de sarrasin et sauce soya (***) ou brochettes de poulet au miel et pâte de curry (***).

Chardonnay Koonunga Hill (2011)
SOUTH EASTERN AUSTRALIA, PENFOLDS WINES, AUSTRALIE

| 15,95 $ | SAQ C 321943 | ★★☆?☆ $$ | Modéré+ |

Avec plus de trente-cinq millésimes sous le goulot, la marque Koonunga Hill, qui connaît un succès planétaire amplement mérité, tant pour les blancs que pour les rouges – dont l'aubaine que représente aussi le parfumé et nourri **Shiraz/Cabernet Koonunga Hill (18,30 $; 285544)** –, se montre plus en forme que jamais. Vous y dénicherez millésime après millésime, comme avec ce 2011, un chardonnay certes australien d'approche, mais toujours aussi frais, raffiné, expressif, satiné et croquant de vérité, aux courbes juste assez larges, sans lourdeur, et aux saveurs expressives, rappelant le miel, la pomme et l'ananas frais. Sa grande digestibilité fait de lui un compagnon de table de choix. Rares sont les chardonnays du Nouveau Monde, offerts à ce prix, à être plus frais que gras. **Cépage:** chardonnay. **Alc./**13%. **penfolds.com**

Servir dans les trois années suivant le millésime, à 12 °C

Jambon glacé aux fraises et girofle (**), caviar d'aubergines rôties au miso (***), brochettes de portobellos laquées au sirop d'érable, au miso et au jus d'ananas (***), chutney d'ananas au curcuma, gingembre et vinaigre de xérès (**) accompagné de rôti de porc (**) ou abattis de dinde croustillants farcis à la fraise « cloutée », laqués à l'ananas (**).

Chardonnay Le Bonheur (2011)

SIMONSBERG, DOMAINE STELLENBOSCH, AFRIQUE DU SUD

16,75$ **SAQ S**☆ 710780 ★★☆?☆ $$ **Modéré**

Depuis une dizaine d'années, ce cru de chardonnay sud-africain a été l'un des plus constants, millésime après millésime, chez les blancs secs du Nouveau Monde offerts sous la barre des vingt dollars. Vous y retrouverez de la fraîcheur, de l'éclat, de l'ampleur, mais aussi de la vitalité et de la digestibilité. Pêche, amande grillée et vanille y donnent le ton, avec une arrière-scène subtilement boisée, rappelant la noix de coco. Notez que les notes boisées subtiles de ce blanc sud-africain trouvent écho dans celles tout aussi boisées des plats à base de noix de coco, de vanille, de champignons, de pacane, de clou de girofle, de fromage bleu, de rhum brun, d'abricot, de pêche ou de porc. **Cépage:** chardonnay. **Alc./**13%. **lebonheur.co.za**

Servir dans les trois années suivant le millésime, à 14 °C

Tourtière classique parfumée aux abricots séchés et scotch (***), rôti de porc farci aux abricots (***), rôti d'épaule de porc au scotch, champignons et nectar d'abricot (***), feuilletés aux champignons, au rhum brun et à la noix de coco (***) ou fougasse parfumée au clou de girofle et fromage bleu fondant caramélisé (**).

Chardonnay Boschendal (2010)

COASTAL REGION, BOSCHENDAL WINERY, AFRIQUE DU SUD

16,90$ **SAQ S** 935833 ★★☆?☆ $$ **Corsé**

Une aubaine, de l'un des domaines sud-africains de référence, au nez très fin et d'une étonnante richesse pour son rang, à la bouche juteuse comme jamais, ample, moelleuse et très fraîche, qui n'est surtout pas dominée par le boisé, même si ses saveurs abondent dans ce sens, en partie (noix de coco, beurre frais, vanille), car le fruité exulte (ananas, pomme Golden). Il faut savoir que le 2006 de ce cru s'est positionné dans le *Top Ten* de la prestigieuse compétition des Chardonnay du Monde 2007, tout en recevant un coup de cœur dans *La Sélection Chartier*. **Cépage:** chardonnay. **Alc./**14%. **boschendalwines.com**

Servir dans les quatre années suivant le millésime, à 14 °C

Salade de champignons, noix de coco grillée et vinaigrette à la noisette (***), tourtière classique parfumée aux abricots séchés et scotch (***), farce de dinde au riz sauvage et champignons (***) pour dinde ou rôti de palette au rhum brun et aux oignons caramélisés (***).

The Stump Jump « d'Arenberg » (2010)

J'aime

MCLAREN VALE, D'ARENBERG, AUSTRALIE

16,95$ **SAQ S*** 10748400 ★★☆ $$ **Modéré**

Ce Stump blanc est depuis déjà plusieurs millésimes l'un de mes crus éclectiques et singuliers favoris chez les blancs du Nouveau Monde offerts sous la barre des vingt dollars. La beauté de l'affaire est qu'il est disponible depuis l'hiver 2012 en approvisionnement continu, donc sans rupture de stock (ou presque). Citron, romarin et thé Earl Grey se donnent la réplique dans un nez plus qu'aromatique, qui évolue grandement à l'oxygénation. La bouche suit coup sur coup avec la même vitalité et la même digeste minéralité, doublées d'un profil aérien et satiné, presque crémeux, passablement marqué par la présence aromatique du riesling, avec ses notes camphrées (romarin, épinette, pamplemousse...). Réservez-lui les recettes dominées par le saumon, le romarin, le citron, le safran, l'avocat, le daïkon, la coriandre fraîche, la lavande ou le pamplemousse rose, tous des ingrédients complémentaires au riesling qui le domine. **Cépages:** riesling, sauvignon blanc, marsanne, roussanne. **Alc./**13,2%. **darenberg.com.au**

Servir dans les quatre années suivant le millésime, à 14°C

Brochettes de crevettes au paprika sur brochettes de bambou parfumées au pamplemousse rose (***), *crab cakes* à la coriandre fraîche et daïkon (***), gravlax de saumon au romarin et au citron (***), crème de carotte au safran et moules, guacamole au citron vert, coriandre fraîche et piment fort (***) ou pattes de pieuvre rôties, compote de tomates au thé noir, pamplemousse rose, lavande et safran du Maroc (**).

Pinot Blanc Mission Hill « Five Vineyards » (2011)

OKANAGAN VALLEY VQA, MISSION HILL WINERY, CANADA

17,25$ **SAQ C** 300301 ★★☆ $$ **Modéré**

Cette excellente maison de la côte ouest nous a habitués à un pinot blanc juteux et gourmand, à la texture dodue et aux saveurs mûres, dont l'acidité croquante permet à la fois aux saveurs de gicler au palais et à la fois de laisser place à un certain moelleux pour le style. Ce qu'elle réussit avec brio bon an mal an, comme dans ce 2011, plus festif et désaltérant que jamais. Un cru et une maison à suivre « les yeux fermés ». **Cépage:** pinot blanc. **Alc./**12,5%. **missionhillwinery.com**

Servir dans les trois années suivant le millésime, à 12°C

Trempette à l'aneth (***), trempette de yogourt à la coriandre, pomme Granny Smith et huile d'olive (***), dahl aux lentilles oranges, cumin et coriandre fraîche « en trempette » (***), tapas de fromage en crottes_Mc² à l'huile de coriandre fraîche et morceaux de pommes vertes fraîches (***) ou « fondue à Johanne_Mc² » (cubes de fromage à croûte lavée, frits et parfumés à l'ajowan) (**).

Chardonnay-Viognier Don Pascual « Roble » (2011)

J'aime

JUANICO, ESTABLECIMENTO JUANICO, URUGUAY

17,65 $ | **SAQ S** 11456484 | ★★☆?☆ $ | **Corsé**

Une gourmandise découverte en 2011, célébrée dans la précédente édition de ce guide, tout comme à l'émission culinaire *Papilles*, qui est de retour dans un nouveau millésime toujours aussi engageant. Vous y dénicherez un assemblage au nez très aromatique et d'une étonnante richesse, certes boisé, mais aussi riche en parfums (pêche, abricot, miel, amande grillée, vanille), à la bouche débordante, pleine et généreuse, comme en 2010, sans trop, fraîche et persistante, égrainant des saveurs boisées de fruits secs et de lait de coco. Ce qui confirme une fois de plus la régularité des crus blancs et rouges sud-américains signés Don Pascual. Du sur-mesure pour les recettes dominées par le lait de coco, le curry, l'érable, les champignons, la pacane, l'abricot, la pêche, la viande de porc, le rhum brun ou le scotch. **Cépages :** chardonnay, viognier. **Alc./**13,5 %. **juanico.com**

Servir dans les trois années suivant le millésime, à 14 °C

Feuilletés aux champignons, au rhum brun et à la noix de coco (***), tourtière classique aux pacanes et noix de coco grillée (***), brochettes de bambou imbibées de lait de coco « pour grillades de porc » (***), pommade de pommes au curry et à l'érable (***) pour accompagner des fromages, filet de porc grillé, polenta au gorgonzola version « umami » (***), poulet au curry (***) ou rôti de porc farci aux abricots et sauce au scotch et lait de coco (***).

Riesling Cave Spring (2009)

NIAGARA PENINSULA VQA, CAVE SPRING CELLARS, CANADA

18,20 $ | **SAQ S** 10745532 | ★★☆?☆ $$ | **Modéré**

Très beau riesling du Niagara, comme toutes les cuvées de cette excellente maison, au nez très aromatique, épuré et raffiné, exhalant des notes de sauge, d'épinette et de citron, à la bouche à la fois ample et très fraîche, expressive et coulante, marquée par une très légère présence de sucres résiduels – mais que l'acidité et la minéralité naturelles de ce cépage « mangent » littéralement –, aux saveurs longues et digestes. Du bon et du beau riesling. **Cépage :** riesling. **Alc./**11 %. **cavespring.ca**

Servir dans les six années suivant le millésime, à 12 °C

Ceviche de morue au citron vert et cerfeuil (***), filet de saumon au four à la citronnelle et lavande (***) ou grosses crevettes grillées au thé Earl Grey et citron (***).

Gewürztraminer Pacific Rim (2010)

COLUMBIA VALLEY, PACIFIC RIM WINEMAKERS, ÉTATS-UNIS

18,30 $ | **SAQ S*** 11334911 | ★★☆ $$ | **Modéré**

Un nez de parfum, non sans rappeler celui du célèbre Chanel N°5 ! Donc à la fois très floral et zesté, en toute finesse et élégance, sans trop. En bouche, il se montre presque onctueux, tout en étant frais, ample, satiné et persistant. L'attaque est sucrée, sans trop, suivie d'une fraîcheur et d'une certaine minéralité qui brident le sucre avec brio. Un gewurztraminer plus aérien que de corps, ce qui est souvent le cas avec la majorité des blancs de ce cépage aromatique. De belles harmonies à table avec les plats rehaussés de gingembre, de litchi, de piment fort, de lavande, d'eau de géranium, d'eau de fleur d'oranger, d'eau de rose et d'agrumes. **Cépage:** riesling. **Alc./**12,5%. **rieslingrules.com**

Servir dans les quatre années suivant le millésime, à 12°C

Tapas de fromage en crottes_Mc² à l'huile de gingembre et litchis (***), *crab cakes* au gingembre et menthe fraîche (***), litchis à l'eau de rose (***), crème-dessert au citron, à l'eau de rose et aux graines de coriandre (***), tartare de litchis (*) ou baklavas de bœuf en bonbons, miel de menthe à la lavande et eau de géranium, viande des Grisons (**).

Riesling Pacific Rim (2008) J'aime

WASHINGTON STATE, PACIFIC RIM WINEMAKERS, ÉTATS-UNIS

18,30$ **SAQ S*** 10354419 ★★★ $$ **Modéré**

Superbe nez terpénique de cardamome verte, de romarin, de sauge et d'agrumes (citron, pamplemousse rose), ce riesling sec, droit et épuré se montre meilleur que jamais, même s'il avait déjà été sélectionné dans les précédentes *Sélection* à quelques reprises. Une réussite née d'un assemblage de 80% de riesling provenant de l'État de Washington et de 20% de riesling importé d'Allemagne, plus précisément de l'excellent domaine Selbach. D'ailleurs, depuis deux millésimes, son profil aromatique et sa texture élancée sont on ne peut plus germaniques d'approche. Un «J'AIME!» bien senti☺. Réservez-lui des plats rehaussés de romarin, de safran, de sauge, de cannelle, de curcuma, d'agrumes, de bière blanche, de coriandre, de pomme verte, de cardamome, de coriandre fraîche ou d'ananas, qui sont tous des aliments complémentaires au romarin – partageant le même profil aromatique, tel que décrit en détail dans le livre Papilles et Molécules. **Cépage:** riesling. **Alc./**12,5%. **rieslingrules.com**

Servir dans les six années suivant le millésime, à 12°C

Tapas de fromage en crottes_Mc² à l'huile de coriandre fraîche et morceaux de pommes vertes fraîches (***), olives vertes marinées au gin Hendrick's, cardamome verte et thé vert (***), tartinade de crevettes au safran pour canapés (***), guacamole à la coriandre fraîche, citron vert et wasabi (***), salade de pâtes au saumon fumé, romarin, pimentón et pamplemousse rose (***) ou ceviche de morue au citron vert et coriandre fraîche (***).

Vidal Domaine Les Brome (2011) J'aime

QUÉBEC, DOMAINE LES BROME, LÉON COURVILLE, VILLE DE LAC-BROME, QUÉBEC, CANADA

18,30$ **SAQ C** 10522540 ★★☆ $$ **Modéré+**

Original, ce vin d'un jeune domaine, propriété de Léon Courville, ex-PDG de la Banque Nationale, mérite amplement le détour. Aromatique et aguicheur comme l'était le très réussi 2008, ce blanc sec est une fois de plus juteux et gourmand en bouche, presque sucré (sans sucre), rond et texturé, d'une certaine ampleur et longueur, égrainant des tonalités d'agrumes et de litchi. Rares sont les vins secs de vidal, par surcroît québécois, à exprimer autant de volume et d'éclat en bouche. Réservez-lui des plats où dominent le litchi, le gingembre ou la rose, ainsi que leurs aliments complémentaires, comme prescrits dans le livre *Papilles et Molécules*. Et de grâce, ne le servez pas trop froid, vous passeriez à côté de cette bouche débordante de saveurs! **Cépage:** vidal. **Alc./**12,5%. **domainelesbrome.com**

Servir dans les trois années suivant le millésime, à 14°C

Feuilletés au gruyère et au gingembre (***), crème de carotte au gingembre (***), sablés au parmesan, graines de coriandre et curcuma (***) ou poulet au gingembre (***).

Chardonnay «Unoaked» Kim Crawford (2011)

MARLBOROUGH, KIM CRAWFORD WINES, NOUVELLE-ZÉLANDE

18,95$ **SAQ C** 10669470 ★★★ $$ **Modéré+**

Comme à son habitude, millésime après millésime, ce blanc sec exprime un nez étonnamment mûr et vanillé pour un vin non boisé (unoaked), ce qui s'explique par la maturité de la vendange, le type de vinification et l'apport de notes vanillées provenant de la lignine de la rafle qui, parfois, peut entrer en contact avec le moût lors du pressurage. Mais, depuis la vendange 2010, il étonne encore plus avec son profil aromatique épicé façon vin rouge! Plus que jamais déroutant au nez, mais aussi tout à fait ample, texturé et savoureux en bouche, et plus que jamais tendu par une électrisante acidité, lui donnant presque des allures de sauvignon blanc. Savoureux et sibyllin☺. **Cépage:** chardonnay. **Alc./**14%. **kimcrawfordwines.co.nz**

Servir dans les quatre années suivant le millésime, à 14°C

Soupe au «lait de lentilles» au cerfeuil (***), ceviche de morue au citron vert et cerfeuil (***), saumon mariné à l'aneth (*), calmars en tempura d'amandes, fleur de sel au cèdre, mousse de riz en paella (**), huîtres frites à la coriandre et wasabi (**) ou risotto de crevettes au basilic.

Riesling The Dry Dam «d'Arenberg» (2011)

J'aime

MCLAREN VALE, D'ARENBERG, AUSTRALIE

18,95$ **SAQ S** 11155788 ★★★ $$ **Modéré**

Assurément l'un de mes rieslings australiens préférés, sinon «mon» préféré! Coup de cœur millésime après millésime depuis quelques années déjà, il récidive plus que jamais avec un 2011 d'une pureté absolue et d'une complexité unique, sans compter qu'il est offert à deux dollars de moins que le précédent 2010. Difficile d'être plus riesling que ça. Sauge, romarin et agrumes s'entremêlent au nez, avec une certaine richesse, tandis que la bouche suit avec ampleur, expressivité, fraîcheur et présence. Quel fruité! Pêche, lime et épinette s'en donnent à cœur joie. Plus que jamais un invitant et éclatant riesling «à acheter bon an mal l'an les yeux fermés». **Cépage:** riesling. **Alc./**10,9%. **darenberg.com.au**

Servir dans les quatre années suivant le millésime, à 12 °C

Brandade de morue salée en mode romarin (***), fromage de chèvre mariné à l'huile (***), dahl aux lentilles oranges, cumin et coriandre fraîche « en trempette » (***), sel de jeunes pousses de cèdre (***) pour rehausser légumes sautés et poisson poêlé, gratin de pommes de terre comme un dauphinois sauge et curcuma (***) ou burgers de morue à la coriandre fraîche (***).

Sauvignon Blanc Arboleda (2011)

VALLE DE LEYDA, VIÑA SEÑA, CHILI

18,95 $ **SAQ S** 11256626 ★★☆?☆ $$ **Modéré+**

Signé par Eduardo Chadwick, l'homme derrière la grande maison Errazuriz, ainsi que les grands vins de Seña, cet excellent sauvignon est de retour avec un nouveau millésime tout aussi réussi. À l'image des précédentes vendanges depuis 2007, il se montre toujours aussi puissamment aromatique et d'une imposante présence de bouche, tout en étant plus qu'harmonieux, texturé, frais et persistant, où s'entremêle une belle complexité de saveurs (menthe, gazon fraîchement coupé, pomme verte, pamplemousse rose). Plus proche du style des sauvignons de la Loire que de ceux du Chili. Et si le style maison vous enchante comme moi, alors faites la paire avec le gras, confit et praliné **Chardonnay Arboleda 2011 (19,95 $; 11324289)**, un blanc trois étoiles sur mesure pour notre recette de pétoncles rôtis fortement, shiitakes poêlés, copeaux de parmigiano reggiano et écume de bouillon de kombu (**). **Cépage:** sauvignon blanc. **Alc./**13,5 %. **arboledawines.com**

Servir dans les trois années suivant le millésime, à 12 °C

Huîtres crues en version anisée (**), soupe froide de fenouil, basilic, citron vert et wasabi (***), harira marocaine en mode anisé (***), herbes salées « du bas de la ville » en mode anisé (***) pour poisson grillé ou tartare de saumon asiatique « en mode anisé et goût de froid » (***).

Sauvignon Blanc Saint Clair (2011)

J'aime

MARLBOROUGH, SAINT CLAIR ESTATE WINES, NOUVELLE-ZÉLANDE

19,25 $ **SAQ C** 10382639 ★★☆?☆ $$ **Modéré**

Coup de cœur sur plusieurs millésimes, dans quelques éditions de *La Sélection Chartier*, le sauvignon de Saint Clair se montre à nouveau une référence « à acheter les yeux fermés ». Vous vous délecterez d'un blanc sec tout aussi parfumé et saisissant que par les vendanges passées, à la fois fin et raffiné, aux tonalités rafraîchissantes de menthe, de pamplemousse rose, de pomme verte et d'anis vert, à la bouche plus croquante et mordante que jamais, à la fois aérienne, satinée et vivifiante, aux longues saveurs saisissantes d'agrumes. Du sauvignon comme je les aime. **Cépage:** sauvignon blanc. **Alc./**13 %. **saintclair.co.nz**

Servir dans les trois années suivant le millésime, à 12 °C

Soupe froide de concombre à la coriandre (***), rouleaux de printemps au « goût de froid » (***), salade de carottes à la menthe (***), salade de chou et vinaigrette à la papaye (***), salade de concombre, crème et menthe fraîche (***) ou tartare de tomates au pimentón, crevettes de Matane et jus de pamplemousse rose (***).

Birichino Malvasia Bianca (2011) — J'aime

MONTEREY, BIRICHINO AMICI, ÉTATS-UNIS

19,35 $ | **SAQ C** 11073512 | ★★★ $$ | **Modéré**

Difficile de passer sous silence cette malvasia des plus exubérantes, qui se montre sous le même profil aromatique millésime après millésime depuis son introduction au Québec. Comme d'habitude, vous vous sustenterez d'un vin presque sec, aromatique et charmeur au possible, dégageant des arômes d'un exotisme assumé – la malvasia faisant partie de la grande famille des cépages « dits » aromatiques, comme c'est le cas des muscats –, rappelant le litchi et l'eau de fleur d'oranger. La bouche se montre toujours d'une fraîcheur saisissante pour le style, pour ne pas dire vivace et nerveuse (!), ainsi que d'un corps modéré, demeurant ainsi digeste à souhait. Ce qui en fait l'un des passe-partout idéaux pour, entre autres, la raclette version québécoise. D'ailleurs, afin de s'assurer que l'harmonie est réussie avec les aliments variés utilisés lors de vos raclettes d'hiver, spécialement ceux relevés de curcuma ou de gingembre, il faut servir ce vin plus frais que froid. Vous avez compris que vos autres recettes où interviennent le gingembre et le curcuma sont aussi dans sa ligne de mire ☺. **Cépage :** malvoisie. **Alc./**13 %. **birichino.com**

Servir dans les trois années suivant le millésime, à 12 °C

Bruschettas en mode gingembre (***), pain à la courgette au gingembre (***), soupe froide de concombre au gingembre (***), brochettes de poulet au gingembre (***), raclette accompagnée d'aliments cuisinés avec curcuma et/ou gingembre, pickles de concombre au curcuma, ketchup de betteraves jaunes (***) ou feuilletés au gruyère et au gingembre (***).

Riesling Willamette Valley Vineyards (2009) — J'aime

WILLAMETTE VALLEY, WILLAMETTE VALLEY VINEYARDS, ÉTATS-UNIS

19,40 $ | **SAQ S** 11202821 | ★★★ $$ | **Modéré+**

Tout aussi marqué par des arômes de la famille des terpènes, comme dans les précédents millésimes. Donc, romarin, sauge et épinette explosent littéralement du verre, avec des touches de pêche et d'orange. Bouche encore plus gourmande, tout en étant aussi un brin sucrée – même si le sucre est mangé en fin de bouche par la fraicheur et la minéralité –, ce qui participe à l'équilibre et à la texture engageante de ce cru de l'Oregon réussi avec brio millésime sur millésime. Grandes possibilités harmoniques à table avec ce genre de blanc, soit dit en passant ☺. **Cépage :** riesling. **Alc./**9 %. **willamettevalleyvineyards.com**

Servir dans les cinq années suivant le millésime, à 12 °C

Grosses palourdes « Cherry-stone » au beurre de cèdre (***), tapas de fromage en crottes_Mc² à l'huile de coriandre fraîche et morceaux de pommes vertes fraîches (***), crevettes pochées au paprika et pamplemousse rose (***) ou poulet à la cardamome et à l'ail (***), papillote de moules aux branches de cèdre (***) ou calmars en tempura d'amandes, fleur de sel au cèdre, mousse de riz en paella (**).

Chardonnay Château St-Jean (2010)

SONOMA COUNTY, CHÂTEAU ST-JEAN, ÉTATS-UNIS

19,95 $ **SAQ C** 897215 ★★★ $$ **Corsé**

Amoureux du cépage californien chouchou qu'est le chardonnay, vous serez conquis par ce cru, surtout après un gros coup de carafe qui lui permet de se montrer aromatique, mûr et gorgé de fruits, ainsi que de devenir très bavard en bouche, déployant ampleur, saveurs, texture satinée et persistance comme il sait le prouver millésime après millésime. Amande, crème fraîche, noisette et poire s'y entremêlent, avec une finale légèrement boisée rappelant la noix de coco et la vanille. Plus que du bonbon pour le prix demandé, d'autant plus que ses saveurs boisées amande/noix de coco sont sur la même piste aromatique que l'érable/cassonade utilisés dans la recette de saumon que je propose avec mon complice, le chef Stéphane Modat, dans les livres *Papilles pour tous!* Enfin, servez aussi le mentholé, suave et presque croquant délectable **Fumé Blanc (19,95 $; 897199)** du même château, qui lui, sera en osmose avec des plats dominés par la crevette, le pamplemousse rose, le melon d'eau, le paprika ou les fèves de soja germées. **Cépage:** chardonnay. **Alc./**13,4 %. **chateaustjean.com**

Servir dans les trois années suivant le millésime, à 14 °C

Saumon fumé_Mc^2 « au BBQ éteint » (***), brochettes de poulet et de crevettes à la salsa d'ananas, casserole de poulet à la pancetta ou lapin à la crème moutardée (*).

Chardonnay Liberty School (2009) J'aime

CENTRAL COAST, LIBERTY SCHOOL WINERY, ÉTATS-UNIS

19,95 $ **SAQ S*** 719443 ★★★ $$ **Corsé**

Ananas, mangue, pêche, noisette et beurre, voilà un ixième millésime de ce cru à s'exprimer avec éloquence. Donc, si vous cherchez à faire vos gammes aromatiques avec le style « chardonnay américain », ne cherchez plus et sustentez vos cils olfactifs et vos papilles de ce *benchmark* en la matière. Premièrement, la robe est comme toujours d'un jaune or 14 carats comme seuls les jeunes chardonnays américains en sont capables. Nez toujours aussi riche et marqué par un profil solaire et boisé (amande grillée, noix de coco, vanille). Bouche à la fois pleine et rafraîchissante, aux courbes toujours aussi sensuelles, gorgée de saveurs crémeuses. Les amateurs du genre seront ravis et conquis plus que jamais par ce nouveau millésime. **Cépage:** chardonnay. **Alc./**13,5 %. **treana.com**

Servir dans les quatre années suivant le millésime, à 14 °C

Mozzarella gratinée « comme une pizza », viande des Grisons et piment d'Espelette (***), camembert chaud au sirop d'érable (***), casserole de poulet à la pancetta, curry de crevettes (***), polenta au gorgonzola (***) ou morceau de flanc de porc poché, vinaigrette de boudin à la noix de coco, *crumble* de boudin noir (**).

Sauvignon Blanc Reserve Mission Hill (2010)

OKANAGAN VALLEY VQA, MISSION HILL WINERY, CANADA

19,95 $ **SAQ S** 11593403 ★★☆?☆ $$ **Modéré+**

Difficile de trouver plus menthe fraîche et anisé vert que ça ! Un sauvignon *benchmark* comme je les aime, à la fois complexe et prenant, croquant et vif, aux saveurs qui ont de l'élan et de la persistance. Le vin sur mesure pour s'amuser avec les ingrédients complémentaires à la menthe et au sauvignon blanc, tels que détaillés dans le livre *Papilles et Molécules*. On trouve dans cette famille, entre autres, la menthe, l'aneth, le cumin, le basilic, le cerfeuil, le fenouil, le shizo, les légumes-racines (céleri-rave, panais, rutabaga, topinambour), ainsi que la betterave jaune et la carotte crue. **Cépage:** sauvignon blanc. **Alc./**13 %. **missionhillwinery.com**

Servir dans les cinq années suivant le millésime, à 12 °C

Velouté froid de betteraves jaunes à la menthe et cumin (***), salade de carottes à la menthe (***), crème de rutabaga à la menthe (***), trempette de tofu, aneth et cumin (***) ou pâtes au saumon fumé en sauce légèrement crémée et parfumée à l'aneth (*).

Viognier-Marsanne The Hermit Crab « d'Arenberg » (2010)

MCLAREN VALE, D'ARENBERG, AUSTRALIE

19,95 $ **SAQ S** 10829269 ★★☆?☆ $$ **Modéré+**

Comme dans les trois précédents millésimes de ce cru, ce 2010 se montre moins sous la domination du viognier. Ainsi, la marsanne, avec ses tonalités d'abricot et de noisette, surtout après un passage en carafe, donne le ton et lui procure un style plus *low profil*, donc moins extraverti à la viognier. L'ensemble est tout aussi nourri que par les vendanges passées, sans être lourd ni chaud, avec un élan de fraîcheur et une certaine minéralité digeste. Des notes florales ainsi que fruitées (abricot et ananas) marquent le pas en fin de bouche. Du bel ouvrage, comme toujours avec tous les crus blancs comme rouges signés d'Arenberg. **Cépages:** viognier, marsanne. **Alc./**13,1 %. **darenberg.com.au**

Servir dans les cinq années suivant le millésime, à 14 °C et oxygéné en carafe 15 minutes

Chips de jambon serrano, pommade de nectar d'abricot, chapelure d'oreilles de crisse (**), rôti de porc farci aux abricots (***) ou mignon de porc mangue-curry (*).

Sauvignon Blanc Kim Crawford (2011)

MARLBOROUGH, KIM CRAWFORD WINES, NOUVELLE-ZÉLANDE

20,05 $ **SAQ C** 10327701 ★★★ $$ **Modéré+**

Un sauvignon néo-zélandais expressif et festif, devenu au fil des dernières années un grand classique du répertoire courant de la SAQ, avec raison. Un blanc sec très aromatique, aux tonalités plus mûres et plus mentholées que la majorité des blancs de ce cépage offerts à ce prix, s'exprimant par des notes de fruits exotiques, d'agrumes, de pomme verte et de menthe fraîche. Belle présence en bouche, texture satinée, avec un certain volume pour le cépage, à l'acidité presque discrète mais fraîche, et aux saveurs jouant dans la sphère de la papaye et du fruit de la passion. Un ixième néo-zélandais obturé par une efficace capsule à vis, comme 90 % des vins mis en bouteilles en Nouvelle-Zélande. **Cépage:** sauvignon blanc. **Alc./**13 %. **kimcrawfordwines.co.nz**

Servir dans les trois années suivant le millésime, à 12 °C

Pâtes au saumon fumé en sauce légèrement crémée et parfumée à l'aneth (*), poivrons jaunes farcis au poisson blanc et à l'aneth (***), saumon mariné à l'aneth (*) ou salade de chou et vinaigrette à la papaye (***).

Chardonnay Mission Hill Reserve (2010)

OKANAGAN VALLEY VQA, MISSION HILL WINERY, CANADA

20,25 $ | **SAQ S** 11092078 | ★★★ $$ | **Modéré+**

Comme toujours, ce chardonnay canadien, élaboré par l'une des grandes maisons de la côte ouest, se montre épuré et d'une bonne richesse, au boisé toujours aussi dosé avec retenue, laissant apparaître des notes de pomme, de poire et de lait de coco, à la bouche d'une bonne ampleur, passablement ronde et caressante, mais avec fraîcheur, à la manière bourguignonne, tout en longueur, égrainant de longues saveurs de fruits secs et de crème vanillée. Du sur-mesure pour des plats rehaussés de noix de coco, d'abricot, de girofle ou de noisette, tous des ingrédients de liaison aromatique avec le profil de ce vin. **Cépage:** chardonnay. **Alc./**13,5 %. **missionhillwinery.com**

Servir dans les cinq années suivant le millésime, à 14 °C

Salade de champignons, noix de coco grillée et vinaigrette à la noisette (***), rôti de porc farci aux abricots (***), tourtière classique aux champignons de Paris et copeaux de noix de coco grillés (***), jambon glacé aux fraises et girofle (**), lapin à la crème moutardée (*) ou dos de morue poché au lait de coco à la rose, gingembre mariné et pois craquants (**).

Riesling Reserve Mission Hill (2009) J'aime

OKANAGAN VALLEY VQA, MISSION HILL WINERY, CANADA

20,25 $ | **SAQ S** 11092086 | ★★★ $$ | **Modéré+**

Troisième millésime consécutif réussi pour ce riesling sec de la côte ouest, ce qui le place parmi mon Top 500 de vins « à acheter bon an mal an les yeux fermés ». Nez toujours aussi aromatique, élégant, rafraîchissant et complexe, jouant dans l'univers des arômes terpéniques (épinette, cardamome verte, sauge, agrumes), à la bouche droite, d'une bonne profondeur et d'une étonnante tenue pour le style, aux saveurs d'une grande allonge, tout en terminant sur une finale ample et texturée. **Cépage:** riesling. **Alc./**13 %. **missionhillwinery.com**

Servir dans les six années suivant le millésime, à 12 °C

Brandade de morue salée en mode romarin (***), frites au four assaisonnées au romarin (***), fromage de chèvre cendré à l'huile d'olive et romarin (**), grosses crevettes grillées au romarin et cardamome (***) ou pain à la courgette à la cardamome (***).

Riesling Gun Metal Hewitson (2011)

EDEN VALLEY, HEWITSON, AUSTRALIE

20,55 $	**SAQ S** 11034134	★★★ **$$**	**Modéré+**

Vous désirez un riesling sec au profil typé très «rhénan», tout en n'étant pas allemand? Comme je vous le recommande depuis quelques millésimes, servez ce très sec, droit, vibrant, rafraîchissant et minéralisant Gun Metal. Un australien qui s'exprime une fois de plus par des saveurs classiques, qui ont de l'éclat, d'épinette, de sauge et d'agrumes. Comme pour les précédents millésimes de ce cru, donnez-lui une ou deux années de bouteille, et même trois (!), et il deviendra encore plus terpénique, c'est-à-dire marqué par la complexité aromatique de type camphre/hydrocarbure qui compose le bouquet de la cardamome verte, de la sauge et du romarin. Il ravira, vous avez compris, les cuisiniers qui lui concocteront des plats avec les ingrédients complémentaires au romarin, comme le sont, entre autres, le citron, la lime, la cardamome verte, le cèdre, la sauge et le genièvre. **Cépage:** riesling. **Alc./**12,5%. **hewitson.com.au**

Servir dans les quatre années suivant le millésime, à 12 °C

Gravlax de saumon au romarin et au citron (***), grosses crevettes grillées au romarin et cardamome (***), gratin de pommes de terre comme un dauphinois sauge et curcuma (***) ou grosses palourdes «Cherry-stone» au beurre de cèdre (***).

Sauvignon Blanc Matetic «EQuilibrio» (2011)

SAN ANTONIO, MATETIC VINEYARDS, CHILI

20,75 $	**SAQ S** 10986361	★★★ **$**$	**Modéré**	**Bio**

Trop rares malheureusement sont les aussi bons sauvignons blancs chiliens, au nez défini et raffiné, d'une maturité parfaite, exhalant de très fins et subtils parfums de basilic et de lime, au corps satiné et à l'acidité juste dosée, sans trop, à la longue finale marquée par des notes saisissantes de fenouil frais et de pamplemousse rose. Un autre cru à suivre «les yeux fermés», ayant été salué à quelques reprises déjà dans quelques éditions de *La Sélection Chartier*. **Cépage:** sauvignon blanc. **Alc./**13,5%. **matetic.com**

Servir dans les quatre années suivant le millésime, à 14 °C

Soupe froide de fenouil, basilic, citron vert et wasabi (***), soupe froide de tomate et basilic (***), émulsion d'asperges vertes aux crevettes_Mc² (**), fettucine au saumon fumé et à l'aneth, Bloody Ceasar_Mc² (version solide pour l'assiette) (**), avocats farcis aux crevettes et asperges (vinaigrette au jus de pamplemousse rose (***)), huîtres frites à la coriandre et wasabi (**).

Chardonnay Alpha Domus (2011)
HAWKES BAY, ALPHA DOMUS, NOUVELLE-ZÉLANDE

20,85 $	SAQ S 10955601	★★★ $$	Corsé

Il y a quelques millésimes consécutifs que ce très bon chardonnay se montre passablement boisé et mûr, tout en exprimant une belle fraîcheur naturelle, ce qui lui vaut une présence dans ce top 500 des vins «à acheter bon an mal an les yeux fermés». Ce qui m'inspire? C'est son profil un brin californien, dans la maturité du fruit, mais bien néo-zélandais, dans sa fraîcheur et son élan digeste pour le style nourri. Donc, un blanc sec certes presque beurré, plein et gras, à la manière côte ouest, mais savoureux par son harmonie d'ensemble, et ses saveurs d'ananas et de pomme Golden. **Cépage:** chardonnay. **Alc./**13,5 %. **alphadomus.co.nz**

Servir dans les quatre années suivant le millésime, à 14 °C

Lapin à la crème moutardée (*), polenta au gorgonzola et pommes jaunes (***) ou *lobster rolls* « full umami ».

Chardonnay Coppola « Diamond Collection » (2011)
MONTEREY COUNTY, FRANCIS COPPOLA, ÉTATS-UNIS

21,75 $	SAQ S☆ 10312382	★★★ $$	Corsé

Si vous êtes parmi les aficionados des chardonnays californiens on ne peut plus typiques des crus de la côte ouest, c'est-à-dire très aromatiques et mûrs, au fruité exotique et beurré, à la bouche ample, ronde, grasse et pénétrante, au boisé soutenu, sans être lourd, au fruité extra-mûr, exhalant des notes de pomme Golden, de poire chaude au beurre, de noix de coco et de vanille, vous serez conquis par ce très régulier et engageant cru de l'homme du cinéma. **Cépage:** chardonnay. **Alc./**13,5 %. **franciscoppolawinery.com**

Servir dans les trois années suivant le millésime, à 14 °C

Polenta au gorgonzola (***) ou rôti de porc farci aux abricots (***).

Chardonnay Montes Alpha (2010)
VALLÉE DE CASABLANCA, MONTES, CHILI

21,95 $	SAQ S 390203	★★★?☆ $$	Corsé

Comme tous les vins signés Montes Alpha, ce chardonnay se montre millésime après millésime, comme avec ce 2010, engageant et profond au possible, au nez riche de goyave, de pâte d'amandes, de miel et de beurre chaud, à la bouche pleine et volumineuse, mais aussi fraîche et harmonieuse, au boisé certes présent, mais intégré avec brio, laissant des traces de noisette, de noix de coco et de vanille. Assurément l'un des beaux chardonnays chiliens sous cette gamme de prix, pour quiconque apprécie le style gras et opulent façon «meursault». **Cépage:** chardonnay. **Alc./**14 %. **monteswines.com**

Servir dans les cinq années suivant le millésime, à 14 °C et oxygéné en carafe 15 minutes

Jambon glacé aux fraises et girofle (**), fougasse parfumée au clou de girofle et fromage bleu fondant caramélisé (**), saumon grillé à la salsa d'ananas, lapin à la crème moutardée (*) ou raviolis aux champignons.

The Money Spider « d'Arenberg » (2010)

J'aime

MCLAREN VALE, D'ARENBERG, AUSTRALIE

21,95 $	**SAQ S** 10748397	★★★☆	**$$**	**Corsé**

Cette référence des derniers millésimes, qui représentait déjà un remarquable rapport qualité-prix, revient nous hanter avec un 2010 superlatif, se montrant plus riche, détaillé, dense, plein et complet que jamais. Donc, toujours aussi éclatant au nez, ainsi que d'une race et d'une fraîcheur singulières pour ce type de vin australien, exhalant des notes fines de pêche blanche, de noisette, de fleurs blanches et de noix de coco. La bouche, qui se montre une fois de plus ultra-satinée, suit avec ampleur, fraîcheur et allonge. L'occasion plus que jamais de se sustenter à table avec ce grand cépage rhodanien qu'est la roussanne, encore trop rarement vinifié seul. Notez que le profil aromatique de ce cépage est taillé sur mesure pour s'unir à la viande de porc, tout comme à la noix de coco, aux champignons, à la noisette, à l'érable, à la pêche, à la pacane, au rhum brun et à l'abricot. **Cépage:** roussanne. **Alc./**13,2 %. **darenberg.com.au**

Servir dans les six années suivant le millésime, à 14 °C et oxygéné en carafe 15 minutes

Rôti d'épaule de porc au Spiced Rhum El Dorado, champignons, noix de coco et huile de noisette (***), curry de poulet à la noix de coco (*), dos de morue poché au lait de coco à la rose, gingembre mariné et pois craquants (**), polenta au gorgonzola version « umami » (***), potage de courge Butternut au poivre de Guinée (***) ou rôti de porc farci aux abricots (***).

Pinot Gris A to Z (2010)

OREGON, A TO Z WINEWORKS, ÉTATS-UNIS

22,25 $	**SAQ S** 11334057	★★★	**$$**	**Modéré+**

Tout comme les très bons **Chardonnay A to Z (22,60 $; 11399678)** et **Pinot Noir A to Z (25,95 $; 11334073)**, tous deux du même millésime que ce pinot gris de l'Oregon, ce blanc se montre fort avantageux pour le prix demandé, sans compter qu'il apporte de la profondeur aux trop rares excellents pinots gris hors Alsace à nous provenir – ici je n'inclus pas le pinot grigio italien, car ce dernier est trop éloigné qualitativement parlant du véritable pinot gris. Il en résulte, pour une troisième vendange consécutive, un blanc sec au nez très fin et frais, à la bouche à la fois vivifiante et satinée, même passablement plus ample qu'en 2009 et 2008, se rapprochant de la richesse et de l'épaisseur des pinots gris alsaciens, donc plus expressif et texturé que ceux de Californie et surtout d'Italie. Pamplemousse, miel et pomme Golden se donnent la réplique dans une finale quasi minérale. **Cépage:** pinot gris. **Alc./**13 %. **atozwineworks.com**

Servir dans les cinq années suivant le millésime, à 14 °C

Grosses palourdes «Cherry-stone» au beurre de gingembre frais et pamplemousse rose (***), grosses crevettes grillées au pamplemousse rose et paprika (***), polenta au gorgonzola et pommes jaunes (***) ou röstis de pommes de terre (***).

Chardonnay A to Z (2010)

OREGON, A TO Z WINEWORKS, ÉTATS-UNIS

22,60$	**SAQ S** 11399678	★★★ **$$**	**Modéré+**	

Comme toutes les autres cuvées «A to Z», cet excellent chardonnay de l'Oregon mérite de figurer dans les nouveautés «à acheter bon an mal an les yeux fermés». Il se montre à nouveau, comme c'était le cas avec les 2008 et 2009 commentés dans les précédentes *Sélection*, d'une fraîcheur et d'un élan bourguignons – je dirais même chablisien tant la minéralité opère –, épuré de tout artifice, au corps à la fois ample et satiné, expressif et longiligne, égrainant de longues saveurs rappelant la pomme, les fleurs blanches, l'anis et le zeste d'orange, et surtout sans aucune note boisée. À croquer jusqu'à plus soif si vous avez le bonheur de mettre la main sur quelques flacons. À table, réservez-lui des plats bâtis autour des graines de coriandre, du curcuma, de la carotte, du fromage cheddar et de l'orange, qui sont sur la même piste aromatique que ce blanc sec. **Cépage:** chardonnay. **Alc./**13%. **atozwineworks.com**

Servir dans les cinq années suivant le millésime, à 14°C

Tapas de fromage en crottes_Mc² à l'huile de curcuma et carottes (***), crème de carotte aux graines de coriandre et à l'orange (***), dalh aux lentilles orange et graines de coriandre «en trempette» (***), cuisses de canard confites à l'orange et aux graines de coriandre (***) ou osso buco de veau, gremolata à l'orange et graines de coriandre (***).

Fumé Blanc Robert Mondavi (2010)

NAPA VALLEY, ROBERT MONDAVI WINERY, ÉTATS-UNIS

24,45$	**SAQ S**☆ 221887	★★★ **$$**	**Corsé**

Contrairement aux sauvignons blancs, qui sont habituellement plus effilés, les fumés blancs californiens se montrent, eux, généralement plus larges et texturés. Ce à quoi répond avec aplomb celui-ci, et ce, bon an mal an. Vous vous sustenterez d'un blanc sec, presque généreux et éclatant, au nez racé, on ne peut plus typique du sauvignon blanc, euh! plutôt du fumé blanc…, aux parfums subtils et très frais, exhalant des notes de menthe fraîche et de pamplemousse rose, à la bouche passablement nourrie, sans trop, ainsi que satinée à souhait, tout en étant très fraîche, s'exprimant par des saveurs amples et persistantes. Donc, un fumé blanc *benchmark* parfait pour de belles envolées harmoniques à table avec, entre autres, les crevettes, le paprika, les fèves de soja germées, les fèves édamames, le sésame grillé, le pamplemousse rose, la menthe fraîche, le basilic et la tomate. **Cépage:** fumé blanc. **Alc./**14,5%. **robertmondaviwinery.com**

Servir dans les quatre années suivant le millésime, à 14°C

Salade de saumon fumé, fèves de soya germées, amandes grillées et vinaigrette de pamplemousse rose à l'huile de sésame grillé (***), brochettes de saumon au beurre de pamplemousse (*) ou filet de doré poêlé, écailles de pommes de terre à l'huile d'arachide, crème d'arachide crue au persil et coriandre, fèves édamames juste blanchies (***).

Wildass (2007)

NIAGARA PENINSULA VQA, WILDASS WINES, CANADA

24,50$	SAQ S 11098293	★★★ $$	Modéré+

Deuxième millésime à nous parvenir de cette enchanteresse et prenante cuvée canadienne, vinifiée avec doigté par l'équipe de Stratus, l'un des nouveaux domaines phare, dont le rouge Stratus Red atteint des sommets. Il en résulte un blanc sec, plus qu'aromatique, marqué par une belle maturité de fruit et par le boisé, mais non sans fraîcheur, à la texture toujours aussi satinée et caressante, dont l'acidité discrète laisse place aux courbes rondes et aux saveurs, tout en revenant en force en fin de bouche afin de revitaliser les papilles. Fruits exotiques, pêche, vanille et agrumes donnent le ton. **Cépages:** chardonnay, sauvignon blanc, sémillon, gewurztraminer, riesling. **Alc./**12,5%. **wildasswines.com**

Servir dans les six années suivant le millésime, à 14°C

Curry de crevettes au lait de coco et à l'ananas (***) ou poulet au gingembre (***).

Pinot Gris Elk Cove (2010) J'aime

WILLAMETTE VALLEY, ELK COVE VINEYARDS, ÉTATS-UNIS

24,95$	SAQ S 11640011	★★★☆ $$	Corsé

Je suis rarement enchanté par les blancs de pinot gris hors Alsace. Il manque presque toujours la chair et la complexité des vins de ce cépage provenant des meilleurs terroirs alsaciens. Mais ici, la matière est au rendez-vous, tout comme la complexité aromatique, l'ampleur en bouche et la persistance des saveurs. Du sérieux. Pamplemousse, pêche blanche, melon et miel s'en donnent à cœur joie! Un vin de grands plaisirs harmoniques à table. **Cépage:** pinot gris. **Alc./**13%. **elkcove.com**

Servir dans les sept années suivant le millésime, à 14°C

Soupe au miso à l'huile de sésame grillé et au riz sauvage (***), dumplings au crabe en mode umami (***), rôti d'épaule de porc au scotch, champignons et nectar d'abricot (***), *pulled pork* à la noix de coco et au Spiced Rhum El Dorado (***) ou polenta au gorgonzola et pommes jaunes (***).

Turkey Flat « Butchers Block » (2010) J'aime

BAROSSA, P. & C. SCHULZ, AUSTRALIE

25,90$	SAQ S 11155833	★★★☆ $$	Corsé

Coup de cœur depuis quelques millésimes déjà, cet assemblage australien de type rhodanien se montre plus que jamais riche, complexe, dense, volumineux et d'une grande allonge, tout en étant d'une élégance et d'une fraîcheur rares chez les blancs du *down under* au niveau aromatique. De percutantes saveurs jouant dans la sphère de la noisette, de la pêche, de la violette et du miel signent avec éclat et précision cette ixième réussite. Du sérieux qui complète le duo avec l'excellente cuvée rouge **Butchers Block (27,95 $; 10968171)**, à base de grenache/syrah/mourvèdre. Étant sous l'emprise du *filbert pyrazine*, la molécule à l'origine, entre autres, de l'odeur de la noisette, ce cru doit être servi avec les aliments portant cette même signature, comme la crevette, le parmesan, la viande grillée de porc et d'agneau, les produits du soya, le pain grillé, le maïs, l'orge rôtie, le cacao, le café, l'arachide, le sésame et la noix de Grenoble. **Cépages:** 53 % marsanne, 25 % viognier, 22 % roussanne. **Alc./**13 %. **turkeyflat.com.au**

Servir entre 2009 et 2013, à 14 °C et oxygéné en carafe 30 minutes

Filet de porc au café noir (voir Filets de bœuf au café noir) (*), fricassée de porc au soya et sésame ou blanc de volaille cuit au babeurre, « émulsion d'asperges vertes aux crevettes_Mc^2 », feuilles de choux de Bruxelles, vinaigrette acide à la chicorée (**).

Chardonnay Mission Hill « Select Lot Collection » (2010)

OKANAGAN VALLEY VQA, MISSION HILL WINERY, CANADA

27,60 $ — **SAQ S** 11140421 — ★★★?☆ **$$** — **Corsé**

Depuis quelques millésimes déjà, j'apprécie beaucoup ce chardonnay typiquement Nouveau Monde, c'est-à-dire marqué par un fruité riche et mûr, ainsi que par un profil un brin boisé, sans excès. La beauté de l'affaire est que, dans les trois derniers millésimes, le style a gagné en fraîcheur, en pureté et en retenue bourguignonne. Donc, la bouche est certes presque pleine et amplement texturée, mais aussi plus que jamais dotée d'une invitante fraîcheur, égrainant de longues saveurs de pomme et de pêche blanche. Plus typé Côte de Beaune que jamais. Il faut savoir que l'ensemble de la gamme de cette grande maison est top niveau et se positionne parmi les meilleurs de la côte ouest canadienne. **Cépage:** chardonnay. **Alc./**13,5 %. **missionhillwinery.com**

Servir dans les six années suivant le millésime, à 14 °C

Tourtière classique aux pacanes et noix de coco grillée (***), mignon de porc mangue-curry (*), dumplings au crabe en mode umami (***) ou pétoncles poêlés, couscous de noix du Brésil à l'orange sanguine, lait de coco au gingembre (**).

Chardonnay Coldstream Hills (2010)

YARRA VALLEY, COLDSTREAM HILLS, AUSTRALIE

28,95 $ — **SAQ S** 472605 — ★★★☆ **$$$** — **Corsé**

La Yarra Valley, avec la zone de Geelong, est le microclimat austral parfait pour le chardonnay, ainsi que pour le délicat pinot noir. Ses coteaux montagneux, à proximité de la mer, permettent au chardonnay d'exalter ses parfums les plus fins. De ces conditions et du savoir-faire de James Halliday, fondateur de ce domaine en 1985, où il est maintenant consultant (ayant été acquis en 1996 par Southcorp Wines) et célèbre critique de vins australiens, il en résulte des vins marqués habituellement par une signature plus européenne que « nouvelle-mondiste », tout en étant bien sûr porteur du gène « umami » des chardonnays du *Down Under*. Pour preuve, ce 2010, très noisette/amande grillée/arachide grillée et beurre, texturé mais frais, ample mais longiligne, plein mais sans lourdeur. Difficile d'être plus « umami » ! **Cépage:** chardonnay. **Alc./**13,5 %. **coldstreamhills.com.au**

Servir dans les cinq années suivant le millésime, à 14 °C

Sablés au parmesan et au café (***), *lobster rolls* umami, soupe au miso à l'huile de sésame grillé et au riz sauvage (***) ou crevettes sautées aux noisettes concassées et réduction de sauce soya et café noir.

Chardonnay Village Reserve (2009) J'aime

NIAGARA PENINSULA VQA, LE CLOS JORDANNE, CANADA

31 $ **SAQ S** 11254031 ★★★?☆ **$$** **Corsé** **Bio**

Après une série de millésimes réussis depuis 2005, le tout premier, dont le 2008 (qui était encore disponible au moment d'écrire ces lignes), cette cuvée Village Reserve atteint un sommet inégalé avec la vendange 2009. Très Nouveau Monde d'approche certes, mais aussi très bourguignon de grand millésime, donc complexe, riche, profond, très frais, ample et d'une grande allonge, laissant des traces de miel, de noisette, d'arachide grillée et de pomme golden, le tout soutenu et sans aucune lourdeur. **Cépage:** chardonnay. **Alc./**13 %. **leclosjordanne.com**

Servir dans les six années suivant le millésime, à 14 °C

Soupe au miso à l'huile de sésame grillé et au riz sauvage (***), satay de tilapia, sauce aux arachides et cacao (***), pétoncles poêlés, couscous de noix du Brésil à l'orange sanguine, lait de coco au gingembre (**) ou filet de doré poêlé, écailles de pommes de terre à l'huile d'arachide, crème d'arachide crue au persil et coriandre, fèves édamames juste blanchies (***).

Chenin Blanc de Trafford (2011) J'aime

STELLENBOSCH, DE TRAFFORD, AFRIQUE DU SUD

32,50 $ **SAQ S** 11659273 ★★★☆ **$$$** **Corsé**

Premier millésime à nous parvenir de ce chenin blanc, de l'une des *micro-wineries* d'avant-garde du Cap, il n'en demeure pas moins top niveau, comme tous les autres crus rouges de cette maison, qui ont été commentés à de nombreuses reprises dans les précédentes *Sélection*. Ce qui justifie amplement sa place dans cette liste de vins « à acheter les yeux fermés ». Vous vous enivrerez d'un blanc d'une grande richesse de bouche et d'une texture patinée prenante, mais non dénuée de fraîcheur et de tension, aux saveurs de pêche, de poire chaude, de noisette, de miel et de cire d'abeille. À la manière d'un grand chenin de la Loire, façon Vouvray et Montlouis dans les grands millésimes. **Cépage:** chenin blanc. **Alc./**14,5 %. **detrafford.co.za**

Servir dans les huit années suivant le millésime, à 14 °C et oxygéné en carafe 15 minutes

Sablés au parmesan et au café (***), salade de champignons, noix de coco grillée et vinaigrette à la noisette (***), crevettes sautées aux noisettes concassées et réduction de sauce soya et café noir, fricassée de porc au soya et sésame, rôti d'épaule de porc au scotch, champignons, noix de coco et huile de noisette (***) ou morceau de flanc de porc poché, vinaigrette de boudin à la noix de coco, *crumble* de boudin noir (**).

Pinot Gris Amisfield (2010)

CENTRAL OTAGO, AMISFIELD WINE COMPANY, NOUVELLE-ZÉLANDE

36,25$ **SAQ S** 10826076 ★★★☆ **$$$** **Corsé**

Cet excellent et rarissime pinot gris à nous provenir de Nouvelle-Zélande se montre, comme à son habitude, tout aussi généreux et ample que ses collègues alsaciens, ce qui n'est pas courant hors Alsace soit dit en passant. Quasi juteux et expressif, exhalant des tonalités de pamplemousse et de mangue, d'une belle matière texturée, non sans fraîcheur et minéralité tendant le tout vers le haut. Digeste et nourrissant à la fois. Ne manquez pas son excellent Pinot Noir du même nom, aussi sélectionné dans ce Top 500 des vins «à acheter les yeux fermés». **Cépage:** pinot gris. **Alc.**/13,4%. **amisfield.co.nz**

Servir dans les cinq années suivant le millésime, à 14°C et oxygéné en carafe 15 minutes

Salsa de mangues et de betteraves jaunes grillées au basilic thaï (***), mignon de porc mangue-curry (*), mon lapin exotique pour amateurs de vins blancs (*) ou poires asiatiques cuites au safran et belle de Brillet, éclats de vieux cheddar, mangue glacée/râpée (**).

VINS ROUGES

du Nouveau Monde

Tannat-Merlot Don Pascual (2011) — J'aime

JUANICO, ESTABLECIMENTO JUANICO, URUGUAY

10,40$ | **SAQ S** 10746501 | ★★☆ $ | **Modéré+**

À nouveau l'une des belles gourmandises chez les rouges tous azimuts offerts à plus ou moins dix dollars. Un vin aromatique, charmeur, gorgé de prune et d'épices douces, à la fois rond, texturé et d'une étonnante tenue pour son rang. Rien de complexe, mais drôlement jouissif pour si peu de dollars... Ce qui confirme la régularité des crus sud-américains signés Don Pascual (voir les deux autres rouges de cette maison commentés dans ce guide). **Cépages:** tannat, merlot. **Alc./**13%. **juanico.com**

Servir dans les trois années suivant le millésime, à 17 °C

Brochettes de bambou imbibées au clou de girofle « pour grillades de viande rouge » (***), lasagne de chili de Cincinnati (***), goulash de bœuf parfumé au girofle et sésame grillé ou brochettes de kefta d'agneau à l'olive noire et poivre (***).

Petite Sirah L.A. Cetto (2010) — J'aime

VALLE DE GUADALUPE, BAJA CALIFORNIA, L.A. CETTO, MEXIQUE

12$ | **SAQ S** 429761 | ★★?☆ $ | **Corsé**

Je vous le dis d'entrée de jeu, si vous êtes un aficionado de ce remarquable rapport qualité-prix de la Baja California, alors faites la paire avec le tout aussi abordable et expressif **Cabernet Sauvignon L.A. Cetto (12$; 721340)**, un «cab» toujours un brin carré mais richement nourri pour le prix. Quant à cette petite sirah, eh oui, elle est toujours aussi expressive, aromatique et épicée, aux relents passablement concentrés de mûre, de prune et de girofle, joufflue et capiteuse, aux tanins certes présents mais presque gras. Difficile de trouver mieux en matière de petite sirah offerte à ce prix. Il faut savoir que la petite sirah, qui n'a rien à voir avec la syrah, est née en 1880, en Californie, sous le nom de durif, du docteur du même nom, qui avait mis au point un cépage pouvant résister à l'invasion du mildiou. Puis, en 1890, elle fut rebaptisée petite sirah. Enfin, si vous désirez monter de quelques échelons qualitatifs, notez que cette maison mexicaine élabore aussi un richissime et profond **Nebbiolo L.A. Cetto Reserva Privada (19,35$; 10390233)**, parfait pour faire vos gammes à faible prix avec ce grand cépage des vins de Barolo. **Cépage:** petite sirah. **Alc./**13,5%. **lacetto.com**

Servir dans les quatre années suivant le millésime, à 17 °C

Chili de Cincinnati (***), rôti de palette «comme un chili de Cincinnati» (***), pâte à pizza au clou de girofle pour «amateur de vin rouge» (***), légumes d'automne rôtis au four pour vins boisés (***), sandwich de canard confit et nigelle (voir recette sur **papilles etmolecules.com**) ou sauté de bœuf au gingembre et betteraves rouges sautées à la poêle à l'émulsion «Mister Maillard» (voir recette d'émulsion «Mister Maillard» sur **papillesetmolecules.com**).

Tannat Don Pascual Reserve (2011)

VIN DE TABLE D'URUGUAY, ESTABLECIMENTO JUANICO, URUGUAY

13,50$	**SAQ S**	10299122	★★☆ **$**	**Corsé**

Millésime après millésime, la bouche compacte d'une certaine densité étonne pour un rouge de ce prix. Il y a donc plus que jamais matière à vous déplacer pour réserver quelques flacons pour vos viandes rouges grillées! Bonne intensité aromatique, aux relents de cassis, de mûre et de violette, tout aussi bonne attaque de bouche, aux tanins présents mais mûrs, au corps ramassé, d'un certain velouté et aux saveurs plus que persistantes, où s'ajoute une touche boisée et épicée. Que demander de plus à ce prix? **Cépage:** tannat. **Alc./**13%. **juanico.com**

Servir dans les quatre années suivant le millésime, à 17 °C

Boulettes de burger au goût de merguez (***), brochettes de kefta d'agneau à l'olive noire et poivre (***), filet de porc au café noir (voir Filets de bœuf au café noir) (*), hamburgers d'agneau aux poivrons rouges confits et au paprika ou «feuilles de vigne farcies_Mc^2»: riz sauvage soufflé, bacon de sanglier, sirop de riz brun/café (**).

Tannat de Reserva (2010) J'aime

LAS VIOLETAS, BODEGAS CARRAU, URUGUAY

13,95$	**SAQ S**	10293847	★★★ **$$**	**Modéré+**

Un 2010 qui se montre plus engageant et plus complet que jamais. Grand charme aromatique, s'exprimant par des tonalités de violette, de mûre et de prune, à la bouche d'un velouté de texture plutôt rarissime chez les crus de ce cépage originaire de Madiran, dans le sud-ouest de la France. Difficile de ne pas succomber à cette chair charnelle... Les tanins sont ronds, l'acidité plus que discrète, mais juste dosée, le corps voluptueux et les saveurs plus que persistantes. Une révélation! Il vous faut plus que jamais redécouvrir ce cru d'Uruguay, si ce n'est déjà fait, et profiter de son excellent rapport qualité-prix. Tout y est. Vous n'avez plus aucune raison de ne pas faire vos gammes avec les vins de ce petit pays Atlantique, coincé entre les deux géants que sont le Brésil et l'Argentine. Trois étoiles plus que méritées. **Cépage:** tannat. **Alc./**14%. **bodegascarrau.com**

Servir dans les six années suivant sa mise en marché, à 17 °C

Légumes d'automne rôtis au four pour vins boisés (***), osso buco de veau, gremolata à l'orange et graines de coriandre (***) ou braisé de bœuf à l'anis étoilé « façon À la di Stasio ».

Malbec Pascual Toso (2010) J'aime

MENDOZA, BODEGAS Y VINEDOS PASCUAL TOSO, ARGENTINE

14,20 $	**SAQ C**	10967320	★★☆	**$**	**Corsé**

Délectable et éclatant coup de cœur dans ses trois précédents millésimes, ce malbec se montre à nouveau comme une bonne affaire. Il faut dire que les malbecs argentins de qualité sont légions, représentant ainsi les meilleurs rapports qualité-prix du vignoble sud-américain – et j'y inclurais l'Amérique du Nord tant ce sont de véritables aubaines. Quoi qu'il en soit, celui-ci, « à acheter bon an mal an les yeux fermés », se montre très coloré, plus qu'aromatique, d'une étonnante richesse pour son rang, non sans finesse, même si d'un bloc, dévoilant des arômes d'eucalyptus, d'épices, de café et de fruits noirs, à la bouche enveloppante et texturée, malgré la présence des jeunes tanins, au corps généreux. Forte personnalité à peu de frais☺. **Cépage:** malbec. **Alc./**14 %. **bodegastoso.com.ar**

Servir dans les trois années suivant le millésime, à 16 °C

Bruschettas en mode romarin (***), brochettes de bœuf et poivrons verts et rouges marinés à l'huile de sésame (***), brochettes de kefta d'agneau au romarin et cardamome (***) ou burgers d'agneau (***).

Malbec Los Cardos Doña Paula (2011) J'aime

MENDOZA, VIÑA DOÑA PAULA, ARGENTINE

14,30 $	**SAQ S**	10893914	★★☆?☆	**$**	**Modéré+**

Célébrée dans l'édition 2009 de *La Sélection Chartier*, avec son exhalant et volumineux 2006, son charmeur 2008, son dodu 2009 et son gourmand 2010, cette *bodega* argentine récidive pour un cinquième millésime consécutif avec un malbec toujours aussi engageant et expressif pour le prix demandé. Faites-vous plaisir avec ses parfums passablement aromatiques et détaillés, rappelant les épices douces, la prune, le cassis et le café, tout comme en vous laissant prendre par sa texture à la fois fraîche et voluptueuse, assez nourrie, mais dans un profil festif, à boire jusqu'à plus soif. Vraiment, plus que jamais du beau jus à croquer à pleines dents ! Et si vous désirez plus de densité et de matière, ainsi qu'un boisé aromatique à l'avant-scène, alors découvrez le percutant **Malbec Doña Paula Estate 2011 (17,20 $; 10692143)**, gorgé de fruits confits. **Cépage:** malbec. **Alc./**14 %. **donapaula.com.ar**

Servir dans les trois années suivant le millésime, à 17 °C

Goulash de bœuf au piment chipotle fumé (***), hachis Parmentier de rôti de palette comme un chili (***), « feuilles de vigne farcies_Mc²»: riz sauvage soufflé, bacon de sanglier, sirop de riz brun/café (**) ou brochettes de bœuf et poivrons verts et rouges marinés à l'huile de sésame (***).

Malbec Barrel Select Norton (2009) **J'aime**

MENDOZA, BODEGA NORTON, ARGENTINE

14,45 $ **SAQ C** 860429 ★★☆?☆ **$** **Modéré+**

Depuis le tout début des années 2000 déjà que ce malbec, provenant de l'une des meilleures *bodegas* d'Argentine, se positionne parmi les meilleurs achats sud-américains, toutes catégories confondues. Et comme à son habitude, il se montre à nouveau expressif et retenu, à la manière européenne, tout en laissant deviner un fruité mûr et passablement riche, pour ne pas dire gourmand. La bouche est, encore une fois, d'un toucher velouté à souhait, aux tanins tendres, à l'image des deux précédents millésimes, et à l'acidité discrète, qui laisse toute la place à la texture charnelle. Réglisse, fruits noirs, café et épices douces en signent le complexe aromatique. Du sérieux à prix doux «à acheter bon an mal an les yeux fermés». **Cépage:** malbec. **Alc./**14 %. **norton.com.ar**

Servir dans les cinq années suivant le millésime, à 17 °C et oxygéné en carafe 5 minutes

Rôti de palette «comme un chili de Cincinnati» (***), ketchup de betteraves rouges (***), sauté de betteraves rouges à l'émulsion «Mister Maillard» (voir «Mister Maillard» sur **papillesetmolecules.com**), soupe de betteraves rouges au clou de girofle et au fromage à la crème (***) ou brochettes de bambou imbibées au clou de girofle «pour grillades de viande rouge» (***).

Malbec Reserva Nieto Senetiner (2011)

MENDOZA, BODEGAS NIETO SENETINER, ARGENTINE

14,50 $ **SAQ C** 10669883 ★★☆?☆ **$$** **Corsé**

Les vins de cette *bodega* m'avaient beaucoup impressionné lors de mon premier passage en Argentine en 2001, et, depuis, tous les millésimes de ce malbec se sont tous montrés à la hauteur de mes attentes pour le prix demandé. Donc, sustentez-vous de ce rouge à mettre dans votre liste de malbecs «à acheter bon an mal an les yeux fermés». Vous y retrouverez un nez plus aromatique que jamais et passablement riche, à la bouche toujours aussi bavarde, débordante de saveurs, pulpeuse à souhait et très généreuse, sans trop, même plus fraîche que dans les deux derniers millésimes, aux tanins à la fois gras et fermes, avec du grain, au corps dense et aux longues saveurs de torréfaction, de cassis et d'épices. **Cépage:** malbec. **Alc./**14,5 %. **nietosenetiner.com.ar**

Servir dans les quatre années suivant le millésime, à 17 °C

Sandwich de canard confit, nigelle et feuille de roquette (voir recette sur **papillesetmolecules.com**), brochettes de bœuf au café noir (voir Filets de bœuf au café noir) (*) ou pâte de poivrons verts (voir recette sur **papillesetmolecules.com**) en accompagnement de filet de bœuf grillé.

1752 « Gran Tardicion » (2009)

J'aime

CERRO CHAPEU, BODEGAS CARRAU, URUGUAY

14,70 $	**SAQ C** 439331	★★★ $$	**Modéré+**

Un régulier des éditions de *La Sélection Chartier*, cet assemblage d'Uruguay dominé par le tannat atteint maintenant un sommet inégalé par le passé, alors imaginez l'aubaine qu'il représente maintenant! Tout y est. Couleur soutenue et violacée. Nez très aromatique, raffiné, à la fois mûr et frais, sur les fruits rouges et les épices douces. Bouche quasi juteuse, expressive à souhait, aux tanins fondus et dodus, au corps ample et texturé, à l'acidité discrète et aux saveurs passablement longues pour le rang. Vous n'avez plus aucune raison de ne pas faire vos gammes avec les vins de ce petit pays Atlantique, coincé entre les deux géants que sont le Brésil et l'Argentine. La troisième étoile est franchement méritée. **Cépages:** tannat, cabernet sauvignon, cabernet franc. **Alc./**14 %. **bodegascarrau.com**

Servir dans les quatre années suivant le millésime, à 17 °C

Moussaka au bœuf (***), pizza au pesto de tomates séchées et à l'*outside cut* de bœuf grillé (***), purée_Mc² pour amateur de vin au céleri-rave et clou de girofle (voir recette sur **papillesetmolecules.com**) ou brochettes de bambou imbibées à l'anis étoilé « pour cubes de bœuf » (***).

Malbec « Fût de chêne » Trapiche (2011)

LUJAN DE CUYO, BODEGAS TRAPICHE, ARGENTINE

14,70 $	**SAQ C** 430611	★★☆ $$	**Corsé**

Toujours moins boisé, plus dense et plus ramassé que par le passé, ce malbec demeure une belle affaire, tout comme la cuvée **Malbec (11,05 $; 501551)**, des mêmes *bodegas*, qui sont tous deux à classer parmi ma liste des vins « à acheter bon an mal an les yeux fermés ». Fruits noirs et épices donnent plus que jamais le ton, tandis que les tanins sont toujours aussi compacts et enveloppants, le corps passablement joufflu, et les saveurs longues pour son rang, boisées certes, mais sans excès. Un régal, à servir avec, entre autres, des asperges rôties au four à l'huile d'olive – car sachez que ce légume vert, une fois rôti à l'huile, développe des pyrazines « de cuisson », qui sont des composés aromatiques de la même famille que celles que possèdent, une fois élevés en barrique de chêne, les malbecs argentins. Notez qu'il s'acoquine aussi avec brio avec les recettes dominées par le girofle, étant aussi l'arôme des vins élevés en fûts. **Cépage:** malbec. **Alc./**13,5 %. **trapiche.com.ar**

Servir dans les trois années suivant le millésime, à 17 °C et oxygéné fortement en carafe 5 minutes

Chili de « TofuNati » (***), asperges vertes rôties au four à l'huile d'olive, foie de veau sauce au poivre et à la cannelle, hachis Parmentier de rôti de palette comme un chili (***), brochettes de bœuf au café noir (voir Filets de bœuf au café noir) (*) ou asperges vertes rôties, enrobées de chocolat noir infusé au thé fumé Zheng Shan Xiao Zhong, fleur de sel au café (**).

Dornier « The Pirate Cocoa Hill » (2009)

J'aime ♥

WESTERN CAPE, CHRISTOPH DORNIER, AFRIQUE DU SUD

14,95 $ **SAQ S*** 10679361 ★★☆?☆ $$ **Corsé**

Après une suite de millésimes réussis avec brio, et ce, depuis 2004, dont les vins ont tous été gourmands et passablement riches pour le prix, cette cave sud-africaine poursuit sur sa lancée avec un 2009 qui abonde dans le même profil gourmandise solaire que les précédentes vendanges, ce qui le place au soleil dans ce top 500 des vins « à acheter bon an mal an les yeux fermés ». Belle complexité aromatique, aux parfums passablement riches (fruits rouges, fumée, épices, et olive noire marocaine séchée au soleil). Bouche quasi juteuse, mais aussi fraîche, savoureuse et enveloppante, un brin plus compacte et ramassée que par le passé – ce qui lui procure de la profondeur. Méritera trois étoiles après quelques mois supplémentaires de bouteilles – d'où la notation de deux étoiles et demie, avec une demi-étoile à venir ★★☆?☆. Il faut dire qu'il provient d'un terroir de granite rouge décomposé, ce qui sied parfaitement à la syrah qui entre dans son assemblage. Donc, à nouveau harmonieux au possible pour un rouge à 14 % d'alcool. À vous d'en profiter et de faire de même lors des prochains millésimes ☺. **Cépages:** 47 % shiraz, 31 % merlot, 18 % cabernet sauvignon, 4 % malbec. **Alc./**14 %. **dornierwines.co.za**

Servir dans les cinq années suivant le millésime, à 17 °C et oxygéné 15 minutes en carafe

Burger d'agneau à la « pommade d'olives noires à l'eau de poivre » (***), chips au « sable » d'olives noires et poivre (***), braisé de bœuf à l'anis étoilé « façon À la di Stasio » ou brochettes d'agneau aux olives noires « sur brochettes imbibées d'une eau parfumée au thym » (***).

Merlot Washington Hills (2008)

COLUMBIA VALLEY, WASHINGTON HILLS WINERY, ÉTATS-UNIS

14,95 $ **SAQ S*** 10846641 ★★☆ $$ **Modéré+**

Coloré, aromatique, charmeur, étonnamment mûr et riche pour son rang, plein, dodu et sphérique, aux tanins ronds et aux saveurs juteuses de fruits noirs, de poivre, de menthe et de café. Introduit à la SAQ avec son précédent millésime 2005, commenté en primeur dans *La Sélection Chartier 2008*, ce cru de l'État de Washington, nouvel eldorado états-unien, se montre une fois de plus réussi et franchement abordable. **Cépage:** merlot. **Alc./**13,5 %. **washingtonhills.com**

Servir dans les cinq années suivant le millésime, à 17 °C

Rôti de palette « comme un chili de Cincinnati » (***), salade de riz sauvage aux champignons (***), hachis Parmentier de rôti de palette « comme un chili de Cincinnati » (***), filet de saumon grillé sauce au vin rouge (voir Filet de saumon au pinot noir) (*).

Brampton OVR (2010)

COASTAL REGION, RUSTENBERG WINES, AFRIQUE DU SUD

15,35 $ **SAQ S** 10678528 ★★☆?☆ $$ **Modéré+**

Cet assemblage shiraz/cab/pinotage se montre franchement avantageux depuis le 2006, commenté dans *La Sélection 2009*. Épices douces (cannelle, poivre), fruits noirs et poivron donnent plus que jamais le ton avec expression et concentration à ce sud-africain. De la couleur, du nez, exhalant de subtils parfums, de l'ampleur, des tanins mûrs et soyeux, et des saveurs longues, non sans fraîcheur, laissant deviner des notes de cassis, de mûre, de poivron vert et de poivre. Si tous les assemblages sud-africains offerts chez les produits courants étaient de ce niveau... On peut rêver! Mais en attendant, garder Brampton en tête de liste de vos achats de ce pays dans cette gamme de prix. **Cépages:** 57 % shiraz, 16 % cabernet sauvignon, 23 % cabernet franc, 4 % pinotage. **Alc./**14 %. **bramptonwines.co.za**

Servir dans les cinq années suivant le millésime, à 17 °C

Viande grillée avec « épices à steak réinventées pour donner de la longueur aux vins (***), quiche de pain perdu aux asperges grillées « pour vins rouges » (***), pâte concentrée de poivrons rouges rôtis à l'huile de sésame grillé (voir recette sur **papillesetmolecules.com**) pour foie de veau, purée de panais au basilic thaï (voir recette sur **papillesetmolecules.com**) pour filet de bœuf grillé, brochettes d'agneau grillées à l'ajowan ou gigot d'agneau à l'ail et au romarin.

Cabernet Sauvignon Hacienda Araucano Reserva (2009)

VALLE DE COLCHAGUA, FRANÇOIS LURTON, CHILI

15,45 $ **SAQ S**☆ 10693154 ★★☆?☆ $$ **Modéré+**

Un on ne peut plus classique cabernet chilien, d'une bonne coloration, d'un nez très expressif et passablement riche, exhalant des notes de mûre, de framboise, de lard fumé, d'eucalyptus et de poivre, à la bouche ronde et généreuse, sans trop, pleine et longue, aux tanins presque enveloppés, mais avec un beau grain classique du cabernet. Comme toujours pour les crus signés par François Lurton, un excellent rapport qualité-prix à ranger dans votre liste d'achats, et ce, bon an mal an. Réservez-lui, entre autres, les plats rehaussés de romarin, de laurier ou d'origan, qui sont tous sur la même piste aromatique que l'eucalyptus qui, lui, domine son profil aromatique. Ce à quoi répondent aussi les plats dominés par les asperges vertes rôties et le café, tous deux sur le même profil aromatique que ce rouge. **Cépage:** cabernet sauvignon. **Alc./**14,5 %. **jflurton.com**

Servir dans les cinq années suivant le millésime, à 17 °C

Pain pita au romarin (***), bruschettas en mode romarin (***), frites au four assaisonnées au romarin (***), brochettes de kefta d'agneau au romarin et cardamome (***), quiche aux asperges vertes rôties (***), gigot d'agneau à l'ail et au romarin ou filets de bœuf à la fourme d'Ambert et au romarin (*).

Carmenère Hacienda Araucano Reserva (2009)

J'aime

VALLE DE COLCHAGUA, FRANÇOIS LURTON, CHILI

15,50$	**SAQ S**	10694413	★★☆?☆	**$**$	**Corsé**

François Lurton présente un carmenère passablement différent des autres crus chiliens de ce cépage, habituellement marqués par des arômes d'eucalyptus. Ici, on a affaire à un carmenère plus mûr et moins «eucalyptus», doté d'une matière aussi plus enveloppante, pleine et généreuse que d'habitude, au boisé assez discret, et aux saveurs étonnamment longues pour le prix demandé, laissant des traces de cassis, de fumée, de menthe et de poivre. Un judicieux travail à la vigne (effeuillage important pour meilleure exposition au soleil) et au chai (départ de fermentation à froid) lui a permis d'accoucher d'un aussi engageant carmenère, surtout moins végétal que ne le sont souvent les vins issus de ce cépage. **Cépage:** carmenère. **Alc./**14,5%. **jflurton.com**

Servir dans les cinq années suivant le millésime, à 17 °C

Frites au four assaisonnées à l'estragon «pour amateur de vin rouge» (***), brochettes de kefta d'agneau à l'olive noire et poivre (***), épices à steak «d'après cuisson» au thé noir fumé et à la vanille (***), feuilles de vigne farcies_Mc^2: riz sauvage soufflé, bacon de sanglier, sirop de riz brun/café (**) ou purée de poivrons rouges rôtis à l'huile de sésame grillé (voir recette sur **papilleset molecules.com**).

Pinot Noir Cono Sur Reserva (2010)

VALLE DE CASABLANCA, VIÑA CONO SUR, CHILI

15,95$	**SAQ C**	874891	★★☆?☆	**$**$	**Modéré**

Un pinot du Nouveau Monde offert à un prix aussi doux et gorgé de soleil, on aime ça! Quel fruité engageant vous découvrirez dans cette cuvée de cette excellente maison chilienne! Et ce, toujours aussi invitant depuis quelques millésimes. Sans compter que ce 2010 atteint un niveau de fraîcheur, d'éclat et de prestance encore plus élevé que par le passé. Poivre, menthe, eucalyptus et fruits rouges mûrs, voilà de quoi se faire plaisir sans se poser de question. **Cépage:** pinot noir. **Alc./**14%. **conosur.com**

Servir dans les quatre années suivant le millésime, à 17 °C

Salade de champignons, noix de coco grillée et vinaigrette à la noisette (***), soupe de betteraves rouges au fromage à la crème, à la cannelle et à la mangue (***), pesto de tomates séchées (***) pour bruschettas ou pâtes, ketchup de betteraves rouges (***) pour rôti de porc ou frites de patates douces au four assaisonnées à la cannelle (***).

Malbec Alamos (2010)

J'aime

MENDOZA, BODEGA CATENA ZAPATA, ARGENTINE

16$	**SAQ S**☆	467951	★★★	**$**$	**Corsé**

Je vous le dis et redis, cette cuvée de malbec argentin coup de cœur a été l'une des plus régulières et des plus avantageuses des quinze dernières années, et elle signe plus que jamais son statut avec ce millésime 2010. Sachez que les vins Alamos sont élaborés par la grande et prestigieuse maison Catena. Ceci explique cela... allez visiter leur site web, vous comprendrez. Tout y est à nouveau. De la couleur. Du fruit et de l'expression, au nez marqué par de très aromatiques notes poivrées et giroflées, ainsi que des fruits noirs mûrs (prune, mûre), de la richesse, mais aussi de la fraîcheur, de la précision, de l'ampleur, du coffre et, surtout, du plaisir à boire. Assurément au sommet de ma liste des crus du Nouveau Monde « à acheter bon an mal an les yeux fermés ». **Cépage:** malbec. **Alc./**13,5 %. **catenawines.com**

Servir dans les cinq années suivant le millésime, à 17 °C

Goulash de bœuf parfumé au girofle et sésame grillé (***), pâte à pizza au clou de girofle pour « amateur de vin rouge » (***), côtelettes d'agneau au café noir (voir Filets de bœuf au café noir) (*) servies avec asperges vertes rôties au four à l'huile d'olive ou purée_Mc² pour amateur de vin au céleri-rave et clou de girofle (voir recette sur **papillesetmolecules.com**) accompagnée de brochettes de bœuf et de foie de veau.

Carmenère Santa Rita « Reserva » (2010)

J'aime

VALLE DEL RAPEL, VIÑA SANTA RITA, CHILI

16,05 $	**SAQ S**	10694317	★★★ $$	**Corsé**

À nouveau un étonnant millésime pour ce carmenère chilien, qui se montre plus que jamais engageant et expressif au possible, au profil aromatique intensément fruité et poivré, sans trop, faisant de lui l'un des meilleurs achats chez les crus de ce cépage actuellement disponible sous la barre des vingt dollars. Robe violine. Nez à la fois subtil et richissime. Bouche pleine et dense, mais avec fraîcheur, aux tanins fermes, mais mûrs et presque enrobés, saveurs très fraîches et longues. Du sérieux. Il faut savoir que le carmenère, cépage d'origine bordelaise, était très présent dans le Médoc, aux XVIIIe et XIXe siècles. Complètement disparu du bordelais de nos jours, suite à sa grande décadence qui a débuté en 1852, après la terrible attaque d'oïdium, auquel il est très sensible. Il répondait à cette époque au nom de cabernelle. Heureusement, le Chili aura su le faire renaître de ses cendres et lui donner une nouvelle identité. **Cépage:** carmenère. **Alc./**13,5 %. **santarita.com**

Servir dans les cinq années suivant le millésime, à 17 °C

Côtelettes d'agneau marinées au porto et au romarin, brochettes de bœuf au café noir (voir Filets de bœuf au café noir) (*) ou brochettes de bœuf sauce au fromage bleu (*).

Domaine Les Brome « Cuvée Julien » (2011)

QUÉBEC, DOMAINE LES BROME, LÉON COURVILLE, VILLE DE LAC-BROME, QUÉBEC, CANADA

16,60 $	**SAQ C**	10680118	★★☆ $$	**Modéré+**

La qualité étant à nouveau au rendez-vous, pour un cinquième millésime consécutif, cette cuvée mérite donc de figurer dans ma liste de vins « à acheter bon an mal an les yeux fermés », plus particulièrement à cause de son expressivité, sa justesse d'à-propos, sa bonhomie, son fruité expressif et festif, ses tanins souples, sa texture joufflue et gourmande. Donc, en résumé, une gourmandise presque solaire, émanant du vignoble québécois et non de Californie... Possible? Eh bien oui, dégusté à l'aveugle, j'hésitais entre un merlot de Californie ou du Niagara! À vous d'en profiter. Vous en voulez plus? Alors découvrez, du même domaine, le singulier, complexe, confit et prenant **Baco Réserve 2009 (24,05$; 11632804)**. **Cépages:** maréchal foch, baco noir, de chaunac. **Alc./**12,5%. **domainelesbrome.com**

Servir dans les quatre années suivant le millésime, à 17°C

Salade de tomates, bocconcini, basilic thaï et vinaigrette au clou de girofle (***), chili de Cincinnati (***), cubes de bœuf en sauce (***), filet de porc en souvlaki (***) ou tourtière de la Beauce et betteraves sautées à l'émulsion «Mister Maillard» (voir recette de l'émulsion «Mister Maillard» sur **papillesetmolecules.com**).

Malbec Altos Las Hormigas (2011) **J'aime**

MENDOZA, ALTOS LAS HORMIGAS, ARGENTINE

16,60$ **SAQ S**☆ 10692477 ★★☆?☆ $$ **Modéré+**

Élaboré avec les conseils de Marco de Grazia, célèbre exportateur de vins italiens, ce malbec argentin se montre comme à son habitude hyper coloré, richement aromatique pour son rang, exhalant des notes complexes de poivre, de prune, de café et de fruits noirs, à la bouche ample et presque juteuse, généreuse et enrobée, aux tanins ronds et dodus, aux saveurs longues qui ont de l'éclat. Tout à fait savoureux et intelligent. Et si vous désirez vous payer la traite, montez quelques marches qualitatives en dégustant le très riche, explosif et pénétrant **Malbec Reserva Altos Las Hormigas 2009 (27$; 11166962)**. Du sérieux en matière de malbec argentin élevé en barriques, parfait pour ma recette de *pulled pork* à la noix de coco et au Spiced Rhum El Dorado (***). **Cépage:** malbec. **Alc./**14,2%. **altoslashormigas.com**

Servir dans les quatre années suivant le millésime, à 17°C

Boulettes de burger au goût de merguez (***), lasagne de chili de Cincinnati (***), joues de bœuf à la bière brune (***) ou marinade pour BBQ #1 (***).

Malbec Reserve Don David (2010) **J'aime**

VALLE DE CAFAYATE, MICHEL TORINO ESTATE, ARGENTINE

16,90$ **SAQ S** 11156043 ★★★ $$ **Corsé**

Ce nouveau venu sur le marché, depuis deux millésimes, mérite déjà l'attention qu'il reçoit tant la matière est pleine et le profil aromatique raffiné, pour son rang. La qualité est au rendez-vous, tout comme c'est le cas pour la débordante **Syrah Don David (16;40$; 10894431)** et le plus que parfumé **Torrontès Don David (16,40$; 10894423)**, ayant reçu un coup de cœur dans les précédentes éditions de ce guide. Donc, vous vous sustenterez à nouveau d'un malbec d'une couleur soutenue, au nez aromatique et pénétrant, s'exprimant par des notes de cassis, de mûre, de girofle et de cacao, à la bouche presque dense, mais toujours aussi détendue, texturée et enveloppante, aux tanins à la fois fins et gras, aux saveurs longues. Je vous le dis depuis quelques années déjà, les malbecs argentins comptent parmi les meilleurs rapports qualité-prix du vignoble sud-américain.

Et n'oubliez pas de lui servir des plats rehaussés de clou de girofle, tout comme des aliments complémentaires à ce dernier (bœuf grillé fortement, betterave rouge, basilic thaï, fraise) tels que décrits dans le livre *Papilles et Molécules*. **Cépage:** malbec. **Alc./**13,9 %. **micheltorino.com.ar**

🍷 Servir dans les cinq années suivant le millésime, à 17 °C et oxygéné en carafe 5 minutes

Crème de rutabaga au clou de girofle (***), tourtière classique à la cannelle et clou de girofle (***), goulash de bœuf parfumé au girofle et sésame grillé (***), chili de «TofuNnati» (***), rôti de palette «comme un chili de Cincinnati» (***) ou rôti de porc farci aux abricots et sauce au porto tawny et lait de coco (***).

Finca Flichman «Expresiones Reserva» (2010)
MENDOZA, FINCA FLICHMAN, ARGENTINE

16,95 $	SAQ C	11462286	★★☆?☆ $$	Corsé

Si vous appréciez les rouges confiturés et juteux du Nouveau Monde, vous serez servi par cet assemblage argentin, à la fois gourmand, dense et généreux, sans trop. Plein, sans lourdeur, aux tanins mûrs, mais avec du grain, au corps volumineux, mais frais et aux saveurs très longues égrainant des notes de confiture de fraises et de bleuet. Le boisé est présent, sans être dominant. «*Well done*» comme dirait un voisin du Sud ☺. **Cépages:** 60 % malbec, 40 % cabernet sauvignon. **Alc./**14,5 %. **flichman.com.ar**

🍷 Servir dans les cinq années suivant le millésime, à 17 °C

🍴 Hachis Parmentier de palette comme un chili, purée de rutabaga (***) ou viande rouge grillée et «épices à steak d'après cuisson au thé noir fumé et vanille» (***).

Masi Passo Doble (2010) **J'aime** ♥

VALLE DE UCO, MASI AGRICOLA, ARGENTINE

16,95 $	SAQ S☆	10395309	★★★ $$	Corsé

Son nom espagnol, Passo Doble (ou *ripasso* en italien), explique son élaboration, car il a subi deux fermentations: la première, traditionnelle, pour le malbec; la deuxième, à la vénitienne, avec l'ajout de grains de corvina légèrement séchés (*ripasso*). Modèle de régularité, il se montre coloré, parfumé, d'une belle richesse pour son rang, dégageant des notes torréfiées, vanillées, épicées et fruitées (prune), à la bouche à la fois ample et juteuse, sans trop, texturée et veloutée, aux tanins mûrs et enveloppés par une gangue moelleuse, mais avec une certaine prise de jeune premier, aux saveurs longues et expressives. L'une des belles originalités d'Argentino-Italiano (...), qui fera malheur sur les grillades de viandes marinées avec notre recette de marinade, puis nappées d'une sauce au fromage bleu, telle que proposée dans la collection *Papilles pour tous!*. Aussi, les aliments complémentaires à la prune (girofle, anis étoilé, cannelle, lavande, poivre, thé, basilic, eau de rose, canneberge, cassis, vieux fromage gruyère et scotch) sont à prescrire. **Cépages:** malbec, corvina. **Alc./**13,5 %. **masi.it**

🍷 Servir dans les cinq années suivant le millésime, à 18 °C et oxygéné en carafe 30 minutes

Pâtes au « pesto de tomates séchées » (***), canard rôti badigeonné au scotch *single malt*, fromage Gruyère Réserve très vieux accompagné de « confipote de prunes à l'anis étoilé » (voir confipote sur **papillesetmolecules.com**) ou bœuf grillé et « marinade pour le bœuf au miso » (***) napée d'une sauce au fromage bleu.

The Stump Jump GSM d'Arenberg (2010) — J'aime

SOUTH AUSTRALIA, D'ARENBERG, AUSTRALIE

16,95 $ **SAQ S*** 10748418 ★★★ $$ **Corsé**

Disponible en approvisionnement continu, donc avec des ruptures de stock peu fréquentes, contrairement aux produits de spécialité. Donc, à vous d'en profiter, car, comme je vous le dis déjà depuis plusieurs millésimes, il en vaut le détour ! C'est que ce fort engageant assemblage GSM se montre plus que jamais réussi depuis quelques millésimes, sans compter qu'il est avantageux pour le prix demandé. Vous y découvrirez un Stump aromatique à souhait et charmeur comme lui seul en connaît le secret, exhalant une étonnante complexité d'arômes pour son rang (mûre, framboise, violette, thym, olive noire), à la bouche au velouté prenant, à l'acidité discrète et aux tanins ultrafins, laissant place à un velouté de texture sensuel et à de longues et éclatantes saveurs de fruits confits. Il mérite vraiment ses trois étoiles, donc « J'AIME ! ». **Cépages :** 48 % grenache, 28 % shiraz, 24 % mourvèdre. **Alc./**14 %. **darenberg.com.au**

Servir dans les cinq années suivant le millésime, à 16 °C

Feuilleté aux olives noires (***), *pop-corn* « au goût de bacon et cacao » (***), viande grillée avec « épices à steak d'après cuisson au thé noir fumé et vanille » (***), bœuf grillé et réduction de « Soyable_Mc^2 » (**), « purée_Mc^2 » pour amateur de vin au céleri-rave et clou de girofle (voir recette sur **papillesetmolecules.com**), brochettes d'agneau à l'ajowan ou hamburgers de bœuf à la « pommade d'olives noires à l'eau de poivre » (***).

Shiraz E Minor (2010) — J'aime

BAROSSA, BAROSSA VALLEY ESTATE, AUSTRALIE

17,45 $ **SAQ C** 11073926 ★★★ $$ **Corsé**

Les quatre derniers millésimes de cette shiraz se sont montrés plus qu'avantageux au royaume des rouges de ce cépage offert chez les produits courants de la SAQ. Ce qui place maintenant ce cru, comme vous vous en doutez, parmi ceux méritant d'être acquis bon an mal an « les yeux fermés ». Vous vous sustenterez donc d'un rouge toujours aussi gourmand et débordant de saveurs, à la texture prenante, avec du grain grâce à une belle prise tannique, mais sans fermeté. Fraîcheur, malgré la richesse solaire, et grande allonge des saveurs (poivre, cassis, café) sont au rendez-vous. Cuisinez des plats autour de l'olive noire, le poivre, le thym, le zeste d'orange, les viandes grillées/rôties (dont l'agneau), le riz sauvage, le café, la framboise et l'algue nori, qui sont tous des ingrédients complémentaires aux parfums de cette shiraz. Enfin, il faut dire que cette maison élabore parmi les plus grands vins d'Australie, dont le légendaire Shiraz Black Pepper E&E. **Cépage :** shiraz. **Alc./**14 %. **bve.com.au**

Servir dans les quatre années suivant le millésime, à 17 °C

Légumes d'automne rôtis au four pour syrah/shiraz (***), tartinade de «pommade d'olives noires à l'eau de poivre» (***), chili de Cincinnati (***), brochettes d'agneau aux olives noires «sur brochettes imbibées d'une eau parfumée au thym» (***), sushis en bonbons de purée de framboises (***).

Syrah Porcupine Ridge (2010)

SWARTLAND, BOEKENHOUTSKLOOF WINES, AFRIQUE DU SUD

17,55$ **SAQ C** 10678510 ★★☆?☆ $$ **Corsé**

Une syrah passablement concentrée et profonde pour le prix demandé, fidèle à ses habitudes – il faut dire qu'elle provient d'une excellente maison du Cap. Donc, forte coloration, nez presque confit, plus Nouveau Monde que rhodanien d'approche, fruits noirs et fumée, bouche aux tanins présents mais mûrs et enveloppés, pour ne pas dire gras, au corps généreux et texturé, sans être lourd, et aux saveurs longues et expressives à souhait, rappelant la confiture de fruits noirs et la torréfaction. Ceux qui adorent les shiraz de type australien aimeront; ceux qui sont plus syrah du Rhône resteront sur leur faim. Question de style, mais quoi qu'il en soit, la qualité et la matière sont au rendez-vous. Et n'oubliez pas de faire la paire en découvrant le très vibrant, expressif et étonnamment nourri, pour le rang, **Sauvignon Blanc Porcupine Ridge 2011 (14,35$; 592881)**, parfait pour ma recette de soupe froide de fenouil, basilic, citron vert et wasabi (***). **Cépage:** syrah. **Alc./**14,5%. **boekenhoutskloof.co.za**

Servir dans les cinq années suivant le millésime, à 17°C

Viande grillée avec «épices à steak d'après cuisson au thé noir fumé et vanille» (***), ketchup de betteraves rouges (***), «feuilles de vigne farcies_Mc²»: riz sauvage soufflé, bacon de sanglier, sirop de riz brun/café (**) ou lasagne de chili de Cincinnati (***).

Syrah Reserva Tabalí (2009) J'aime

VALLE DEL LIMARI, VIÑA TABALÍ, CHILI

17,70$ **SAQ S** 10960072 ★★★?☆ $$ **Corsé+**

Poivre, cassis et eucalyptus donnent le ton aromatique à cette percutante syrah chilienne, coup de cœur de *La Sélection* depuis trois millésimes. Elle provient d'une nouvelle *winery*, située dans la vallée de Limari, au climat plus frais, résultant en des vins plus équilibrés. Vous y retrouverez donc un rouge hyper coloré, au nez à la fois concentré et retenu, d'une race certaine pour son rang, d'une rare complexité chez les syrah de ce prix, à la bouche pleine, sphérique et débordante de saveurs, aux tanins mûrs, mais au grain serré, offrant coffre et fraîcheur, non dénuée d'élégance, malgré sa richesse de sève et d'alcool. Un cru on ne peut plus nouveau mondiste, mais les deux pieds dans le terroir plutôt que dans la cave. **Cépage:** syrah. **Alc./**14,5%. **tabali.com**

Servir dans les sept années suivant le millésime, à 17°C

Cuisses de poulet braisées au vin rouge pour syrah/shiraz (***), chili de «TofuNati» (***), un agneau nommé pascal - épaule d'agneau confite à l'anis étoilé (***) ou filets de bœuf au café noir (*).

Easton House (2009) **J'aime** ♥

CALIFORNIA, EASTON, ÉTATS-UNIS

17,90 $ **SAQ S*** 10744695 ★★★ $$ **Modéré+**

Copie presque conforme du 2007 et du 2008, donc un 2009 à son meilleur, tout en fruit et en épices, mais aussi en chair et en texture, aux tanins présents, avec du grain, mais d'un velouté charnel. Du beau jus, toujours aussi fruité (prune, mûre) et torréfié (café), à l'esprit solaire, donc passablement généreux, mais non sans fraîcheur ni sans plaisir à boire jusqu'à plus soif. Comme je vous le dis depuis quelques millésimes déjà, ceux qui s'ennuient avec les souvent trop formatés cabernets et merlots de la côte ouest devraient se rincer le goulot plus souvent avec ce genre de rouge plaisir où le cabernet associé à la syrah, façon « Provence et Languedoc », acquiert un profil franchement singulier. Sérieux, sans se prendre au sérieux, qui plante haut la main les surannés Ménage à Trois de ce monde ☺. Servez-lui des plats relevés de girofle, de poivre, d'olives noires, de bacon, de légumes-racines ou d'asperges vertes rôties, il vous en sera reconnaissant... **Cépages:** syrah, cabernet sauvignon. **Alc.**/13,5 %. **eastonwines.com**

Servir dans les six années suivant le millésime, à 16 °C

Chips au « sable » d'olives noires et poivre (***), *pop-corn* « au goût de bacon et cacao » (***), mozzarella gratinée « comme une pizza » et sel au clou de girofle (***), chili de Cincinnati (***), légumes d'automne rôtis au four pour syrah/shiraz (***), quiche de pain perdu aux asperges grillées « pour vins rouges » (***) ou sauté de betteraves rouges à l'émulsion « Mister Maillard » (voir « Mister Maillard » sur **papillesetmolecules.com**).

Belle Vallée Southern Oregon (2007)

SOUTHERN OREGON, BELLE VALLÉE CELLARS, ÉTATS-UNIS

18,15 $ **SAQ S** 11208405 ★★★ $$ **Corsé**

Toujours une fête que le retour de cet américain pulpeux et engageant au possible, et ce, vendange après vendange, célébré dans les éditions précédentes de *La Sélection Chartier*. Il se montre une fois de plus engageant au possible, exhalant de riches effluves de crème de cassis, de poivre et de chêne, mais avec un boisé retenu et discret, à la bouche toujours aussi pleine, joufflue et dodue, presque capiteuse, aux tanins enrobés par un moelleux dominant, aux longues saveurs mûres, sans être confites ni lourdes. Un vin de plaisir immédiat, à boire sans se poser de question, mais sensations fortes garanties ! Et si vous êtes fan du cépage pinot noir, alors faites la paire avec l'aromatique, fin, élégant et texturé **Pinot Noir Belle Vallée 2008 (27,05 $; 10947839)**, parfait pour ma recette de bœuf en salade asiatique (***). **Cépages:** cabernet sauvignon, merlot, cabernet franc. **Alc.**/13,8 %. **bellevallee.com**

Servir dans les sept années suivant le millésime, à 17 °C et oxygéné en carafe 15 minutes

Chili de Cincinnati (***), ailes de poulet BBQ (***), boulettes de burger au goût de merguez (***), côtes levées à la bière noire, bouillon de bœuf et sirop d'érable (***) ou marinade pour le bœuf au miso (***) pour brochettes de bœuf.

Merlot Cousiño-Macul « Antiguas Reservas » (2010)

VALLE DEL MAIPO, VIÑA COUSIÑO-MACUL, CHILI

18,20 $	**SAQ C**	866723	★★★ $$	**Corsé+**

Fidèle à ses habitudes, cette grande maison chilienne présente depuis de nombreux millésimes un merlot, de la gamme Antiguas Reservas, étoffé, au profil certes chilien, mais avec un petit je ne sais quoi de stylisé à l'européenne. Laissez-vous convaincre par son nez aromatique, à la fois fin et riche, aux exubérants et classiques effluves de menthe, d'eucalyptus, de cassis, de mûre, de poivre et de menthe, ainsi que par sa bouche ample et bien en chair, quasi sensuelle, dotée d'une acidité fraîche et de saveurs tout aussi éclatantes qu'au nez, à laquelle s'ajoutent des tonalités anisées et torréfiées. Soutenu et juteux, ravira surtout les amateurs de crus sud-américains au profil un brin mentholé. Comme le romarin, la cardamome verte et le laurier sont parmi les aliments complémentaires à l'eucalyptus et au poivre, réservez-lui des plats rehaussés de ces herbes du Midi. **Cépage:** merlot. **Alc./**13 %. **cousinomacul.com**

Servir dans les cinq années suivant le millésime, à 17 °C et oxygéné en carafe 5 minutes

Brochettes de kefta d'agneau au romarin et cardamome (***), filets de porc marinés au porto et au romarin frais, filets de bœuf à la fourme d'Ambert et au romarin (*), frites au four assaisonnées au romarin (***) ou pot-au-feu froid d'agneau cuit rosé, cubes de bouillon à la sauge, condiment au curcuma, sel de romarin (**).

Shiraz/Cabernet Koonunga Hill (2010)

J'aime

SOUTH EASTERN AUSTRALIA, PENFOLDS WINES, AUSTRALIE

18,30 $	**SAQ C**	285544	★★★ $$	**Corsé**

Un classique australien, avec la régularité d'un horloger suisse, voilà ce à quoi vous êtes convié avec cette cuvée qui m'étonne millésime après millésime. Nez juste, au fruité pur et précis, comme à son habitude, sans notes boisées dominantes, d'une bonne présence en bouche, aussi juteux et solaire que dans le millésime précédent. Donc, un rouge à la fois ample et sphérique, mais avec son habituelle retenue presque européenne, aux tanins fins, à l'acidité fraîche et aux saveurs longues, laissant des traces de mûre, de cerise, d'épices et de torréfaction. Rares sont les assemblages australiens à ce prix à être vinifiés avec autant de sérieux, bâtis pour une certaine garde. Pour preuve, en novembre 2006, j'ai eu la surprise de déguster l'étonnant et profond Koonunga 1976 – le premier millésime de ce désormais mondialement connu Shiraz/Cabernet de Penfolds. Aucun doute sur le potentiel de conservation de ce type de rouge, pourtant on ne peut plus agréable en jeunesse. Une fois à table, réservez-lui des recettes dominées par les aliments complémentaires à ses arômes de mûre et de poivre, comme le sont, entre autres, l'agneau, l'algue nori, le thé fumé, le basilic, le café, le clou de girofle, la cannelle, le curcuma, le gingembre, la sauce soya, la vanille et le balsamique. **Cépages:** shiraz, cabernet sauvignon. **Alc./**13,5 %. **penfolds.com**

Servir dans les huit années suivant le millésime, à 17 °C

Chips au «sable» d'olives noires et poivre (***), brochettes d'agneau et champignons café «sur brochettes imbibées à l'eau parfumée au thym» (***), mozzarella gratinée «comme une pizza» et sel au clou de girofle (***), carré de porc glacé aux fraises, poivre du Sichuan, galanga et miel (**) ou épices à steak «d'après cuisson» au thé noir fumé et à la vanille (***) sur gigot d'agneau.

Merlot Roy's Hill (2010)

HAWKES BAY, C.J. PASK WINERY, NOUVELLE-ZÉLANDE

18,70$ **SAQ S** 10382727 ★★☆?☆ **$$** **Modéré+**

Comme à son habitude depuis quelques millésimes déjà, un merlot très enjôleur pour cette cave, tout en charme et en souplesse, quasi juteux, aux courbes toujours aussi sensuelles, aux tanins ronds, à l'acidité discrète et aux saveurs longues, rappelant la grenadine, la cerise noire et la tomate séchée. Du plaisir, rien que du plaisir en bouteille... **Cépage:** merlot. **Alc./**13%. **cjpaskwinery.co.nz**

Servir dans les quatre années suivant le millésime, à 17°C

Mozzarella gratinée «comme une pizza» et sel au clou de girofle (***), «feuilles de vigne farcies_Mc²»: riz sauvage soufflé, bacon de sanglier, sirop de riz brun/café (**), filets de porc à la cannelle et aux canneberges ou filet de saumon grillé au quatre-épices chinois.

Shiraz Brampton (2009)

STELLENBOSCH, RUSTENBERG WINES, AFRIQUE DU SUD

18,75$ **SAQ S** 10678341 ★★☆?☆ **$$** **Corsé**

Depuis une entrée remarquée au Québec, avec le très réussi millésime 2004, commenté en primeur dans *La Sélection Chartier 2007*, cette shiraz a été coup sur coup l'un des *best buy* sud-africains, devenant maintenant l'un des crus «à acheter les yeux fermés bon an mal an». Vous y dénicherez une shiraz passablement concentrée, comme dans les précédents millésimes, au fruité confit, et aux saveurs riches et compactes, laissant deviner des notes de liqueur de mûre, de cerise noire, de cacao et de poivre, aux tanins enrobés, tout en étant tissés serrés, avec du grain, au corps doté d'une fraîcheur et d'une certaine retenue européenne qui différencient souvent les vins de ce pays avec ceux d'Australie plus généreux et ronds. Il faut savoir que cette shiraz a reçu une médaille d'argent dans le classement 2011 du top 10 des meilleures syrahs au monde. Ceci explique cela... **Cépages:** 86% shiraz, 9% cinsault, 5% mourvèdre. **Alc./**14%. **bramptonwines.co.za**

Servir dans les six années suivant le millésime, à 17°C

Viande grillée avec «épices à steak réinventées pour vin rouge élevé en barrique» (***), betteraves rouges marinées à la crème de cassis et vinaigre de vin rouge (***), chips au «sable» d'olives noires à l'eau de poivre (***), *pop-corn* «au goût de bacon et cacao» (***) ou lasagne d'agneau sauce tomate à la syrah, pâtes aux olives noires (***).

Zinfandel Ravenswood Vintners Blend (2010)

CALIFORNIA, RAVENSWOOD WINERY, ÉTATS-UNIS

18,95 $ **SAQ C** 427021 ★★★ $$ **Corsé**

Depuis les toutes premières éditions de *La Sélection*, ce cru californien est à ranger parmi les classiques chez les « zin » offerts en produit courant. Il faut dire que cette *winery*, qui fêtait en 2011 ses 35 ans d'existence, a participé plus que toute autre à la reconnaissance du cépage zinfandel. Pour preuve, cet enchanteur cru, exhalant des arômes classiques de fruits rouges mûrs, de girofle et de café, à la bouche pleine et sphérique, ronde, texturée et prenante, sans être chaude ni trop généreuse, aux tanins toujours enveloppés et aux saveurs qui ont de l'allonge. Offrez-lui des plats rehaussés de girofle, tout comme des aliments complémentaires (basilic thaï, bœuf grillé, fraise...) à cette épice chaude et sensuelle, sans oublier les plats épicés relevés de piment fort – l'alcool (jusqu'à 14,5 %) inhibant l'action du feu des piments, contrairement à l'eau et au gaz carbonique des bières et des sodas qui rallument le feu ! **Cépage :** zinfandel. **Alc./**13,5 %. **ravenswoodwinery.com**

Servir dans les cinq années suivant le millésime, à 17 °C

Brochettes de porc à la mexicaine (***), chili de Cincinnati (***), rôti de palette « comme un chili de Cincinnati » (***), pâtes aux olives noires/genièvre/thym/shiitakes (***) ou « On a rendu le pâté chinois » (**).

Malbec « Single Vineyard » Caliterra Tribute (2010)

J'aime

VALLE DE COLCHAGUA, VIÑA CALITERRA, CHILI

19,45 $ **SAQ C** 11675652 ★★★ $$ **Corsé**

Tout comme le plus qu'abordable et réussi **Sauvignon Blanc Caliterra (12,55 $; 275909)**, ce très bon malbec chilien, même s'il est nouveau sur notre marché, mérite de faire partie des vins « à acheter les yeux fermés » tant la régularité de la maison inspire confiance pour les millésimes à venir. Pour preuve, ce rouge très coloré, richement aromatique, exhalant des arômes de menthe, de poivron, de fruits noirs et de café, à la bouche pleine, sphérique et juteuse, on ne peut plus chilienne, aux tanins mûrs, presque gras, avec du grain, aux saveurs très longues, rappelant la grenadine et l'eucalyptus. Du malbec à son meilleur. **Cépage :** malbec. **Alc./**14 %. **caliterra.com**

Servir dans les six années suivant le millésime, à 17 °C

Brochettes de bambou imbibées à la cardamome « pour grillades d'agneau » (***), brochettes de kefta d'agneau au romarin et cardamome (***) ou frites au four assaisonnées au romarin (***).

Malbec Weinert (2006)

J'aime

MENDOZA, BODEGA Y CAVAS DE WEINERT, ARGENTINE

19,75 $ **SAQ S** 11170494 ★★★☆ **$$** **Corsé**

Ayant séjourné trois ans dans d'immenses cuves de chêne, ce malbec, élaboré à partir de très vieilles vignes de 70 à 110 ans, nécessite impérativement une bonne oxygénation en carafe avant de faire sa rencontre et de l'apprécier à sa juste valeur. Vous dénicherez alors, comme c'est le cas depuis de nombreux millésimes (mes dégustations remontent au 1979) un remarquable rouge, offert à prix d'ami, au nez d'une étonnante noblesse et d'une rarissime maturité chez les malbecs argentins. Dans le sens «maturité juste et précise, et non, comme c'est souvent le cas, en état de surmaturité. La bouche suit avec ampleur, texture et grande allonge, égrainant des notes prenantes de tabac, de prune, de cerise noire et de violette, aux tanins réglissés à souhait, comme je les aime, avec un grain noble de vieilles vignes. Du sérieux plus que jamais à se mettre en bouche pour bien saisir l'immense potentiel des vieilles vignes argentines, ainsi que de cette maison encore trop méconnue. Sans oublier que ce vin ira loin dans le temps, ayant plusieurs vieux millésimes en cave qui se montraient en 2012 encore dans une forme splendide. Enfin, les aliments complémentaires à la prune (girofle, anis étoilé, cannelle, lavande, poivre, thé, basilic, eau de rose, canneberge, cassis, vieux fromage gruyère et scotch) sont à prescrire. **Cépage:** malbec (vignes de 70 à 110 ans). **Alc./**14,5%. **bodegaweinert.com**

Servir dans les quinze années suivant le millésime, à 17°C et oxygéné en carafe 60 minutes

Chili de Cincinnati (***), mozzarella gratinée «comme une pizza», viande des Grisons et piment d'Espelette (***), fromage Gruyère Réserve très vieux accompagné de «confipote de prunes à l'anis étoilé» (voir confipote sur **papillesetmolecules.com**) ou bœuf grillé et «marinade pour le bœuf au miso» (***) nappée d'une sauce au fromage bleu.

Cabernet Sauvignon/Merlot Vergelegen (2009) J'aime

STELLENBOSCH, VERGELEGEN WINES, AFRIQUE DU SUD

19,85$ **SAQ S** 10678472 ★★★?☆ $$ **Corsé**

Débarqué au Québec pour la première fois avec le superbe millésime 2004, signalé dans *La Sélection Chartier 2008*, ce cru représente, depuis, l'une des aubaines, bon an mal an, chez les rouges sud-africains. Célébré comme le meilleur vignoble d'Afrique du Sud, Vergelegen présente une fois de plus une cuvée, née d'un assemblage à la bordelaise merlot-cabernet, d'une bonne coloration, d'un nez richement aromatique et complexe, exhalant des notes de poivron rôti au four, de fraise, de cassis, de poivre et de fumée, d'une bouche toujours aussi débordante de saveurs, mais non sans grain, finesse et fraîcheur, aux tanins présents mais mûrs et enrobés. Une longue fin de bouche laisse paraître des touches de cassis et de torréfaction. En résumé, comme à son habitude, une superbe harmonie d'ensemble pour un vin qui se laisse déjà prendre, tout en possédant une matière nourrie qui évoluera bien dans le temps. **Cépages:** cabernet sauvignon, merlot. **Alc./**14%. **vergelegen.co.za**

Servir dans les huit années suivant le millésime, à 17°C et oxygéné en carafe 15 minutes

Sablés au parmesan et café (***), tataki de bœuf et «pâte concentrée de poivrons rouges à l'huile de sésame grillé» (voir recette de pâte de poivrons sur **papillesetmolecules.com**), viande grillée et «épices à steak réinventées pour vin boisé» (***), salade de riz sauvage aux champignons (***) ou carré de porc et jus au café expresso (voir Carré d'agneau et jus au café expresso) (*).

Syrah Liberty School (2009)

CALIFORNIA, LIBERTY SCHOOL WINERY, ÉTATS-UNIS

19,95 $ **SAQ S*** 10355454 ★★☆?☆ $$ **Corsé**

Devenue l'un des classiques de la côte ouest, depuis de nombreuses années, fidèle à ses habitudes, cette réputée et régulière syrah californienne *ride again* en se montrant plus parfumée que jamais, tout en étant soyeuse et veloutée en bouche, aux riches saveurs de cassis, de violette, de poivre, d'olive noire et de torréfaction. Elle est certes généreuse et pulpeuse, ce qui a fait le succès jusqu'ici de tous les vins de la gamme Liberty School, mais elle sait aussi se montrer, cette fois, fraîche et un brin plus ramassée, à la manière rhodanienne. Pour créer l'accord à table, cuisinez-la avec vos recettes préférées où dominent les aliments complémentaires au poivre, comme, entre autres, le thym, l'agneau, le basilic, le gingembre, les champignons, le café, le genièvre, l'olive noire, le safran, la carotte, la framboise, les algues, le cacao et l'orange, sans oublier tous les plats riches en saveurs umami. **Cépages:** syrah, viognier (faible proportion). **Alc./**13,5 %. **treana.com**

Servir dans les cinq années suivant le millésime, à 17 °C

Mozzarella gratinée « comme une pizza » et sel au clou de girofle (***), côtes levées à la bière noire, bouillon de bœuf et sirop d'érable (***), feuilles de vigne farcies_Mc²: riz sauvage soufflé, bacon de sanglier, sirop de riz brun/café (**), tajine d'agneau au safran, bœuf braisé au jus de carotte ou quiche de pain perdu aux asperges grillées « pour vins rouges » (***).

Syrah Vision Cono Sur (2010)

VALLE DE COLCHAGUA, VIÑA CONO SUR, CHILI

19,95 $ **SAQ S** 10960662 ★★★ $$ **Corsé+**

Si vous avez été un lecteur assidu des précédentes éditions annuelles de *La Sélection*, vous êtes dans le « secret »... la gamme de cette maison étant devenue depuis quelques années une référence incontournable chez les chiliens offerts à la SAQ. Cette syrah n'y fait pas exception avec un vin coup sur coup puissant et décapant, au nez richement aromatique, au fruité mûr, à la bouche d'une bonne densité, tannique et très fraîche, d'une concentration toujours aussi étonnante et d'un coffre imposant pour son rang, aux saveurs très longues, jouant dans l'univers du poivre, de la mûre, du cassis et du café. Donc, du sur-mesure pour les recettes dominées, entre autres, par l'agneau, le poivre, l'olive noire, le café, le girofle, l'anis étoilé. **Cépage:** syrah. **Alc./**14 %. **conosur.com**

Servir dans les sept années suivant le millésime, à 17 °C et oxygéné en carafe 30 minutes

Pommade d'olives noires à l'eau de poivre (***), riz sauvage soufflé au café _Mc² (***), harira marocaine au thym (***), légumes d'automne rôtis au four pour syrah/shiraz (***), filets de bœuf marinés au parfum d'anis étoilé, carré d'agneau et jus au café expresso (*) ou ragoût de bœuf épicé à l'indienne.

Shiraz Friends Elderton (2010)

J'aime

BAROSSA, THE ASMEAD FAMILY, AUSTRALIE

20,10$	**SAQ S** 10955126	★★★ **$$**	**Modéré+**

J'ai eu l'occasion de déguster plusieurs millésimes de ce cru au fil des dernières années – dont quelques millésimes en février 2011, lors d'une soirée privée au Bistro à Champlain, avec le dynamique et inspirant viticulteur australien Cameron Asmead, qui crée une série de vins top niveau, et ce, dans toutes les gammes de prix. Je me suis sustenté à chaque reprise, comme cette fois-ci, d'une syrah aromatique à souhait, non sans élégance et fraîcheur pour le style, exhalant des tonalités poivrées et épicées, au fruité débordant. La bouche se montre explosive, gorgée de saveurs qui ont de l'éclat et de la fraîcheur. Tanins soyeux, acidité juste et corps ample, sans excès ni chaleur, comme à son habitude. Étant élevée en barriques de chêne américain, cette cuvée est parfaite pour interpénétrer ses composés aromatiques avec les viandes grillées et badigeonnées de notre recette de marinade, tout comme avec les recettes dominées par soit le clou de girofle, soit la noix de coco, soit le rhum brun. **Cépage:** shiraz. **Alc./**14,5%. **eldertonwines.com.au**

Servir dans les cinq années suivant le millésime, à 17 °C

Pulled pork à la noix de coco et au Spiced Rhum El Dorado (***), viande grillée avec «épices à steak réinventées pour vin rouge élevé en barrique (***) ou bœuf grillé et «marinade pour le bœuf au miso» (***).

Zinfandel Cardinal Zin (2011)

CALIFORNIA, CARDINAL ZIN CELLARS, ÉTATS-UNIS

20,20$	**SAQ S*** 10253351	★★★ **$$**	**Modéré+**

Ce «zin», d'une régularité sans faille depuis une dizaine de millésimes – donc à ranger dans votre panier de «vins à acheter les yeux fermés» –, est marqué par ses habituels accents de mûre, de vanille, de girofle et de poivre, qui font fureur à table avec les mets dominés par les aliments complémentaires à ces deux dernières épices de même famille aromatique, comme le sont, entre autres, le girofle, la viande de porc, le thym, l'ajowan, l'agneau, le gingembre, le café, l'olive noire, les champignons, l'algue nori, le cacao et la muscade. Pour ce qui est de la structure de ce rouge californien, elle se montre tout aussi souple et juteuse que dans le précédent millésime, tout en conservant sa chair et sa texture qui font son succès. Les tanins sont enveloppés, l'acidité discrète et les saveurs longues. Du plaisir, comme toujours. **Cépages:** 80% zinfandel, 8% carignan, 10% mourvèdre, 2% petite sirah. **Alc./**13,5%.

Servir dans les cinq années suivant le millésime, à 17 °C

Pâte à pizza au clou de girofle pour «amateur de vin rouge» (***), polenta au gorgonzola version «umami» (***), fougasse parfumée au clou de girofle et fromage bleu fondant caramélisé (**), chili de Cincinnati (***), *pulled pork* à la noix de coco et au scotch (***), sauce BBQ pour côtes levées (***), steak de saumon au café noir et au cinq-épices chinois (*) ou osso buco de veau, sauce liée au chocolat et gremolata à l'orange et graines de coriandre (***).

Shiraz Peter Lehmann (2009)

BAROSSA, PETER LEHMANN WINES, AUSTRALIE

20,35 $	**SAQ S**☆	10829031	★★★ **$$**	**Corsé+**

Cette décapante shiraz du *down under* est, comme le sont plusieurs crus de cette maison, un vrai régal d'expression, qui fera, pour une ixième vendange consécutive, le bonheur des amateurs de crus superlatifs du Nouveau Monde. Amateurs de la fraîcheur et de l'élégance européenne s'abstenir. Robe colorée. Nez concentré et extraverti, où s'entremêlent crème de cassis, poivre et eucalyptus. Bouche toujours aussi tannique et pleine, sensuelle et dense, avec le même tonus que dans les précédents millésimes, mais aussi dotée du même velouté et de la même générosité solaire, qui est l'une de ses signatures. Longue finale confiturée et torréfiée. Difficile d'être plus australien que ça! **Cépage:** shiraz. **Alc./**14,5 %. **peterlehmannwines.com**

Servir dans les six années suivant le millésime, à 17 °C

Épices à steak réinventées pour vin rouge élevé en barrique (***), sandwich vietnamien Banh-mi au porc pour syrah (***), brochettes de bambou imbibées à l'anis étoilé «pour cubes de bœuf» (***) ou lasagne d'agneau sauce tomate à la syrah, pâtes aux olives noires (***).

Zinfandel Easton (2010) — J'aime ♥

AMADOR COUNTY, EASTON, ÉTATS-UNIS

20,65 $	**SAQ S**☆	897132	★★★?☆ **$$**	**Corsé+**

Après un «zin» 2005 (commenté dans *La Sélection 2008*) plus que jamais explosif et mûr, à la bouche pleine et capiteuse, ainsi qu'un 2006 (commentée dans *La Sélection 2009*) certes fruité et chocolaté à souhait, mais moins compact, moins dense et moins complet que ne l'était le 2005, puis des 2007 et 2008 dans la même direction harmonieuse et complexe, sans oublier un 2009 au profil proche parent du capiteux 2005, Easton *ride again* avec un 2010 qui résonne sur la même tonalité que les deux précédents millésimes. Donc, pour le bonheur des amateurs de «zin» ensoleillé à fond, vous dénicherez un rouge toujours aussi puissant au nez, au fruité mûr et débordant, sentant puissamment la confiture de fraises (!), mais aussi épicé (poivre, girofle), à la bouche toujours aussi étoffée, aux tanins qui ont de la prise, sans trop, texturée et volumineuse. Un «zin» qui a de la prestance, pour son rang, comme d'habitude. Réservez-lui a table des plats soient dominés par les épices, soient parfumés par le bourbon et le vieux rhum brun – un rhum brun épicé serait le meilleur des deux mondes ☺. **Cépage:** shiraz. **Alc./**14,5 %. **eastonwines.com**

Servir dans les cinq années suivant le millésime, à 17 °C

Sauce BBQ au bourbon (***) pour grillades de porc, feuilletés aux champignons, au rhum brun et à la noix de coco (***), filet de saumon cuit sur planche de bois au rhum épicé (***), *pulled pork* à la noix de coco et au Spiced Rhum El Dorado (***), rôti de palette «comme un chili de Cincinnati» (***) ou rôti d'épaule de porc au Spiced Rhum El Dorado, champignons, noix de coco et huile de noisette (***).

Carmenère Arboleda (2009) J'aime

VALLE DE COLCHAGUA, VIÑA SEÑA, CHILI

20,90$ **SAQ S** 11331614 ★★★ $$ **Corsé**

Émanant d'un projet d'Eduardo Chadwick, à la tête de la célèbre maison Errazuriz, ce carmenère a connu depuis quelques millésimes un succès instantané à son arrivée au Québec. Vous y découvrirez une fois de plus, dans ce millésime 2009, dégusté en primeur en août 2012, un rouge coloré, d'une étonnante richesse et maturité aromatiques, à la fois très fin et riche, poivré comme seul ce cépage en connaît le secret – avec la syrah bien sûr (!) –, à la bouche à la fois pleine et fraîche, généreuse et enveloppante, et même expansive, sans aucune lourdeur ni chaleur, aux longues saveurs de fumée, de lard, de crème de cassis et d'eucalyptus. Il vous faut aussi découvrir la fumée, mûre, concentrée, compacte et généreuse **Syrah Arbodela 2010 (19,20$; 11625671)**. Enfin, ne manquez pas l'excellent **Sauvignon Blanc Arboleda 2011** (aussi commenté dans ce guide). **Cépage:** carmenère. **Alc./**14,5%. **arboledawines.com**

Servir dans les six années suivant le millésime, à 17 °C

Hamburgers d'agneau aux poivrons rouges confits et au paprika, rôti de bœuf en croûte de menthe fraîche aux parfums balsamiques ou entrecôte et purée de pois à la menthe (voir Côtes de veau et purée de pois à la menthe) (*).

Shiraz Delheim (2008)

SIMONSBERG-STELLENBOSCH, DELHEIM WINES, AFRIQUE DU SUD

21,40$ **SAQ S** 10960689 ★★★ $$ **Corsé**

Coup de cœur de quelques précédentes éditions de ce guide, pour ces millésimes 2004, 2005, 2006 et 2007, Delheim confirme avec aplomb dans un cinquième millésime consécutif son statut de référence sud-africaine «à acheter bon an mal an les yeux fermés». Cet excellent rapport qualité-prix se montre comme à son habitude sans lourdeur ni boisé dominant, s'exprimant par des arômes d'une étonnante richesse et complexité (cassis, confiture de cerise noire, poivre, chêne), pour son rang, ainsi qu'avec des tanins certes présents, mais aussi quasi soyeux et bien enveloppés, une certaine fraîcheur et une belle complexité de saveurs classiques de ce cépage, rappelant le poivre. Mérite presque trois étoiles et demie... Réservez-lui des mets dominés par les aliments complémentaires au poivre, dont font partie, entre autres, l'olive noire, la carotte, l'algue nori, le café, le thé, le romarin, le thym et l'agneau. **Cépage:** syrah. **Alc./**14.5%. **delheim.com**

Servir dans les sept années suivant le millésime, à 17 °C

Frites au four assaisonnées au thym «pour amateur de vin rouge» (***), moussaka à l'agneau sur la piste du thym (***), bœuf braisé au jus de carotte, filets de bœuf mariné au parfum de thym, pâtes aux olives noires/genièvre/thym/shiitakes (***) ou thon rouge mi-cuit au poivre et purée de pommes de terre aux olives noires.

Pinot Noir Scotchmans Hill « Swan Bay » (2010)

J'aime

BELLARINE PENINSULA, SCOTCHMANS HILL VINEYARDS, AUSTRALIE

21,50$ **SAQ S** 10748442 ★★★ **$$** **Modéré+**

Comme à son habitude, spécialement dans les derniers millésimes, ce pinot austral fait opérer son charme aromatique, tout en démontrant une fraîcheur qui se veut presque européenne, pour ne pas dire bourguignonne. Donc, un millésime 2010 qui poursuit sa suite d'abordable réussite, se montrant plus que jamais aromatique, raffiné et distingué, sur les fruits rouges, à la bouche expressive, un brin élancée et tendue, mais non sans générosité et texture. Les tanins sont extrafins et soyeux, sa marque de commerce si je puis dire, la matière d'une certaine ampleur, presque moelleuse, et les saveurs d'une plus qu'honorable allonge, rappelant la fraise, la cerise, le girofle et la pivoine, avec un accent torréfié. Le meilleur des deux mondes, c'est-à-dire assis entre le style sphérique des pinots australiens et celui plus frais et vertical des pinots bourguignons. Cuisinez des plats autour de la tomate séchée, la betterave rouge, le girofle, le riz sauvage, les champignons, les épices douces et le café, tous des ingrédients complémentaires aux vins de ce cépage lorsque cultivé sous un climat austral. **Cépage:** pinot noir. **Alc./**14,5%. **scotchmanshill.com.au**

Servir dans les cinq années suivant le millésime, à 17°C

Pizza au pesto de tomates séchées et à l'*outside cut* de bœuf grillé (***), filet de saumon grillé et pesto de tomates séchées (***), cailles sautées à la poêle et riz sauvage aux champignons (*), pétoncles en civet (*), poulet au soja et à l'anis étoilé ou sauté de betteraves rouges à l'émulsion « Mister Maillard » (voir « Mister Maillard » sur **papillesetmolecules.com**).

Shiraz Redstone (2009)

MCLAREN VALE, CORIOLE VINEYARDS, AUSTRALIE

21,60$ **SAQ S** 10831300 ★★★ **$$** **Corsé**

De la belle et juteuse syrah australienne, non sans un accent rhodanien. Elle a tout pour elle, et pour vous! Couleur profonde et violacée. Nez très aromatique, passablement riche et concentré, s'exprimant par des notes de fruits noirs et rouges. Bouche séveuse et généreuse, mais aussi ramassée et compacte, aux tanins tissés très serrés, assez fermes, sans dureté, à l'acidité fraîche et aux saveurs longues, qui ont de l'éclat et au boisé subtilement torréfié et épicé. Une référence, millésime après millésime, qui ravit les amateurs de shiraz du *Down Under*. **Cépage:** shiraz. **Alc./**14%. **coriole.com**

Servir dans les six années suivant le millésime, à 17°C et oxygéné en carafe 15 minutes

Brochettes de filet de porc et champignons portobellos sur brochettes parfumées au lait de coco (***) ou rôti de porc farci aux abricots et sauce au porto tawny et lait de coco (***).

Malbec Catena (2010) **J'aime**

MENDOZA, BODEGA CATENA ZAPATA, ARGENTINE

21,75 $** **SAQ S☆** 478727 ★★★☆ **$$ **Corsé+**

Après un bon coup de carafe, vous serez conquis par la richesse et la maturité de fruit de ce malbec de la grande famille Catena, au sommet de la hiérarchie des grands vins argentins. Il faut dire qu'il est difficile de dénicher des malbecs argentins aussi raffinés et aussi compacts que ceux élaborés par cette maison, tout comme ceux de Norton et de Weinert (aussi commentés). Vérifiez par vous-même, une fois de plus (!), avec ce 2010 richement coloré, intensément aromatique, dense, plein et compact, aux tanins tissés serrés, façon européenne, mais mûrs, donc presque gras, au corps d'une grande ampleur et aux saveurs persistantes à souhait, laissant des traces de cassis, de poivre et de girofle, sans boisé dominant. Du gros jus pour un prix aussi doux. **Cépage:** malbec. **Alc./**13,5 %. **catenawines.com**

Servir dans les huit années suivant le millésime, à 17 °C et oxygéné en carafe 30 minutes

Rôti de palette au rhum brun, à la cannelle, à la muscade et aux oignons caramélisés (***) ou rôti de porc aux « épices à steak réinventées pour donner de la longueur aux vins » (***).

Pinot Noir Kim Crawford (2011)

MARLBOROUGH, KIM CRAWFORD WINES, AUSTRALIE

21,95 $ **SAQ C** 10754244 ★★★ **$$** **Modéré+**

Cette très bonne maison présente bon an mal an un pinot stylisé à l'européenne, donc très frais et gorgé de fruits rouges et d'épices douces, ce qu'elle signe à nouveau. Le nez se montre toujours aussi aromatique et charmeur, d'une certaine exubérance pour le style, tout en étant raffiné, donc sans excès ni esbroufe, marqué par des effluves frais et complexes de mûre, de violette, de girofle et de cerise. La bouche, quant à elle, démontre des tanins fins et coulants, à l'acidité fraîche et à la texture d'une bonne ampleur, au toucher soyeux, égrainant de longues saveurs d'épices douces. Cuisinez pour ce vin des plats dominés par les aliments complémentaires à la cannelle, qui est son ingrédient de liaison dominant. Optez, entre autres, pour l'anis étoilé, la bergamote (thé Earl Grey), la cardamome, le clou de girofle, la coriandre vietnamienne, le cumin, le laurier, le poivre, le safran ou le thym. **Cépage:** pinot noir. **Alc./**14 %. **kimcrawfordwines.co.nz**

Servir dans les trois années suivant le millésime, à 16 °C

Poulet au thé Earl Grey et romarin (***), suprêmes de volaille à la crème d'anis étoilé (***), brochettes de bambou imbibées à l'anis étoilé « pour cubes de bœuf » (***), sushis en bonbons de purée de framboises (***) ou pot-au-feu d'agneau cuit rosé, au thé et aux épices (**).

Shiraz d'Arenberg The Footbolt (2008)

MCLAREN VALE, D'ARENBERG, AUSTRALIE

21,95 $ **SAQ S** 10959717 ★★★☆ **$$** **Corsé**

Stupéfiante et percutante shiraz australienne, à la manière du Shiraz The Boxer 2010 Mollydooker (voir commentaire dans

Two Left Feet Mollydooker 2010). Donc, une syrah superlative, complexe et complète, au fruité extraverti et mûr, à la bouche pulpeuse et crémeuse, non sans fraîcheur et prise tannique, au corps enveloppant et aux saveurs pénétrantes, rappelant la crème de cassis, la mûre, la violette et la fumée. Il faut savoir que la signature d'Arenberg en est une de très grande qualité, pour un excellent rapport qualité-prix à tout coup, et ce, bon an mal an. Et pour demeurer sur le même ton, ne manquez pas la tout aussi puissante et raffinée cuvée **Shiraz-Viognier The Laughing Magpie (29,90$; 10250855)**, de la même maison. On monte une marche et on y trouve une fraîcheur unique sous ce fruité solaire et superlatif. **Cépage:** shiraz. **Alc./**14,5%. **darenberg.com.au**

Servir dans les huit années suivant le millésime, à 17 °C

Brochettes de bambou imbibées au thym «pour grillades d'agneau» (***), brochettes de kefta d'agneau à l'olive noire et poivre (***), sauce BBQ pour côtes levées (***) ou herbes salées «du bas de la ville» en mode anisé (***) pour grillades d'agneau.

Syrah Montes Alpha (2009) — J'aime

VALLE DE COLCHAGUA, MONTES ALPHA, CHILI

21,95$ **SAQ S** 10692872 ★★★?☆ **$$** **Corsé**

Aurelio Montes, l'une des grandes figures de la viticulture moderne chilienne, a réussi, depuis la fin des années quatre-vingt-dix, à positionner ses vins blancs et rouges parmi l'élite sud-américaine. Ce que cette syrah confirme millésime après millésime, comme avec ce 2009. Forte coloration. Nez explosif, sans être trop puissant, exhalant de riches parfums de lys, de cassis, de poivre et d'eucalyptus. Bouche à la fois pleine et élégante, généreuse et fraîche, aux tanins soyeux, tout en étant présents, à l'acidité juste dosée, sans trop, et aux saveurs percutantes et persistantes. Un petit côté rhodanien, tout en étant bien chilien. Top niveau! **Cépage:** syrah. **Alc./**14,5%. **monteswines.com**

Servir dans les sept années suivant le millésime, à 17 °C

Bruschettas en mode romarin (***), brochettes de kefta d'agneau au romarin et cardamome (***) ou épices à steak «d'après cuisson» à la noix de coco grillée et au poivre maniguette (***).

Syrah Terre Rouge «Les Côtes de l'Ouest» (2008) — J'aime

CALIFORNIA, DOMAINE DE LA TERRE ROUGE, ÉTATS-UNIS

22,40$ **SAQ S*** 897124 ★★★?☆ **$$** **Corsé**

Depuis la passablement capiteuse, dense et généreuse Syrah 2004, Bill Easton a récidivé, avec une suite de millésimes s'exprimant par une syrah plus fraîche et harmonieuse. Ce à quoi répond aussi celle-ci qui abonde dans le même sens que les trois précédents millésimes. C'est-à-dire un rouge très aromatique et fin, étonnamment frais pour le style, même si la maturité est au rendez-vous – nous sommes en Californie, ne l'oublions pas! –, à la bouche à la fois ample, dense et élancée, marquée par des tanins passablement fermes et serrés, mais sans dureté, au corps plein et presque velouté, sans excès, et aux saveurs toujours aussi persistantes, laissant des traces d'olive noire, de poivre, de café et de fruits rouges presque confits. Réservez-lui des plats marqués par le poivre, l'olive noire, l'agneau, l'ajowan ou le thym, tous des ingrédients sur la même piste aromatique que la syrah. **Cépage:** syrah. **Alc./**14,5%. **terrerougewines.com**

Servir dans les huit années suivant le millésime, à 17°C et oxygéné fortement en carafe 15 minutes

Boulettes de burger au goût de merguez (***), brochettes de kefta d'agneau à l'olive noire et poivre (***), pain pita au thym (***), brochettes d'agneau aux olives noires «sur brochettes imbibées d'une eau parfumée au thym» (***) ou gigot d'agneau à l'ajowan.

Tête-à-Tête (2008) J'aime

SIERRA FOOTHILLS, DOMAINE DE LA TERRE ROUGE, ÉTATS-UNIS

22,70$	**SAQ S** 10745989	★★★ **$$**	**Corsé**

Si vous ne connaissez pas déjà ce très bel assemblage de type rhodanien, à la mode californienne, mais avec un accent du Midi, il est grand temps de vous étirer le bras pour en ramasser un flacon lors de votre prochain flânage à la SAQ! Il faut dire que Bill Easton a une touche «à la française» dans son approche viticole et vinicole, tout en conservant ses origines de la côte Ouest. Il en résulte un Tête-à-Tête très aromatique et d'un certaine richesse, marqué par des tonalités de garrigue, ainsi que de torréfaction, de prune et d'épices, à la bouche à la fois généreuse et ramassée, pleine et presque sphérique, aux tanins réglissés et juste fermes, sans trop, aux saveurs d'une bonne allonge. Du plaisir, rien que du plaisir, disons façon côtes-du-rhône-villages. Fait sensation avec ses aliments complémentaires que sont l'agneau, le porc, le gingembre, le clou de girofle, le quatre-épices, le rhum brun, la noix de coco, le thym et la bière brune. **Cépages:** 56% syrah, 28% mourvèdre, 16% grenache. **Alc./**14,5%. **terrerougewines.com**

Servir dans les sept années suivant le millésime, à 17°C et oxygéné en carafe 5 minutes

Rôti de palette «comme un chili de Cincinnati» (***), burgers d'agneau (***), *pulled pork* à la noix de coco et au Spiced Rhum El Dorado (***), ragoût de bœuf à la bière brune, carré de porc aux tomates séchées et thym ou sauté de bœuf au gingembre.

d'Arry's Original «Shiraz-Grenache» (2008) J'aime

MCLAREN VALE, D'ARENBERG, AUSTRALIE

22,90$	**SAQ S*** 10346371	★★★?☆ **$$**	**Corsé**

Comme à son habitude, ce d'Arrys Original déborde de fruits presque confits, avec de l'éclat et de la maturité, pour ne pas dire de la surmaturité, de l'ampleur, de la chair, des tanins veloutés, un corps plein et charnu, des tanins détendus et des saveurs longues. Crème de framboise, cerise noire à l'eau-de-vie, café, fumée et cacao donnent le ton. Belle façon de célébrer le 66e millésime consécutif de cette cuvée que ce plus que jamais gourmand 2008, coup de cœur des récentes éditions de *La Sélection Chartier*, avec les millésimes 2007, 2006, 2005 et 2002. «Les yeux fermés», vous dites! **Cépages:** 50% grenache, 50% shiraz. **Alc./**14,5%. **darenberg.com.au**

Servir dans les sept années suivant le millésime, à 17°C

Pop-corn « au goût de bacon et cacao » (***), sushis_Mc² « pour amateur de vin rouge » (voir recette sur **papillesetmolecules.com**), marinade pour le bœuf au miso (***), purée_Mc² pour amateur de vin au céleri-rave et clou de girofle (voir recette sur **papillesetmolecules.com**), carré de porc glacé aux fraises, poivre du Sichuan, galanga et miel (**) ou filets de bœuf à la fourme d'Ambert et au romarin (*).

Clos de los Siete (2009) J'aime

MENDOZA, MICHEL ROLLAND, ARGENTINE

23,40$ **SAQ C** 10394664 ★★★☆ **$$** **Corsé+**

Cette vedette incontestée argentine, saluée à multiples reprises dans les éditions de *La Sélection*, s'est vue aussi décerner le « top 10 » du « top 100 Chartier » de *La Sélection 2011*. Il faut savoir que le Clos de los Siete est le plus important, en volume, des « vins de garage » de ce monde. Il résulte d'un projet de sept vignerons français (*los siete* : les sept), mis en marche il y a quelques années par Michel Rolland et son grand copain, le défunt Jean-Michel Arcaute (Château Clinet à Pomerol). Les vins de ce gigantesque domaine de 850 hectares, situé au cœur de la vallée du Tupungato, mais vinifié parcelle par parcelle – façon « vin de garage » –, se démarquent des autres crus des Andes sur la scène internationale. Il présente un cru d'une régularité bon an mal an sans égale. Donc, une nouvelle vendange tout aussi dense, virile et sphérique que les précédentes. Le nez est toujours aussi percutant, profond et complexe (cèdre, tabac, prune, mûre, café). La bouche est à nouveau marquée par de solides tanins, mais enveloppés par une gangue d'une grande épaisseur veloutée. Du coffre, de la profondeur et du tonus, à prix plus que doux, étant donné son niveau – il pourrait aisément être vendu dans la tranche des trente dollars, mais ne le disons pas trop fort... Réservez-lui des mets dominés par les aliments complémentaires à la prune, l'une de ses signatures aromatiques, comme, entre autres, la cannelle, l'anis étoilé, le poivre, le gingembre, le basilic thaï, le thé, la mozzarella cuite et le clou de girofle, sans oublier le café, la betterave rouge et les asperges vertes rôties, tous trois aussi sur la piste aromatique des vins élevés dans le chêne comme ce dernier. **Cépages :** 57 % malbec, 15 % merlot, 10 % syrah, 15 % cabernet sauvignon, 3 % petit verdot. **Alc./**14,5 %.

Servir dans les huit années suivant le millésime, à 17 °C et oxygéné en carafe 30 minutes

Légumes d'automne rôtis au four pour vins boisés (***), sauté de betteraves rouges à l'émulsion « Mister Maillard » (voir « Mister Maillard » sur **papillesetmolecules.com**), brochettes de bœuf au café noir (voir Filets de bœuf au café noir) (*), asperges vertes rôties au four à l'huile d'olive, « purée_Mc² » pour amateur de vin au céleri-rave et clou de girofle (voir recette sur **papillesetmolecules.com**) ou sauté de bœuf au gingembre et betteraves rouges sautées à la poêle à l'émulsion « Mister Maillard » (voir « Mister Maillard » sur **papillesetmolecules.com**).

Shiraz Piping Shrike (2008) J'aime

BAROSSA, K. CIMICKY & SON WINEMAKERS, AUSTRALIE

23,80$ **SAQ S** 10960671 ★★★☆ **$$** **Corsé**

Coup de cœur après coup de cœur, et ce, depuis quatre millésimes, cette shiraz australienne confirme plus que jamais son rang de nouvelle étoile. Elle se montre en 2008 toujours aussi colorée, puissamment aromatique et concentrée, à la manière d'un jeune porto *late bottled vintage*, mais non sans fraîcheur. La bouche suit avec un velouté de texture unique, une réelle souplesse des tanins et une acidité discrète à souhait, laissant toute la place à un moelleux charnel. Crème de cassis et de mûres, violette, cacao et vanille donnent le ton. Difficile de trouver mieux à ce prix en matière de shiraz du *Down Under*. Il faut dire qu'elle provient de vieilles vignes, non irriguées, âgées de 60 à 100 ans, cultivées dans la sous-région de Lyndoch, reconnue pour la très grande qualité des vins qui en sont issus. Ceci explique cela (mais comme le prix demeure sage... autant en profiter une fois de plus). **Cépage:** shiraz. **Alc./**14%.

Servir dans les huit années suivant le millésime, à 17 °C et oxygéné en carafe 5 minutes

Légumes d'automne rôtis au four pour syrah/shiraz (***), brochettes de kefta d'agneau à l'olive noire et poivre (***) ou côtes levées de porc au thé noir fumé, caramel de miel de sarrasin et sauce soya (***).

Hacienda Araucano Clos de Lolol (2009)

LOLOL VALLEY, BODEGAS J. & F. LURTON, CHILI

23,95$ **SAQ S** 10689868 ★★★?☆ **$$** **Corsé**

Cet assemblage chilien se montre comme à son habitude très aromatique, on ne peut plus chilien, exultant des notes subtiles de fraise, de poivre, de feuille de cassis et d'eucalyptus, à la bouche dense, à la fois ample et compacte, fraîche et tannique, aux tanins tissés serrés, à l'européenne, d'une belle précision et d'un corps assez relevé, mais sans être ni trop mûr ni trop lourd. Située en bordure de mer, la vallée de Lolol jouit d'un climat océanique, aux variations thermiques jour/nuit très importantes. François Lurton y cultive la carmenère – qui représente aujourd'hui plus ou moins 7% des plantations du pays –, afin d'obtenir de très petits rendements (25 hl/ha) et de tester ce que ce cépage a dans le ventre. Enfin, de la même hacienda, découvrez l'excellent, concentré, texturé et prenant **Cabernet Sauvignon Gran Araucano 2009 (26,95$; 10466200)**, meilleur que jamais, méritant trois étoiles et demie. **Cépages:** carmenère, cabernet sauvignon, syrah, cabernet franc. **Alc./**14,5%.

Servir dans les sept années suivant le millésime, à 17 °C et oxygéné en carafe 15 minutes

Carré d'agneau en croûte de menthe fraîche aux parfums balsamiques, filets de bœuf grillés et coulis de poivrons verts (*) ou côtes de veau et purée de pois à la menthe (*).

Pinot Noir Devil's Corner (2010)

J'aime

TASMANIA, TAMAR RIDGE ESTATES, AUSTRALIE

24,55$ **SAQ S** 10947741 ★★★ **$$** **Modéré+**

Amateurs de bourgogne, comme je vous le dis depuis plusieurs millésimes, voilà une cuvée australienne au profil plus que bourguignon, sans compter sa très grande régularité d'un millésime sur l'autre, faisant d'elle un achat à effectuer pratiquement «les yeux fermés», peu importe le millésime. Pour preuve, ce quatrième millésime consécutif (tous commentés dans les précédentes *Sélection*) réussi avec maestria. Il en résulte un pinot plus complet et plus expressif que jamais, «pinotant» à fond, aromatique à souhait, marqué par des notes zestées de violette, de framboise et de cerise à l'eau-de-vie, à la bouche tout aussi élégante, épurée de tout artifice et au fruité débordant, mais toujours aussi frais et aérien comme le sont trop rarement les pinots australiens, mais non sans texture et velouté. Difficile de trouver plus digeste et sapide, à boire jusqu'à plus soif, mais avec intelligence, chez les pinots de ce prix. Cuisinez-lui des plats dominés par la cerise, l'endive, la cannelle, le girofle, la fraise, la tomate séchée, le gingembre, la framboise, l'algue nori, la betterave rouge et le bœuf, tous sur le même mode aromatique que lui. **Cépage:** pinot noir. **Alc./**13,5%. **tamarridge.com.au**

Servir dans les six années suivant le millésime, à 17 °C

Ketchup de betteraves rouges (***), pâtes au «pesto de tomates séchées» (***), sauté de bœuf au gingembre et betteraves rouges sautées à la poêle à l'émulsion «Mister Maillard» (voir recette d'émulsion «Mister Maillard» sur **papillesetmolecules.com**), endives braisées aux cerises et au kirsch (***), filets de porc grillés servis avec «chutney d'ananas au curcuma, gingembre et vinaigre de xérès» (**) ou salade de framboises à l'eau de rose et julienne d'algue nori (voir recette sur **papillesetmolecules.com**).

Cabernet-Merlot Te Awa (2009) — J'aime

HAWKES BAY, TE AWA WINERY, NOUVELLE-ZÉLANDE

24,75 $ | **SAQ S** 10382882 | ★★★☆ **$$** | **Corsé**

Depuis le millésime 2004, cet assemblage a représenté coup sur coup un excellent achat pour tout amateur de rouge au profil bordelais. Et ce 2009 n'y fait pas exception – comme les prochains millésimes assurément. Vous y retrouverez un vin passablement coloré, au nez assez profond et racé pour son rang, à la fois complexe, riche et expressif, au boisé subtil, et doté de tonalités de prune, de suie, de graphite et de torréfaction. La bouche suit avec une fraîcheur néo-zélandaise, pour ne pas dire bordelaise, une bonne densité, sans trop, compacte et ramassée, sans esbroufe, presque généreuse et aux saveurs d'une bonne allonge. Toujours aussi médocain d'approche, c'est-à-dire aux tonalités de mine de crayon, de fruits noirs et de café. Du sérieux, terminant dans une finale ferme et distinguée, offert à un prix défiant toute compétition, spécialement si on le compare aux bordeaux vendus entre vingt et quarante dollars. **Cépages:** 44% cabernet sauvignon, 40% merlot, 14% cabernet franc, 2% malbec. **Alc./**13,5%. **teawa.com**

Servir dans les neuf années suivant le millésime, à 17 °C et oxygéné en carafe 15 minutes

Croûtons de brioche, bœuf grillé mariné au poivre long et purée de poivrons rouges rôtis au sésame grillé (voir recette sur **papillesetmolecules.com**), viande grillée avec «épices à steak réinventées pour donner de la longueur aux vins» (***) ou filets de bœuf et coulis de poivrons verts (*).

Syrah Qupé (2009) J'aime

CENTRAL COAST, ROBERT N. LINQUIST, ÉTATS-UNIS

24,75 $ **SAQ S** 866335 ★★★?☆ **$$** **Modéré+**

Troisième millésime consécutif à se voir attribuer un « J'AIME ! », coup de cœur bien senti, faisant de cette syrah l'une des valeurs sûres de la côte ouest, et ce, bon an mal an. Dégustée à quelques reprises depuis juillet 2011, dont une dernière fois en août 2012, cette cuvée 2009 se montre d'une régularité sans faille d'une bouteille à l'autre. Sans compter qu'elle s'exclame plus que jamais sous un profil rhodanien, donc européen plus que Nouveau Monde. Couleur profonde. Nez passablement riche, spécialement après un bon coup de carafe d'une trentaine de minutes, et très frais, sans esbroufe. Bouche tout aussi ramassée et longiligne, mais avec ampleur et moelleux, éclat et persistance. Les tanins sont ciselés avec maestria, l'acidité fraîche et le corps presque détendu, égrainant des saveurs de prune, de violette, de framboise et d'épices douces. Pour plus d'information sur ce domaine, n'hésitez pas à relire ou à lire mon commentaire détaillé dans l'édition 2011 de *La Sélection Chartier*. **Cépages :** 98 % syrah, 2 % grenache. **Alc./**13,5 %. **qupe.com**

Servir dans les huit années suivant le millésime, à 17 °C

Brochettes de bambou imbibées à l'anis étoilé « pour cubes de bœuf » (***), brochettes d'agneau aux olives noires « sur brochettes imbibées d'une eau parfumée au thym » (***) ou sushis_Mc² « pour amateur de vin rouge » (voir sur **papillesetmolecules.com**).

Pinot Noir Reserve Mission Hill (2010)

OKANAGAN VALLEY VQA, MISSION HILL WINERY, CANADA

25,30 $ **SAQ S** 11092027 ★★★?☆ **$$** **Corsé**

Cette excellente maison de la côte ouest, dont l'ensemble de la gamme en rouges comme en blancs et en vins de glace est à ranger parmi l'élite de cette province, présente bon an mal an un plus que réussi pinot noir, sans surmaturité ni boisé dominant, au fruité concentré, d'une étonnante richesse pour un cru canadien, à la bouche passablement pleine, aux tanins présents, mais avec du grain, à l'acidité fraîche et aux saveurs expressives et longues, rappelant la mûre, le girofle, la cannelle, la réglisse et la torréfaction. **Cépage :** pinot noir. **Alc./**13,5 %. **missionhillwinery.com**

Servir dans les six années suivant le millésime, à 17 °C et oxygéné en carafe 30 minutes

Pizza au pesto de tomates séchées et à l'*outside cut* de bœuf grillé (***), Filet de saumon grillé et pesto de tomates séchées (***) ou flanc de porc « façon bacon » fumé au bois de pommier, mélasse, sauce soya, rhum et clou de girofle (**).

Merlot Coppola « Diamond Collection Blue Label » (2010)

CALIFORNIA, FRANCIS COPPOLA, ÉTATS-UNIS

25,75 $** **SAQ S**☆ 541888 ★★★ **$$ **Modéré+**

J'aime la fraîcheur presque européenne de ce merlot de Coppola, qui, depuis quelques millésimes déjà, abonde dans ce sens, ce qui lui a valu à quelques reprises un coup de cœur dans les précédentes *Sélection Chartier*. C'est d'ailleurs le moins «facile» et le moins «commercial» de tous les vins de cette gamme signée par le grand cinéaste. Quoi qu'il en soit, le nez est à nouveau pur et précis, sur les fruits rouges, sans boisé apparent, suivi d'une bouche à la fois soutenue et coulante, ample et texturée, fraîche et engageante, aux tanins extrafins et aux saveurs longues. Du sérieux, qui mérite le détour bon an mal an. Enfin, faites-vous un programme double (elle était facile!) avec le réussi, confit, épicé et dodu **Syrah-Shiraz Green Label Coppola (23,75$; 10355526)**. **Cépages:** 92% merlot, 6% petite sirah, 2% syrah. **Alc./**13,5%. **franciscoppolawinery.com**

Servir dans les cinq années suivant le millésime, à 17°C et oxygéné en carafe 15 minutes

Saumon grillé beurré de pesto de tomates séchées, veau marengo (de longue cuisson) et pâtes aux œufs ou carré de porc et jus au café expresso (voir Carré d'agneau et jus au café expresso) (*).

Pinot Noir A to Z (2010)

OREGON, A TO Z WINEWORKS, ÉTATS-UNIS

25,95$	**SAQ S** 11334073	★★★	**$$**	**Modéré+**

Tout comme le Chardonnay A to Z et le Pinot Gris A to Z (aussi commentés), ce nouveau millésime de ce pinot noir de l'Oregon, dégusté en primeur, en août 2012, d'un échantillon du domaine, se montre dans la lignée des deux précédents millésimes, c'est-à-dire réussi avec brio. Vous y dénicherez un rouge passablement aromatique, au fruité mûr, aux tanins chauds, dans le sens enrobés et gras, au corps ample et généreux et aux saveurs persistantes, égrainant des tonalités de cerise à l'eau-de-vie, de tomate séchée, de cannelle. Plus volumineux qu'en 2008 et 2009, mais toujours aussi digeste et invitant. C'est le temps de cuisiner, entre autres, les recettes autour de la tomate séchée et du clou de girofle. **Cépage:** pinot noir. **Alc./**13%. **atozwineworks.com**

Servir dans les cinq années suivant le millésime, à 17°C

Pâte à pizza au clou de girofle pour «amateur de vin rouge» (***), pâté chinois revu et magnifié «pour vin rouge» (***), pesto de tomates séchées (***) pour pâtes ou pizza au pesto de tomates séchées et à l'*outside cut* de bœuf grillé (***).

Sideral (2007)

J'aime

VALLE DEL RAPEL, VIÑA ALTAÏR, CHILI

26,70$	**SAQ S** 10692830	★★★☆	**$$**	**Corsé+**

Ce rouge chilien est né de l'association du Château Dassault, de Saint-Émilion, et de la grande *bodega* chilienne Viña San Pedro, et élaboré sous les conseils de l'œnologue bordelais Pascal Chatonnet, propriétaire du laboratoire Excell, ainsi que des Châteaux Haut-Chaigneau et La Sergue, situés à Lalande-de-Pomerol. Tout comme le 2003 et le 2006, commentés en primeur dans les précédentes *Sélection Chartier*, il étonne par sa grande expression aromatique, on ne peut plus chilienne. Son fruité est à la fois mûr, concentré et très frais, rappelant le poivre, l'eucalyptus, la feuille de cassis, la fumée et le café. Son corps est toujours aussi dense et enveloppant, ses tanins fermes, mais aussi presque gras, sa fraîcheur le tend vers le futur, et ses saveurs sont percutantes, d'une grande allonge, sans oublier son harmonie d'ensemble, malgré sa richesse solaire. Du sérieux. **Cépages:** 85 % cabernet sauvignon, 15 % carmenère. **Alc./**14,8 %. **altairwines.com**

Servir dans les neuf années suivant le millésime, à 17 °C

Pâte concentrée de poivrons verts et menthe (voir sur **papilles etmolecules.com**) en accompagnement de foie de veau, sandwich de canard confit et nigelle (voir sur **papillesetmolecules.com**) ou gigot d'agneau, cuisson lente, au romarin, casserole de panais à la cardamome (**).

Clarry's Kalleske (2010) J'aime

BAROSSA, KALLESKE WINES, AUSTRALIE

26,85 $	SAQ S 11513178	★★★☆ $$$	Corsé	Bio

Élaborée à partir de raisins de culture organique, cette cuvée australienne s'exprime comme à son habitude par un nez au fruité explosif, d'une belle définition, mûr à point, presque confit, rappelant la crème de cassis et la fraise chaude, au boisé on ne peut plus australien, sans être dominant, ainsi que par une bouche à la fois très fraîche et ample, longiligne et compacte, aux tanins extrafins pour le style, et aux saveurs pures et précises. Une belle matière qui se laisse déjà boire, mais qui, comme par les millésimes passés, saura évoluer en beauté. **Cépages:** 65 % grenache, 35 % shiraz. **Alc./**14,5 %. **kalleske.com**

Servir dans les sept années suivant le millésime, à 16 °C et oxygéné en carafe 15 minutes

« Purée_Mc^2 » pour amateur de vin au céleri-rave et clou de girofle (voir recette sur **papillesetmolecules.com**), hachis Parmentier de palette comme un chili, purée de rutabaga (***) ou magret de canard rôti, graines de sésame et cinq-épices, navets confits au clou de girofle (**).

Pinot Noir Eola Hills Reserve « La Creole » (2009) J'aime

OREGON, EOLA HILLS WINE CELLARS, ÉTATS-UNIS

27,65 $	SAQ S 10947783	★★★☆ $$	Modéré+

Après une suite d'excellents millésimes tous réussis, dont l'expressif et débordant 2008, qui était encore disponible au moment d'écrire ces lignes, cette cuvée se montre une fois de plus à la hauteur des attentes avec la vendange 2009, dégustée en primeur en août 2012. Le nez est encore plus expressif qu'en 2008, si c'est possible (!), toujours aussi riche et détaillé, tandis que la bouche se montre plus débordante de saveurs que jamais, mûres à point, aux tanins gras, au corps plein, presque dense et d'un bon volume, sans trop, à l'acidité discrète, mais juste dosée, et aux saveurs mûres qui ont de l'éclat et de l'allonge (fraise, grenadine, cassis, violette). Très gourmand et festif, comme à son habitude, devenant l'un de mes favoris d'Oregon chez mes vins « à acheter bon an mal an les yeux fermés ». Enfin, découvrez aussi la charmante, florale et coulante cuvée de base **Pinot Noir Eola Hills 2010 (24,85 $; 10947759)**. **Cépage:** pinot noir. **Alc./**13,4 %. **eolahillswinery.com**

Servir dans les sept années suivant le millésime, à 17 °C

Endives braisées aux cerises et au kirsch (***), filets de porc à la cannelle et aux canneberges, filet de saumon grillé au quatre-épices chinois, pâté chinois revu et magnifié «pour vin rouge» (***) ou pâtes aux tomates séchées «umami» (***).

Shiraz-Grenache-Mourvèdre Turkey Flat «Butchers Block» (2009) J'aime

BAROSSA, P. & C. SCHULZ, AUSTRALIE

27,95 $ **SAQ S** 10968171 ★★★☆ **$$$** **Corsé**

Ce délicieux assemblage GSM se montre toujours d'une étonnante complexité aromatique, au charme immédiat, à l'élégance rarissime dans ce genre de trio australien, mais, dans ce millésime, comme c'était le cas en 2008, débordant de fruits ultra-mûrs, rappelant presque le très jeune porto vintage! Les saveurs sont plus confites et moins épicées que chez le 2006, commenté dans la précédente *Sélection*. Donc, un rouge pulpeux, généreux et sphérique, qui en met plein les papilles, mais sans lourdeur, aux tanins complètement enveloppés par cette masse de générosité solaire. Charnel, aromatique et complexe (violette, lavande, olive noire, fruits noirs). Ce qui étonne, c'est qu'il se montre vaporeux, tout en étant concentré. Bravo! **Cépages:** shiraz, grenache, mourvèdre. **Alc./**14,5%. **turkeyflat.com.au**

Servir dans les sept années suivant le millésime, à 18 °C

Viande grillée avec «épices à steak d'après cuisson au thé noir fumé et à la vanille» (***), frites au four assaisonnées à l'estragon «pour amateur de vin rouge» (***) ou rôti de palette «comme un chili de Cincinnati» (***),

Pinot Noir De Loach (2010)

RUSSIAN RIVER VALLEY, DE LOACH VINEYARDS, ÉTATS-UNIS

28,95 $ **SAQ S** 11380715 ★★★?☆ **$$$** **Modéré+**

Ce domaine de la Russian River Valley, haut lieu du pinot noir californien, nous a habitués à un pinot plus qu'aromatique, au nez engageant et charmant, aux tonalités complexes et généreuses de pivoine et de girofle, ainsi que de cerise à l'eau-de-vie et de confiture de fraises, à la bouche aux tanins fins et coulants, d'une texture ample, presque dense, aux courbes larges, équilibrées par une acidité juste dosée mais discrète, aux saveurs à la fois épicées, fruitées et florales. J'aime, sans me poser de question. **Cépage:** pinot noir. **Alc./**14,5%. **deloachvineyards.com**

Servir dans les six années suivant le millésime, à 17 °C

Endives braisées aux cerises et au kirsch (***), farfalles aux champignons séchés, petits pois et épinards (***) ou épices à steak «d'après cuisson» à la noix de coco grillée et au poivre maniguette (***).

Pinot Noir Tamar Ridge «Kayena Vineyard» (2009) J'aime

TASMANIA, TAMAR RIDGE ESTATES, AUSTRALIE

28,95 $ **SAQ S** **10947732** ★★★?☆ **$$$** **Modéré+**

Souligné dans *La Sélection*, millésime après millésime depuis le 2005, ce plus qu'invitant et charmeur pinot austral, à nouveau réussi avec brio, se positionne dans ma liste des pinots australs à «acheter bon an mal an les yeux fermés». Comme à son habitude, il exhale de riches et rafraîchissants parfums de pivoine, de girofle et de cerise noire, à la bouche charnue, ample et texturée, ainsi que ronde et veloutée, tout en demeurant fraîche et soutenue, aux longues saveurs fruitées et un brin boisées (noix de coco). Un régal, qui en surprendra plus d'un si vous le servez sur notre recette de saumon fumé «au BBQ» éteint, parfumé à l'érable (***). Pourquoi? Parce que l'érable et ses ingrédients complémentaires sont sur la même tonalité aromatique que les pinots australs élevés dans le chêne. **Cépage:** pinot noir. **Alc./**13 %. **tamarridge.com.au**

Servir dans les sept années suivant le millésime, à 17 °C

Saumon fumé_Mc^2 «au BBQ éteint» (***), viande grillée et «marinade pour le bœuf à l'érable» (***), ketchup de betteraves rouges (***), filet de saumon grillé et pesto de tomates séchées (***), steak de saumon au café noir et au cinq-épices chinois (*) ou cailles sautées à la poêle et riz sauvage aux champignons (*).

The Galvo Garage d'Arenberg (2008)

MCLAREN VALE, D'ARENBERG, AUSTRALIE

29,20 $	**SAQ S**	11155876	★★★☆	**$$**$	**Corsé+**

Cet excellent 2008, qui fait suite au tout aussi réussi 2007 (qui était encore disponible au moment d'écrire ces lignes), et qui, lui, faisait suite au tout aussi percutant et concentré 2006, de l'une des maisons de référence en matière d'excellents rapports qualité-prix, offre à nouveau à boire et à manger avec cet assemblage à la bordelaise. Forte coloration, fruité exubérant et très mûr, au boisé certes présent sans être dominant, laissant échapper des notes concentrées de chanvre, de fruits noirs et d'encre de Chine, à la bouche à la fois amplement texturée et ramassée, aux tanins qui, comme toujours pour cette cuvée, ont un grain très serré, mais aussi une grande maturité, à l'acidité juste fraîche, aux saveurs égrainant de persistantes notes de cassis, de violette et de fumée. Vous aimez ce style? Goûtez aussi au très réussi, abordable, juteux et presque coulant **The High Trellis Cabernet Sauvignon 2008 (21,95 $; 10968146)**. **Cépages:** cabernet sauvignon, merlot, petit verdot, cabernet franc. **Alc./**14,5 %. **darenberg.com.au**

Servir dans les dix années suivant le millésime, à 17 °C et oxygéné en carafe 15 minutes

Asperges vertes rôties, enrobées de chocolat noir infusé au thé fumé Zheng Shan Xiao Zhong, fleur de sel au café (**) ou filet de bœuf de la Ferme Eumatimi, sauce *mole* mexicaine à la noix de coco et au cinq-épices (**).

The Maître «D» Mollydooker (2010) J'aime

SOUTH AUSTRALIA, SARAH & SPARKY MARQUIS, MOLLY DOOKER WINES, AUSTRALIE

29,95 $	**SAQ S**	11751109	★★★☆	**$$**$	**Corsé**

Ayant besoin d'un gros coup de carafe, d'une trentaine de minutes pour se révéler, et ce, après lui avoir fait subir le «Mollydooker Shaker» (voir la vidéo sur mollydookerwines.com).

Quoi qu'il soit, en bouche, il s'exprime avec éclat, générosité, fraîcheur et persistance, comme tous les crus de ce domaine hors-norme. Les tanins sont gras, l'acidité naturelle juste dosée, sans trop, le volume large, mais avec retenue, si retenue existe ici..., le fruité pur et frais, laissant de longues traces de cassis, de bleuet et de violette. L'élevage en barriques de chêne, maîtrisé avec brio, dont 55 % étaient neuves, a été effectué avec 80 % de chêne américain et 20 % français. Retenez bien ce nom : Mollydooker. Il était temps que les vins d'un couple allumé et éclectique parviennent sur les tablettes du monopole. Pour plus de détails, voir mes commentaires du tout aussi éclatant Two Left Feet. **Cépage:** cabernet sauvignon. **Alc./**15,5 %. **mollydookerwines.com**

Servir dans les six années suivant le millésime, à 17 °C et oxygéné fortement en carafe 30 minutes

Sablés au parmesan et au café (***), quiche de pain perdu aux asperges grillées « pour vins rouges » (***), croûtons de brioche, bœuf grillé mariné au poivre long et purée de poivrons rouges rôtis au sésame grillé (voir recette sur **papillesetmolecules.com**), « purée_Mc^{2} » pour amateur de vin au céleri-rave et clou de girofle (voir recette sur **papillesetmolecules.com**) ou asperges vertes rôties, enrobées de chocolat noir infusé au thé fumé Zheng Shan Xiao Zhong, fleur de sel au café (**).

Two Left Feet Mollydooker (2010) J'aime

SOUTH AUSTRALIA, SARAH & SPARKY MARQUIS, MOLLY DOOKER WINES, AUSTRALIE

29,95 $ **SAQ S** 11747177 ★★★☆ **$$**$ **Corsé**

Retenez bien ce nom : Mollydooker. Il était temps que les vins d'un couple allumé et éclectique parviennent sur les tablettes du monopole. Sparky Marquis a mis au point, entre autres, un ingénieux et très efficace système d'irrigation, qui est en train de révolutionner l'industrie du vin australien, et même mondial – pour plus d'information lire sur le site internet du domaine la section *The Marquis Vineyard Watering Programme*™. Donc, une place plus que méritée dans cette ultime *Sélection* de vins « à acheter les yeux fermés ». Quoi qu'il en soit, il en résulte un assemblage au nez certes un brin torréfié, contrairement aux autres cuvées de ce domaine où le boisé est complètement intégré au fruité des vins. Mais quel fruité et quel éclat ! Bouche presque juteuse, sans être aussi large et détendue que les cuvées **Shiraz Boxer 2010 (29,95 $; 11466130)** – cette dernière The Boxer est tout simplement stupéfiante et percutante (!), mais elle aura probablement disparu des tablettes au moment de la parution de ce guide – et **The Maître « D »**. N'en demeure pas moins très inspiré, texturé et persistant au possible, avec une superbe finale crémeuse et veloutée, comme tous les rouges de ce domaine singulier, aux tanins gras. Cassis, cerise noire et violette donnent le ton avec justesse et précision dans la définition. **Cépages:** 72 % shiraz, 16 % merlot, 12 % cabernet sauvignon. **Alc./**16 %. **mollydookerwines.com**

Servir dans les cinq années suivant le millésime, à 17 °C et oxygéné fortement en carafe 30 minutes

On a rendu le pâté chinois (**), légumes d'automne rôtis au four pour syrah/shiraz (***), lasagne d'agneau sauce tomate à la syrah, pâtes aux olives noires (***), sushis_Mc² «pour amateurs de vin rouge» (voir recette sur **papillesetmolecules.com**) ou épices à steak «d'après cuisson» au thé noir fumé et à la vanille» (***) pour brochettes d'agneau.

Pinot Noir Clos Jordanne Village Reserve (2009)

J'aime

NIAGARA PENINSULA VQA, LE CLOS JORDANNE, CANADA

30,25 $ **SAQ S** 10745487 ★★★☆ **$$**$ **Modéré+** **Bio**

Après un 2008 tout en fruit et en expressivité aromatique, dont quelques flacons étaient toujours disponibles au moment d'écrire ces lignes, Clos Jordanne récidive avec un 2009 toujours aussi percutant, sinon plus (!), qui abonde dans le sens qualitatif établi depuis le premier millésime 2005 (tous commentés dans les précédentes *Sélection*). Un pinot qui «pinote» à fond, à la façon bourguignonne, je dirais même plus à la façon Côte de Beaune. Donc, du fruit à profusion, mais tout en fraîcheur (grenadine, cerise au marasquin, pamplemousse rose, girofle, vanille), de l'ampleur, de la droiture, des tanins extrafins et de la persistance. Un rouge certes boisé, mais pas torréfié ni cacaoté comme le sont trop souvent les pinots du Nouveau Monde. La matière est aussi belle que par les vendanges passées et confirme donc un quatrième coup de cœur consécutif. **Cépage:** pinot noir. **Alc./**12,5 %. **leclosjordanne.com**

Servir dans les sept années suivant le millésime, à 17 °C

Pizza au pesto de tomates séchées et à l'*outside cut* de bœuf grillé (***), sauté de betteraves rouges à l'émulsion «Mister Maillard» (voir «Mister Maillard» sur **papillesetmolecules.com**) ou pétoncles poêlés, couscous de noix du Brésil à l'orange sanguine, lait de coco au gingembre (**).

Pinot Noir Churton (2009)

MARLBOROUGH, CHURTON, NOUVELLE-ZÉLANDE

31,25 $ **SAQ S** 10383447 ★★★☆ **$$** **Corsé**

Quel nez enivrant! Difficile d'être plus aromatiquement pinot noir néo-zélandais, à l'accent bourguignon. De l'éclat, de la maturité, de la complexité, où s'entremêlent des tonalités aromatiques de cerise à l'eau-de-vie, de tomate confite et d'épices douces. La bouche suit avec une grande ampleur, une certaine densité, tout en étant dotée de tanins plutôt détendus, aux saveurs qui ont de la présence et de la persistance. Assurément le plus beau millésime des dernières années pour cette cuvée d'une régularité sans faille qui est au sommet de ma liste d'achats «à effectuer bon an mal an les yeux fermés» chez les pinots de ce pays – d'ailleurs le **Sauvignon Blanc Churton (21,70 $; 10750091)** l'est aussi! **Cépage:** pinot noir. **Alc./**13,5 %. **churton-wines.co.nz**

Servir dans les huit années suivant le millésime, à 17 °C

Pâtes aux tomates séchées «umami» (***), bœuf en salade asiatique (***), brochettes de bœuf grillées sur brochettes de bambou imbibées au clou de girofle (voir Brochettes de bambou imbibées au clou de girofle «pour grillades de viande rouge») (***) ou boudin noir et poivrons rouges confits.

Pinot Noir Rex Hill (2009)

WILLAMETTE VALLEY, REX HILL VINEYARDS, ÉTATS-UNIS

32,25 $ **SAQ S** 10947855 ★★★?☆ **$$$** **Modéré+**

Très beau nez, à la fois frais et mûr, détaillé et subtil, laissant apparaître des tonalités de fumée, de lard, de cerise et de vanille. La bouche, quant à elle, se montre, comme elle l'a fait dans les précédents millésimes, tous réussis avec éclat, aussi élégante, svelte et saisissante de fraîcheur, marquée par des tanins ultrafins et des saveurs très longues et élancées. Les amateurs de pinots bourguignons seront une fois de plus en terrain balisé avec cette cuvée à suivre «les yeux fermés bon an mal an». **Cépage:** pinot noir. **Alc./**13,5 %. **rexhill.com**

Servir dans les sept années suivant le millésime, à 17 °C

Brochettes de bambou imbibées au thé noir fumé (***) pour grillades de cubes de porc, flanc de porc «façon bacon» fumé au bois de pommier, mélasse, sauce soya, rhum et clou de girofle (**) ou «balloune de mozzarelle_Mc²»: à l'air de clou de girofle, éclats de viande de grison et piment d'Espelette (**).

Pinot Noir Akarua (2009)

CENTRAL OTAGO, BANNOCKBURN HEIGHTS WINERY, NOUVELLE-ZÉLANDE

33 $ **SAQ S** 10947960 ★★★☆ **$$**$ **Modéré+**

Une fois de plus, il ne faudrait pas laisser filer cet excellent pinot néo-zélandais qui, en tant que coup de cœur de quelques éditions de *La Sélection Chartier*, mérite plus que jamais le détour. Vous y dénicherez un vin toujours aussi aromatique, raffiné et complexe, aux parfums enjôleurs, jouant dans la sphère du bacon, de la fumée, du cacao, du girofle et de la cerise noire, à la bouche gorgée de saveurs, pleine et fraîche, d'une superbe harmonie d'ensemble, aux tanins soyeux et fondus, et aux saveurs longues et éclatantes. **Cépage:** pinot noir. **Alc./**14 %. **akarua.com**

Servir dans les huit années suivant le millésime, à 17 °C

Pop-corn «au goût de bacon et cacao» (***), «feuilles de vigne farcies_Mc²»: riz sauvage soufflé, bacon de sanglier, sirop de riz brun/café (**), bouchées de bacon et de pruneaux à la sauce soyable_Mc², jambon glacé aux fraises et girofle (**) ou pétoncles poêlés, couscous de noix du Brésil à l'orange sanguine, lait de coco au gingembre (**).

Terre Rouge «Noir» (2008)

SIERRA FOOTHILLS, DOMAINE DE LA TERRE ROUGE, ÉTATS-UNIS

33 $ **SAQ S** 866012 ★★★☆ **$$$** **Corsé**

Un assemblage GSM au nez toujours aussi enchanteur et riche, comme par les millésimes passés, s'exprimant par des notes pures et passablement riches et mûres, sans trop, de prune à l'eau-de-vie, de framboise et de violette, qui se démarque par une bouche à la fois pleine et fraîche, généreuse et sphérique, élégante et texturée, aux tanins fins et enrobés, à l'acidité discrète et aux saveurs très longues. Une fois de plus une sacrée belle bouteille, d'allure presque bourguignonne – disons de millésime chaud (!)–, pour s'amuser à table avec des plats dominés par les ingrédients complémentaires à la prune, comme c'est le cas du girofle, de l'anis étoilé, de la betterave rouge, de la mozzarella cuite, du fromage gruyère âgé, du parmesan âgé et de la viande rouge grillée/rôtie. **Cépages:** 43% grenache, 33% mourvèdre, 24% syrah. **Alc./**14,5%. **terrerougewines.com**

Servir dans les trois années suivant sa mise en marché, à 12 °C

Tartare de bœuf, champignons shiitakes, vinaigrette de betteraves et copeaux de parmesan (***), mozzarella gratinée «comme une pizza», viande des Grisons et piment d'Espelette (***) ou braisé de bœuf à l'anis étoilé «façon À la di Stasio».

Pinot Noir «La Bauge Au-Dessus» (2008)

SANTA MARIA VALLEY, AU BON CLIMAT VINEYARDS, ÉTATS-UNIS

37,25$ **SAQ S** 11726747 ★★★☆ **$$$** **Modéré+**

Comme toujours avec Jim Clendenen, un excellent pinot noir, de l'un des domaines pionniers de ce cépage en sol californien, s'exprimant par un nez subtil et frais, ayant besoin d'un bon gros coup de carafe agitée pour se révéler, aux tonalités de tomate séchée, de rose séchée, de girofle et de cerise noire. En bouche, il se montre plus détendu que jamais, mais aux tanins présents et serrés, bien travaillés par un élevage retenu, au grain extrafin, et marqué par de longues et pénétrantes saveurs de fruits rouges, de vanille et d'épices douces. À boire dès maintenant, tant l'ensemble est nourri et engageant, mais heureusement sans tomber dans la caricature mollasse des vins de soleil. Si vous aimez le style de cette maison, vous serez aussi conquis par le charme aromatique et par la texture soyeuse et dodue de sa cuvée de base **Pinot Noir Santa Barbara County 2009 (27,85$; 11604192)**. **Cépage:** pinot noir. **Alc./**13,5%. **aubonclimat.com**

Servir dans les sept années suivant le millésime, à 17 °C

Viande grillée avec «épices à steak d'après cuisson au thé noir fumé et vanille» (***), pétoncles poêlés, couscous de noix du Brésil à l'orange sanguine, lait de coco au gingembre (**) ou bœuf de la Ferme Eumatimi frotté à la cannelle avant cuisson, compote d'oignons brunis au four et parfumée à la pâte d'anchois salés (**).

Zinfandel Peter Franus «Brandlin Vineyard» (2009)

J'aime

MOUNT VEEDER, PETER FRANUS WINE COMPANY, ÉTATS-UNIS

38,75$ **SAQ S** 897652 ★★★☆ **$$$** **Puissant**

Un «zin» tout aussi capiteux et volumineux que lors de la précédente vendange 2008 (commentée dans La Sélection 2012), qui, elle, était plus puissante que l'excellent millésime 2007. Donc, un beau tour du chapeau pour cette cuvée top niveau élaborée avec des vignes de plus de 85 ans d'âge, issues de l'historique Brandlin Vineyard, l'un des rares vignobles californiens à flanc de montagne, situé à 1200 pieds d'altitude. Robe profonde, nez solaire, riche, percutant et prenant, épicé à souhait (poivre, girofle), au fruité mûre (cassis), sans trop, et débordant, à la bouche pleine, quasi sphérique, avec une belle fermeté juvénile, mais d'une épaisseur veloutée unique, et toujours d'une aussi grande allonge, aux saveurs puissantes et pénétrantes. Complexité, harmonie et profondeur, pour un «zin» à ranger parmi les valeurs sûres, et ce, bon an mal an. **Cépages:** 92% zinfandel, 8% mourvèdre, charbono et carignan. **Alc./**15,5%. **franuswine.com**

Servir dans les dix années suivant le millésime, à 17 °C

Soupe de navets au clou de girofle et cannelle (***), «purée_Mc²» pour amateur de vin au céleri-rave et clou de girofle (voir recette sur **papillesetmolecules.com**), fougasse parfumée au clou de girofle et fromage bleu fondant caramélisé (***) ou rôti de palette au rhum brun, à la cannelle, à la muscade et aux oignons caramélisés (***).

Pinot Noir Amisfield (2008)

CENTRAL OTAGO, AMISFIELD WINE COMPANY, NOUVELLE-ZÉLANDE

41,75$ **SAQ S** 10826084 ★★★☆ **$$$**$ **Corsé**

Il y a déjà quelques millésimes consécutifs que ce cru néo-zélandais, d'un charme incroyable, m'inspire et me porte à lui donner un coup de cœur! Il récidive avec un 2008 tout aussi profond et concentré, mais avec élégance et retenue, plénitude et race. Donc un rouge très aromatique, complexe et passablement riche, exhalant des notes de fruits rouges, de café, de fumée et de violette, à la bouche quasi plus dense que jamais, aux tanins mûrs et enveloppés, presque gras, à l'acidité juste dosée, au corps large et voluptueux et aux saveurs d'une grande allonge. De la matière et de la fraîcheur, dans un ensemble nourri, qui, même s'il se donne déjà, évoluera en beauté. **Cépage:** pinot noir. **Alc./**14%. **amisfield.co.nz**

Servir dans les dix années suivant le millésime, à 17 °C et oxygéné en carafe 15 minutes

Salade de riz sauvage aux champignons (***), hachis Parmentier de rôti de palette comme un chili de Cincinnati (***), filet de saumon grillé sauce au vin rouge (voir Filet de saumon au pinot noir) (*), cailles sautées à la poêle et riz sauvage aux champignons (*) ou filet de porc au café noir (voir Filets de bœuf au café noir) (*).

Osoyoos Larose «Le Grand Vin» (2007)

OKANAGAN VALLEY VQA, OSOYOOS LAROSE, CANADA

44,25$ **SAQ S** 10293169 ★★★☆?☆ **$$$**$ **Corsé**

Septième millésime commercialisé de ce domaine phare du vignoble canadien, résultant en un 2007 plus compact et profond au nez que le 2006 (commenté dans *La Sélection 2012*), à la bouche aussi plus harmonieuse, tout en étant riche, intense et tannique, mais sans la fermeté un brin carrée du 2006. Café, cacao, noisette et prune signent une longue fin de bouche pour un cru canadien de très haut niveau, aussi d'une belle régularité depuis sa création. Il faut savoir que ce rouge est issu d'un domaine phare du vignoble canadien, résultant d'un *joint venture* entre le géant canadien Vincor International et le tout aussi grandiloquent groupe bordelais Taillan (propriétaire, entre autres, des châteaux Ferrière, Haut-Bages-Libéral, Chasse-Spleen, La Gurgue et Gruaud Larose). **Cépages:** 70% merlot, 21% cabernet sauvignon, 2% malbec, 3% petit verdot, 4% cabernet franc. **Alc./**13,5%. **osoyooslarose.com**

Servir dans les dix années suivant le millésime, à 17 °C et oxygéné en carafe 45 minutes

Sablés au parmesan et au café (***), salade de riz sauvage aux champignons (***), filet de bœuf de la Ferme Eumatimi, sauce *mole* mexicaine à la noix de coco et au cinq-épices (**) ou filets de bœuf sauce au cabernet sauvignon.

Stratus Red (2007) — J'aime

NIAGARA PENINSULA VQA, STRATUS WINES, CANADA

45,50 $ — **SAQ S** 11574430 — ★★★☆?☆ **$$$**$ — **Corsé**

Un assemblage canadien, dominé par les deux cabernets, provenant d'un excellent millésime, au nez ultra-raffiné, certes retenu, mais pur et non boisé, à la bouche tout aussi élégante, ample et veloutée, marquée par des tanins soyeux, au grain serré, et des saveurs très longues, rappelant la cerise noire, la prune et le café. Toucher de bouche comme je les aime, et pas d'esclandre aromatique inutile. Grâce et distinction. Bravo ! Un domaine à suivre « les yeux fermés », tant pour ses rouges que pour ses blancs et ses vins de glace. **Cépages :** cabernet sauvignon, cabernet franc. **Alc./**13,5 %. **stratuswines.com**

Servir dans les dix années suivant le millésime, à 17 °C et oxygéné en carafe 30 minutes

Filets de bœuf au café noir (*) ou jarret d'agneau confit et lentilles du Puy au jus d'agneau parfumé à l'anis étoilé.

Le Cigare Volant (2007) — J'aime

CENTRAL COAST, BONNY DOON VINEYARD, ÉTATS-UNIS

48,75 $ — **SAQ S** 10253386 — ★★★☆?☆ **$$$**$ — **Corsé** — **Bio**

Le Cigare Volant « cuvée de base », mythique rouge rhodanien s'il en est un, maintenant élaboré en plusieurs cuvées différentes (Reserve, En Foudre, En Demi-Muid et celle-ci), se montre plus que jamais ultra-raffinée. Au fil des millésimes, ce cru, toujours au sommet de sa forme, a gagné en définition et en élégance, pour atteindre avec ce 2007 un degré de raffinement unique pour cet assemblage rhodanien. Le nez est ultra-fin, surtout après une bonne oxygénation en carafe, laissant échapper des tonalités de violette, de pivoine, de fruits rouges et d'épices douces, sans boisé dominant. La bouche suit avec ampleur et fraîcheur, volume et texture détendue, aux tanins gracieux et aux saveurs persistantes, laissant des traces de fumée, d'épices et de lardon. Pour connaître la savoureuse petite histoire du nom de ce vin, si ce n'est déjà fait, visitez le percutant site Internet de ce domaine référence. **Cépages :** 60 % grenache, 32 % syrah, 4 % syrah, 4 % mourvèdre. **Alc./**14,5 %. **bonnydoonvineyards.com**

Servir dans les douze années suivant le millésime, à 17 °C et oxygéné en carafe 30 minutes

Sablés au parmesan et au café (***), sushis_Mc² « pour amateur de vin rouge » (voir recette sur **papillesetmolecules.com**), lapin au vin rouge « sans vin rouge » (***), mozzarella gratinée « comme une pizza » et sel au clou de girofle (***), daube de bœuf au vin et à l'orange, canard rôti et badigeonné au scotch *single malt* « tourbé » ou lièvre (ou lapin) à l'aigre-doux (*).

Napanook (2009) **J'aime**

NAPA VALLEY, DOMINUS ESTATE, ÉTATS-UNIS

58,50$ **SAQ S** 11650439 ★★★☆?☆ **$$$**$ **Corsé**

Si vous avez lu les dix dernières éditions de *La Sélection*, où les dix derniers millésimes de cette cuvée ont été commentés, vous savez maintenant que j'ai un faible pour le Napanook de Christian Moueix. Millésime après millésime, il représente l'une des valeurs sûres de Napa. Et une fois de plus, ce 2009, dégusté en primeur en août 2012, d'un échantillon du domaine, m'interpelle et me fascine par sa justesse d'à-propos, sa fraîcheur, son harmonie d'ensemble et sa retenue européenne. Le nez floral à souhait, sans aucun boisé apparent, envoûte. Les tanins sont d'une grande noblesse de texture, comme d'habitude, et presque gommés, l'acidité discrète, mais juste dosée, le corps d'une prenante plénitude, au velouté intense et généreux, et les saveurs prenantes et éclatantes perdurent longuement, laissant des traces de bleuet, de mûre, de café et de cacao. Je vous le «re-redis», ce cru est bon an mal an l'un des meilleurs rapports qualité-prix en matière de grandes pointures californiennes. **Cépages:** 93% cabernet sauvignon, 6% petit verdot, 1% cabernet franc. **Alc./**14,5%. **dominusestate.com**

Servir dans les dix années suivant le millésime, à 17°C et oxygéné en carafe 45 minutes

Cailles sautées à la poêle et riz sauvage aux champignons (*) ou asperges vertes rôties, enrobées de chocolat noir infusé au thé fumé Zheng Shan Xiao Zhong, fleur de sel au café (**).

Cabernet Sauvignon Château Montelena (2009) **J'aime**

NAPA VALLEY, CHÂTEAU MONTELENA WINERY, ÉTATS-UNIS

59$ **SAQ S** 897454 ★★★☆?☆ **$$$**$ **Corsé**

J'ai toujours apprécié la fraîcheur, l'élan et le raffinement de ce cabernet hors-norme sous le soleil californien, qui résulte habituellement en des «cab» plus musclés et plus mûrs. Aussi, jamais aucun boisé apparent, donc, un style plus vieille Europe que Nouveau Monde. Après un bon coup de carafe, fruits rouges, prune et violette s'expriment avec éclat, tandis que les tanins se montrent serrés et fins, le corps svelte, pour le style, et les saveurs d'une grande allonge. Du sur-mesure pour les inconditionnels de bordeaux... Et comme cette historique *winery* se passe de présentation, vous avez compris le pourquoi de sa présence dans cette ultime *Sélection*. **Cépages:** 85% cabernet sauvignon, 13% merlot, 2% cabernet franc. **Alc./**13,8%. **montelena.com**

Servir dans les douze années suivant le millésime, à 17°C et oxygéné en carafe 30 minutes

Croûtons de brioche, bœuf grillé mariné au poivre long et purée de poivrons rouges rôtis au sésame grillé (voir recette sur **papillesetmolecules.com**) ou fromage Gruyère Réserve très vieux accompagné de «confipote de prunes à l'anis étoilé» (voir confipote sur **papillesetmolecules.com**).

Cabernet Sauvignon Caymus (2008)

NAPA VALLEY, CAYMUS VINEYARD, ÉTATS-UNIS

70,50$ **SAQ S** 10413790 ★★★★ **$$$$** **Puissant**

Ultra-coloré, richement aromatique, ultra-concentré et surmuri, au boisé américain dominant, au fruité intense et concentré, ce «king cab» californien sévit depuis sa remarquable réussite en 1994, qui a fait date. Malgré tous les superlatifs de ma description, une certaine retenue dans le genre s'en dégage, lui procurant une certaine race et distinction pour le style. Fruits noirs, café et violette s'exclament haut et fort, et la finale se montre tannique à souhait. Pour amateur de *Cherokee Chief*☺. **Cépage:** cabernet sauvignon. **Alc./**15%. **caymus.com**

Servir dans les dix années suivant le millésime, à 17°C et oxygéné en carafe 30 minutes

Asperges vertes rôties, enrobées de chocolat noir infusé au thé fumé Zheng Shan Xiao Zhong, fleur de sel au café (**), brochettes de bœuf sauce au fromage bleu (*) ou filet de bœuf de la Ferme Eumatimi, sauce *mole* mexicaine à la noix de coco et au cinq-épices (**).

Seña (2008)

J'aime

ACONGUA VALLEY, VIÑA SEÑA, CHILI

99$ **SAQ S** 11829439 ★★★★ **$$$$**$ **Corsé** **Bio**

Cette cuvée haute couture chilienne, maintenant en biodynamie, demeure depuis de nombreux millésimes le *flagship* du pays en matière de grand vin. Ce 2008, dégusté en primeur en juillet 2012 confirme une fois de plus son statut de grande pointure sud-américaine. Couleur profonde. Nez racé et complexe, sans esbroufe ni surmaturité inutile, aux puissants effluves de menthe, de fruits rouges et de poivre, au boisé juste dosé. Bouche certes typiquement sud-américaine, mais avec une fraîcheur et une retenue presque européennes. Donc, un vin dense, frais, plein, aux tanins tissés serrés, mais avec un certain moelleux, et travaillés par un luxueux et maitrisé élevage en barriques de chêne neuf. Il se montre tout aussi nourri, étoffé, mûr et réussi que les précédents millésimes, tous commentés dans les éditions de *La Sélection*. Enfin, le vignoble de Seña est passé en biodynamie à 100% depuis 2005, et surveillez la suite, le 2010 atteint un sommet inégalé pour ce cru! **Cépages:** 57% cabernet sauvignon, 20% carmenère, 10% merlot, 8% petit verdot, 5% cabernet franc. **Alc./**14,5%. **sena.cl**

Servir dans les treize années suivant le millésime, à 17°C et oxygéné en carafe 30 minutes

Pot-au-feu froid d'agneau cuit rosé, cubes de bouillon à la sauge condiment au curcuma, sel de romarin (**).

Dominus «Christian Moueix» (2009)

NAPA VALLEY, DOMINUS ESTATE, ÉTATS-UNIS

135$ **SAQ S** 11650480 ★★★★?☆ **$$$$**$ **Corsé**

Ce grand vin californien est à ranger, avec celui de Montelena, parmi les crus de la côte ouest possédant un profil plus européen. C'est-à-dire moins surmuri et moins marqué par l'élevage en barriques que la moyenne des rouges de Napa. Il en résulte, une fois de plus – une dizaine de millésimes ayant été commentés dans les précédentes *Sélection Chartier* –, un 2009 tout en charme et en volupté, plus élégant que le 2008, aux tanins ultrafins, au corps certes ample et presque généreux, mais non sans fraîcheur, et aux saveurs très longues et définies, égrainant des tonalités de café, de cassis, de fumée et graphite. Comme d'habitude, courbes presque sensuelles, pour un grand plaisir de consommation dès maintenant, même s'il possède l'architecture pour évoluer avec grâce. **Cépages:** 83 % cabernet sauvignon, 13 % cabernet franc, 4 % petit verdot. **Alc./**14,5 %. **dominusestate.com**

Servir dans les quinze années suivant le millésime, à 17 °C et oxygéné en carafe 60 minutes

Magret de canard fumé au thé lapsang souchong et risotto au jus de betterave parfumé au girofle.

Cabernet Sauvignon The Montelena Estate (2007)

J'aime

NAPA VALLEY, CHÂTEAU MONTELENA WINERY, ÉTATS-UNIS

138 $	**SAQ S**	10209684	★★★★?☆	**$$$**$	**Corsé+**

Contrairement au très frais et élancé Cabernet Sauvignon Château Montelena 2009 (aussi commenté), cette cuvée haut de gamme « Estate » 2007 se montre d'une grande maturité de fruit, sans trop, et d'une profondeur et d'une concentration inouïes. Mais, comme toujours pour les vins de ce domaine, pas de bois à l'horizon. Que du fruit. Grande complexité aromatique (cassis, prune, cèdre, graphite, suie...), prenante texture de bouche, à la fois généreuse et enrobante, sans être lourde, aux tanins mûrs et arrondis par un judicieux élevage en barriques, plus que soigné et retenu, aux saveurs d'une grande allonge, pour une réussite de haut niveau. **Cépages:** 99 % cabernet sauvignon, 1 % cabernet franc. **Alc./**14,3 %. **montelena.com**

Servir dans les dix-sept années suivant le millésime, à 17 °C et oxygéné en carafe 45 minutes

Osso buco de veau, sauce liée au chocolat et gremolata à l'orange et graines de coriandre (***).

APERITIFS, CIDRES DE GLACE, DIGESTIFS, HYDROMELS, MOUSSEUX, ROSÉS ET VINS DE DESSERTS

du Nouveau Monde

Cuvée de la Diable — J'aime

HYDROMEL LIQUOREUX, FERME APICOLE DESROCHERS, FERME-NEUVE, QUÉBEC, CANADA

16,85 $ (375 ml) **SAQ S** 10291008 ★★★ $$ **Modéré+ Bio**

Difficile d'être plus mellifère et patiné que cet excellent hydromel liquoreux, au profil sauternes. Je le dis depuis les premières éditions de *La Sélection*, il y a déjà dix-sept ans que la grande force des plaisirs aromatiques du Québec se trouve, entre autres, du côté de ses hydromels liquoreux et de ses cidres de glace. À tout seigneur tout honneur… j'ai nommé un hydromel qui m'a littéralement jeté à terre, lorsque je l'ai découvert, à la fin des années quatre-vingt-dix, et qui n'a cessé de se peaufiner depuis : la Cuvée de la Diable. Cette cuvée d'hydromel liquoreux, mise au monde avec talent et sensibilité par feu Marie-Claude Desrochers, et son conjoint Claude, et maintenant vinifiée avec doigté par leur fille Nadine, et son amoureux d'œnologue Géraud Bonet, demeure un incontournable qui mérite de figurer parmi les produits «à acheter bon an mal an les yeux fermés». Il se montre élégant, comme à son habitude, d'un raffinement insoupçonné pour un hydromel et d'une complexité subtile, aux notes de cire d'abeille, de miel, de poire chaude au beurre et de safran, à la bouche encore plus satinée et plus fraîche que jamais, tout en étant aussi moelleuse et persistante, ainsi que presque aérienne. Je vous le redis, je considère cet hydromel liquoreux comme l'un des plus beaux et des plus originaux produits des terroirs québécois. **Cépage:** du miel! ☺. **Alc.**/14%. **desrochersd.com**

Servir dans les six années suivant l'achat, à 14 °C

Noix de macadamia sablées au sirop d'érable et curry (**). Fromages: saint-marcelin sec, terrincho velho (plus ou moins 90 jours d'affinage) ou pommade de pommes au curry et à l'érable (***) accompagnée d'un vieux fromage cheddar. Desserts: baklavas, poires asiatiques cuites au safran et belle de Brillet, éclats de vieux cheddar, mangue glacée/râpée (**) ou tatin de pommes au curry, noix de macadamia salées au sirop d'érable, tranche de foie gras de canard poêlé (**).

Domaine des Salamandres (2010)

POIRÉ DE GLACE, DOMAINE DES SALAMANDRES, QUÉBEC, CANADA

22,90$ (200 ml) **SAQ S** 11172254 ★★★☆ **$$** **Modéré+**

Étant un produit proche parent des cidres de glace, et méritant plus d'attention tant la qualité vaut le détour, cet original poiré est depuis quelques années «à acheter les yeux fermés». Ceci dit, découvrez cette originalité québécoise à base de poires, façon cidre de glace, élaborée avec maestria par l'œnologue et maître de chais du réputé domaine La Face Cachée de la Pomme, Loïc Chanut, qui a fondé en 2003 son propre domaine. Vous pourriez le servir à l'aveugle à vos amis de dégustation et ils seraient assurés d'avoir dans le nez un cidre de glace! Mais sa subtilité aromatique (poire, miel, anis) et sa grande fraîcheur lui donnent un profil singulier, bien à lui. D'autant plus que sa pénétrante liqueur est juste dosée, sans lourdeur, et que ses saveurs sont très longues et ont de l'éclat. **Alc.**/13,5%. **salamandres.ca**

Servir dans les quatre années suivant le millésime, à 10 °C

Roulés à l'orange, miel et noix de pin (***), figues au miel de lavande (***), pommade de pommes au curry et à la guimauve (***) pour accompagner fromages de brebis à pâte ferme ou poires asiatiques cuites au safran et belle de Brillet, éclats de vieux cheddar, mangue glacée/râpée (**).

Domaine Pinnacle Cidre de Glace (2010)

CIDRE DE GLACE, DOMAINE PINNACLE, FRELIGHSBURG, QUÉBEC, CANADA

25$ (375 ml) **SAQ S*** 734269 ★★★ **$$** **Modéré+**

Comme à son habitude, ce domaine présente avec cette cuvée de base, très constante d'un millésime à l'autre, l'un des bons achats en matière de cidre de glace. Couleur orangé soutenu. Nez finement aromatique, fin et subtil, sans esbroufe. Bouche d'une bonne liqueur onctueuse, à l'acidité juste dosée, lui procurant de la fraîcheur et de l'élan, aux saveurs qui ont de la prestance et de la persistance, laissant des traces de pomme mûre, de poire chaude, d'abricot séché et de zeste d'agrumes. Vous avez compris qu'il fait partie des cidres de glace « à acheter bon an mal an les yeux fermés ». **Alc./**12 %. **domainepinnacle.com**

Servir dans les six années suivant le millésime, à 12 °C

Fromage bleu Alfred le fermier accompagné d'abricots séchés, pommade de pommes au curry et à la guimauve (***) pour accompagner des fromages bleus, muffins aux abricots secs (***), crème-dessert à l'orange et aux graines de coriandre (***) ou millefeuille de pain d'épices aux pommes et aux abricots séchés (*).

Neige « Première » (2009) J'aime

CIDRE DE GLACE, LA FACE CACHÉE DE LA POMME, HEMMINGFORD, QUÉBEC, CANADA

25 $** (375 ml) **SAQ S**✲ 744367 ★★★ **$$ **Corsé**

Impossible de ne pas sélectionner ce Neige parmi les produits à « acheter les yeux fermés ». Sa réputation dépasse nos frontières, et ce n'est pas ici qu'une histoire de marketing, la régularité de la qualité sous le bouchon est en cause. À vous de juger : robe jaune orangé modéré. Nez très aromatique, élégant et frais, sur la pomme, mais aussi l'abricot. Bouche à l'attaque à la fois moelleuse et vive, ronde et très rafraîchissante, d'une belle liqueur pour le rang, à l'acidité presque électrisante, qui bride le sucre et propulse le cidre dans le temps. Belle matière généreuse et engageante au possible pour cette cuvée toujours aussi réussie avec brio. Notez que l'abricot étant dans la même famille aromatique que la pomme, il fait merveille avec des abricots séchés, que ce soit en accompagnement de fromage bleu ou en mode dessert. Aussi, la cannelle, l'orange, le pain d'épices et le raisin muscat sont sur la même tonalité que le cidre de glace. **Pommes :** mcIntosh, spartan. **Alc./**13 %. **lafacecachee.com**

Servir dans les huit années suivant le millésime, à 12 °C

Fromage bleu Le Rassembleu accompagné d'abricots séchés, caramel au cidre de glace « pour cidre de glace » (***), gâteau au fromage à la cannelle et aux zestes d'orange (***), millefeuille de pain d'épices aux pommes et aux abricots séchés (*) ou croustade d'abricots, lavande et muscat (***).

El Dorado Golden Rhum Cream Liqueur J'aime

BOISSON À LA CRÈME ET AU RHUM, DEMERARA DISTILLERS, GUYANE

26,50 $ **SAQ S** 11541769 ★★★☆ **$$** **Modéré**

Petit dernier de la grande famille des rhums de la prestigieuse marque El Dorado, élaborés par le géant Demerara. Ici, nous avons affaire à une crème de rhum, qui surpasse littéralement les Bayley's et autre Amarula de ce monde... Ayant pour base un rhum brun passablement âgé, cette crème explose littéralement au nez, exhalant des tonalités fruitées, non sans rappeler la pêche, ainsi que des tonalités sucrées (cassonade) et épicées (vanille, muscade). La bouche est onctueuse à souhait, sans être lourde, pleine et caressante, d'une grande allonge en fin de bouche. Du sérieux, sans se prendre au sérieux ! D'autant plus qu'elle ne fait que 16,5 % d'alcool, donc ne charge pas l'estomac, pas plus que la tête. Imaginez-la maintenant servie nature, sur glace, tout comme en cocktail – spécialement en shooter avec du *peach schnapps* et du sirop de cerise ou de grenadine –, ainsi qu'en dessert, tout simplement versée sur une crème glacée vanille ou butterscotch… Sans parler des multiples possibilités de café de type café espagnol. Un *must*! J'allais oublier, si vous aimez le style maison, ne manquez pas le remarquable rhum brun **El Dorado 12 ans (34,75 $; 10904652)** assurément le meilleur rapport qualité-prix des grands rhums toutes catégories confondues. **Alc./**16,5 %. **theeldoradorum.com**

Servir dès sa mise en marché, rafraîchi

Digestif, cocktail, shooter ou desserts: beignets aux bananes et rhum brun El Dorado (***) ou flan à la vanille et vieux rhum El Dorado (***).

Domaine Pinnacle Cidre de Glace Pétillant (2009)

J'aime

CIDRE DE GLACE PÉTILLANT, DOMAINE PINNACLE, FRELIGHSBURG, QUÉBEC, CANADA

29 $ (375 ml) **SAQ S*** 10341247 ★★★ **$$**$ **Modéré+**

Cet excellent producteur de cidre de glace excelle aussi en matière de *sparkling ice cider*. La mousse est abondante, sans trop, aux bulles extrafines. La couleur est typique des cidres de glace, c'est-à-dire jaune or orangé soutenu. Le nez est d'une remarquable finesse pour le style. La bouche, elle, explose et remplit le palais d'une belle et douce liqueur, aux saveurs persistantes, rappelant la pomme caramélisée, le cassonade, l'abricot confit, la pêche et le zeste d'orange. La prise de mousse en bouche vient brider le sucre et rafraîchir l'ensemble avec maestria. Comme toujours pour cette cuvée, un cidre original, parfumé, pénétrant et fort bon. **Alc./**12 %. **domainepinnacle.com**

Servir dès sa mise en marché, à 10 °C

Apéritif: dalh aux lentilles à l'orange et graines de coriandre « en trempette » (***). Desserts: gâteau à l'orange et safran (***), gâteau au fromage à la cannelle et aux zestes d'orange (***), gâteau au yogourt citron, gingembre et eau de rose (***) ou pêche tiède sur son craquant aux noix de pacane, baignée d'un caramel de jus de pêche parfumé à l'anis étoilé, au girofle et à la cannelle (*).

Cuvée Blé Noir « Miellée » (2003)

HYDROMEL MOELLEUX, LE CLOS DES BRUMES, LA PRÉSENTATION, QUÉBEC, CANADA

29,50 $ (500 ml) **SAQ S** 735076 ★★★☆ **$$**$ **Corsé**

Littéralement hors-norme tant la matière aromatique est complexe et singulière. Robe dorée orangé foncé. Nez pénétrant et intrigant, jouant dans la sphère aromatique de la noisette grillée, du cacao, du tabac à pipe, de la figue séchée, du miel, des amandes rôties. Bouche à la fois vaporeuse et moelleuse, marquée par une patine satinée, comme un vieux meuble d'époque… Saveurs aériennes et très longues, terminant sur des tonalités d'épices douces, de noix et de café. Coup de cœur à quelques reprises dans les précédents millésimes, cet hydromel est issu d'une miellée de récoltes d'une ancienne semence de sarrasin. Il a été élevé sept ans en barriques de chêne neuf américain. Il faut dire que Pierre Gosselin magnifie ses miels, les plus parfumés qui soient, avec passion et maestria. Pour preuve, découvrez aussi l'inspirante cuvée **Élie-Anne Réserve Spéciale «Miellée Automnale» 2002 (29,50$; 10304673)**, au nez torréfié, de noix grillée et de miel chaud, à la bouche pleine et aérienne, suave et terminant sur des notes de café et de noisette grillée. **Miel:** sarrasin (d'une ancienne semence). **Alc./**14,5%. **tarentule.net/brumes**

Servir dès maintenant, à 14 °C

Fromage à croûte fleurie farci de noix grillées et d'un sirop de miel épicé aux sept-épices macérée quelques jours au centre du fromage, picodon de l'Ardèche accompagné de miel de sarrasin ou ossau-iraty (vieux) accompagné de confiture de poires au gingembre. Desserts: moelleux aux noix, au café et à la cassonade (***), baklavas aux noix, biscottis, cannelé bordelais, crème brûlée à l'érable ou dattes chaudes dénoyautées et farcies au gorgonzola (au four, à 180 °C/ 350°F, 5 minutes).

Cryomalus (2009) — J'aime

CIDRE DE GLACE, DOMAINE ANTOLINO BRONGO, SAINT-JOSEPH-DU-LAC, QUÉBEC, CANADA

30,25$ (375 ml) **SAQ S*** 11002626 ★★★ $$$ **Modéré+**

Ce petit dernier de l'aventure glaciale, mais non le moindre, se positionne déjà depuis quelques millésimes parmi le quatuor de l'élite mondiale en la matière, avec les Clos Saragnat, La Face Cachée de la Pomme et Pinnacle de ce monde. Les médailles fusent de partout, tant en Espagne qu'au Québec. Pour y parvenir, aucune réfrigération ou congélation artificielle. Que de la vérité dans la démarche! Il en résulte un produit, en 2009, des plus aromatiques mais sans être puissant ni profond, où s'expriment à la fois la pomme caramélisée et la pomme fraîche, ainsi que l'abricot séché et la figue fraîche, d'un équilibre sucre/acidité quasi parfait en bouche. La liqueur ainsi que l'acidité se montrent moins imposantes que chez ses concurrents. Du beau travail, singulier et gourmand au possible. **Pommes:** 48% mcIntosh, 16% spartan, 16% lobo, 11% empire, 9% cortland. **Alc./**9%. **antolinobrongo.com**

Servir dans les six années suivant le millésime, à 10 °C

Fromage: Le Chèvre noir (fromage de chèvre affiné à pâte ferme) accompagné d'abricots secs ou Le Rassembleu accompagné de «pommade de pommes au curry et à la guimauve» (***). Desserts: croustade d'abricots, lavande et muscat (***), millefeuille de pain d'épices aux pommes et aux abricots séchés (*), tarte aux abricots, crémeux citron, meringue/siphon au romarin (**) ou salade d'ananas et fraises parfumée au romarin.

Vidal Icewine Reserve Mission Hill (2010) — J'aime

OKANAGAN VALLEY VQA, MISSION HILL WINERY, CANADA

34$ (375 ml) **SAQ S** 11156262 ★★★☆?☆ **$$$** **Puissant**

Citrouille, papaye, litchi et miel explosent littéralement du verre de cet *icewine* de la côte ouest, régulièrement l'un de mes préférés au Canada chez les vins de glace de ce cépage autochtone, le vidal. En prime, le prix est très abordable comparativement aux autres vins de glace du pays. Profitez-en pour faire la paire avec le quatre étoiles ultra-confit, complexe et terpénique **Riesling Icewine Reserve Mission Hill (2010) (59,25$; 10674033)**. Il faut savoir que les vins signés Mission Hill, tant liquoreux, que blancs secs et rouges, sont parmi les meilleurs de cette province. **Cépage:** vidal. **Alc./**8,5%. **missionhillwinery.com**

Servir dans les huit années suivant le millésime, à 10°C

Mangues confites pour Pavlova (***), litchis à l'eau de rose (***), millefeuille de pain d'épices aux mangues (*), croustade de foie gras aux pommes (*).

Cuvée No. 1

MARLBOROUGH, NO. 1 FAMILY ESTATE, NOUVELLE-ZÉLANDE

35,50$ **SAQ S** 11140658 ★★★☆ **$$$** **Corsé**

Depuis trois ans déjà, ce nouveau mousseux néo-zélandais de chardonnay – qui fait un malheur en Ontario depuis belle lurette et qui est élaboré sous la houlette d'un Champenois expatrié en Nouvelle-Zélande – connaît aussi un certain succès à la SAQ et compte maintenant dans ma liste d'achats «à effectuer les yeux fermés». Il en résulte un vin au nez riche et complexe, jouant dans la sphère aromatique de la pomme, de la noisette et du pain brioché, présentant une abondante prise de mousse en bouche, tendue par une vive acidité. Les saveurs ont de l'éclat et de la présence. Du sérieux, qui vient jouer les trouble-fêtes dans le rayon des mousseux hors Champagne – et même en Champagne! **Alc./**13%. **no1familyestate.co.nz**

Servir dans les trois années suivant l'achat, à 10°C

Amandes apéritives à l'espagnole: pimentón fumé, miel et huile d'olive (**), salade de saumon fumé, fèves de soya germées, amandes grillées et vinaigrette de pamplemousse rose à l'huile de sésame grillé (***), arancini au safran, crevettes tempura, saumon infusé au saké et aux champignons shiitakes ou *toast* de mousse de foie gras de canard (*).

El Dorado Rhum Spiced Rhum J'aime

RHUM, DEMERARA DISTILLERS, GUYANE

36,50$(1,14 litre) **SAQ C** 11676735 ★★★☆ **$$$** **Modéré+**

Voilà le premier rhum brun épicé qui me fait véritablement de l'effet! Il faut dire que ce nouveau rhum brun épicé est signé par la grande maison El Dorado, dont les rhums bruns sont tous, sans exception, de grandes références et d'excellents rapports qualité-prix. Offert en plus à deux dollars de moins que le vraiment commercial, fluide et simplissime Captain Morgan, cet El Dorado vaut de l'or! Vous vous délecterez d'un rhum charmeur et langoureux, à la texture suave, quasi sucrée (sans sucre), aux saveurs pénétrantes, à la fois vanillées et épicées, avec une arrière-scène zestée. Transformez-le en cocktail, que ce soit avec du lait de soya à la vanille ou avec un mélange 75% lait classique et 25% sirop d'érable, ou encore avec du coke! Sans oublier l'effet percutant allongé d'un ginger beer ou d'un ginger ale – c'est que le gingembre résonne sur la même tonalité que le rhum brun... Et que dire de l'allonger avec le Golden Rum Cream Liqueur de la même maison? Cochon! Même nature, il vous surprendra☺. Et, en cuisine, il fait merveille. Pour preuve, voir les multiples recettes que j'ai créées avec ce rhum dans la collection des livres *Papilles pour tous!*, tout comme celles mises en ligne sur mon site **papillesetmolecules.com**. Enfin, si vous aimez le style maison, découvrez l'aubaine que représente le suave et caramélisé rhum brun **El Dorado Premium 5 ans (26,95$; 10913410)**. **Alc./**40%. **theeldoradorum.com**

Servir dès sa mise en marché, légèrement rafraîchi

Cocktail coco rhum brun café/érable (***), cocktail coco rhum brun givré soya/ balsamique/sucre d'érable (***), rôti d'épaule de porc au Spiced Rhum El Dorado, champignons, noix de coco et huile de noisette (***), beignets aux bananes, rhum brun El Dorado et piment de la Jamaïque (***) ou frangipane au gingembre et au rhum brun El Dorado (***).

Domaine Pinnacle Signature Réserve Spéciale Cidre de Glace (2010) J'aime

CIDRE DE GLACE, DOMAINE PINNACLE, FRELIGHSBURG, QUÉBEC, CANADA

38,25$ (375 ml) **SAQ S** 10233756 ★★★☆?☆ **$$$ Corsé**

Une cuvée spéciale 2010, dégustée en primeur en juillet 2012, d'une richesse inouïe et d'une liqueur pénétrante comme jamais. Cette cuvée a toujours été dans mes coups de cœur millésime après millésime, mais là elle atteint un sommet inégalé avec ce 2010. Couleur orangé foncé. Nez très riche et profond. Bouche éclatante, pleine, sphérique, liquoreuse, très fraîche et prenante, d'une très grande allonge, aux saveurs de pomme givrée et caramélisée, de pêche confite, d'épices douces et de zeste d'orange. Assurément le millésime le plus réussi à ce jour pour cette Signature Réserve Spéciale, qui, en plus, est offerte à un prix beaucoup plus doux que certaines autres cuvées prestiges. **Alc./**11%. **domainepinnacle.com**

Servir dans les douze années suivant le millésime, à 12°C

Tatin de pommes au curry, noix de macadamia salées au sirop d'érable, tranche de foie gras de canard poêlé (**), pêches confites pour Pavlova (***) ou pommade de pommes au curry et à l'érable (***) accompagnée de fromage bleu Le Rassembleu.

Riesling Icewine Stratus (2008) J'aime

NIAGARA PENINSULA VQA, STRATUS WINES, CANADA

40,75$ (200 ml) **SAQ S** 10856937 ★★★★ **$$$$ Corsé**

Franchement de beaucoup supérieur au 2007 (commenté dans *La Sélection 2010*), ce 2008 a grandement évolué depuis l'été 2011, lors de ma première dégustation de ce millésime, se montrant percutant au nez, richement aromatique, exhalant des notes d'érable, de mangue, de citron confit et de romarin, d'un grand raffinement, à la bouche à l'attaque plus crémeuse qu'à l'été 2011, mais toujours aussi tendue en fin de bouche par une acidité revitalisante. Donc, une bouche à la fois droite et enveloppante, d'une liqueur imposante et d'une prenante maturité de fruits (mangue, pêche, lime). Il mérite maintenant ses quatre étoiles. Il faut savoir que cette maison élabore aussi de remarquables rouges. Stratus est donc à ranger dans votre liste de crus «à acheter bon an mal an les yeux fermés». **Cépage:** riesling. **Alc./**12,5%. **stratuswines.com**

Servir dans les huit années suivant le millésime, à 10 °C

Mangues confites pour Pavlova (***), crémeux citron, meringue/siphon au romarin (**) ou millefeuille de pain d'épices aux mangues (*).

Vidal Vin de Glace Vignoble du Marathonien (2007)

J'aime

QUÉBEC, VIGNOBLE DU MARATHONIEN, HAVELOCK, QUÉBEC, CANADA

54,25 $ (375 ml) **SAQ S** 11398317 ★★★★ **$$$$** **Corsé+**

Ce grand vin de glace n'est pas une nouveauté, ayant été commenté dans *La Sélection* à plusieurs reprises (même s'il n'était pas disponible à la SAQ par le passé), mais, enfin (!), il est distribué dans les succursales du Monopole depuis l'automne 2011. Il était temps, depuis que nous le signalons comme l'un des dix meilleurs vins de glace au pays... Vous dénicherez un vin de glace qui se montre d'une couleur orangée soutenue, d'un nez richissime, extra-mûr, laissant échapper des notes de mangue, de papaye et de litchi, avec une arrière-scène caramélisée. La bouche suit avec une liqueur imposante, onctueuse à souhait, pleine et voluptueuse, dotée d'une très fraîche acidité sous-jacente et de saveurs d'une très grande allonge, laissant des traces de marmelade, de kumquat confit, de mangue caramélisée. Percutant. Vos fromages et vos desserts n'ont qu'à bien se tenir ! Et bonne nouvelle, le **2008** vient de faire son apparition en **format 200 ml (32,75 $; 11745788)**, et il se montre percutant, complexe, pénétrant, sirupeux, égrainant de longues saveurs d'abricot confit, de marmelade et de pain d'épices. **Cépage:** vidal. **Alc./**10 %. **marathonien.qc.ca**

Servir dans les huit années suivant le millésime, à 10 °C

Crème-dessert au citron, à l'eau de rose et aux graines de coriandre (***), croustade d'abricots, lavande et muscat (***), mangues confites pour Pavlova (***), litchis à l'eau de rose (***) ou millefeuille de pain d'épices aux mangues (*).

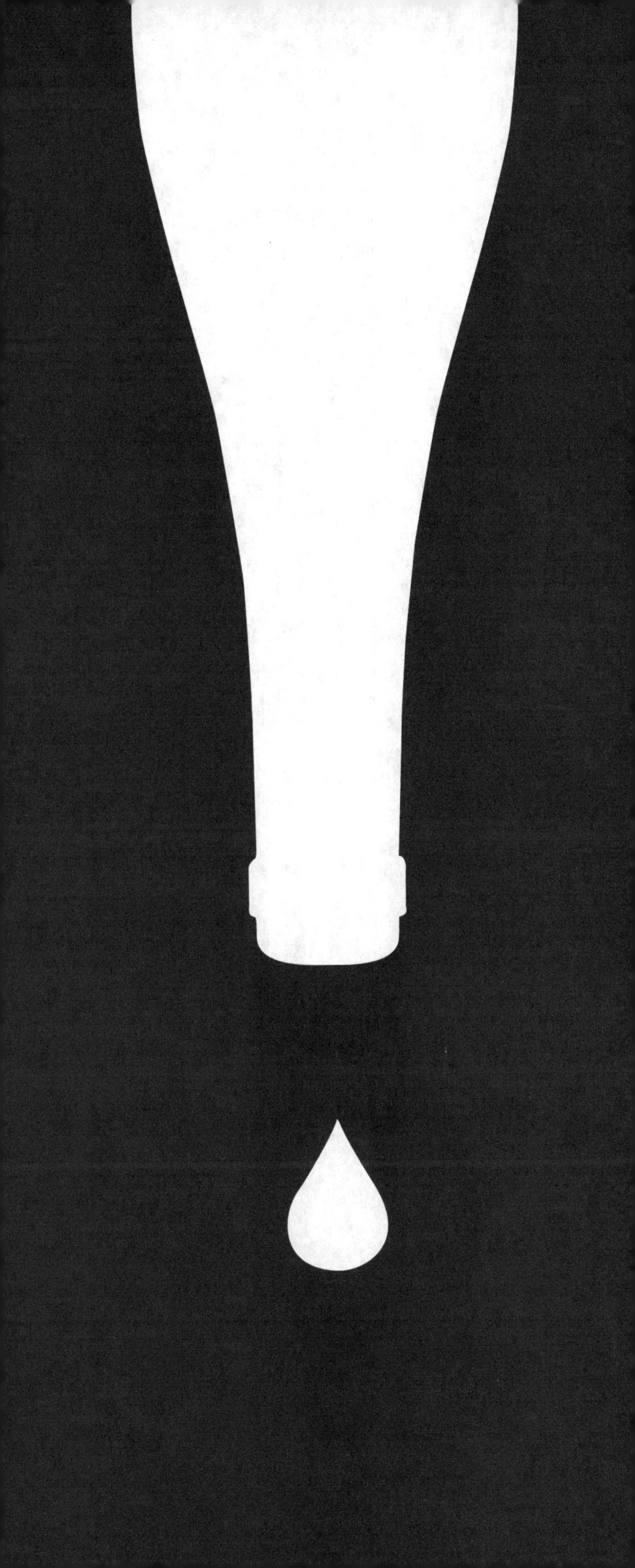

GRAPHIQUES AROMATIQUES
DE CHARTIER

L'idée est de résumer, en un coup d'œil – comme je le propose dans le livre *Papilles et Molécules*, grâce à mes recherches d'harmonies et de sommellerie aromatiques –, les aliments/ingrédients partageant le même profil aromatique que chaque cépage, afin de renforcer la synergie aromatique qui conduit à l'harmonie entre les vins et les mets, et d'ainsi créer une plus forte synergie entre les aliments/ingrédients de votre recette!

Comment utiliser ces « Graphiques aromatiques de Chartier » ?

Rien de plus simple! Lorsque vous prévoyez servir un vin de l'un de ces cépages, il suffit de repérer un ingrédient (ou plus d'un) attaché à ce cépage afin de dénicher une recette où il domine.

Pour ce faire, consultez les recettes proposées à chaque cépage dans l'Aide-mémoire vins et mets (à la page 307) ou ajouter cet aliment/ingrédient au plat que vous aviez choisi de cuisiner pour ce vin. Et si vous avez déjà une recette en tête, et que vous cherchez avec quel vin l'accompagner, vous pouvez trouver un aliment/ingrédient de cette recette dans l'un des graphiques, pour ainsi dénicher le cépage du vin que vous devrez servir pour épater vos convives ☺.

Cépage

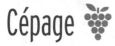

ALBARIÑO

Harmonies

Agrumes, amande, baie de genièvre, bergamote, cannelle, cardamome, cèdre, grenade, laurier, légumes-racines, menthe, olive verte, papaye, pomme verte, safran, sauge.

Cépage

CHARDONNAY VIEILLE EUROPE

(STYLE BOURGOGNE ÉLEVÉ EN BARRIQUES)

Harmonies

Amande, ananas, champignon, foie gras, fromage comté (24 mois), homard, huile de sésame grillé, noisette, noix de coco, patate douce, pétoncle, pomme jaune, porc, poulet, ris de veau, riz sauvage, saumon cuit.

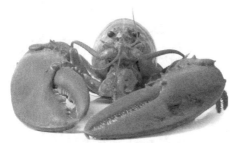

Cépage

CHARDONNAY VIEILLE EUROPE

(STYLE CHABLIS NON BOISÉ)

Harmonies

Ananas, aneth, crevette, cumin, fenouil, fromage comté (24 mois), huître, muscade, poisson blanc, pomme rouge, saumon cru.

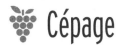

Cépage

CHARDONNAY NOUVEAU MONDE

Harmonies

Ananas, champignon, clou de girofle, curry, dinde, foie gras poêlé, fromage bleu, noix de coco, noix grillée, pétoncle poêlé, porc, safran, saumon en sauce.

Cépage

GEWURTZTRAMINER

Harmonies

Agrumes, ananas/fraise, baie de genièvre, bergamote, canneberge, cannelle, cardamome, curcuma, dinde, figue fraîche, fleur d'oranger, gingembre, jasmin, lavande, litchi, mangue, miel, piment fort, poivre de Guinée, poulet, romarin, rose, sauge.

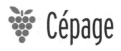

Cépage

MUSCAT

(VIN DOUX NATUREL)

Harmonies

Abricot, agrumes, bière blonde et blanche, bleuet, cannelle, cardamome, citronnelle, eucalyptus, fraise, framboise, fruits exotiques, géranium, lavande, miel, noix de coco, pêche, raisin sec, rhum brun, rose, thé, tilleul, violette, yuzu.

Cépages

PORTO TAWNY

(tinta roriz, touriga nacional, touriga francesca)

Harmonies

Barbe à papa, café, cassonade, céleri cuit, champignon séché, curry, datte, figue séchée, havane (feuilles de cigare infusées), madère, mélasse, noix grillée, pruneau, sauce soya, sel de céleri, sirop d'érable, thé noir fumé, vinaigre balsamique.

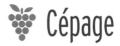

Cépage

RIESLING

Harmonies

Agrumes, baie de genièvre, bergamote, bière d'épinette, calmar, cardamome, cèdre, champignon de Paris, coriandre fraîche, courgette, cresson, crevette, gin, huître crue, laurier, lavande, lime, pamplemousse rose, paprika, pieuvre, pomme verte, romarin, safran, sauge, saumon fumé, tomate fraîche, truite, verveine, yuzu.

Cépages

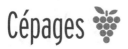

ROUSSANNE / MARSANNE

Harmonies

Abricot, champignon, curry, fromages à pâte molle, huile de sésame grillé, miel, miso, noix de coco, noix du Brésil, oignon caramélisé, pacane, pêche, pétoncle, porc, poulet, rhum brun, riz sauvage, scotch, sirop d'érable, viande braisée.

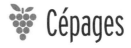

Cépages

SAUVIGNON BLANC / VERDEJO

Harmonies

Aneth, anis, arachide, asperge verte, avocat, basilic, câpres, carotte jaune, carvi, céleri, céleri-rave, chou-fleur, citronnelle, concombre, coriandre fraîche, crevette, cumin, endive, estragon, fenouil frais, fève de soja germée, fromage en crottes, légumes-racines, menthe, moule, pamplemousse rose, panais, papaye, paprika, persil frais, pissenlit, pois vert, poivron vert, pomme de terre crue, pomme verte, radis, thon en conserve, topinambour, wasabi.

Cépage

SÉMILLON
(SAUTERNES)

Harmonies

Abricot, barbe à papa, cannelle, caramel, cassonade, curry, datte, fève tonka, figue séchée, fromage à croûte lavée, fromage bleu, havane (feuille de cigare infusées), madère, miel, noix grillée, pain d'épices, pêche, pomme jaune, porto tawny, quatre-épices, safran, sauce soya, sel de céleri, sirop d'érable, vanille.

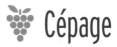

Cépage

VIDAL

(ICE WINE CANADA)

Harmonies

Abricot, citrouille, fromage bleu, gingembre, graine de coriandre, lavande, litchi, mangue, miel, pain d'épices, pêche, pomme, raisin muscat, rose.

Cépage

CABERNET FRANC

Harmonies

Algue nori, asperge verte rôtie, betterave rouge, champignon, eau de violette, framboise, fromage Saint-Nectaire, huile de sésame grillé, menthe, poivron rouge rôti, pomme de terre, thé Pu-erh.

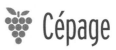

Cépage

CABERNET SAUVIGNON

NOUVEAU MONDE

Harmonies

Anis étoilé, asperge verte rôtie, bœuf vieilli, cacao, café, cardamome, crème de cassis, huile de sésame grillé, légumes-racines grillés/rôtis, menthe, mûre, poivron rouge rôti, réglisse, romarin, vanille.

Cépage

CABERNET SAUVIGNON

VIEILLE EUROPE

Harmonies

Anis étoilé, bœuf grillé/rôti, café, champignon, huile de sésame grillé, légumes-racines grillés/rôtis, menthe, mûre, nigelle, pois vert, poivron vert, réglisse, riz sauvage

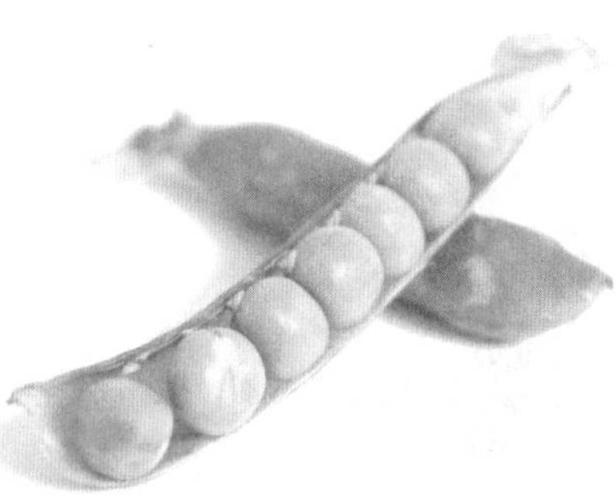

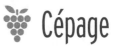

Cépage

CARMENÈRE

Harmonies

Crème de cassis, estragon, laurier, menthe, piment fort, pois vert, poivre, poivron vert, sésame grillé, sauge, romarin, thé noir fumé, viande grillée.

Cépage

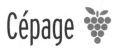

GARNACHA / GRENACHE

Harmonies

Agneau, anis étoilé, basilic thaï, bergamote, betterave rouge, bœuf braisé, bœuf grillé, cacao, café, cannelle, cardamome, cinq-étoiles, clou de girofle, fraise, gingembre, laurier, lavande, mangue, mozzarella cuite, noix de coco grillée, piment fort, poivre, réglisse, romarin, safran, thym, vanille.

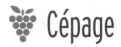

Cépage

MENCIA

(BIERZO, ESPAGNE)

Harmonies

Betterave rouge, bœuf grillé, cinq-épices, clou de girofle, fromage Saint-Nectaire, huile de sésame grillé, lavande, magret de canard grillé, menthe, mozzarella cuite, navet, poivre long, poivron rouge rôti, pomme de terre, porc, rutabaga, thé Pu-erh.

Cépages

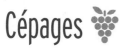

MONASTRELL / MOURVÈDRE

Harmonies

Agneau, anis étoilé, bacon, betterave rouge, cacao, café, champignon, clou de girofle, fruits noirs, gingembre, légumes-racines rôtis, olive noire, poivre, prune, quatre-épices, réglisse, thym, viande sauvage.

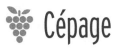

Cépage

PINOT NOIR

Harmonies

Basilic thaï, betterave rouge, bœuf, caille, cannelle, cerise, champignon, cinq-épices, clou de girofle, cumin, endive, estragon, gingembre, lavande, pétoncle poêlé, poivre, réglisse, saumon grillé, thon grillé, tomate confite séchée, vanille, volaille.

Cépages

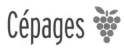

PORTO

RUBY / LATE BOTTLED VINTAGE / VINTAGE
(tinta roriz, touriga nacional,
touriga francesca)

Harmonies

Chocolat noir, clou de girofle, épices douces, estragon, figue, fromage bleu, fruits rouges et noirs, grillotte, havane (feuilles de cigare infusées), poivre, viande rouge braisée.

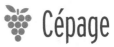

Cépage

SANGIOVESE

Harmonies

Agenau, bacon de sanglier, bœuf, café, champignon, clou de girofle, épices à steak, fromage parmigiano, légumes-racines rôtis, magret de canard, mozzarella cuite, nigelle, prune, riz sauvage soufflé.

Cépage

SYRAH/ SHIRAZ

Harmonies

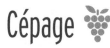

Agneau, anis étoilé, bœuf vieilli, carotte jaune, carvi, cumin, estragon, fenouil frais cuit, légumes-racines rôtis, mélisse, menthe, olive noire, origan, panais, pissenlit, poivre, racine de persil, réglisse, thé noir fumé, thym, topinambour.

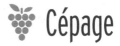

Cépage

TEMPRANILLO

Harmonies

Café, cannelle, chocolat noir, clou de girofle, graines de sésame grillées, huile de sésame grillé, nigelle, noix, noix de coco grillée, piment chipotle fumé, pimentón fumé, poivre, réglisse, rhum brun, scotch, thé noir fumé, vanille, viande fortement saisie sur le grill.

Cépages

VIN ROSÉ

(granache, syrah, mourvèdre)

Harmonies

Algue nori, anchois, calmar, carotte, crevette, framboise, langoustine, lavande, melon d'eau, pamplemousse rose, paprika, pieuvre, piment chipotle fumé, pimentón, pomme Golden, porcelet, safran, saumon, thé noir, tomate fraîche confite séchée, tomate séchée, truite saumonée.

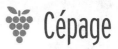

Cépage

ZINFANDEL

Harmonies

Basilic thaï, betterave, bière, bœuf braisé, bœuf grillé, bœuf vieilli, bourbon, cacao, café, cannelle, curry indien, fraise, fruits noirs, mozzarella cuite, noix de coco grillée, origan, piment fort, quatre-épices, sauce soya, scotch, sirop d'érable, vanille, vinaigre balsamique.

Aide-mémoire

VINS ET METS

« AIDE-MÉMOIRE VINS ET METS » DES PRINCIPAUX CÉPAGES ET DE LEURS HARMONIES AVEC LES RECETTES DES LIVRES DE LA COLLECTION *PAPILLES POUR TOUS !*, *LES RECETTES DE PAPILLES ET MOLÉCULES* ET *À TABLE AVEC FRANÇOIS CHARTIER*, AINSI QUE DES RECETTES DU SITE *WWW.PAPILLESETMOLECULES.COM*

(***)

Sous forme d'un carnet de notes classées par cépages, je vous présente les principaux cépages et leurs harmonies avec les 1000 recettes que j'ai publiées à ce jour dans mes six ouvrages consacrés à la cuisine, ainsi que sur mon site Internet **www.papillesetmolecules.com**.

Ce précieux aide-mémoire vous permettra, en un seul coup d'œil, de repérer rapidement de multiples idées harmoniques et de nombreuses recettes à envisager avec le ou les vins que vous vous apprêtez à servir à table.

L'harmonie vins et mets ne vous aura jamais parue aussi simple !

Ainsi, les harmonies proposées dans ce guide, tout comme ce fut le cas dans les seize éditions de *La Sélection Chartier*, sont en lien direct avec les résultats de mes recherches actuelles d'harmonies et de sommellerie aromatiques, présentés pour la première fois en mai 2009 dans la publication du « best-seller » *Papilles et Molécules*.

Comment repérer les recettes de cet « Aide-mémoire Vins et Mets » ?

À l'exemple du **Lapin à la crème moutardée** (*), du **Fromage de chèvre cendré à l'huile d'olive et romarin** (**) ou des **Rouleaux de printemps en mode anisé** (***), presque tous les mets proposés sont suivis d'un astérisque (*), de deux astérisques (**) ou de trois astérisques (***) entre parenthèses, indiquant que cette harmonie fait l'objet d'une recette dans le livre ***À table avec François Chartier*** (*), dans ***Les recettes de Papilles et Molécules*** (**) ou dans l'un des quatre livres de la collection en quatre saisons ***Papilles pour tous! Automne – Hiver – Printemps – Été*** (***).

(**)

(*)

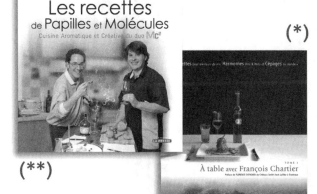

LES CÉPAGES BLANCS

en harmonies

ALBARIÑO (RÍAS BAIXAS, ESPAGNE)

Olives vertes marinées au gin Hendrick's, cardamome verte et thé vert (***), tapas de fromage en crottes_Mc^2 à l'huile de coriandre fraîche et morceaux de pommes vertes fraîches (***), crevettes rôties et carottes glacées à l'huile de crustacés (***), calmars en tempura d'amandes, fleur de sel au cèdre, mousse de riz en paella (**), crème froide de chou-fleur à la papaye, câpres et wasabi (***), crevettes pochées au paprika et pamplemousse rose (***), filet d'escolar poêlé, anguille «unagi» BBQ, crème de céleri-rave aux graines de cerfeuil, feuilles et huile de menthe fraîche (**), fromage de chèvre cendré à l'huile d'olive et romarin (**), huîtres frites à la coriandre et wasabi (**).

ALIGOTÉ (BOURGOGNE, FRANCE)

Saumon mariné à l'aneth (*), huîtres crues en version anisée (**), moules marinière «à ma façon» (*), calmars frits, escargots à la crème de persil, feuilles de vigne, *fish and chips* sauce tartare, salade César, truite grillée.

CHARDONNAY (BOURGOGNE, CÔTE DE BEAUNE)

Gnocchis de patates douces à l'huile de sésame grillé (***), crème de rutabaga aux graines de fenouil (***), soupe au miso à l'huile de sésame grillé et au riz sauvage (***), gravlax de saumon (*), farfalles aux champignons séchés et jambon séché (***), *lobster rolls* umami (***), risotto aux champignons (*) dos de morue poché au lait de coco à la rose, gingembre mariné et pois craquants (**), polenta au gorgonzola version «umami» (***), ris de veau saisis aux champignons à la crème (*), risotto aux champignons (*), salade de champignons (***), salade de riz sauvage aux champignons (***), salade de champignons, noix de coco grillée et vinaigrette à la noisette (***), brochettes de filet de porc et champignons portobellos sur brochettes imbibées au lait de coco (***), camembert chaud au sirop d'érable (***), rôti de porc farci aux abricots et sauce au porto tawny et lait de coco (***).

CHARDONNAY (CHAMPAGNE BLANC DE BLANCS)

Huîtres crues en version anisée (**), huîtres frites à la coriandre et wasabi (**), crevettes caramélisées, écume de carotte, pomme McIntosh et graines de cumin, purée de carottes à l'huile de crustacés et pimentón fumé (**), figues confites au thé Pu-erh, chantilly de fromage Saint-Nectaire (**), filet de doré poêlé, écailles de pommes de terre à l'huile d'arachide, crème d'arachide crue au persil et coriandre, fèves édamames juste blanchies (***), fromage comté, 12 mois d'affinage, tartare d'huîtres, foie gras de canard au torchon (*).

CHARDONNAY (ÉVOLUÉ, BOURGOGNE et JURA)

Amandes apéritives à l'espagnole : pimentón fumé, miel et huile d'olive (**), burger de saumon (***), poulet au curry (***), queue de langouste grillée, cubes de gelées de xérès, de café ou de livèche, trait d'amlou et côtes de céleri à la vapeur (**), rôti de porc farci aux abricots et sauce au scotch et lait de coco (***), salade de riz sauvage aux champignons (***), saumon laqué sauce soya/vinaigre balsamique (**) et riz sauvage soufflé au café_Mc² (**).

CHARDONNAY (NOUVEAU MONDE)

Tapas de fromage en crottes_Mc² à l'huile de safran et morceaux de pommes jaunes fraîches (***), saumon fumé « au BBQ éteint » (***), *pulled pork* à la noix de coco (***), rôti d'épaule de porc au scotch, champignons et nectar d'abricot (***), côtes levées de porc au caramel de curry, miel de sarrasin et sauce soya (***), brochettes de poulet au miel et pâte de curry (***), salade de champignons, noix de coco grillée et vinaigrette à la noisette (***), tourtière classique aux champignons de Paris et copeaux de noix de coco grillés (***), abattis de dinde croustillants farcis à la fraise « cloutée », laqués à l'ananas (**), fougasse parfumée au clou de girofle et fromage bleu fondant caramélisé (**), jambon glacé aux fraises et girofle (**), lapin à la crème moutardée (*), mozzarella gratinée « comme une pizza » viande des Grisons et piment d'Espelette (***), pétoncles poêlés, couscous de noix du Brésil à l'orange sanguine, lait de coco au gingembre (**), pétoncles rôtis fortement, shiitakes poêlés, copeaux de parmigiano reggiano et écume de bouillon de kombu (**), polenta au gorgonzola version « umami » (***), rôti de porc farci aux abricots (***).

CHARDONNAY (STYLE CHABLIS NON BOISÉ et NOUVELLE-ZÉLANDE)

Bruschettas en mode anisé (***), dumplings aux crevettes à la coriandre fraîche (***), salade de fenouil (***), soupe froide de fenouil, menthe, citron vert et wasabi (***), lait de topinambour à l'anis étoilé (***), soupe froide de fenouil, basilic, citron vert et wasabi (***), huîtres frites à la coriandre et wasabi (**), saumon mariné à l'aneth (*), crevettes caramélisées, écume de carotte, pomme McIntosh et graines de cumin, purée de carottes à l'huile de crustacés et pimentón fumé (**), huîtres crues en version anisée (**), crème de rutabaga aux graines de fenouil (***), gravlax de saumon (*), farfalles aux champignons séchés et jambon séché (***), *lobster rolls* umami (***), risotto aux champignons (*), gratin de pommes de terre comme un dauphinois à la muscade (***), röstis de pommes de terre (***).

CHENIN BLANC LIQUOREUX (LAYON et VOUVRAY, LOIRE)

Petit poussin laqué (**), fondue à Johanne_Mc²: cubes de fromage à croûte lavée, frits et parfumés à l'ajowan (**), bavarois au chocolat blanc et pistaches (***), pouding aux fraises (ou à l'ananas) et gingembre (***), tatin de pommes au curry, noix de macadamia salées au sirop d'érable, tranche de foie gras de canard poêlé) (**).

CHENIN BLANC SEC (CORSÉ, LOIRE et AFRIQUE DU SUD)

Blanc de volaille cuit au babeurre, «émulsion d'asperges vertes aux crevettes_Mc²», feuilles de choux de Bruxelles, vinaigrette acide à la chicorée (**), crevettes caramélisées, écume de carotte, pomme McIntosh et graines de cumin, purée de carottes à l'huile de crustacés et pimentón fumé (**), «émulsion d'asperges vertes aux crevettes_Mc²» (**).

CHENIN BLANC SEC (MODÉRÉ, LOIRE)

Bloody Ceasar_Mc²: «version solide pour l'assiette» (**), huîtres frites à la coriandre et wasabi (**), blanquette de veau, porc tandoori, fromage de chèvre Selles-sur-Cher, linguine aux crevettes au cari et à l'orange, paella aux fruits de mer, pétoncles à l'émulsion d'huile d'olive et au jus de limette, saumon au beurre blanc.

CIDRE DE GLACE (QUÉBEC)

Fromage bleu Le Rassembleu accompagné d'abricots séchés, caramel au cidre de glace «pour cidre de glace» (***), gâteau au fromage à la cannelle et aux zestes d'orange (***), millefeuille de pain d'épices aux pommes et aux abricots (*), croustade d'abricots, lavande et muscat (***), fromages (Gruyère Réserve très vieux ou Cru des érables), millefeuille de pain d'épices aux pommes et aux abricots (*), pouding poché au thé Earl Grey beurre de cannelle et scotch highland single malt (**), tatin de pommes au curry noix de macadamia salées au sirop d'érable, tranche de foie gras de canard poêlé (**).

FIANO (DI AVELLINO, ITALIE)

Crabe des neiges, ketchup aux pois verts, épinards fanés à l'huile d'olive, caviar de mulet et mousse de bière noire (**), filet de porc au miel et aux poires, pâtes aux fruits de mer sauce à la crème, poulet au gingembre et à l'ananas, salade de pâtes crémeuses au thon, saumon fumé sauce au miel, vol-au-vent de fruits de mer.

FUMÉ BLANC (NOUVEAU MONDE)

Voir Sauvignon blanc.

FURMINT (TOKAJI ASZÚ «LIQUOREUX», HONGRIE)

Ananas caramélisé, cassonade, sauce soya, saké et réglisse noire, copeaux de chocolat noir (**), noix de macadamia sablées au sirop d'érable et curry (**), petit poussin laqué (**), saumon laqué à l'érable et à la bière noire (**), tarte pécan et sirop d'érable, tarte tatin à l'ananas et caramel au rhum, tatin de pommes au curry noix de macadamia salées au sirop d'érable, tranche de foie gras de canard poêlé (**).

FURMINT (TOKAJI SEC, HONGRIE)

Crevettes caramélisées, écume de carotte, pomme McIntosh et graines de cumin, purée de carottes à l'huile de crustacés et pimentón fumé (**), filet de truite fumée, pâtes au saumon fumé sauce à l'aneth (*), rouleaux de printemps en mode anisé (***), huîtres crues en version anisée (**), huîtres frites à la coriandre et wasabi (**), lotte à la vapeur de thé gyokuro, salade d'agrumes et pistils de safran (**).

GARGANEGA (SOAVE, ITALIE)

Velouté froid de betteraves jaunes à la menthe et cumin (***), pesto d'épinards aux graines de citrouille (***), soupe froide de fenouil, basilic, citron vert et wasabi (***), spaghettis au thon «en conserve», câpres et menthe (***), tapenade d'olives vertes au fenouil (***), tartare de tomates au pimentón, crevettes de Matane et jus de pamplemousse rose (***), huîtres frites à la coriandre et wasabi (**), osso buco de veau, gremolata à l'orange et pistils de lavande (***), suprêmes de poulet au tilleul, pétoncles à l'émulsion d'huile d'olive et au jus de limette, dos de morue poché au lait de coco à la rose, gingembre mariné et pois craquants (**), pattes de pieuvre rôties, compote de tomates au thé noir, pamplemousse rose, lavande et safran du Maroc (**), risotto aux champignons (*).

GEWURZTRAMINER (SEC/DEMI-SEC)

Tapas de fromage en crottes_Mc² à l'huile de gingembre et litchis (***), *crab cakes* au gingembre et menthe fraîche (***), baklava de bœuf en bonbons, miel de menthe à la lavande et eau de géranium, viande des Grisons (**), soupe froide de concombre au gingembre (***), trempette de tofu, curcuma et gingembre (***), grosses crevettes grillées au gingembre et litchi (***), brochettes de kefta d'agneau au gingembre (***), curry de poulet à la noix de coco (*), brochettes de poulet grillées sur brochettes de bambou imbibées au gingembre (voir Brochettes de bambou imbibées au gingembre «pour grillades de bœuf et de poisson») (***), carré de porc glacé aux fraises, poivre du Sichuan, galanga et miel (**), fricassée de crevettes à l'ananas et poivrons doux fouettés au curry rouge et au parfum de romarin (*), filet de truite en gravlax nordique, granité de gingembre et de pamplemousse (**), fromage Munster aux graines de cumin et salade de pomme et noix de Grenoble (*), «pâte de fruits_Mc²»: litchi/gingembre, sucre à la rose (**), pomme tiède farcie au fromage Sir Laurier (*), pot-au-feu froid d'agneau cuit rosé, cubes de bouillon à la sauge, condiment au curcuma, sel de romarin (**), potage de courge Butternut au gingembre et curcuma (***), poulet au thé Earl Grey et romarin (***), terrine de foie gras et cailles, parfums de pétales de rose, gingembre, litchi et piment d'Espelette (**).

GEWURZTRAMINER (VENDANGES TARDIVES, ALSACE, FRANCE)

Litchis à l'eau de rose (***), crème-dessert au citron, à l'eau de rose et aux graines de coriandre (***), tartare de litchis (*), crémeux citron, meringue/siphon au romarin (**), fromage à croûte lavée «affiné» parfumé au romarin (macéré quelques jours au centre du fromage), «pâte de fruits_Mc²»: litchi/gingembre, sucre à la rose (**), pêches pochées au romarin, salade d'ananas et fraises parfumée au romarin, terrine de foie gras et cailles, parfums de pétales de rose, gingembre, litchi et piment d'Espelette (**).

GROS et PETIT-MANSENG – SEC (JURANÇON SEC/SUD-OUEST, FRANCE)

Carré de porc glacé aux fraises, poivre du Sichuan, galanga et miel (**), chutney d'ananas au curcuma, gingembre et vinaigre de xérès (**), œufs au sirop d'érable, à la sauce soya et au curry, pommade de pommes au curry et à l'érable (***) accompagnée de fromages (comté 12 mois d'affinage, Gré des Champs ou saint-marcelin), abattis de dinde croustillants farcis à la fraise «cloutée», laqués à l'ananas (**), crabe des neiges, ketchup aux pois verts, épinards fanés à l'huile d'olive, caviar de mulet et mousse de bière noire (**), fromage asiago stravecchio, fromage cabra transmontano, jambon à l'ananas ou aux fraises (**), truite en papillote et bettes à carde.

GRÜNER VELTLINER (AUTRICHE)

Acras de morue, crevettes caramélisées, écume de carotte, pomme McIntosh et graines de cumin, purée de carottes à l'huile de crustacés et pimentón fumé (**), huîtres crues en version anisée (**), salade de fenouil (***).

MADÈRE « BUAL et MALMSEY » (PORTUGAL)

Gâteau Davidoff (*), millefeuille de pain d'épices aux figues (*), palets de ganache de chocolat noir au caramel, « Soyable_Mc² » (**), « caramous_Mc² » : caramel mou à saveur d'érable « sans érable » (**), cigare panatela petit Cohiba Exquisitos, fromages : vieux gouda et vieux cheddars accompagnés de confiture de coings portugaise et de noix de Grenoble, « ganache chocolat / Soyable_Mc² » (**), gâteau au café et meringue au chocolat.

MALVASIA (CALIFORNIE et ITALIE)

Bruschettas en mode gingembre (***), pain à la courgette au gingembre (***), soupe froide de concombre au gingembre (***), brochettes de poulet au gingembre (***), pickles de concombre au curcuma, ketchup de betteraves jaunes (***), feuilletés au gruyère et au gingembre (***).

MOSCATO (D'ASTI/ITALIE)

Dahl aux lentilles orange, cumin et coriandre fraîche « en trempette » (***), feuilletés au gruyère et au gingembre (***), gâteau à l'orange et graines de coriandre (***), gâteau au fromage à la cannelle et graines de coriandre (***), gâteau au yogourt citron, gingembre et eau de rose (***), tartare de litchis aux épices (*), bonbons d'abricots secs, de pistaches parfumées à l'eau de fleur d'oranger et de crème Chantilly à la badiane (*), figues fraîches confites « linalol » : cannelle et eau de rose, mousse de tangerine au babeurre, huile de thé à la bergamote (**).

MUSCADET (LOIRE, FRANCE)

Moules marinière « à ma façon » (*), huîtres frites à la coriandre et wasabi (**), lait d'asperges blanches aux crevettes et xérès fino (***), crème de rutabaga à la menthe (***), filet de saumon au four en mode anisé (***), huîtres crues en version anisée (**), pâtes aux asperges légèrement crémées, raclette, salade de fenouil (***), salade niçoise, truite grillée et purée de céleri-rave.

MUSCAT/MOSCATO (JEUNE VIN DOUX NATUREL et MOSCATO D'ASTI)

Tapas de fromage en crottes_Mc² à l'huile de gingembre et litchis (***), trempette de tofu, curcuma et gingembre (***), dahl aux lentilles orange, cumin et coriandre fraîche « en trempette » (***), panettone, gâteau à l'orange et graines de coriandre (***), gâteau au fromage à la cannelle et graines de coriandre (***), gâteau au yogourt citron, gingembre et eau de rose (***), tartare de litchis aux épices (*), bonbons d'abricots secs, de pistaches parfumées à l'eau de fleur d'oranger et de crème Chantilly à la badiane (*), crémeux citron, meringue/siphon au romarin (**), croustade de pommes jaunes au safran (***), figues fraîches confites « linalol » : cannelle et eau de rose, mousse de tangerine au babeurre, huile de thé à la bergamote (**), millefeuille de pain d'épices aux pêches et à l'eau de fleur d'oranger (*), «pâte de fruits_Mc²»: litchi/gingembre, sucre à la rose (**), baklavas de bœuf en bonbons, miel de menthe à la lavande et eau de géranium, viande des Grisons (**), bavarois de mascarpone sucré au miel d'orange aromatisé en trois versions: géranium/lavande; citronnelle/menthe; eucalyptus (**).

MUSCAT/MOSCATO (PASSITO CORSÉ/ÉVOLUÉ, VIN DOUX NATUREL)

Tatin de pommes au curry, noix de macadamia salées au sirop d'érable, tranche de foie gras de canard poêlé (**), ananas caramélisé, cassonade, sauce soya, saké et réglisse noire, copeaux de chocolat noir (**), fromage gorgonzola accompagné de marmelade d'oranges, gâteau Davidoff (*), millefeuille de pain d'épices aux mangues (*), mangues confites pour Pavlova (***), mousse au chocolat noir et au parfum de Grand Marnier (*), pêches rôties au caramel à l'orange (*).

MUSCAT SEC (ALSACE et EUROPE)

Tapas de fromage en crottes_Mc² à l'huile de gingembre et litchis (***), trempette de tofu, curcuma et gingembre (***), pain à la courgette au gingembre (***), potage de courge Butternut au gingembre et curcuma (***), fromage de chèvre cendré à l'huile d'olive et romarin (**), brochettes de poulet au gingembre (***).

PETIT-MANSENG (JURANÇON MOELLEUX/LIQUOREUX)

Fromage à croûte fleurie (triple crème) accompagné de confiture de poires au thym, brioches à la cannelle (***), figues rôties à la cannelle et au miel (idée détaillée dans le livre *Papilles et Molécules*), millefeuille de pain d'épices aux figues (*), pommes aux épices cuites au four (***), crème glacée à la vanille et confiture de poires à la réglisse, poires asiatiques cuites au safran et belle de Brillet, éclats de vieux cheddar, mangue glacée/râpée (**), abattis de dinde croustillants farcis à la fraise «cloutée», laqués à l'ananas (**), «after 8_Mc²»: version originale à la menthe (**), «after 9_Mc²»: version au basilic (**), «after 10_Mc²»: version à l'aneth (**), confiture de fraises au clou de girofle et au rhum brun (**), tatin de pommes au curry, noix de macadamia salées au sirop d'érable, tranche de foie gras de canard poêlé (**),

PINOT BLANC (ALSACE, CANADA et ITALIE)

Trempette à l'aneth (***), trempette de yogourt à la coriandre, pomme Granny Smith et huile d'olive (***), dahl aux lentilles orange, cumin et coriandre fraîche «en trempette» (***), tapas de fromage en crottes_Mc² à l'huile de coriandre fraîche et morceaux de pommes vertes fraîches (***), «fondue à Johanne_Mc²»: cubes de fromage à croûte lavée, frits et parfumés à l'ajowan (**), salade de chou-fleur et vinaigrette à la papaye, aux câpres et au wasabi (***), salade de farfalle aux crevettes, tomates fraîches et melon d'eau grillé, vinaigrette de pamplemousse rose (***), crème froide de chou-fleur à la papaye, câpres et wasabi (***), ceviche de morue au citron vert et persil plat (***), blanquette de veau, fondue au fromage suisse, raclette, salade César.

PINOT GRIS/PINOT GRIGIO (ALSACE/ITALIE)

Salade de riz sauvage aux champignons (***), brochettes de pétoncles grillés et couscous de noix du Brésil (***), flanc de porc «façon bacon» fumé au bois de pommier, mélasse, sauce soya, rhum et clou de girofle (**), crabe des neiges, ketchup aux pois verts, épinards fanés à l'huile d'olive, caviar de mulet et mousse de bière noire (**), mon lapin exotique pour amateurs de vins blancs (*), polenta au gorgonzola (***),

RIESLING DEMI-SEC (KABINETT et SPATLESE, ALLEMAGNE)

Poulet du général Tao, sushis avec gingembre, olives vertes marinées au gin Hendrick's, cardamome verte et thé vert (***), grosses crevettes grillées au romarin et cardamome (***), fromage de chèvre cendré à l'huile d'olive et romarin (**), calmars en tempura d'amandes, fleur de sel au cèdre, mousse de riz en paella (**), filet de truite en gravlax nordique, granité de gingembre et de pamplemousse (**), bar grillé avec sauce yuzu miso (*), fricassée de crevettes à l'ananas et poivrons doux fouettés au curry rouge et au parfum de romarin (*).

RIESLING LIQUOREUX (AUSLESE, ALLEMAGNE)

Bouillon de lait de coco piquant aux crevettes, crémeux citron, meringue/siphon au romarin (**), crevettes aux épices et aux légumes croquants (*), cuisines asiatiques très épicées, cuisine sichuanaise, cuisine thaï, salade d'ananas et fraises parfumée au romarin, tarte au citron et meringue «à l'italienne» parfumée au romarin.

RIESLING SEC (CORSÉ, ALSACE et AUTRICHE)

«Vraie crème de champignons_Mc²»: lait de champignons de Paris et mousse de lavande (**), grosses crevettes grillées au romarin et cardamome (***), épaule d'agneau confite au romarin et au riesling (***), filet de truite en gravlax nordique, granité de gingembre et de pamplemousse (**), gigot d'agneau, cuisson lente, au romarin, casserole de panais à la cardamome (**), pattes de pieuvre rôties, compote de tomates au thé noir, pamplemousse rose, lavande et safran du Maroc (**), filet d'escolar poêlé, anguille «unagi» BBQ, crème de céleri-rave aux graines de cerfeuil, feuilles et huile de menthe fraîche (**), fromage de chèvre cendré à l'huile d'olive et romarin (**), pétoncles poêlés couscous de noix du Brésil à l'orange sanguine, yogourt au gingembre (**).

RIESLING SEC (CORSÉ, AUSTRALIE et CALIFORNIE)

Brochettes de crevettes au paprika sur brochettes de bambou parfumées au pamplemousse rose (***), *crab cakes* à la coriandre fraîche et daïkon (***), gravlax de saumon au romarin et au citron (***), guacamole au citron vert, coriandre fraîche et piment fort (***), pattes de pieuvre rôties, compote de tomates au thé noir, pamplemousse rose, lavande et safran du Maroc (**), calmars en tempura d'amandes, fleur de sel au cèdre, mousse de riz en paella (**), chips de jambon serrano, pommade de nectar d'abricot, chapelure d'oreilles de crisse (**), fromage de chèvre cendré à l'huile d'olive et romarin (**), gigot d'agneau, cuisson lente, au romarin et casserole de panais à la cardamome (**), pétoncles poêlés et couscous de noix du Brésil à l'orange sanguine, yogourt au gingembre (**), «vraie crème de champignons_Mc^2»: lait de champignons de Paris et mousse de lavande (**).

RIESLING SEC (MODÉRÉ, ALSACE)

Taboulé à la coriandre fraîche (***), champignons de Paris et sauce bonne femme à la lavande (***), tapas de fromage en crottes_Mc^2 à l'huile de coriandre fraîche et morceaux de pommes vertes fraîches (***), tartare d'huîtres à la coriandre fraîche, trempette au saumon fumé ou fromage de chèvre mariné à l'huile (***) calmars en tempura d'amandes, fleur de sel au cèdre, mousse de riz en paella (**).

RIESLING SEC/TROCKEN (KABINETT et SPATLESE, ALLEMAGNE)

Calmars en tempura d'amandes, fleur de sel au cèdre, mousse de riz en paella (**), rouleaux de printemps «au goût de froid» (***), taboulé à la coriandre fraîche (***), champignons de Paris et sauce bonne femme à la lavande (***), tapas de fromage en crottes_Mc^2 à l'huile de coriandre fraîche et morceaux de pommes vertes fraîches (***), tartare d'huîtres à la coriandre fraîche, trempette au saumon fumé ou fromage de chèvre mariné à l'huile (***) calmars en tempura d'amandes, fleur de sel au cèdre, mousse de riz en paella (**).

ROUSSANNE et MARSANNE (RHÔNE, LANGUEDOC, AUSTRALIE ET CALIFORNIE)

Beurre de champignons séchés et noix de coco (***), curry de crevettes (***), camembert chaud au sirop d'érable (***), burger de saumon (***), brochettes de filet de porc mariné au scotch et champignons portobellos sur brochettes parfumées au lait de coco (***), brochettes de poulet au miel et pâte de curry (***), *pulled pork* à la noix de coco (***), rôti de palette au rhum brun, au gingembre et aux oignons caramélisés (***), mignon de porc mangue-curry (*), rôti de porc farci aux abricots et sauce au scotch et lait de coco (***), curry de crevettes au lait de coco et à l'ananas (***), brochettes de portobellos laquées au sirop d'érable et au miso (***), dumplings au porc en mode umami (***), feuilletés aux champignons, au scotch et à la noix de coco (***), *lobster rolls* umami (***), soupe au miso à l'huile de sésame grillé et au riz sauvage (***), brochettes de pétoncles grillés et couscous de noix du Brésil (***), rôti de porc farci aux abricots (***), lapin à la crème moutardée (*), mignon de porc mangue-curry (*), morceau de flanc de porc poché (vinaigrette de boudin à la noix de coco, *crumble* de boudin noir) (**), petit poussin laqué (**), pétoncles rôtis fortement, shiitakes poêlés, copeaux de parmigiano reggiano et écume de bouillon de kombu (**), polenta au gorgonzola version « umami » (***).

SAKÉ (JAPON/ÉTATS-UNIS)

Noix de cajous apéritives à la japonaise « Soyable_Mc²»: huile de sésame, gingembre et graines de coriandre (**), « saumon fumé_Mc²» (**).

SAKÉ NIGORI (JAPON/ÉTATS-UNIS)

« Caramous_Mc²»: caramel mou à saveur d'érable « sans érable ») (**), « guimauve érable_Mc²»: sirop d'érable, vanille et amandes amères (**), « Soyable_Mc²» (**), « whippet_Mc²»: guimauve au sirop d'érable vanillé, coque de chocolat blanc caramélisé (**).

SAUVIGNON BLANC (FRANCE, CALIFORNIE, CHILI, et NOUVELLE-ZÉLANDE)

Sandwich pita au thon (***), sandwich vietnamien Banh-mi au porc en mode anisé (***), tapas de fromage en crottes_Mc² à l'huile de basilic et morceaux de pommes rouges fraîches (***), taboulé au basilic (***), trempette de tofu, aneth et citron vert (***), dumplings aux crevettes, pimentón et tomate (***), tapenade d'olives vertes au fenouil (***), soupe froide de fenouil, menthe, citron vert et wasabi (***), bruschettas en mode anisé (***), brandade de morue salée en mode anisé (***), céleri rémoulade en mode anisé et au « goût de froid » (***), crème froide de chou-fleur à la papaye, câpres et wasabi (***), « émulsion d'asperges vertes aux crevettes_Mc²» (**), fenouil mariné au vinaigre (***), filet de saumon au four en mode anisé (***), homard frit au pimentón doux fumé et compote de poivrons jaunes au concentré de jus d'orange (**), huîtres crues en version anisée (**), huîtres frites à la coriandre et wasabi (**), jarret d'agneau au pastis et tomates fraîches (**), moules marinière « à ma façon » (*), lotte à la vapeur de thé gyokuro, salade d'agrumes et pistils de safran (**), pain à la courgette à la coriandre (***), pâtes au saumon fumé en sauce légèrement crémée et parfumée à l'aneth (*), purée de rutabaga à l'anis étoilé (voir recette sur papillesetmolcecules.com), rouleaux de printemps en mode anisé (***), salade de carottes à la menthe (***), salade de chou-fleur et vinaigrette à la papaye, aux câpres et au wasabi (***), salade de radis, pamplemousse rose et pomme verte (***), guacamole à la menthe fraîche, citron vert et wasabi (***), grosses crevettes grillées au thé Earl Grey (***), salade d'asperges aux crevettes et vinaigrette à la chicorée (***), salade de pommes de terre, concombre, coriandre et asperges vertes (***), spaghettis au thon «en conserve», câpres et basilic (***).

SAUVIGNON BLANC (VENDANGE TARDIVE)

Abattis de dinde croustillants farcis à la fraise «cloutée», laqués à l'ananas (**),«after 8_Mc^2»: version originale à la menthe (**), «after 9_Mc^2»: version au basilic (**), «after 10_Mc^2»: version à l'aneth (**), confiture de fraises au clou de girofle et au rhum brun (**), cacahouètes apéritives à l'américaine: sirop d'érable, cannelle, zestes d'orange et piment chipotle fumé (**).

SAVAGNIN (VIN JAUNE)

Amandes apéritives à l'espagnole: pimentón fumé, miel et huile d'olive (**), noix de macadamia sablées au sirop d'érable et curry (**), chips de jambon serrano, pommade de nectar d'abricot, chapelure d'oreilles de crisse (**), «émulsion d'asperges vertes aux crevettes_Mc^2» (**), fromage de chèvre cendré à l'huile d'olive et romarin (**), pétoncles poêlés, couscous de noix du Brésil à l'orange sanguine, lait de coco au gingembre (**), queue de langouste grillée, cubes de gelées de xérès, de café ou de livèche, trait d'amlou et côtes de céleri à la vapeur (**), saumon laqué sauce soya/vinaigre balsamique (**) et «riz sauvage soufflé au café_Mc^2» (**), «Soyable_Mc^2» (**).

SÉMILLON BLANC SEC (AUSTRALIE/BORDEAUX)

Amandes apéritives à l'espagnole: pimentón fumé, miel et huile d'olive (**), crabe des neiges, ketchup aux pois verts, épinards fanés à l'huile d'olive, caviar de mulet et mousse de bière noire (**), saumon laqué sauce soya/vinaigre balsamique (**) et «riz sauvage soufflé au café_Mc^2» (**), beurre de champignons séchés et noix de coco (***), burger de saumon (***), brochettes de filet de porc mariné au scotch et champignons portobellos sur brochettes parfumées au lait de coco (***), mignon de porc mangue-curry (*), brochettes de portobellos laquées au sirop d'érable et au miso (***), dumplings au porc en mode umami (***), *lobster rolls* umami (***), rôti de porc farci aux abricots (***), pétoncles rôtis fortement, shiitakes poêlés, copeaux de parmigiano reggiano et écume de bouillon de kombu (**).

SÉMILLON BLANC LIQUOREUX (SAUTERNES et AUTRES VOISINS)

Pommade de pommes au curry et à l'érable (***), crème brûlée à l'érable et curry et caramel à l'amaretto (***), crème caramel à la vanille (***), croustade de pommes jaunes au safran (***), dattes chaudes dénoyautées et farcies au roquefort, figues rôties à la cannelle et au miel (idée détaillée dans le livre *Papilles et Molécules*), fromage époisses accompagné de pain aux figues ou aux dattes, «guimauve érable_Mc²»: sirop d'érable, vanille et amandes amères (**), jambon à l'ananas ou aux fraises (**), millefeuille de pain d'épices à l'ananas et aux fraises (*), noix de macadamia sablées au sirop d'érable et curry (**), terrine de foie gras de canard au torchon et Pain au safran (*), «whippet_Mc²»: guimauve au sirop d'érable vanillé, coque de chocolat blanc caramélisé (**).

SÉMILLON BLANC LIQUOREUX (SAUTERNES ÉVOLUÉ)

Croustade aux figues séchées (***), pêche tiède sur son craquant aux noix de pacane, baignée d'un caramel de jus de pêche parfumé à l'anis étoilé, au girofle et à la cannelle (*), petit poussin laqué (**), tatin de pommes au curry noix de macadamia salées au sirop d'érable, tranche de foie gras de canard poêlé (**).

TORRONTÉS (ARGENTINE)

Tapas de fromage en crottes_Mc² à l'huile de gingembre et litchis (***), trempette de tofu, curcuma et gingembre (***), pain à la courgette au gingembre (***), potage de courge Butternut au gingembre et curcuma (***), fromage de chèvre cendré à l'huile d'olive et romarin (**), brochettes de poulet au gingembre (***).

VERDEJO (RUEDA, ESPAGNE)

Dumplings aux crevettes, pimentón et tomate (***), tapenade d'olives vertes au fenouil (***), Bloody Ceasar_Mc: «version solide pour l'assiette» (**), brandade de morue salée en mode anisé (***), crème froide de chou-fleur à la papaye, câpres et wasabi (***), crevettes caramélisées, écume de carotte, pomme McIntosh et graines de cumin, purée de carottes à l'huile de crustacés et pimentón fumé (**), «émulsion d'asperges vertes aux crevettes_Mc²» (**), homard frit au pimentón doux fumé et compote de poivrons jaunes au concentré de jus d'orange (**), lotte à la vapeur de thé gyokuro, salade d'agrumes et pistils de safran (**), purée de rutabaga à l'anis étoilé (voir recette sur papillesetmolcecules.com), salade de crevettes froides, vinaigrette au jus de pamplemousse rose (***), salade de chou-fleur et vinaigrette à la papaye, aux câpres et au wasabi (***), sandwich vietnamien Banh-mi au porc en mode anisé (***), taboulé au basilic (***), guacamole à la menthe fraîche, citron vert et wasabi (***), brochettes de crevettes au paprika sur brochettes de bambou parfumées au pamplemousse rose (***).

VIDAL (ICEWINE/VIN DE GLACE, QUÉBEC/CANADA)

Crème-dessert au citron, à l'eau de rose et aux graines de coriandre (***), croustade d'abricots, lavande et muscat (***), mangues confites pour Pavlova (***), litchis à l'eau de rose (***), millefeuille de pain d'épices aux mangues (*), croustade de foie gras aux pommes (*), fromages époisses accompagné de pain aux figues ou gorgonzola accompagné de marmelade d'oranges, millefeuille de pain d'épices aux mangues (*), tartare de litchis aux épices (*), tarte à la citrouille et au gingembre (*).

VIOGNIER (LANGUEDOC, RHÔNE et CALIFORNIE)

Brochettes de poulet au miel et pâte de curry (***), *pulled pork* à la noix de coco (***), rôti de palette au rhum brun, au gingembre et aux oignons caramélisés (***), brochettes de portobellos laquées au sirop d'érable et au miso (***), mignon de porc mangue-curry (*), curry de crevettes (***), rôti de porc farci aux abricots et sauce au scotch et lait de coco (***), brochettes de pétoncles grillés et couscous de noix du Brésil (***), rôti de porc farci aux abricots (***), polenta au gorgonzola version « umami » (***).

XÉRÈS AMONTILLADO et OLOROSO (ESPAGNE)

Amandes apéritives à l'espagnole : pimentón fumé, miel et huile d'olive (**), tarte de pommes de terre cuites au thé Pu-erh et fromage Saint-Nectaire (***), salade de tomates et vinaigrette balsamique à la réglisse fantaisie (***), mousseux au chocolat noir et thé lapsang souchong (**), carré aux figues séchées, crème fumée et cassonade à la réglisse (**), cigare figurados Arturo Fuente Don Carlos N° 2, fromage camembert aux noix mélangées (éclats de chocolat noir et scotch macérés quelques jours au centre du fromage), sucre à la crème aux noisettes grillées et Frangelico (***), « whippet_Mc^2 » : guimauve au sirop d'érable vanillé, coque de chocolat blanc caramélisé (**).

XÉRÈS FINO et MANZANILLA (ESPAGNE)

Bruschettas en mode romarin (***), cake au prosciutto et olives noires (***), tapenade d'olives vertes au fenouil (***), tarte de pommes de terre au Saint-Nectaire et figues fraîches (***), calmars en tempura d'amandes, fleur de sel au cèdre, mousse de riz en paella (**), chips de jambon serrano, pommade de nectar d'abricot, chapelure d'oreilles de crisse (**), « émulsion d'asperges vertes aux crevettes_Mc^2 » (**), filets de maquereau grillés et marinés à la graine de coriandre. mousse de risotto froid au lait de muscade (**), figues confites au thé Pu-erh, chantilly de fromage Saint-Nectaire (**), fromage de chèvre cendré à l'huile d'olive et romarin (**), pétoncles poêlés couscous de noix du Brésil à l'orange sanguine, yogourt au gingembre (**), « vraie crème de champignons_Mc^2 » : lait de champignons de Paris et mousse de lavande (**).

LES CÉPAGES ROUGES

en harmonies

BARBERA (PIÉMONT, ITALIE)

Tarte de pommes de terre cuites au thé Pu-erh et fromage Saint-Nectaire (***), betteraves rouges marinées à la crème de cassis et vinaigre de vin rouge (***), chili de Cincinnati (***), mozzarella gratinée «comme une pizza», viande des Grisons et piment d'Espelette (***), cailles sautées à la poêle et riz sauvage aux champignons (*), casserole de poulet à la pancetta, pétoncles en civet (*), poitrines de volaille à la crème d'estragon (*), salade de champignons portobellos sautés et copeaux de parmesan, steak de saumon au café noir et au cinq-épices chinois (*).

CABERNET FRANC (LOIRE, FRANCE)

Bonbons de framboise et algue nori (***), ketchup de betteraves rouges (***), croûtons de brioche, bœuf grillé mariné au poivre long et purée de poivrons rouges rôtis au sésame grillé (voir recette sur papillesetmolecules.com), fromage Saint-Nectaire accompagné de «confipote de prunes à l'anis étoilé» (voir confipote sur papillesetmolecules.com), figues confites au thé Pu-erh, chantilly de fromage Saint-Nectaire (**), asperges vertes rôties au four à l'huile d'olive, poitrines de poulet farcies au chèvre et aux poivrons rouges, poulet basquaise ou chasseur, tarte de pommes de terre cuites au thé Pu-erh et fromage Saint-Nectaire (***).

CABERNET SAUVIGNON (CORSÉ, EUROPE)

Pâte concentrée de poivrons rouges rôtis à l'huile de sésame grillé (voir recette sur papillesetmolecules.com), salade de riz sauvage aux champignons (***), cailles sautées à la poêle et riz sauvage aux champignons (*), côtes de veau et purée de pois à la menthe (*), filets de bœuf au café noir (*), filets de bœuf et coulis de poivrons verts (*), magret de canard rôti à la nigelle.

CABERNET SAUVIGNON (CORSÉ, NOUVEAU MONDE)

Légumes d'automne rôtis au four pour vins boisés (***), chili de Cincinnati (***), marinade pour le bœuf à l'érable (***), filets de bœuf marinés au parfum d'anis étoilé ou filets de bœuf au café noir (*), salade de riz sauvage aux champignons (***), brochettes d'agneau et champignons café « sur brochettes imbibées d'une eau parfumée au thym » (***), asperges vertes rôties, enrobées de chocolat noir infusé au thé fumé Zheng Shan Xiao Zhong, fleur de sel au café (**), brochettes de bœuf sauce au fromage bleu (*), « feuilles de vigne farcies_Mc² » : riz sauvage soufflé, bacon de sanglier, sirop de riz brun/café (**), filet de bœuf de la Ferme Eumatimi, sauce *mole* mexicaine à la noix de coco et au cinq-épices (**), pot-au-feu froid d'agneau cuit rosé, cubes de bouillon à la sauge condiment au curcuma, sel de romarin (**), croûtons de brioche, bœuf grillé mariné au poivre long et purée de poivrons rouges rôtis au sésame grillé (voir recette sur papillesetmolecules.com).

CABERNET SAUVIGNON (MODÉRÉ, EUROPE)

Sandwich de canard confit et nigelle (voir recette sur papillesetmolecules.com), pâte concentrée de poivrons verts et menthe (voir recette sur papillesetmolecules.com), lapin à la crème moutardée (*),côtes de veau et purée de pois à la menthe (*), lapin aux poivrons verts, braisé de bœuf à l'anis étoilé « façon À la di Stasio », lait de topinambour à l'anis étoilé (***), purée de rutabaga (***), brochettes de bambou imbibées à l'anis étoilé « pour cubes de bœuf » (***), frites au four assaisonnées à l'estragon « pour amateur de vin rouge » (***), ketchup de betteraves rouges (***), émulsion_Mc² « Mister Maillard » (voir recette sur papillesetmolecules.com).

CARMENÈRE (CHILI)

Frites au four assaisonnées à l'estragon « pour amateur de vin rouge » (***), brochettes de kefta d'agneau à l'olive noire et poivre (***), épices à steak « d'après cuisson » au thé noir fumé et à la vanille (***), brochettes de bœuf au café noir (voir Filets de bœuf au café noir) (*), brochettes de bœuf sauce au fromage bleu (*), hamburgers d'agneau aux poivrons rouges confits et au paprika, entrecôte et purée de pois à la menthe (voir Côtes de veau et purée de pois à la menthe) (*), asperges vertes rôties, enrobées de chocolat noir infusé au thé fumé Zheng Shan Xiao Zhong, fleur de sel au café (**), brochettes de bœuf et poivrons verts et rouges marinés à l'huile de sésame (***), côtes levées à la bière noire bouillon de bœuf et sirop d'érable (***), « feuilles de vigne farcies_Mc² » : riz sauvage soufflé, bacon de sanglier, sirop de riz brun/café (**), filets de bœuf grillés et coulis de poivrons verts (*), pâte concentrée de poivrons verts et menthe (voir recette sur papillesetmolecules.com), sandwich de canard confit et nigelle (voir recette sur papillesetmolecules.com).

CORVINA (AMARONE, ITALIE)

Viandes grillées avec « épices à steak d'après cuisson au thé noir fumé et à la vanille » (***), osso buco de veau, sauce liée au chocolat et gremolata à l'orange et graines de coriandre (***), tourtière de la Beauce et betteraves sautées à l'émulsion « Mister Maillard» (voir recette de l'émulsion «Mister Maillard» sur papillesetmolcules.com), confipote de prunes à l'anis étoilé (voir recette sur papillesetmolecules.com), côtes de cerf sauce griottes et chocolat noir (*), fromages (pecorino affumicato, caciocavallo affumicato ou parmigiano reggiano 24 mois d'affinage), magret de canard rôti et réduction du porto LBV, osso buco de cerf aux parfums de mûres et de réglisse (*), rognons de veau aux champignons et baies de genévrier.

CORVINA (RIPASSO, ITALIE)

Endives braisées aux cerises et au kirsch (***), salade de framboises à l'eau de rose et julienne d'algue nori (voir recette sur papillesetmolecules.com), lapin au vin rouge «sans vin rouge» (***), calmars farcis au bœuf et au riz sauvage parfumés à la cannelle et girofle (***), pâtes au «pesto de tomates séchées» (***), fromages Gruyère Réserve très vieux accompagné de «confipote de prunes à l'anis étoilé» (voir confipote sur papillesetmolecules.com), bœuf grillé et «marinade pour le bœuf au miso» (***) nappé d'une sauce au fromage bleu, brochettes de bœuf et jus au café expresso (*), endives braisées au fromage bleu (***), médaillons de veau aux bleuets, pâtes aux champignons et fond de veau, pizza sicilienne aux saucisses épicées et olives noires, poulet aux pruneaux et aux olives ou quesadillas (*wraps*) d'agneau confit et oignons caramélisés.

DOLCETTO (PIÉMONT, ITALIE)

Pesto de tomates séchées (***) pour bruschettas, focaccia ou pâtes, endives braisées aux cerises et au kirsch (***), sushis en bonbons de purée de framboises (***), nouilles chinoises au bœuf (***), filet de saumon grillé et pesto de tomates séchées (***), filet de saumon au pinot noir (*), pain de viande à la tomate, poulet grillé, salade de foie de volaille, veau marengo, filet de saumon au pinot noir (*), caponata à la sicilienne (version italienne de la ratatouille niçoise), pâtes aux saucisses italiennes et à la tomate, poulet cacciatore, salade de pâtes à la méditerranéenne (tomates cerises, olives noires, feta, aneth), spaghetti bolognaise épicé.

GAMAY (BEAUJOLAIS et TOURAINE)

Salade de framboises à l'eau de rose et julienne d'algue nori (voir recette sur papillesetmolecules.com), endives braisées aux cerises et au kirsch (***), sushis en bonbons de purée de framboises (***), nouilles chinoises au bœuf (***), filet de saumon grillé et pesto de tomates séchées (***), filet de saumon au pinot noir (*), pain de viande à la tomate, poulet grillé, salade de foie de volaille, veau marengo.

GARNACHA (CORSÉ, ESPAGNE)

Moussaka à l'agneau sur la piste du thym (***), braisé de bœuf à l'anis étoilé «façon À la di Stasio», légumes d'automne rôtis au four pour vins boisés (***), osso buco de veau, gremolata à l'orange et graines de coriandre (***), rôti de palette «comme un chili de Cincinnati» (***), tourtière de la Beauce et betteraves sautées à l'émulsion «Mister Maillard» (voir recette de l'émulsion «Mister Maillard» sur papillesetmolcules.com), cubes de bœuf en sauce (***), rôti d'épaule de porc au Spiced Rhum El Dorado, champignons, noix de coco et huile de noisette (***), bœuf de la Ferme Eumatimi frotté à la cannelle avant cuisson (compote d'oignons brunis au four et parfumée à la pâte d'anchois salés) (**), magret de canard rôti graines de sésame et cinq-épices, navets confits au clou de girofle (**), morceau de flanc de porc poché, vinaigrette de boudin à la noix de coco, *crumble* de boudin noir (**), navets blancs confits au clou de girofle (voir recette sur papillesetmolecules.com), «purée_Mc²» pour amateur de vin au céleri-rave et clou de girofle (voir recette sur papillesetmolecules.com), flanc de porc braisé/fumé, purée d'oignons doux au soya, anguille fumée et concentré de cassis (voir recette sur papillesetmolecules.com).

GARNACHA (MODÉRÉ, ESPAGNE)

Feuilleté aux olives noires (***), *pop-corn* «au goût de bacon et cacao» (***), viande grillée avec «épices à steak d'après cuisson au thé noir fumé et à la vanille» (***), bœuf grillé et réduction de Soyable_Mc² (**), «purée_Mc²» pour amateur de vin au céleri-rave et clou de girofle (voir recette sur papillesetmolecules.com), brochettes d'agneau à l'ajowan hamburgers de bœuf à la «pommade d'olives noires à l'eau de poivre» (***), harira marocaine au thym (***), tourtière classique à la cannelle et clou de girofle (***), pâté chinois revu et magnifié «pour vin rouge» (***), pesto de tomates séchées (***) pour bruschettas, focaccia ou pâtes.

GRENACHE/SYRAH/MOURVÈDRE (RHÔNE, LANGUEDOC et AUSTRALIE)

Frites au four assaisonnées à l'estragon «pour amateur de vin rouge» (***), lapin au vin rouge «sans vin rouge» (***), légumes d'automne rôtis au four pour vins boisés (***), salade de riz sauvage aux champignons (***), viande rouge grillée avec «épices à steak d'après cuisson au thé noir fumé et à la vanille» (***), chili de Cincinnati (***), ketchup de betteraves rouges (***), bœuf grillé et réduction de Soyable_Mc² (**), brochettes de bœuf au café noir (voir Filets de bœuf au café noir) (*), carré d'agneau et jus au café expresso (*), épaule d'agneau confite à l'anis étoilé (***), filet de bœuf de la Ferme Eumatimi, sauce *mole* mexicaine à la noix de coco et au cinq-épices (**), pâté chinois revu et magnifié «pour vin rouge» (***), pétoncles rôtis fortement, shiitakes poêlés, copeaux de parmigiano reggiano et écume de bouillon de kombu (**) «purée_Mc²» pour amateur de vin au céleri-rave et clou de girofle (voir recette sur papillesetmolecules.com), steak de saumon au café noir et au cinq-épices chinois (*), hachis Parmentier de rôti de palette «comme un chili de Cincinnati» (***), osso buco de veau, gremolata à l'orange et pistils de lavande (***).

GRENACHE – VIN DOUX NATUREL (BANYULS, MAURY, RASTEAU et RIVESALTES)

Biscuits au chocolat super fastoche (***), gâteau simplissime au chocolat noir et thé noir fumé au micro-ondes (***), panna cotta au fromage bleu, air de rose et craquelins de clou de girofle (**), bleuets trempés dans le chocolat noir, fougasse parfumée au clou de girofle et fromage bleu fondant caramélisé (**), brownies au chocolat et figues séchées (***), gelées_Mc² au café (**) accompagnée de fromage gorgonzola, carré aux figues séchées, crème fumée, cassonade à la réglisse (**), ananas caramélisé (cassonade, sauce soya, saké et réglisse noire, copeaux de chocolat noir) (**), fondue au chocolat noir et fruits rouges et noirs, fromage bleu fourme d'Ambert, fudge au chocolat noir sauce au caramel, tarte au chocolat noir au thé lapsang souchong (*), truffes au chocolat aux parfums de havane (*).

MALBEC (ARGENTINE)

Pâte à pizza au clou de girofle pour «amateur de vin rouge» (***), côtelettes d'agneau au café noir (*) servies avec asperges vertes rôties au four à l'huile d'olive, crème de rutabaga au clou de girofle (***), tourtière classique à la cannelle et clou de girofle (***), goulash de bœuf parfumé au girofle et sésame grillé (***), chili de TofuNati (***), rôti de palette «comme un chili de Cincinnati» (***), rôti de porc farci aux abricots et sauce au porto tawny et lait de coco (***), asperges vertes rôties au four à l'huile d'olive, brochettes de bœuf au café noir (voir Filets de bœuf au café noir) (*), confipote_Mc² (voir recette sur papillesetmolecules.com), poulet grillé sur une canette de bière (frotté aux épices barbecue et copeaux d'hickory), «purée_Mc²» pour amateur de vin au céleri-rave et clou de girofle (voir recette sur papillesetmolecules.com), rôti de palette au rhum brun, à la cannelle, à la muscade et aux oignons caramélisés (***), rôti de porc aux «épices à steak réinventées pour donner de la longueur aux vins» (***).

MALBEC (CAHORS, FRANCE)

Sablés au parmesan et au café (***), brochettes de bœuf au quatre-épices (***), brochettes de bambou imbibées à l'anis étoilé «pour cubes de bœuf» (***), goulash de bœuf parfumé au girofle et sésame grillé (***), brochettes de bœuf au café noir (voir Filets de bœuf au café noir) (*), «purée_Mc²» pour amateur de vin au céleri-rave et clou de girofle (voir recette sur papillesetmolecules.com), filets de bœuf au café noir (*), carré d'agneau et jus au café expresso (*), hachis Parmentier de palette comme un chili, purée de rutabaga (***), brochettes de bambou imbibées au clou de girofle «pour grillades de viande rouge» (***).

MENCIA (BIERZO, ESPAGNE)

Tarte de pommes de terre cuites au thé Pu-erh et fromage Saint-Nectaire (***), betteraves rouges marinées à la crème de cassis et vinaigre de vin rouge (***), hachis Parmentier de palette comme un chili, purée de rutabaga (***), mozzarella gratinée «comme une pizza» et sel au clou de girofle (***), brochettes de porc sur brochettes de bambou imbibées au scotch (voir Brochettes de bambou imbibées au scotch «pour grillades de porc») (***), croûtons de brioche, bœuf grillé mariné au poivre long et purée de poivrons rouges rôtis au sésame grillé (voir recette sur papillesetmolecules.com), baklavas de bœuf en bonbons (miel de menthe à la lavande et eau de géranium, viande de grison) (**), brochettes de porc sur brochettes de bambou imbibées au scotch (voir Brochettes de bambou imbibées au scotch «pour grillades de porc») (***), magret de canard rôti graines de sésame et cinq-épices, navets confits au clou de girofle (**), mozzarella gratinée «comme une pizza» et sel au clou de girofle (***), «purée_Mc²» pour amateur de vin au céleri-rave et clou de girofle (voir recette sur papillesetmolecules.com).

MERLOT (CORSÉ, BORDEAUX et EUROPE)

Sablés au parmesan et au café (***), salade de riz sauvage aux champignons (***), filet de bœuf de la Ferme Eumatimi, sauce *mole* mexicaine à la noix de coco et au cinq-épices (**), filet de porc au café noir (voir Filets de bœuf au café noir) (*), «feuilles de vigne farcies_Mc²»: riz sauvage soufflé, bacon de sanglier, sirop de riz brun/café (**), côte de veau rôtie et jus au café expresso (voir Carré d'agneau et jus au café expresso) (*), magret de canard caramélisé aux épices (*), magret de canard fumé au thé lapsang souchong, terrine de foie gras de canard au naturel (*), lait de topinambour à l'anis étoilé (***), brochettes de bambou imbibées au clou de girofle «pour grillades de viande rouge» (***), tourtière classique à la cannelle et clou de girofle (***), calmars farcis au bœuf et au riz sauvage parfumés à la cannelle et girofle (***).

MERLOT (MODÉRÉ, BORDEAUX, LANGUEDOC et EUROPE)

Cubes de bœuf en sauce (***), pâte concentrée de poivrons rouges rôtis à l'huile de sésame grillé (voir recette sur papillesetmolecules.com), filet de saumon grillé sauce au vin rouge (*), poitrines de volaille à la crème d'estragon (*), chili de Cincinnati (***), mozzarella gratinée «comme une pizza», viande des Grisons et piment d'Espelette (***), confipote de prunes à l'anis étoilé (voir recette sur papillesetmolecules.com), sauté de bœuf au gingembre et betteraves rouges sautées à la poêle à l'émulsion «Mister Maillard» (voir «Mister Maillard» sur papillesetmolecules.com), pâte concentrée de poivron vert et menthe (voir recette sur papillesetmolecules.com), brochettes de bœuf et poivrons verts et rouges marinés à l'huile de sésame (***), côtes de veau et purée de pois à la menthe (*), cailles sautées à la poêle et riz sauvage aux champignons (*), pâte concentrée de poivrons rouges à l'huile de sésame grillé (voir recette sur papillesetmolecules.com), viande grillée avec «épices à steak réinventées pour donner de la longueur aux vins (***), salade de riz sauvage aux champignons (***), sablés au parmesan et au café (***).

MERLOT (CORSÉ, NOUVEAU MONDE)

Légumes d'automne rôtis au four pour vins boisés (***), salade de riz sauvage aux champignons (***), hachis Parmentier de rôti de palette «comme un chili de Cincinnati» (***), filet de saumon grillé sauce au vin rouge (*), asperges vertes rôties, enrobées de chocolat noir infusé au thé fumé Zheng Shan Xiao Zhong, fleur de sel au café (**), cailles sautées à la poêle et riz sauvage aux champignons (*), filet de porc au café noir (voir Filets de bœuf au café noir) (*), «feuilles de vigne farcies_Mc²»: riz sauvage soufflé, bacon de sanglier, sirop de riz brun/café (**), pétoncles poêlés, couscous de noix du Brésil à l'orange sanguine, lait de coco au gingembre (**).

MONASTRELL (JUMILLA, ESPAGNE)

Brochettes d'agneau et champignons café «sur brochettes imbibées d'une eau parfumée au thym» (***), légumes d'automne rôtis au four pour vins boisés (***), croûtons de brioche, bœuf grillé mariné au poivre long et purée de poivrons rouges rôtis au sésame grillé (voir recette sur papillesetmolecules.com), confipote de prunes à l'anis étoilé (voir recette sur papillesetmolecules.com), rôti de palette «comme un chili de Cincinnati» (***), mozzarella gratinée «comme une pizza» et sel au clou de girofle (***), sauté de bœuf au gingembre et betteraves rouges sautées à la poêle à l'émulsion «Mister Maillard» (voir «Mister Maillard» sur papillesetmolecules.com), «feuilles de vigne farcies_Mc²»: riz sauvage soufflé, bacon de sanglier, sirop de riz brun/café (**) , rôti de porc aux «épices à steak réinventées pour donner de la longueur aux vins» (***), brochettes de porc à la mexicaine (***), chili de Cincinnati (***), brochettes de bœuf au quatre-épices (***), brochettes de kefta d'agneau à l'olive noire et poivre (***), harira marocaine au thym (***), pizza «full eugénol» (***).

MONTEPULCIANO (MODÉRÉ, ITALIE)

Tarte de pommes de terre cuites au thé Pu-erh et fromage Saint Nectaire (***), betteraves rouges marinées à la crème de cassis et vinaigre de vin rouge (***), chili de Cincinnati (***), mozzarella gratinée «comme une pizza», viande des Grisons et piment d'Espelette (***).

MOURVÈDRE (PROVENCE, RHÔNE et LANGUEDOC, FRANCE/ AUSTRALIE et CALIFORNIE)

Viandes grillées avec «épices à steak d'après cuisson au thé noir fumé et à la vanille» (***), osso buco de veau, sauce liée au chocolat et gremolata à l'orange et graines de coriandre (***), tourtière de la Beauce et betteraves sautées à l'émulsion «Mister Maillard» (voir recette de l'émulsion «Mister Maillard» sur papillesetmolcules.com), confipote de prunes à l'anis étoilé (voir recette sur papillesetmolecules.com), mozzarella gratinée «comme une pizza» et sel au clou de girofle (***), sauté de bœuf au gingembre et betteraves rouges sautées à la poêle à l'émulsion «Mister Maillard» (voir «Mister Maillard» sur papillesetmolecules.com), côtes levées à la bière noire bouillon de bœuf et sirop d'érable (***), lièvre ou lapin à l'aigre-doux (*), morceau de flanc de porc poché vinaigrette de boudin à la noix de coco, *crumble* de boudin noir (**), polenta au gorgonzola version «umami» (***).

NEBBIOLO (BAROLO et BARBARESCO, ITALIE)

Brochettes de bambou imbibées au thé noir fumé (***) pour grillades de viande rouge, goulash de bœuf au piment chipotle fumé (***), tajine d'agneau au safran, magret de canard fumé au thé lapsang souchong, fettucine all'amatriciana «à ma façon» (*), carré d'agneau au poivre vert et à la cannelle, filets de bœuf aux champignons et au vin rouge, magret de canard fumé aux feuilles de thé, fromage parmigiano reggiano (plus de 24 mois d'affinage).

NERO D'AVOLA (CORSÉ, ITALIE)

Bruschettas en mode romarin (***), légumes d'automne rôtis au four pour vins boisés (***), lapin au vin rouge «sans vin rouge» (***), côte de veau rôtie et jus au café expresso (voir Carré d'agneau et jus au café expresso (*), pommade d'olives noires à l'eau de poivre (***), brochettes d'agneau aux olives noires «sur brochettes imbibées d'une eau parfumée au thym» (***), endives braisées aux cerises et au kirsch (***), filets de bœuf au café noir (*), mozzarella gratinée «comme une pizza» et sel au clou de girofle (***).

NERO D'AVOLA (MODÉRÉ, ITALIE)

Chips aux olives noires et au poivre (***), endives braisées aux cerises et au kirsch (***), lapin au vin rouge «sans vin rouge» (***), salade de framboises à l'eau de rose et julienne d'algue nori (voir recette sur papillesetmolecules.com).

PEDRO XIMÉNEZ «AMONTILLADO et OLOROSO» (MONTILLA-MORILES, ESPAGNE)

Amandes apéritives à l'espagnole (pimenton fumé, miel et huile d'olive) (**), «caramous_Mc²» (caramel mou à saveur d'érable «sans érable») (**), cigare figurados Arturo Fuente Don Carlos N° 2, fromage camembert aux noix mélangées (éclats de chocolat noir et scotch macérés quelques jours au centre du fromage), jambon glacé à l'ananas, mousseux au chocolat noir et thé lapsang souchong (**), petit poussin laqué (**), queue de langouste grillée, cubes de gelées de xérès, de café ou de livèche, trait d'amlou et côtes de céleri à la vapeur (**), tarte Tatin à l'ananas et aux fraises.

PEDRO XIMÉNEZ «PX» (XÉRÈS et MONTILLA-MORILES, ESPAGNE)

Cigares churchill Bolivar Corona Gigante ou robusto Partagas Série D N° 4, «ganache chocolat / soyable_Mc²» (**), glace à la vanille saupoudrée de raisins de Corinthe macérés dans un pedro ximénez, mousseux au chocolat noir et thé lapsang souchong (**), palets de ganache de chocolat noir au vinaigre balsamique, tarte aux pacanes et au bourbon.

PETITE SIRAH (CALIFORNIE et MEXIQUE)

Chili de Cincinnati (***), rôti de palette «comme un chili de Cincinnati» (***), pâte à pizza au clou de girofle pour «amateur de vin rouge» (***), légumes d'automne rôtis au four pour vins boisés (***), sandwich de canard confit et nigelle (voir recette sur papillesetmolecules.com), sauté de bœuf au gingembre et de betteraves rouges sautées à la poêle à l'émulsion «Mister Maillard» (voir recette d'émulsion «Mister Maillard» sur papillesetmolecules.com), «on a rendu le pâté chinois» (**), pâte concentrée de poivrons rouges rôties (voir recette sur papillesetmolecules.com), purée de panais au basilic thaï (voir recette sur papillesetmolecules.com), ragoût de bœuf à la bière brune.

PINOT NOIR (CHAMPAGNE BRUT BLANC DE NOIRS)

Terrine de foie gras de canard au naturel (*), rillettes de saumon fumé (***), saumon fumé Mc^2 «au BBQ éteint», caviar d'aubergines rôties au miso (***), soupe au miso et au gingembre (***), gnocchis de patates douces à l'huile de sésame grillé (***), figues confites au thé Pu-erh, chantilly de fromage Saint-Nectaire (**), brochettes de pétoncles grillés et couscous de noix du Brésil (***), fromages (comté Fort des Rousses 24 mois d'affinage ou parmigiano reggiano 24 mois d'affinage et plus), sablés au parmesan et au café (***), surf'n turf Anise (pétoncles et foie gras) (*), tapas de fromage en crottes_Mc^2 à l'huile de safran et morceaux de pommes jaunes fraîches (***).

PINOT NOIR (CHAMPAGNE BRUT ROSÉ)

Mozzarella gratinée «comme une pizza», viande des Grisons et piment d'Espelette (***), pesto de tomates séchées (***) pour bruschettas, focaccia ou saumon grillé, tapas de fromage en crottes_Mc^2 à l'huile de basilic et morceaux de pommes rouges fraîches (***), crevettes caramélisées, écume de carotte, pomme McIntosh et graines de cumin, purée de carottes à l'huile de crustacés et pimentón fumé (**), fromages jeunes (maroilles, chaource ou brie de Meaux), risotto au jus de betterave parfumé au girofle, risotto aux langoustines et au basilic, Tartare de bœuf champignons shiitakes, vinaigrette de betteraves et copeaux de parmesan (***), tartare de thon.

PINOT NOIR (CORSÉ, FRANCE)

Cailles sautées à la poêle et riz sauvage aux champignons (*), pétoncles en civet (*), poitrines de volaille à la crème d'estragon (*), steak de saumon au café noir et au cinq-épices chinois (*), thon poêlé aux tomates confites et à l'huile d'olive épicée, pesto de tomates séchées (***) pour bruschettas ou pâtes, crème de rutabaga au clou de girofle (***), rôti de palette «comme un chili de Cincinnati «(***), mozzarella gratinée «comme une pizza», viande des Grisons et piment d'Espelette (***).

PINOT NOIR (MODÉRÉ, FRANCE)

Soupe de betteraves rouges au cacao et au cumin (***), filet de saumon grillé et pesto de tomates séchées (***), pizza au pesto de tomates séchées et à l'outside cut de bœuf grillé (***), tourtière classique à la cannelle et clou de girofle (***), pâtes aux tomates séchées «umami» (***), brochettes de pétoncles grillés et couscous de noix du Brésil (***), bœuf en salade asiatique (***), cuisson de la dinde au scotch (***), moussaka au bœuf (***), filet de saumon au pinot noir (*), pot-au-feu de l'*Express* (*).

PINOT NOIR (CORSÉ, NOUVEAU MONDE)

Bœuf de la Ferme Eumatimi frotté à la cannelle avant cuisson (compote d'oignons brunis au four et parfumée à la pâte d'anchois salés) (**), bœuf en salade asiatique (***), brochettes de bœuf sur brochettes de bambou imbibées au clou de girofle (voir Brochettes de bambou imbibées au clou de girofle «pour grillades de viande rouge») (***), camembert aux clous de girofle (macérés quelques jours au centre du fromage), «feuilles de vigne farcies_Mc²»: riz sauvage soufflé, bacon de sanglier, sirop de riz brun/café (**), magret de canard rôti, graines de sésame et cinq-épices, navets confits au clou de girofle (**), mozzarella gratinée «comme une pizza», viande des Grisons et piment d'Espelette (***), pâté chinois revu et magnifié «pour vin rouge» (***), pâtes aux tomates séchées «umami» (***), pétoncles poêlés, couscous de noix du Brésil à l'orange sanguine, lait de coco au gingembre (**), pot-au-feu d'agneau cuit rosé, au thé et aux épices (**).

PINOT NOIR (MODÉRÉ, NOUVEAU MONDE)

Saumon fumé Mc² «au BBQ éteint» (***), viande grillée avec «marinade pour le bœuf à l'érable» (***), ketchup de betteraves rouges (***), filet de saumon grillé et pesto de tomates séchées (***), steak de saumon au café noir et au cinq-épices chinois (*), cailles sautées à la poêle et riz sauvage aux champignons (*), chutney d'ananas au curcuma, gingembre et vinaigre de xérès (**), pâté chinois revu et magnifié «pour vin rouge» (***), pesto de tomates séchées (***) pour pâtes, sushis en bonbons de purée de framboises (***).

PORTO RUBY, LBV et VINTAGE (PORTUGAL)

Biscuits au chocolat super fastoche (***), brownies au chocolat et griottes (***), cake au chocolat noir (***), fondue au chocolat noir et fruits rouges et noirs, fougasse parfumée au clou de girofle et fromage bleu fondant caramélisé (**), fromage à croûte fleurie mature (farci de fraises et estragon macérés quelques jours au centre du fromage), confiture de fraises au clou de girofle et au rhum brun (***) accompagnée de fromage fourme d'Ambert.

PORTO TAWNY (PORTUGAL)

Jambon aux parfums d'Orient (*), foie gras de canard poêlé à l'hydromel, beignets aux bananes et rhum brun El Dorado (***), brownies au chocolat et figues séchées (***), figues macérées au porto tawny à la vanille, millefeuille de pain d'épices aux figues (*), flan à la vanille et vieux rhum El Dorado (***), fromages à pâte ferme (são jorge ou vieux cheddar accompagnés de confiture de coings portugaise et de noix de Grenoble), bœuf grillé et réduction de Soyable_Mc² (**), «caramous_Mc²» (caramel mou à saveur d'érable «sans érable») (**), «ganache chocolat / Soyable_Mc²» (**), gâteau Reine-Élisabeth, «guimauve érable_Mc²» (sirop d'érable, vanille et amandes amères) (**), millefeuille de pain d'épices aux figues (*), mousse au chocolat noir et au parfum de Grand Marnier (*), soyable_Mc² (**), «whippet_Mc²»: guimauve au sirop d'érable vanillé, coque de chocolat blanc caramélisé (**).

PRIMITIVO (ITALIE)

Lasagne de chili de Cincinnati (***), pizza au pesto de tomates séchées et à l'outside cut de bœuf grillé (***), moussaka à l'agneau sur la piste du thym (***), morceau de flanc de porc poché, vinaigrette de boudin à la noix de coco, *crumble* de boudin noir (**), pétoncles rôtis fortement, shiitakes poêlés, copeaux de parmigiano reggiano et écume de bouillon de kombu (**), bœuf bourguignon et polenta crémeuse, fettucine all'amatriciana «à ma façon» (*), pâtes aux champignons sauce au fond de veau.

ROSÉS (VINS ROSÉS D'ASSEMBLAGE SYRAH, GRENACHE et MOURVÈDRE)

Cacahouètes apéritives à l'américaine: sirop d'érable, cannelle, zestes d'orange et piment Chipotle fumé (**), calmars en tempura d'amandes (fleur de sel au cèdre, mousse de riz en paella) (**), carré de porcelet de la Ferme Gaspor au safran, carottes, pommes golden et melon d'eau (**), pattes de pieuvre rôties, compote de tomates au thé noir, pamplemousse rose, lavande et safran du Maroc (**), tagliatelles à la réglisse noire, queues de langoustines rôties, tomates séchées et petits pois (**), bruschettas en mode safran (***), dumplings aux crevettes, pimentón et tomate (***), huile de crustacés (***) pour crevettes grillées, salade de framboises à l'eau de rose et julienne d'algue nori (voir recette sur papillesetmolecules.com), pâtes aux anchois et au pesto de tomates séchées (***), gaspacho et crevettes (***), salade d'endives fraîches et cerises avec sésame et fromage de chèvre sec émietté.

SANGIOVESE (CORSÉ, ITALIE)

Carré d'agneau et jus au café expresso (*), lapin à la toscane (*), magret de canard rôti à la nigelle, salade de riz sauvage aux champignons (***), légumes d'automne rôtis au four pour vins boisés (***), sablés au parmesan et au café (***), «feuilles de vigne farcies_Mc²»: riz sauvage soufflé, bacon de sanglier, sirop de riz brun/café (**), mozzarella gratinée «comme une pizza» et sel au clou de girofle (***), sauté de bœuf au gingembre et betteraves rouges sautées à la poêle à l'émulsion «Mister Maillard» (voir «Mister Maillard» sur papillesetmolecules.com).

SANGIOVESE (MODÉRÉ, ITALIE)

Poivrons rouges farcis à la viande (***), sushis Mc² « pour amateur de vin rouge » (voir recette sur papillesetmolecules.com), caviar d'aubergines rôties au miso (***), brochettes de bœuf au café noir (voir Filets de bœuf au café noir) (*), brochettes de bambou imbibées au clou de girofle « pour grillades de viande rouge » (***), épices à steak « d'après cuisson » au thé noir fumé et à la vanille (***), bouillon pour côtes levées (***), cubes de bœuf en sauce (***), fettucine all'amatriciana « à ma façon » (*), pâté chinois revu et magnifié « pour vin rouge » (***), salade de framboises à l'eau de rose et julienne d'algue nori (voir recette sur papillesetmolecules.com), tartare de bœuf, champignons shiitakes, vinaigrette de betteraves et copeaux de parmesan) (***), confipote_Mc² (voir recette sur papillesetmolecules.com).

SHIRAZ (CORSÉ, NOUVEAU MONDE)

Pulled pork à la noix de coco et au Spiced Rhum El Dorado (***), viande grillée avec « épices à steak réinventées pour vin rouge élevé en barrique (***), bœuf grillé et « marinade pour le bœuf au miso » (***), légumes d'automne rôtis au four pour syrah/shiraz (***), côtes levées de porc au caramel de miel de sarrasin et sauce soya (***), chips au « sable » d'olives noires et poivre (***), brochettes d'agneau aux olives noires « sur brochettes imbibées d'une eau parfumée au thym » (***), « pommade d'olives noires à l'eau de poivre » (***), sushis_Mc² « pour amateur de vin rouge » (voir recette sur papillesetmolecules.com), carré de porc glacé aux fraises, poivre du Sichuan, galanga et miel (**), mozzarella gratinée « comme une pizza » et sel au clou de girofle (***), « on a rendu le pâté chinois » (**), purée de rutabaga à l'anis étoilé (voir recette sur papillesetmolcecules.com), quiche de pain perdu aux asperges grillées « pour vins rouges » (***), boulettes de burger au goût de merguez (***), brochettes de kefta d'agneau à l'olive noire et poivre (***), pain pita au thym (***).

SHIRAZ (MODÉRÉ, NOUVEAU MONDE)

Pop-corn « au goût de bacon et cacao » (***), tartinade de « pommade d'olives noires à l'eau de poivre » (***), chili de Cincinnati (***), brochettes d'agneau aux olives noires « sur brochettes imbibées d'une eau parfumée au thym » (***), sushis en bonbons de purée de framboises (***), riz sauvage soufflé au café _Mc² (***), harira marocaine au thym (***), légumes d'automne rôtis au four pour syrah/shiraz (***).

SYRAH (CORSÉ, FRANCE)

Pommade d'olives noires à l'eau de poivre (***), sushis_Mc² « pour amateur de vin rouge » (voir recette sur papillesetmolecules.com), carré d'agneau farci à la « pommade d'olives noires à l'eau de poivre » (***), joues de bœuf au vin rouge liées au chocolat (***), rôti de palette au rhum brun, à la cannelle, à la muscade et aux oignons caramélisés (***), « purée_Mc² » pour amateur de vin au céleri-rave et clou de girofle (voir recette sur papillesetmolecules.com), brochettes d'agneau à l'ajowan, brochettes d'agneau aux olives noires « sur brochettes imbibées d'une eau parfumée au thym » (***), légumes d'automne rôtis au four pour syrah/shiraz (***), purée de rutabaga à l'anis étoilé (voir recette sur papillesetmolcecules.com).

SYRAH (MODÉRÉ, FRANCE)

Chips au « sable » d'olives noires et poivre (***), crème de rutabaga à l'anis étoilé (***), pâtes aux olives noires (***), harira marocaine au thym (***), sandwich vietnamien Banh-mi au porc pour syrah (***), cuisses de poulet braisées au vin rouge pour syrah/shiraz (***), sushis en bonbons de purée de framboises (***), tartinade de « pommade d'olives noires à l'eau de poivre » (***), brochettes de bœuf sur brochettes de bambou imbibées à l'anis étoilé (voir Brochettes de bambou imbibées à l'anis étoilé « pour cubes de bœuf ») (***), boulettes de burger au goût de merguez (***), brochettes d'agneau aux olives noires « sur brochettes imbibées d'une eau parfumée au thym » (***), feuilleté aux olives noires (***), légumes d'automne rôtis au four pour syrah/shiraz (***), brochettes d'agneau aux olives noires « sur brochettes imbibées d'une eau parfumée au thym » (***), brochettes de kefta d'agneau au gingembre (***), « feuilles de vigne farcies_Mc^2 : riz sauvage soufflé, bacon de sanglier, sirop de riz brun/café » (**), burgers d'agneau à la « pommade d'olives noires à l'eau de poivre » (***).

SYRAH, GRENACHE et MOURVÈDRE (CORSÉ, LANGUEDOC, FRANCE)

Légumes d'automne rôtis au four pour syrah/shiraz (***), brochettes d'agneau aux olives noires « sur brochettes imbibées d'une eau parfumée au thym » (***), épaule d'agneau confite à l'anis étoilé (***), hamburgers d'agneau à la « pommade d'olives noires à l'eau de poivre » (***), *pulled pork* à la noix de coco et au scotch (***), « feuilles de vigne farcies_Mc^2 » : riz sauvage soufflé, bacon de sanglier, sirop de riz brun/café » (**), viande grillée avec « épices à steak d'après cuisson au thé noir fumé et à la vanille » (***), frites au four assaisonnées à l'estragon « pour amateur de vin rouge » (***), rôti de palette « comme un chili de Cincinnati » (***), pot-au-feu froid d'agneau cuit rosé, cubes de bouillon à la sauge, condiment au curcuma, sel de romarin (**).

SYRAH, GRENACHE et MOURVÈDRE (MODÉRÉ, LANGUEDOC, FRANCE)

Sandwich vietnamien Banh-mi au porc pour syrah (***), légumes d'automne rôtis au four pour syrah/shiraz (***), viande grillée avec « épices à steak réinventées pour donner de la longueur aux vins » (***), pâtes aux olives noires/genièvre/thym/shiitakes (***), pizza « full eugénol » (***), betteraves rouges marinées à la crème de cassis et vinaigre de vin rouge (***), chips au « sable » d'olives noires et poivre (***), feuilletés aux olives noires (***), tartinade de « pommade d'olives noires à l'eau de poivre» (***), sushis en bonbons de purée de framboises (***), sushis_Mc^2 «pour amateur de vin rouge» (voir recette sur papillesetmolecules.com), brochettes d'agneau aux olives noires «sur brochettes imbibées d'une eau parfumées au thym» (***), viande grillée avec «épices à steak réinventées pour donner de la longueur aux vins» (***),

TANNAT (MADIRAN/France, URUGUAY)

Boulettes de burger au goût de merguez (***), brochettes de kefta d'agneau à l'olive noire et poivre (***), filet de porc au café noir (voir Filets de bœuf au café noir) (*), hamburgers d'agneau aux poivrons rouges confits et au paprika, «feuilles de vigne farcies_Mc^2»: riz sauvage soufflé, bacon de sanglier, sirop de riz brun/café) (**), salade de riz sauvage aux champignons (***), goulash de bœuf parfumé au girofle et sésame grillé (***), filets de bœuf au café noir (*), rôti d'épaule de porc au scotch et champignons (***), *pulled pork* à la noix de coco et au scotch (***), longe de porc fumée sauce au boudin noir et au vin rouge ou morceau de flanc de porc poché, vinaigrette de boudin à la noix de coco, *crumble* de boudin noir (**), «purée_Mc^2» pour amateur de vin au céleri-rave et clou de girofle (voir recette sur papillesetmolecules.com).

TEMPRANILLO (CORSÉ, RIOJA et RIBERA DEL DUERO, ESPAGNE)

Rôti d'épaule de porc au scotch et champignons (***), goulash de bœuf parfumé au girofle et sésame grillé (***), steak de saumon au café noir et au cinq-épices chinois (*), asperges vertes rôties, enrobées de chocolat noir infusé au thé fumé Zheng Shan Xiao Zhong, fleur de sel au café (**), magret de canard rôti, graines de sésame et cinq-épices, navets confits au clou de girofle (**), sushis_Mc^2 «pour amateur de vin rouge» (voir recette sur papillesetmolecules.com), «purée_Mc^2» pour amateur de vin au céleri-rave et clou de girofle (voir recette sur papillesetmolecules.com), «balloune de mozarella_Mc^2» à l'air de clou de girofle, éclats de viande de grison et piment d'Espelette (**), carré d'agneau et jus au café expresso (*), navets blancs confits au clou de girofle (voir recette sur papillesetmolecules.com), émulsion_Mc^2 «Mister Maillard» (voir recette sur papillesetmolecules.com), «feuilles de vigne farcies_Mc^2»: riz sauvage soufflé, bacon de sanglier, sirop de riz brun/café (**), magret de canard rôti à la nigelle, pâté chinois revu et magnifié «pour vin rouge» (***), osso buco de jarret de veau à la vanille de Tahiti sauce liée au chocolat noir.

TEMPRANILLO (MODÉRÉ, ESPAGNE)

Mozzarella gratinée «comme une pizza», viande des Grisons et piment d'Espelette (***), brochettes de bœuf grillées sur brochettes de bambou imbibées au clou de girofle (voir Brochettes de bambou imbibées au clou de girofle «pour grillades de viande rouge») (***), légumes d'automne rôtis au four pour vins boisés (***), filet de porc au café noir (voir Filets de bœuf au café noir) (*), «on a rendu le pâté chinois» (**), côtes levées de porc au caramel de miel de sarrasin et sauce soya (***), sauté de betteraves rouges à l'émulsion «Mister Maillard» (voir «Mister Maillard» sur papillesetmolecules.com), chili de Cincinnati (***), steak de saumon au café noir et au cinq-épices chinois (*).

TOURIGA NACIONAL et TINTA RORIZ (CORSÉ, ALENTEJO et DOURO, PORTUGAL)

Brochettes d'agneau aux olives noires («sur brochettes imbibées d'une eau parfumée au thym») (***), brochettes de bœuf au café noir (voir Filets de bœuf au café noir) (*), carré d'agneau au poivre vert et à la cannelle, «feuilles de vigne farcies_Mc²»: riz sauvage soufflé, bacon de sanglier, sirop de riz brun/café (**), filets de bœuf au poivre patates douces au romarin, gigot d'agneau au romarin frais, mozzarella gratinée «comme une pizza» et sel au clou de girofle (***), «purée_Mc²» pour amateur de vin au céleri-rave et clou de girofle (voir recette sur papillesetmolecules.com).

TOURIGA NACIONAL et TINTA RORIZ (MODÉRÉ, DÃO et DOURO, PORTUGAL)

Ketchup de betteraves rouges (***) rôti de palette «comme un chili de Cincinnati» (***), viande grillée avec «épices à steak réinventées pour donner de la longueur aux vins» (***), brochettes de bœuf au quatre-épices (***), fettucine all'amatriciana «à ma façon» (*).

ZINFANDEL (CALIFORNIE)

Brochettes de porc à la mexicaine (***), chili de Cincinnati (***), rôti de palette «comme un chili de Cincinnati» (***), pâtes aux olives noires/genièvre/thym/shiitakes (***), «on a rendu le pâté chinois» (**), bœuf grillé et réduction de Soyable_Mc² (**), brochettes de bœuf sauce au fromage bleu (*), filet de bœuf de la Ferme Eumatimi, sauce *mole* mexicaine à la noix de coco et au cinq-épices (**), meringue de pois verts, tomates confites, «filets d'anchois croustillants au vinaigre de xérèx_Mc²»: air de shiitakés dashi (**), pétoncles rôtis fortement, shiitakes poêlés, copeaux de parmigiano reggiano et écume de bouillon de kombu (**), «purée_Mc²» pour amateur de vin au céleri-rave et clou de girofle (voir recette sur papillesetmolecules.com).

Index

MENU « INDEX »

des harmonies vins et mets et des recettes

Parmi les 3500 mets recommandés dans ce Menu Index, ceux avec trois (3) étoiles entre parenthèses (***) font l'objet d'une recette dans les nouveaux livres de la collection en quatre saisons ***Papilles pour tous! Cuisine aromatique d'automne***, ***Papilles pour tous! Cuisine aromatique d'hiver***, ***Papilles pour tous! Cuisine aromatique du printemps*** et ***Papilles pour tous! Cuisine aromatique d'été*** (collection toujours disponible en librairie, publiée entre l'automne 2011 et l'été 2012).

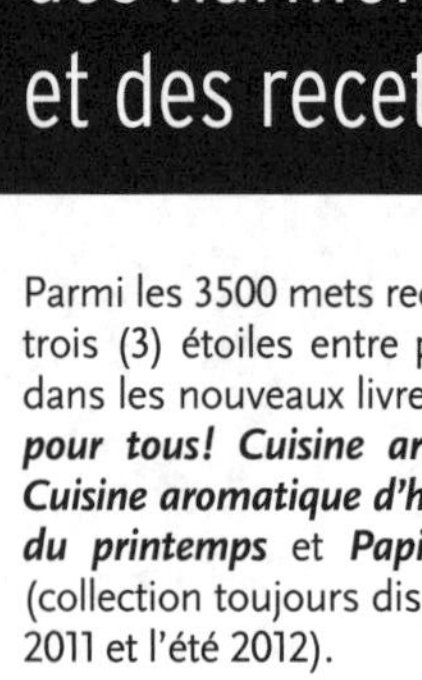

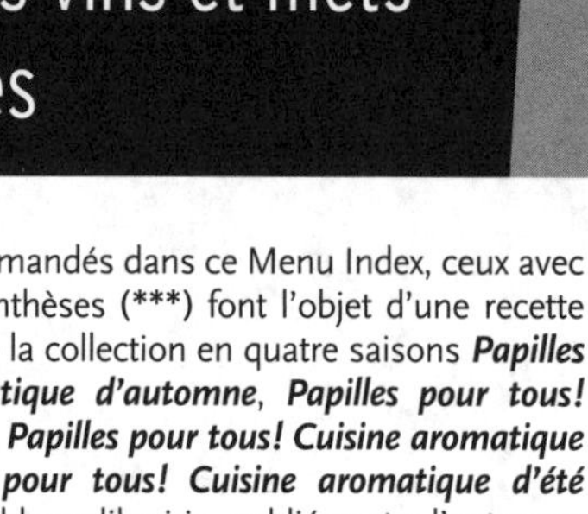

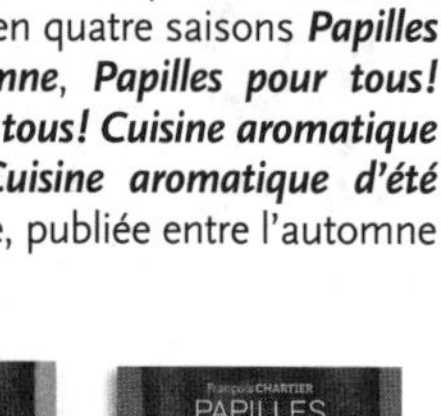

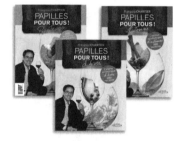

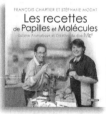

Ceux deux étoiles entre parenthèses (**) font l'objet d'une recette dans le livre ***Les recettes de Papilles et Molécules*** (paru en juin 2010 et toujours disponible en librairie).

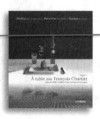

Tandis que ceux avec une étoile entre parenthèses (*) font l'objet d'une recette du livre de cuisine pour amateurs de vin ***À table avec François Chartier*** (paru en 2006, et toujours disponible en librairie).

A

Accompagnements, condiments, marinades et sauces

Agneau

Huîtres

J

Jambon

L

Langoustines

P

INDEX DES VINS

par appellations

M

INDEX DES VINS

par pays et par noms de vin

F

G

I

L

M

N

P

MUSIQUE ÉCOUTÉE
pendant la rédaction du *Chartier*

L'ayant fait, pour la première fois, dans le livre ***À table avec François Chartier***, puis, à la suite des réactions favorables des lecteurs, dans les six éditions suivantes de ***La Sélection Chartier***, tout comme sur mon site Internet (**francoischartier.ca**), je vous offre une fois de plus les musiques qui ont meublé mes lecteurs CD, iPod et iPad pendant mes heures de recherche, de dégustation, d'essais harmoniques, d'évasion et de rédaction de cette première édition du Chartier « nouveau ».

Je vous présente aussi le **Top** 15 **des pièces musicales** que j'ai écoutées le plus souvent pendant ces mois de douce folie aromatique... Il accompagne le **Top** 15 **des CD entiers** qui ont tourné en boucle.

Dans mon esprit et dans mon cœur, vin et musique sont intimement liés, tout comme vin et mets. La musique se suffit à elle-même et mérite toute mon attention, mais, une fois que je me suis approprié une œuvre et que je me la suis bien « mise en bouche », elle m'accompagne alors tout au long du processus de création. Voilà pourquoi je partage régulièrement, à travers mes ouvrages et mon site Internet, les musiques qui m'inspirent et qui, je l'espère, enrichiront vos moments de lecture vineuse, de dégustation entre amis, de repas bien arrosés, de fin de soirée plus festive et, surtout, de moments d'écoute consacrés uniquement à LA musique.

Top 15 des pièces musicales que j'ai écoutées le plus souvent...

1983 **(A Merman I Should turn to be),**
The Jimi Hendrix Experience Axix : Bold as Love

40 **Dias, Arco Luz,**
Renaud Garcia-Fons

Armonia en tu Espalda,
8 *Reflexiones, Caroline Planté & Rafael Jimenez*

Chain of Fools,
Night Song, Bugge Wesseltolf & Sidsel Endresen

Headlights,
1983, *Sophie Hunger*

Into the Mystic,
Moondance, Van Morrison
Luz de la Sombra,
Paseo De Gracia, Vicente Amigo
Nathalie's Song,
Art of Love, Robert Sadin
Nessun Dorma,
Emotion & Commotion, Jeff Beck
Pedro Navaja,
Siembra, Rubens Blades (en homenaje de Luigi, PV)
Shine on You Crazy Diamonds,
Wish you Were Here (Deluxe Experience Version), Pink Floyd
Sometimes I feel Like a Motherless Child,
Round About Midnight, Grant Green & Herbie Hancock
Tea in The Sahara,
Synchronicity, The Police
Tunnel of Love,
Dire Straits
Vandanaa Trayee,
Apti, Rudresh Manhanthapa
Y Sera Verdad,
Paseo De Gracia, Vicente Amigo

Top 15 des CD entiers qui ont tourné en boucle...

8 **Reflexiones,**
Caroline Planté
Ancient Sounds,
Rahim Alhaj & Amjad Ali Khan
Cositas Buenas,
Paco de Lucia
Dresden in Concert,
Jan Garbareck Group
Duality,
Vijay Iyer, Prasanna & Nitin Mitta
Everyday Learning,
Vue d'Ensemble (Christian Pamerleau)
Last Night the Moon...,
Jon Hassell
Lines of Oppression,
Hari Hoenig
Live in Your Living Room,
Karen Young, Normand Lachapelle et Sylvain Provost
Ninety Miles,
David Sanchez
Place & Time,
Anat Cohen
Poeta,
Vicente Amigo
Satchurated Live in Montreal,
Joe Satriani
Song from a World Apart,
Armand Amar & Lévon Minassian
Sigur-Ros 2002,
Sigur-Ros
Spain Again,
Michel Camilo & Tomatito
Strickly Whatever,
Harry Manx